한전KPS 별정직

NCS + 최종점검 모의고사 5회 + 무료NCS특강

SD에듀
(주)시대고시기획

2023 하반기 SD에듀 All-New 한전KPS 별정직
NCS + 최종점검 모의고사 5회 + 무료NCS특강

Always **with you**

사람의 인연은 길에서 우연하게 만나거나 함께 살아가는 것만을 의미하지는 않습니다.
책을 펴내는 출판사와 그 책을 읽는 독자의 만남도 소중한 인연입니다.
SD에듀는 항상 독자의 마음을 헤아리기 위해 노력하고 있습니다. 늘 독자와 함께하겠습니다.

PREFACE

머리말

원전 기술의 글로벌 경쟁력 강화로 해외시장을 개척해 원전 최강국으로 도약하는 한전KPS는 2023년 하반기에 별정직 신입사원을 채용할 예정이다. 한전KPS의 채용절차는 「입사지원서 접수 ➡ 서류전형 ➡ 필기시험 ➡ 개별면접 및 인성검사 ➡ 최종 합격자 발표」 순서로 이루어진다. 필기시험은 직업기초능력평가로만 진행하며, 의사소통능력, 수리능력, 문제해결능력, 조직이해능력, 정보능력, 기술능력 중 직렬별로 5개의 영역을 선정해 평가한다. 2023년 상반기에는 모듈형으로 진행되었다. 따라서 필기시험에서 고득점을 받기 위해 다양한 유형에 대한 폭넓은 학습과 문제풀이능력을 높이는 등 철저한 준비가 필요하다.

한전KPS 별정직 필기시험 합격을 위해 SD에듀에서는 한전KPS 별정직 판매량 1위의 출간 경험을 토대로 다음과 같은 특징을 가진 도서를 출간하였다.

도서의 특징

❶ 기출복원문제를 통한 출제 유형 확인!
- 2023년 상반기 주요 공기업 NCS 기출문제를 복원하여 공기업별 NCS 필기 유형을 파악할 수 있도록 하였다.

❷ 한전KPS 필기시험 출제 영역 맞춤 문제를 통한 실력 상승!
- 직업기초능력평가 출제유형분석 & 유형별 실전예제를 수록하여 유형별로 대비할 수 있도록 하였다.

❸ 최종점검 모의고사를 통한 완벽한 실전 대비!
- 철저한 분석을 통해 실제 유형과 유사한 최종점검 모의고사를 수록하여 자신의 실력을 최종 점검할 수 있도록 하였다.

❹ 다양한 컨텐츠로 최종 합격까지!
- 온라인 모의고사 응시 쿠폰을 무료로 제공하여 필기시험을 준비하는 데 부족함이 없도록 하였다.
- 한전KPS 채용 가이드와 면접 기출질문을 수록하여 채용 전반을 대비할 수 있도록 하였다.

끝으로 본 도서를 통해 한전KPS 별정직 채용을 준비하는 모든 수험생 여러분이 합격의 기쁨을 누리기를 진심으로 기원한다.

SDC(Sidae Data Center) 씀

한전KPS 이야기

⬡ 비전

세계 No.1 전력설비 정비산업 Grand 플랫폼 기업

⬡ 핵심가치

안전우선　고객신뢰　기술중시　혁신성장　사회책임

⬡ 경영방침

혁신과 성장	안전과 신뢰
상생과 투명	공정과 행복

전략방향 & 전략과제

전략방향

전략과제

정비산업생태계
경쟁력 강화

1. 안전 최우선 경영체계 고도화
2. 기술력 우위 고객신뢰 공고화
3. LNG복합 및 원전 특화사업 역량 강화

신성장사업
전략적 육성

1. 원전정비 수출사업화 및 해외사업 다변화
2. 수익성 기반 신재생 및 대외사업 확대
3. 성능개선 및 원전해체 산업 리딩

지속가능
경영혁신체계 구축

1. 조직·인력 효율화 및 재무건전성 제고
2. 공정과 상식 기반 조직문화 혁신
3. 기술사업화 연계 R&D 강화

국민신뢰
ESG경영 실현

1. 탄소중립 친환경경영 강화
2. 지역상생 및 민간협력 확대
3. 윤리경영 확산 및 체계적 리스크관리

인재상

Global A.C.E
Globally Advanced, Client Oriented, Expert

선도
Lead

실질
Practicality

균형
Balance

신입 채용 안내

⬡ 지원자격

구분	내용
학력 · 연령	제한 없음[단, 채용 예정일 기준 연령(만 60세)에 도달한 자는 지원 불가]
병역	채용예정일 기준 병역필 또는 면제된 자
자격	• 송전 : 송전전기원 또는 송전활선원 자격증 소지자 • 보건 : 간호사 면허증 소지자 • 일반운전 : 1종 대형면허 소지자
기타	한전KPS 인사규정 제9조의 채용 결격사유가 없는 자, 채용예정일 즉시 근무가능한 자

⬡ 필기시험

과목	대상		평가항목	문항
직업기초능력평가 (NCS)	5직급	송전	의사소통능력, 문제해결능력, 조직이해능력, 수리능력, 기술능력	50문항
		보건	의사소통능력, 문제해결능력, 조직이해능력, 수리능력, 정보능력	
	6직급	운전	의사소통능력, 문제해결능력, 조직이해능력, 정보능력, 기술능력	

⬡ 면접시험

구분	내용
송전	• 개별면접 • 체력검정 　– 체력검정 부적격자는 합격배수에 상관없이 불합격 • 인성검사 및 신체검사(적 · 부판정)
보건	• 개별면접 • 인성검사 및 신체검사(적 · 부판정)
운전	

❖ 위 채용안내는 2023년 상반기 채용공고를 기준으로 작성하였으므로 세부내용은 반드시 확정된 채용공고를 확인하기 바랍니다.

2023 상반기 기출분석

총평   한전KPS

2023년 상반기 한전KPS 별정직 필기시험은 전반적으로 평이하게 출제되었다. 모듈형 문제가 주로 출제되었으며, 응용수리는 난도가 높은 편이었다. 대체적으로 시중에 나오는 문제집으로 대비할 수 있는 정도로 출제되었다는 것이 지배적인 평이다.

⬡ 의사소통능력

출제 특징	• 빈칸 채우는 문제, 담화와 관련된 문제가 출제됨
출제 키워드	• 발화, 화자, 맥락 등

⬡ 수리능력

출제 특징	• 응용수리 문제가 다수 출제됨
출제 키워드	• 거리 · 속력 · 시간, 소금물, 저울 무게, 가위바위보 등

⬡ 문제해결능력

출제 특징	• 참 · 거짓, 명제 문제가 출제됨
출제 키워드	• 논리적 오류 등

⬡ 자원관리능력

출제 특징	• 시간 등을 계산하는 문제가 다수 출제됨
출제 키워드	• 시간계획, 승진의 원칙 등

⬡ 기술능력

출제 특징	• 이론 이해를 확인하는 문제가 출제됨
출제 키워드	• 기술 융합, 산업 재해, OJT, 노웨어 등

NCS 문제 유형 소개

PSAT형

※ 다음은 K공단의 국내 출장비 지급 기준에 대한 자료이다. 이어지는 질문에 답하시오. [15~16]

〈국내 출장비 지급 기준〉

① 근무지로부터 편도 100km 미만의 출장은 공단 차량 이용을 원칙으로 하며, 다음 각호에 따라 "별표 1"에 해당하는 여비를 지급한다.
   ○ 일비
     ⓐ 근무시간 4시간 이상 : 전액
     ⓑ 근무시간 4시간 미만 : 1일분의 2분의 1
   ○ 식비 : 명령권자가 근무시간이 모두 소요되는 1일 출장으로 인정한 경우에는 1일분의 3분의 1 범위 내에서 지급
   ○ 숙박비 : 편도 50km 이상의 출장 중 출장일수가 2일 이상으로 숙박이 필요할 경우, 증빙자료 제출 시 숙박비 지급
② 제1항에도 불구하고 공단 차량을 이용할 수 없어 개인 소유 차량으로 업무를 수행한 경우에는 일비를 지급하지 않고 이사장이 따로 정하는 바에 따라 교통비를 지급한다.
③ 근무지로부터 100km 이상의 출장은 "별표 1"에 따라 교통비 및 일비는 전액을, 식비는 1일분의 3분의 2 해당액을 지급한다. 다만, 업무 형편상 숙박이 필요하다고 인정할 경우에는 출장기간에 대하여 숙박비, 일비, 식비 전액을 지급할 수 있다.

〈별표 1〉

구분	교통비				일비 (1일)	숙박비 (1박)	식비 (1일)
	철도임	선임	항공임	자동차임			
임원 및 본부장	1등급	1등급	실비	실비	30,000원	실비	45,000원
1, 2급 부서장	1등급	2등급	실비	실비	25,000원	실비	35,000원
2, 3, 4급 부장	1등급	2등급	실비	실비	20,000원	실비	30,000원
4급 이하 팀원	2등급	2등급	실비	실비	20,000원	실비	30,000원

1. 교통비는 실비를 기준으로 하되, 실비 정산은 국토해양부장관 또는 특별시장·광역시장·도지사·특별자치도지사 등이 인허한 요금을 기준으로 한다.
2. 선임 구분표 중 1등급 해당자는 특등, 2등급 해당자는 1등을 적용한다.
3. 철도임 구분표 중 1등급은 고속철도 특실, 2등급은 고속철도 일반실을 적용한다.
4. 임원 및 본부장의 식비가 위 정액을 초과하였을 경우 실비를 지급할 수 있다.
5. 운임 및 숙박비의 할인이 가능한 경우에는 할인 요금으로 지급한다.
6. 자동차임 실비 지급은 연료비와 실제 통행료를 지급한다.
   (연료비)=[여행거리(km)]×(유가)÷(연비)
7. 임원 및 본부장을 제외한 직원의 숙박비는 70,000원을 한도로 실비를 정산할 수 있다.

특징
▶ 대부분 의사소통능력, 수리능력, 문제해결능력을 중심으로 출제(일부 기업의 경우 자원관리능력, 조직이해능력을 출제)
▶ 자료에 대한 추론 및 해석 능력을 요구

대행사
▶ 엑스퍼트컨설팅, 커리어넷, 태드솔루션, 한국행동과학연구소(행과연), 휴노 등

모듈형

| 대인관계능력

60 다음 자료는 갈등해결을 위한 6단계 프로세스이다. 3단계에 해당하는 대화의 예로 가장 적절한 것은?

| 1단계
사전 준비하기 | ⇨ | 2단계
긍정적인 분위기에서
대화 시작하기 | ⇨ | 3단계
상대방의 입장
파악하기 |

⇩

| 6단계
최종적으로
해결책 선택 및 실행하기 | ⇦ | 5단계
해결책 평가하기 | ⇦ | 4단계
상대방의 입장에서
해결책 생각해보기 |

① 그럼 A씨의 생각대로 진행해 보시죠.

특징
▶ 이론 및 개념을 활용하여 푸는 유형
▶ 채용 기업 및 직무에 따라 NCS 직업기초능력평가 10개 영역 중 선발하여 출제
▶ 기업의 특성을 고려한 직무 관련 문제를 출제
▶ 주어진 상황에 대한 판단 및 이론 적용을 요구

대행사 ▶ 인트로맨, 휴스테이션, ORP연구소 등

피듈형(PSAT형 + 모듈형)

| 문제해결능력

60 P회사는 직원 20명에게 나눠 줄 추석 선물 품목을 조사하였다. 다음은 유통업체별 품목 가격과 직원들의 품목 선호도를 나타낸 자료이다. 이를 참고하여 P회사에서 구매하는 물품과 업체를 바르게 연결한 것은?

〈업체별 품목 금액〉

구분		1세트당 가격	혜택
A업체	돼지고기	37,000원	10세트 이상 주문 시 배송 무료
	건어물	25,000원	
B업체	소고기	62,000원	20세트 주문 시 10% 할인
	참치	31,000원	
C업체	스팸	47,000원	50만 원 이상 주문 시 배송 무료
	김	15,000원	

〈구성원 품목 선호도〉

특징
▶ 기초 및 응용 모듈을 구분하여 푸는 유형
▶ 기초인지모듈과 응용업무모듈로 구분하여 출제
▶ PSAT형보다 난도가 낮은 편
▶ 유형이 정형화되어 있고, 유사한 유형의 문제를 세트로 출제

대행사 ▶ 사람인, 스카우트, 인크루트, 커리어케어, 트리피, 한국사회능력개발원 등

주요 공기업 적중 문제

논리적 오류 ▶ 키워드

16 K공사의 사보에서는 최근 업무를 통해 쉽게 발생할 수 있는 논리적 오류를 조심하자는 의미로 다음과 같이 3가지의 논리적 오류를 소개하였다. 다음 중 3가지 논리적 오류에 해당하지 않는 것은?

> ▶ 권위에 호소하는 오류
>   – 논지와 직접적인 관련이 없는 권위자의 견해를 신뢰할 때 발생하는 오류
> ▶ 인신공격의 오류
>   – 주장이나 반박을 할 때 관련된 내용을 근거로 제시하지 않고, 성격이나 지적 수준, 사상, 인종 등과 같이 주장과 무관한 내용을 근거로 사용할 때 발생하는 오류
> ▶ 대중에 호소하는 오류
>   – 많은 사람들이 생각하거나 선택했다는 이유로 자신의 결론이 옳다고 주장할 때 발생하는 오류

① 우리 회사의 세탁기는 최근 조사 결과, 소비자의 80%가 사용하고 있다는 점에서 성능이 매우 뛰어나다는 것을 알 수 있습니다. 주저하지 마시고 우리 회사 세탁기를 구매해주시기 바랍니다.

② 인사부 최 부장님께 의견을 여쭤보았는데, 우리 다음 도서의 디자인은 A안으로 가는 것이 좋겠어.

③ 최근 일본의 예법을 주제로 한 자료를 보면 알 수 있듯이, 일본인들 대부분은 예의가 바르다고 할 수 있습니다. 따라서 우리 회사의 효도상품을 일본 시장에 진출시킬 필요가 있겠습니다.

④ K사원이 제시한 기획서 내용은 잘못되었다고 생각해. K사원은 평소에 이해심이 없기로 유명하거든.

⑤ 최근 많은 사람들이 의학용 대마초가 허용되는 것에 찬성하고 있어. 따라서 우리 회사도 대마초와 관련된 의약개발에 투자를 해야 할 것으로 생각돼.

산업재해 ▶ 키워드

20 다음 중 산업재해에 대한 원인으로 옳지 않은 것은?

> 전선 제조 사업장에서 고장난 변압기 교체를 위해 K전력 작업자가 변전실에서 작업 준비하던 중 특고압 배전반 내 충전부 COS 1차 홀더에 접촉 감전되어 치료 도중 사망하였다. 증언에 따르면 변전실 TR – 5 패널의 내부는 협소하고, 피재해자의 키에 비하여 경첩의 높이가 높아 문턱 위에 서서 불안전한 작업자세로 작업을 실시하였다고 한다. 또한, 피재해자는 전기 관련 자격이 없었으며, 복장은 일반 안전화, 면장갑, 패딩점퍼를 착용한 상태였다.

① 불안전한 행동   ② 불안전한 상태
③ 작업 관리상 원인   ④ 기술적 원인
⑤ 작업 준비 불충분

한국전력공사

증감률 ▶ 유형

19 다음은 양파와 마늘의 재배에 관한 자료의 일부이다. 이에 대한 설명으로 적절하지 않은 것은?

〈연도별 양파 재배면적 조사 결과〉

(단위: ha, %)

구분	2019년	2020년(A)	2021년(B)	증감(C=B−A)	증감률(C/A)	비중
양파	18,015	19,896	19,538	−358	−1.8	100.0
조생종	2,013	2,990	2,796	−194	−6.5	14.3
중만생종	16,002	16,906	16,742	−164	−1.0	85.7

〈연도별 마늘 재배면적 및 가격 추이〉

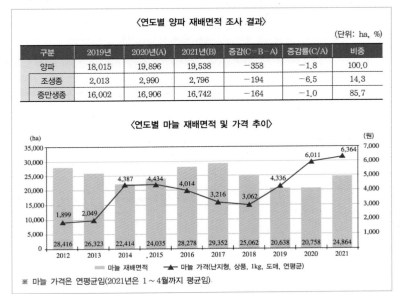

※ 마늘 가격은 연평균임(2021년은 1~4월까지 평균임)

① 2021년 양파 재배면적의 증감률은 조생종이 중만생종보다 크다.
② 마늘 가격은 마늘 재배면적에 반비례한다.
③ 마늘의 재배면적은 2017년이 가장 넓다.
④ 2021년 재배면적은 작년보다 양파는 감소하였고, 마늘은 증가하였다.
⑤ 마늘 가격은 2018년 이래로 계속 증가하였다.

할인 금액 ▶ 유형

13 S회사는 18주년을 맞이해 기념행사를 하려고 한다. 이에 걸맞은 단체 티셔츠를 구매하려고 하는데, A회사는 60장 이상 구매 시 20% 할인이 되고 B회사는 할인이 안 된다고 한다. A회사에서 50장을 구매하고 B회사에서 90장을 구매했을 때 가격은 약 399,500원이고, A회사에서 100장을 구매하고 B회사에서 40장을 구매했을 때 가격은 약 400,000원이다. A회사와 B회사의 할인 전 티셔츠 가격은?

	A회사	B회사
①	3,950원	2,100원
②	3,900원	2,200원
③	3,850원	2,300원
④	3,800원	2,400원
⑤	3,750원	2,500원

한국가스기술공사

10 발산적 사고를 개발하기 위한 방법으로는 자유연상법, 강제연상법, 비교발상법이 있다. 다음 제시문의 보고회에서 사용된 사고 개발 방법으로 가장 적절한 것은?

> 충남 보령시는 2022년에 열리는 보령해양머드박람회와 연계할 사업을 발굴하기 위한 보고회를 개최하였다. 경제적·사회적 파급 효과의 극대화를 통한 성공적인 박람회 개최를 도모하기 위해 마련된 보고회는 각 부서의 업무에 국한하지 않은 채 가능한 많은 양의 아이디어를 자유롭게 제출하는 방식으로 진행됐다.
> 홍보미디어실에서는 박람회 기간 가상현실(VR)·증강현실(AR) 체험을 통해 사계절 머드 체험을 할 수 있도록 사계절 머드체험센터 조성을, 자치행정과에서는 박람회 임시주차장 조성 및 박람회장 전선 지중화 사업을, 교육체육과에서는 세계 태권도 대회 유치를 제안했다. 또 문화새마을과에서는 KBS 열린음악회 및 전국노래자랑 유치를, 세무과에서는 e-스포츠 전용경기장 조성을, 회계과에서는 해상케이블카 조성 및 폐광지구 자립형 농어촌 숙박단지 조성 등을 제안했다. 사회복지과에서는 여성 친화 플리마켓을, 교통과에서는 장항선 복선전철 조기 준공 및 열차 증편을, 관광과는 체험·놀이·전시 등 보령머드 테마파크 조성 등의 다양한 아이디어를 내놓았다.
> 보령시는 이번에 제안된 아이디어를 토대로 실현 가능성 등을 검토하고, 박람회 추진에 참고자료로 적극 활용할 계획이다.

① 브레인스토밍   ② SCAMPER 기법
③ NM법   ④ Synectics법
⑤ 육색사고모자 기법

12 매일의 날씨 자료를 수집 및 분석한 결과, 전날의 날씨를 기준으로 그 다음 날의 날씨가 변할 확률은 다음과 같았다. 만약 내일 날씨가 화창하다면, 사흘 뒤에 비가 올 확률은?

전날 날씨	다음 날 날씨	확률
화창	화창	25%
화창	비	30%
비	화창	40%
비	비	15%

※ 날씨는 '화창'과 '비'로만 구분하여 분석함

① 12%   ② 13%
③ 14%   ④ 15%
⑤ 16%

한국전기안전공사

05 다음 기사의 제목으로 가장 적절한 것은?

> K공사는 7～8월 두 달간 주택용 전기요금 누진제를 한시적으로 완화하기로 했다. 금액으로 치면 모두 2,761억 원가량으로, 가구당 평균 19.5%의 인하 효과가 기대된다. 이를 위해 K공사는 현행 3단계인 누진 구간 중 1단계와 2단계 구간을 확대하는 내용이 담긴 누진제 완화 방안을 발표했다. 사상 유례 없는 폭염 상황에서 7월과 8월 두 달간 누진제를 한시적으로 완화하기로 한 것이다. 누진제 완화는 현재 3단계인 누진 구간 중 1단계와 2단계 구간을 확대하는 방식으로 진행된다. 각 구간별 상한선을 높이게 되면 평소보다 시간당 100kW 정도씩 전기를 더 사용해도 상급 구간으로 이동하지 않기 때문에 누진제로 인해 높은 전기요금이 적용되는 걸 피할 수 있다.
> K공사는 누진제 완화와는 별도로 사회적 배려계층을 위한 여름철 냉방 지원 대책도 마련했다. 기초 생활수급자와 장애인, 사회복지시설 등에 적용되는 K공사의 전기요금 복지할인 규모를 7～8월 두 달간 추가로 30% 확대하기로 한 것이다. 또한, 냉방 복지 지원 대상을 출생 1년 이하 영아에서 3년 이하 영・유아 가구로 늘려 모두 46만 가구에 매년 250억 원을 추가 지원하기로 했다.
> K공사는 "폭염이 장기간 지속되면서 사회적 배려계층이 가장 큰 영향을 받기 때문에 특별히 기존 복지할인제도에 더해 추가 보완대책을 마련했다."고 설명했다. 누진제 한시 완화와 사회적 배려계층 지원 대책에 소요되는 재원에 대해서는 재난안전법 개정과 함께 재해대책 예비비 등을 활용해 정부 재정으로 지원하는 방안을 적극 강구하기로 했다.

① 사상 유례없이 장기간 지속되는 폭염
② 1단계와 2단계의 누진 구간 확대
③ 폭염에 대비한 전기요금 대책
④ 주택용 전기요금 누진제 한시적 완화

01 귀하는 최근 회사 내 업무용 개인 컴퓨터의 보안을 강화하기 위하여 다음과 같은 메일을 받았다. 메일 내용을 토대로 귀하가 취해야 할 행동으로 옳지 않은 것은?

> 발신 : 전산보안팀
>
> 수신 : 전 임직원
>
> 제목 : 업무용 개인 컴퓨터 보안대책 공유
>
> 내용 :
> 안녕하십니까. 전산팀 ○○○ 팀장입니다.
> 최근 개인정보 유출 등 전산보안 사고가 자주 발생하고 있어 각별한 주의가 필요한 상황입니다. 이에 따라 자사에서도 업무상 주요 정보가 유출되지 않도록 보안프로그램을 업그레이드하는 등 전산보안을 더욱 강화하고 있습니다. 무엇보다 업무용 개인 컴퓨터를 사용하는 분들이 특히 신경을 많이 써주셔야 철저한 보안이 실천됩니다. 번거로우시더라도 아래와 같은 사항을 따라주시길 바랍니다.
>
> • 인터넷 익스플로러를 종료할 때마다 검색기록이 삭제되도록 설정해주세요.
> • 외출 또는 외근으로 장시간 컴퓨터를 켜두어야 하는 경우에는 인터넷 검색기록을 직접 삭제해주세요.
> • 인터넷 검색기록 삭제 시, 기본 설정되어 있는 항목 외에도 '다운로드 기록', '양식 데이터', 암호, '추적방지, ActiveX 필터링 및 Do Not Track 데이터'를 모두 체크하여 삭제해주세요(단, 즐겨찾기 웹 사이트 데이터 보존 부분은 체크 해제할 것).
> • 인터넷 익스플로러에서 방문한 웹 사이트 목록을 저장하는 기간을 5일로 변경해주세요.
> • 자사에서 제공 중인 보안프로그램은 항시 업데이트하여 최신 상태로 유지해주세요.

도서 200% 활용하기

기출복원문제로 출제 경향 파악

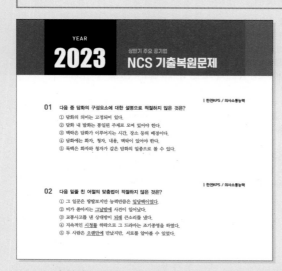

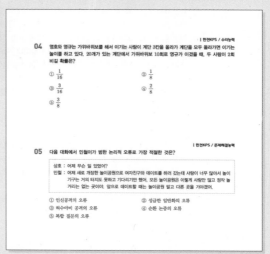

▶ 2023년 상반기 한전KPS 및 주요 공기업 NCS 기출문제를 복원하여 공기업별 NCS 필기 유형을 파악할 수 있도록 하였다.

출제유형분석 + 유형별 실전예제로 필기시험 완벽 대비

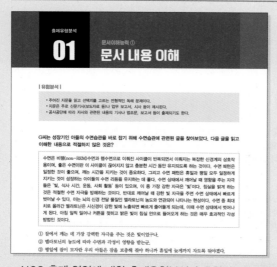

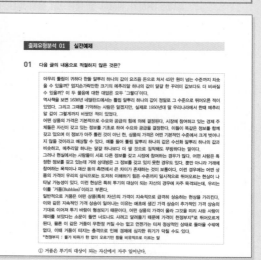

▶ NCS 출제 영역에 대한 출제유형분석과 유형별 실전예제를 수록하여 NCS 문제에 대한 접근 전략을 익히고 점검할 수 있도록 하였다.

최종점검 모의고사 + OMR을 활용한 실전 연습

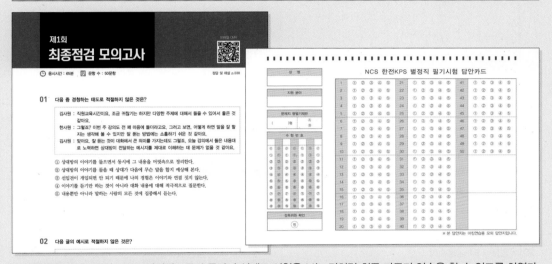

▸ 최종점검 모의고사와 OMR 답안카드를 수록하여 실제로 시험을 보는 것처럼 최종 마무리 연습을 할 수 있도록 하였다.
▸ 모바일 OMR 답안채점 / 성적분석 서비스를 통해 필기시험에 대비할 수 있도록 하였다.

인성검사부터 면접까지 한 권으로 최종 마무리

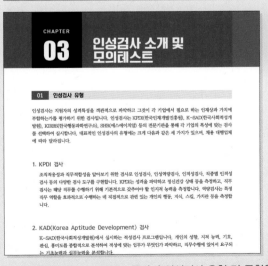

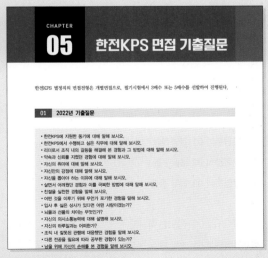

▸ 인성검사 모의테스트를 수록하여 인성검사 유형 및 문항을 확인할 수 있도록 하였다.
▸ 한전KPS의 면접 기출질문을 수록하여 면접에서 나오는 질문을 미리 파악하고 대비할 수 있도록 하였다.

이 책의 차례

Add+

2023년 상반기 주요 공기업
NCS 기출복원문제

┃ 한전KPS / 의사소통능력

01 다음 중 담화의 구성요소에 대한 설명으로 적절하지 않은 것은?

① 담화의 의미는 고정되어 있다.

② 담화 내 발화는 통일된 주제로 모여 있어야 한다.

③ 맥락은 담화가 이루어지는 시간, 장소 등의 배경이다.

④ 담화에는 화자, 청자, 내용, 맥락이 있어야 한다.

⑤ 독백은 화자와 청자가 같은 담화의 일종으로 볼 수 있다.

┃ 한전KPS / 의사소통능력

02 다음 밑줄 친 어절의 맞춤법이 적절하지 않은 것은?

① 그 일꾼은 땅딸보지만 능력만큼은 <u>일당백</u>이었다.

② 비가 쏟아지는 <u>그날밤에</u> 사건이 일어났다.

③ 교통사고를 낸 상대방이 <u>되레</u> 큰소리를 냈다.

④ 지속적인 <u>시청률</u> 하락으로 그 드라마는 조기종영을 하였다.

⑤ 두 사람은 <u>오랜만에</u> 만났지만, 서로를 알아볼 수 있었다.

┃ 한전KPS / 수리능력

03 □, ○가 다음 규칙을 따를 때, ?에 들어갈 수로 옳은 것은?

- (3□4)○2=144
- (1□6)○3=216
- (5○3)□8=1,000
- (5□2)○(4□1)=?

① 250

② 3,000

③ 7,200

④ 10,000

⑤ 25,000

04 영호와 영규는 가위바위보를 해서 이기는 사람이 계단 3칸을 올라가 계단을 모두 올라가면 이기는 놀이를 하고 있다. 20개가 있는 계단에서 가위바위보 10회로 영규가 이겼을 때, 두 사람이 2회 비길 확률은?

① $\dfrac{1}{16}$　　　　　　　　　　　　② $\dfrac{1}{8}$

③ $\dfrac{3}{16}$　　　　　　　　　　　　④ $\dfrac{2}{8}$

⑤ $\dfrac{3}{8}$

05 다음 대화에서 민철이가 범한 논리적 오류로 가장 적절한 것은?

> 상호 : 어제 무슨 일 있었어?
> 민철 : 어제 새로 개장한 놀이공원으로 여자친구와 데이트를 하러 갔는데 사람이 너무 많아서 놀이
> 　　　　기구는 거의 타지도 못하고 기다리기만 했어. 모든 놀이공원은 이렇게 사람만 많고 정작 놀
> 　　　　거리는 없는 곳이야. 앞으로 데이트할 때는 놀이공원 말고 다른 곳을 가야겠어.

① 인신공격의 오류　　　　　　　　② 성급한 일반화의 오류
③ 허수아비 공격의 오류　　　　　　④ 순환 논증의 오류
⑤ 복합 질문의 오류

06 다음 중 시간을 관리하는 방법의 성격이 다른 것은?

① 시험시간마다 OMR카드 오기입 등 실수를 자주 하는 현수는 수능 때 검토시간을 만들어 보고자 시험 종료 15분 전까지 모든 문제를 푸는 연습을 하였다.
② 다음 달에 첫 출근을 하는 희수는 집으로부터 45분 거리에 있으나 출근 정시로부터 1시간 20분 전에 출발하기로 하였다.
③ 이마누엘 칸트는 매일 똑같은 시간에 똑같은 장소에서 산책하였다고 한다.
④ 집에서 30분 거리에 있는 곳에서 친구와 만나기로 한 기현이는 약속시간보다 30분 일찍 출발했다.
⑤ K사 고객지원팀에 근무하는 예서는 어제 쌓인 고객 문의를 확인하고자 평소보다 1시간 일찍 도착하였다.

07 다음 중 승진의 기본 원칙과 그 내용이 바르게 짝지어진 것은?

	승진보상의 크기	승진보상의 배분	공헌의 측정 기준
①	적정선의 원칙	합리성의 원칙	공정성의 원칙
②	적정선의 원칙	공정성의 원칙	합리성의 원칙
③	공정성의 원칙	적정선의 원칙	합리성의 원칙
④	공정성의 원칙	합리성의 원칙	적정선의 원칙
⑤	합리성의 원칙	적정선의 원칙	공정성의 원칙

08 다음 글을 읽고 빈칸에 들어갈 말로 가장 적절한 것은?

> _____(이)란 공통의 문제 또는 과제를 해결하기 위해 성격이 다른 2종 이상의 기술을 결합하여 다학제간 연구를 통해 도출된 기술을 뜻한다. 스마트폰이 대표적인 사례이며, 최근 자동차에 컴퓨터 기능을 넣는 등 그 범위가 점차 확장되고 있다.

① 빅데이터   ② 블록체인
③ 로봇공학   ④ 융합기술
⑤ 알고리즘

※ 다음 글을 읽고 이어지는 질문에 답하시오. [9~10]

> 국립과학수사연구원은 교통안전공단과 함께 합동조사 결과 지난달 십여 명이 부상을 입은 ××역 에스컬레이터의 역주행 사고는 내부 모터의 감속기를 연결하는 연결부 부분에 우수의 유입 및 부품 노후화 등으로 인한 마모로 발생하였을 것이라 밝혔다. 모터의 동력 전달 불량으로 제동장치가 작동하지 않았고 탑승객 하중을 견디지 못하여 역주행 사고가 발생한 것이라 추정한 것이다. 국립과학수사연구소에서는 사고의 정확한 원인을 밝히기 위해 이상이 발생한 부품을 수거하여 정밀 감식을 진행 후 정확한 원인을 밝힐 것이라고 말했다.

09 사고예방대책의 원리 5단계 중 윗글에 해당하는 단계는 어느 단계인가?

① 안전 관리 조직   ② 사실의 발견
③ 평가 및 분석   ④ 시정책의 선정
⑤ 시정책의 적용

10 위 사고의 정밀 감식 결과 사고의 원인은 에스컬레이터에서 걷거나 뛰는 행위로 인한 반복적이고 지속적인 충격하중으로 밝혀졌다고 한다. 이는 재해의 원인 중 어느 것에 속하는가?

① 기술(Engineering)
② 규제(Enforcement)
③ 사람(Man)
④ 매체(Media)
⑤ 기계(Mechanic)

11 다음 중 기술선택에 대한 설명으로 옳지 않은 것을 〈보기〉에서 모두 고르면?

> **보기**
>
> ㄱ. 상향식 기술선택은 기술경영진과 기술기획자들의 분석을 통해 기업이 필요한 기술 및 기술수준을 결정하는 방식이다.
> ㄴ. 하향식 기술선택은 전적으로 기술자들의 흥미 위주로 기술을 선택하여 고객의 요구사항과는 거리가 먼 제품이 개발될 수 있다.
> ㄷ. 수요자 및 경쟁자의 변화와 기술 변화 등을 분석해야 한다.
> ㄹ. 기술능력과 생산능력, 재무능력 등의 내부 역량을 고려하여 기술을 선택한다.
> ㅁ. 기술선택 시 최신 기술로 진부화될 가능성이 적은 기술을 최우선순위로 결정한다.

① ㄱ, ㄴ, ㄹ
② ㄱ, ㄴ, ㅁ
③ ㄴ, ㄷ, ㄹ
④ ㄴ, ㄹ, ㅁ
⑤ ㄷ, ㄹ, ㅁ

12 다음 중 OJT에 대한 설명으로 옳은 것은?

① 별도의 외부 기관을 통해 직무 교육을 받으며 기업에 적응할 수 있도록 돕는 시스템이다.
② 지도자는 교육자가 스스로 깨달아야 하므로 지식을 전달하는 능력은 부족하여도 무관하다.
③ OJT는 과거에는 없던 최신식 신입사원 직무 교육 과정이다.
④ 신입사원에게 직무 경험을 쌓을 수 있는 기회를 제공한다.
⑤ 보통 같은 신입사원끼리 짝을 이루어 경쟁하는 과정에서 직무를 익힌다.

13 H대리는 새로 입사한 W사원의 교육을 담당하게 되었다. 다음 중 신입사원의 교육 절차로 옳은 것은?

① 교육 목표 수립 – 교육 계획 수립 – 교육 실시 – 교육 평가
② 교육 계획 수립 – 교육 목표 수립 – 교육 실시 – 교육 평가
③ 교육 실시 – 교육 평가 – 교육 목표 수립 – 교육 계획 수립
④ 교육 목표 수립 – 교육 실시 – 교육 계획 – 수립 교육 평가
⑤ 교육 실시 – 교육 목표 수립 – 교육 평가 – 교육 계획 수립

14 다음 글을 읽고 보인 반응으로 적절하지 않은 것은?

> 열차 내에서의 범죄가 급격하게 증가함에 따라 한국철도공사는 열차 내에서의 범죄 예방과 안전 확보를 위해 2023년까지 현재 운행하고 있는 열차의 모든 객실에 CCTV를 설치하고, 모든 열차 승무원에게 보디캠을 지급하겠다고 밝혔다.
> CCTV는 열차 종류에 따라 운전실에서 비상시 실시간으로 상황을 파악할 수 있는 '네트워크 방식'과 각 객실에서의 영상을 저장하는 '개별 독립 방식'의 2가지 방식으로 사용 및 설치가 진행될 예정이며, 객실에는 사각지대를 없애기 위해 4대 가량의 CCTV가 설치된다. 이 중 2대는 휴대 물품 도난 방지 등을 위해 휴대 물품 보관대 주변에 위치하게 된다.
> 이에 따라 한국철도공사는 CCTV 제품 품평회를 가져 제품의 형태와 색상, 재질 등에 대한 의견을 나누고 각 제품이 실제로 열차 운행 시 진동과 충격 등에 적합한지 시험을 거친 후 도입할 예정이다.

① 현재는 모든 열차에 CCTV가 설치되어 있진 않겠군.
② 과거에 비해 승무원에 대한 승객의 범죄행위 증거 취득이 유리해지겠군.
③ CCTV의 설치를 통해 인적 피해와 물적 피해 모두 예방할 수 있겠군.
④ CCTV의 설치를 통해 실시간으로 모든 객실을 모니터링할 수 있겠군.
⑤ CCTV의 내구성뿐만 아니라 외적인 디자인도 제품 선택에 영향을 줄 수 있겠군.

15 다음 중 (가) ~ (다)에 들어갈 접속사를 순서대로 바르게 나열한 것은?

무더운 여름 기차나 지하철을 타면 "실내가 춥다는 민원이 있어 냉방을 줄인다."라는 안내방송을 손쉽게 들을 수 있을 정도로 우리는 쾌적한 기차와 지하철을 이용할 수 있는 시대에 살고 있다. _____(가)_____ 이러한 쾌적한 환경을 누리기 시작하게 된 것은 그리 오래되지 않은 일이다. 1825년 세계 최초로 영국의 증기기관차가 시속 16km로 첫 주행을 시작하였고, 이 당시까지만 해도 열차 내의 유일한 냉방 수단은 창문뿐이었다. 열차에 에어컨이 설치되기 시작된 것은 100년이 더 지난 1930년대 초반 미국에서였고, 우리나라는 이보다 훨씬 후인 1969년 지금의 새마을호라 불리는 '관광호'에서였다. 이는 국내에 최초로 철도가 개통된 1899년 이후 70년 만으로, '관광호' 이후 국내에 도입된 특급열차들은 대부분 전기 냉난방시설을 갖추게 되었다.
_____(나)_____ 지하철의 에어컨 도입은 열차보다 훨씬 늦었는데, 이는 우리나라뿐만 아니라 해외도 마찬가지였으며, 실제로 영국의 경우 아직도 지하철에 에어컨이 없다.
우리나라는 1974년 서울 지하철이 개통되었는데, 이 당시 객실에는 천장에 달린 선풍기가 전부였기 때문에 한여름에는 땀 냄새가 가득한 찜통 지하철이 되었다. _____(다)_____ 1983년이 되어서야 에어컨이 설치된 지하철이 등장하기 시작하였고, 기존에 에어컨이 설치되지 않았던 지하철들은 1989년이 되어서야 선풍기를 떼어내고 에어컨으로 교체하기 시작하였다.

	(가)	(나)	(다)
①	따라서	그래서	마침내
②	하지만	반면	마침내
③	하지만	왜냐하면	그래서
④	왜냐하면	반면	마침내
⑤	반면	왜냐하면	그래서

16 다음 글의 내용으로 가장 적절한 것은?

한국철도공사는 철도시설물 점검 자동화에 '스마트글라스'를 활용하겠다고 밝혔다. 스마트글라스란 안경처럼 착용하는 스마트 기기로 검사와 판독, 데이터 송수신과 보고서 작성까지 모든 동작이 음성인식을 바탕으로 작동한다. 이를 활용하여 작업자는 스마트글라스 액정에 표시된 내용에 따라 철도시설물을 점검하고, 이를 음성 명령을 통해 사진 촬영 후 해당 정보와 검사 결과를 전송해 보고서로 작성한다.

작업자들은 스마트글라스의 사용으로 직접 자료를 조사하고 측정한 내용을 바탕으로 시스템 속 여러 단계에 거쳐 수기 입력하던 기존 방식에서 벗어나 이 일련의 과정들을 중앙 서버를 통해 한 번에 처리할 수 있게 되었다.

이와 같은 스마트 기기의 도입은 중앙 서버의 효율적 종합 관리를 가능하게 할 뿐만 아니라 작업자의 안전도 향상에도 크게 기여하였다. 이는 작업자들이 음성인식이 가능한 스마트글라스를 사용함으로써 두 손이 자유로워져 추락 사고를 방지할 수 있게 되었고, 또 스마트글라스 내부 센서가 충격과 기울기를 감지할 수 있어 작업자에게 위험한 상황이 발생하면 지정된 컴퓨터로 바로 통보되는 시스템을 갖추었기 때문이다.

한국철도공사는 주요 거점 현장을 시작으로 스마트글라스를 보급하여 성과 분석을 거치고 내년부터는 현장 보급을 확대하겠다고 밝혔으며, 국내 철도 환경에 맞춰 스마트글라스 시스템을 개선하기 위해 현장 검증을 진행하고 스마트글라스를 통해 측정된 데이터를 총괄 제어할 수 있도록 안전점검 플랫폼 망도 마련할 예정이다.

더불어 스마트글라스를 통해 기존의 인력 중심 시설점검을 간소화시켜 효율성과 안전성을 향상시키고, 나아가 철도에 맞춤형 스마트 기술을 도입시켜 시설물 점검뿐만 아니라 유지보수 작업도 가능하도록 철도기술 고도화에 힘쓰겠다고 전했다.

① 작업자의 음성인식을 통해 철도시설물의 점검 및 보수 작업이 가능해졌다.
② 스마트글라스의 도입으로 철도시설물 점검의 무인작업이 가능해졌다.
③ 스마트글라스의 도입으로 철도시설물 점검 작업 시 안전사고 발생 횟수가 감소하였다.
④ 스마트글라스의 도입으로 철도시설물 작업 시간 및 인력이 감소하고 있다.
⑤ 스마트글라스의 도입으로 작업자의 안전사고 발생을 바로 파악할 수 있게 되었다.

17 다음 글에 대한 설명으로 적절하지 않은 것은?

2016년 4월 27일 오전 7시 20분경 임실역에서 익산으로 향하던 열차가 전기 공급 중단으로 멈추는 사고가 발생해 약 50여 분간 열차 운행이 중단되었다. 원인은 바로 전차선에 지은 까치집 때문이었는데, 까치가 집을 지을 때 사용하는 젖은 나뭇가지나 철사 등이 전선과 닿거나 차로에 떨어져 합선과 단전을 일으키게 된 것이다.

비록 이번 사고는 단전에서 끝났지만, 고압 전류가 흐르는 전차선인 만큼 철사와 젖은 나뭇가지만으로도 자칫하면 폭발사고로 이어질 우려가 있다. 지난 5년간 까치집으로 인한 단전사고는 한 해 평균 3~4건이 발생하고 있으며, 한국철도공사는 사고방지를 위해 까치집 방지 설비를 설치하고 설비가 없는 구간은 작업자가 육안으로 까치집 생성 여부를 확인해 제거하고 있는데, 이렇게 제거해 온 까치집 수가 연평균 8,000개에 달하고 있다. 하지만 까치집은 빠르면 불과 4시간 만에 완성되어 작업자들에게 큰 곤욕을 주고 있다.

이에 한국철도공사는 전차선로 주변 까치집 제거의 효율성과 신속성을 높이기 위해 인공지능(AI)과 사물인터넷(IoT) 등 첨단 기술을 활용하기에 이르렀다. 열차 운전실에 영상 장비를 설치해 달리는 열차에서 전차선을 촬영한 화상 정보를 인공지능으로 분석해 까치집 등의 위험 요인을 찾아 해당 위치와 현장 이미지를 작업자에게 실시간으로 전송하는 '실시간 까치집 자동 검출 시스템'을 개발한 것이다. 하지만 시속 150km로 빠르게 달리는 열차에서 까치집 등의 위험 요인을 실시간으로 판단해 전송하는 것이다 보니 그 정확도는 65%에 불과했다.

이에 한국철도공사는 전차선과 까치집을 정확하게 식별하기 위해 인공지능이 스스로 학습하는 '딥러닝' 방식을 도입했고, 전차선을 구성하는 복잡한 구조 및 까치집과 유사한 형태를 빅데이터로 분석해 이미지를 구분하는 학습을 실시한 결과 까치집 검출 정확도는 95%까지 상승했다. 또한 해당 이미지를 실시간 문자메시지로 작업자에게 전송해 위험 요소와 위치를 인지시켜 현장에 적용할 수 있다는 사실도 확인했다. 현재는 이와 더불어 정기열차가 운행하지 않거나 작업자가 접근하기 쉽지 않은 차량 정비 시설 등에 드론을 띄워 전차선의 까치집을 발견 및 제거하는 기술도 시범 운영하고 있다.

① 인공지능도 학습을 통해 그 정확도를 향상시킬 수 있다.
② 빠른 속도에서 인공지능의 사물 식별 정확도는 낮아진다.
③ 사람의 접근이 불가능한 곳에 위치한 까치집의 제거도 가능해졌다.
④ 까치집 자동 검출 시스템을 통해 실시간으로 까치집 제거가 가능해졌다.
⑤ 인공지능 등의 스마트 기술 도입으로 까치집 생성의 감소를 기대할 수 있다.

18 K인터넷카페의 4월 회원 수는 260명 미만이었고, 남녀의 비는 2 : 3이었다. 5월에는 남자보다 여자가 2배 더 가입하여 남녀의 비는 5 : 8이 되었고, 전체 회원 수는 320명을 넘었다. 5월 전체 회원의 수는?

① 322명   ② 323명

③ 324명   ④ 325명

⑤ 326명

19 다음은 철도운임의 공공할인 제도에 대한 내용이다. 심하지 않은 장애를 가진 A씨가 보호자 1명과 함께 열차를 이용하여 주말여행을 다녀왔을 때, 두 사람은 왕복 운임의 몇 %를 할인받았는가?(단, 열차의 종류와 노선 길이가 동일한 경우 요일에 따른 요금 차이는 없다고 가정한다)

- A씨와 보호자의 여행 일정
  - 2023년 3월 11일(토) 서울 → 부산 : KTX
  - 2023년 3월 13일(월) 부산 → 서울 : KTX
- 장애인 공공할인 제도(장애의 정도가 심한 장애인은 보호자 포함)

구분	KTX	새마을호	무궁화호 이하
장애의 정도가 심한 장애인	50%	50%	50%
장애의 정도가 심하지 않은 장애인	30% (토 · 일 · 공휴일 제외)	30% (토 · 일 · 공휴일 제외)	

① 7.5%   ② 12.5%

③ 15%   ④ 25%

⑤ 30%

20 다음 자료에 대한 설명으로 가장 적절한 것은?

• **KTX 마일리지 적립**
 − KTX 이용 시 결제금액의 5%가 기본 마일리지로 적립됩니다.
 − 더블적립(×2) 열차로 지정된 열차는 추가로 5%가 적립(결제금액의 총 10%)됩니다.
  ※ 더블적립 열차는 홈페이지 및 코레일톡 애플리케이션에서만 구매 가능
 − 선불형 교통카드 Rail+(레일플러스)로 승차권을 결제하는 경우 1% 보너스 적립도 제공되어 최대 11% 적립이 가능합니다.
 − 마일리지를 적립받고자 하는 회원은 승차권을 발급받기 전에 코레일 멤버십카드 제시 또는 회원번호 및 비밀번호 등을 입력해야 합니다.
 − 해당 열차 출발 후에는 마일리지를 적립받을 수 없습니다.

• **회원 등급 구분**

구분	등급 조건	제공 혜택
VVIP	• 반기별 승차권 구입 시 적립하는 마일리지가 8만 점 이상인 고객 또는 기준일부터 1년간 16만 점 이상 고객 중 매년 반기 익월 선정	• 비즈니스 회원 혜택 기본 제공 • KTX 특실 무료 업그레이드 쿠폰 6매 제공 • 승차권 나중에 결제하기 서비스 (열차 출발 3시간 전까지)
VIP	• 반기별 승차권 구입 시 적립하는 마일리지가 4만 점 이상인 고객 또는 기준일부터 1년간 8만 점 이상 고객 중 매년 반기 익월 선정	• 비즈니스 회원 혜택 기본 제공 • KTX 특실 무료 업그레이드 쿠폰 2매 제공
비즈니스	• 철도 회원으로 가입한 고객 중 최근 1년간 온라인에서 로그인한 기록이 있거나, 회원으로 구매실적이 있는 고객	• 마일리지 적립 및 사용 가능 • 회원 전용 프로모션 참가 가능 • 열차 할인상품 이용 등 기본서비스와 멤버십 제휴서비스 등 부가서비스 이용
패밀리	• 철도 회원으로 가입한 고객 중 최근 1년간 온라인에서 로그인한 기록이 없거나, 회원으로 구매실적이 없는 고객	• 멤버십 제휴서비스 및 코레일 멤버십 라운지 이용 등의 부가서비스 이용 제한 • 휴면 회원으로 분류 시 별도 관리하며, 본인 인증 절차로 비즈니스 회원으로 전환 가능

 − 마일리지는 열차 승차 다음날 적립되며, 지연료를 마일리지로 적립하신 실적은 등급 산정에 포함되지 않습니다.
 − KTX 특실 무료 업그레이드 쿠폰 유효기간은 6개월이며, 반기별 익월 10일 이내에 지급됩니다.
 − 실적의 연간 적립 기준일은 7월 지급의 경우 전년도 7월 1일부터 당해 연도 6월 30일까지 실적이며, 1월 지급은 전년도 1월 1일부터 전년도 12월 31일까지의 실적입니다.
 − 코레일에서 지정한 추석 및 설 명절 특별수송기간의 승차권은 실적 적립 대상에서 제외됩니다.
 − 회원 등급 기준 및 혜택은 사전 공지 없이 변경될 수 있습니다.
 − 승차권 나중에 결제하기 서비스는 총 편도 2건 이내에서 제공되며, 3회 자동 취소 발생(열차 출발 전 3시간 내 미결재) 시 서비스가 중지됩니다. 리무진+승차권 결합 발권은 2건으로 간주되며, 정기권, 특가상품 등은 나중에 결제하기 서비스 대상에서 제외됩니다.

① 코레일에서 운행하는 모든 열차는 이용할 때마다 결제금액의 최소 5%가 KTX 마일리지로 적립된다.
② 회원 등급이 높아져도 열차 탑승 시 적립되는 마일리지는 동일하다.
③ 비즈니스 등급은 기업회원을 구분하는 명칭이다.
④ 6개월간 마일리지 4만 점을 적립하더라도 VIP 등급을 부여받지 못할 수 있다.
⑤ 회원 등급이 높아도 승차권을 정가보다 저렴하게 구매할 수 있는 방법은 없다.

〈2023 한국의 국립공원 기념주화 예약 접수〉

- 우리나라 자연환경의 아름다움과 생태 보전의 중요성을 널리 알리기 위해 한국은행은 한국의 국립공원 기념주화 3종(설악산, 치악산, 월출산)을 발행할 예정임
- 예약 접수일 : 3월 2일(목) ~ 3월 17일(금)
- 배부 시기 : 2023년 4월 28일(금)부터 예약자가 신청한 방법으로 배부
- 기념주화 상세

화종	앞면	뒷면
은화Ⅰ - 설악산		
은화Ⅱ - 치악산		
은화Ⅲ - 월출산		

- 발행량 : 화종별 10,000장씩 총 30,000장
- 신청 수량 : 단품 및 3종 세트로 구분되며 단품과 세트에 중복신청 가능
  - 단품 : 1인당 화종별 최대 3장
  - 3종 세트 : 1인당 최대 3세트
- 판매 가격 : 액면금액에 판매 부대비용(케이스, 포장비, 위탁판매수수료 등)을 부가한 가격
  - 단품 : 각 63,000원(액면가 50,000원＋케이스 등 부대비용 13,000원)
  - 3종 세트 : 186,000원(액면가 150,000원＋케이스 등 부대비용 36,000원)
- 접수 기관 : 우리은행, 농협은행, 한국조폐공사
- 예약 방법 : 창구 및 인터넷 접수
  - 창구 접수
    신분증[주민등록증, 운전면허증, 여권(내국인), 외국인등록증(외국인)]을 지참하고 우리·농협은행 영업점을 방문하여 신청
  - 인터넷 접수
    ① 우리·농협은행의 계좌를 보유한 고객은 개시일 9시부터 마감일 23시까지 홈페이지에서 신청
    ② 한국조폐공사 온라인 쇼핑몰에서는 가상계좌 방식으로 개시일 9시부터 마감일 23시까지 신청
- 구입 시 유의사항
  - 수령자 및 수령지 등 접수 정보가 중복될 경우 단품별 10장, 3종 세트 10세트만 추첨 명단에 등록
  - 비정상적인 경로나 방법으로 접수할 경우 당첨을 취소하거나 배송을 제한

21 다음 중 한국의 국립공원 기념주화 발행 사업의 내용으로 옳은 것은?

① 국민들을 대상으로 예약 판매를 실시하며, 외국인에게는 판매하지 않는다.

② 1인당 구매 가능한 최대 주화 수는 10장이다.

③ 기념주화를 구입하기 위해서는 우리·농협은행 계좌를 사전에 개설해 두어야 한다.

④ 사전예약을 받은 뒤, 예약 주문량에 맞추어 제한된 수량만 생산한다.

⑤ 한국조폐공사를 통한 예약 접수는 온라인에서만 가능하다.

22 외국인 A씨는 이번에 발행되는 기념주화를 예약 주문하려고 한다. 다음 상황을 참고하여 A씨가 기념주화 구매 예약을 할 수 있는 방법으로 옳은 것은?

〈외국인 A씨의 상황〉

• A씨는 국내에 거주 중으로 거주 외국인으로 등록된 사람이다.

• A씨의 명의로 국내은행에 개설된 계좌는 총 2개로, 신한은행, 한국씨티은행에 각 1개씩이다.

• A씨는 우리은행이나 농협은행과는 거래이력이 없다.

① 여권을 지참하고 우리은행이나 농협은행 지점을 방문한다.

② 한국조폐공사 온라인 쇼핑몰에서 신용카드를 사용한다.

③ 계좌를 보유한 신한은행이나 한국씨티은행의 홈페이지를 통해 신청한다.

④ 외국인등록증을 지참하고 우리은행이나 농협은행 지점을 방문한다.

⑤ 우리은행이나 농협은행의 홈페이지에서 신청한다.

23 다음은 기념주화를 예약한 5명의 신청내역이다. 이 중 가장 많은 금액을 지불한 사람의 구매 금액은?

(단위 : 세트, 장)

구매자	3종 세트	단품		
		은화 I - 설악산	은화 II - 치악산	은화 III - 월출산
A	2	1	-	-
B	-	2	3	3
C	2	1	1	-
D	3	-	-	-
E	1	-	2	2

① 558,000원

② 561,000원

③ 563,000원

④ 564,000원

⑤ 567,000원

※ 다음은 노인맞춤돌봄서비스 홍보를 위한 안내문이다. 이를 읽고 이어지는 질문에 답하시오. [24~25]

<노인맞춤돌봄서비스 지금 신청하세요!>

• 노인맞춤돌봄서비스 소개
  일상생활 영위가 어려운 취약노인에게 적절한 돌봄서비스를 제공하여 안정적인 노후생활 보장 및 노인의 기능, 건강 유지를 통해 기능 약화를 예방하는 서비스

• 서비스 내용
  − 안전지원서비스 : 이용자의 전반적인 삶의 안전 여부를 전화, ICT 기기를 통해 확인하는 서비스
  − 사회참여서비스 : 집단프로그램 등을 통해 사회적 참여의 기회를 지원하는 서비스
  − 생활교육서비스 : 다양한 프로그램으로 신체적, 정신적 기능을 유지・강화하는 서비스
  − 일상생활지원서비스 : 이동 동행, 식사준비, 청소 등 일상생활을 지원하는 서비스
  − 연계서비스 : 민간 후원, 자원봉사 등을 이용자에게 연계하는 서비스
  − 특화서비스 : 은둔형・우울형 집단을 분리하여 상담 및 진료를 지원하는 서비스

• 선정 기준
  만 65세 이상 국민기초생활수급자, 차상위계층, 또는 기초연금수급자로서 유사 중복사업 자격에 해당하지 않는 자
  ※ 유사 중복사업
    1. 노인장기요양보험 등급자
    2. 가사 간병방문 지원 사업 대상자
    3. 국가보훈처 보훈재가복지서비스 이용자
    4. 장애인 활동지원 사업 이용자
    5. 기타 지방자치단체에서 시행하는 서비스 중 노인맞춤돌봄서비스와 유사한 재가서비스

• 특화서비스 선정 기준
  − 은둔형 집단 : 가족, 이웃 등과 관계가 단절된 노인으로서 민・관의 복지지원 및 사회안전망과 연결되지 않은 노인
  − 우울형 집단 : 정신건강 문제로 인해 일상생활 수행의 어려움을 겪거나 가족・이웃 등과의 관계 축소 등으로 자살, 고독사 위험이 높은 노인
  ※ 고독사 및 자살 위험이 높다고 판단되는 경우 만 60세 이상으로 하향 조정 가능

┃ 국민건강보험공단 / 문제해결능력

24 다음 중 윗글에 대한 설명으로 적절하지 않은 것은?

① 노인맞춤돌봄서비스를 받기 위해서는 만 65세 이상의 노인이어야 한다.
② 노인맞춤돌봄서비스는 노인의 정신적 기능 계발을 위한 서비스를 제공한다.
③ 은둔형 집단, 우울형 집단의 노인은 특화서비스를 통해 상담 및 진료를 받을 수 있다.
④ 노인맞춤돌봄서비스를 통해 노인의 현재 안전상황을 모니터링할 수 있다.

25 다음은 K동 독거노인의 방문조사 결과이다. 조사한 인원 중 노인맞춤돌봄서비스 신청이 불가능한 사람은 모두 몇 명인가?

〈K동 독거노인 방문조사 결과〉

이름	성별	나이	소득수준	행정서비스 현황	특이사항
A	여	만 62세	차상위계층	–	우울형 집단
B	남	만 78세	기초생활수급자	국가유공자	–
C	남	만 81세	차상위계층	–	–
D	여	만 76세	기초연금수급자	–	–
E	여	만 68세	기초연금수급자	장애인 활동지원	–
F	여	만 69세			
G	남	만 75세	기초연금수급자	가사 간병방문	–
H	여	만 84세	–		–
I	여	만 63세	차상위계층		우울형 집단
J	남	만 64세	차상위계층	–	
K	여	만 84세	기초연금수급자	보훈재가복지	–

① 4명
③ 6명

② 5명
④ 7명

26 지난 5년간 소득액수가 동일한 A씨의 2023년 장기요양보험료가 2만 원일 때, 2021년의 장기요양보험료는?(단, 모든 계산은 소수점 첫째 자리에서 반올림한다)

〈2023년도 장기요양보험료율 결정〉

2023년도 소득 대비 장기요양보험료율은 2022년 0.86% 대비 0.05%p 인상된 0.91%로 결정되었다. 장기요양보험료는 건강보험료에 장기요양보험료율을 곱하여 산정되는데, 건강보험료 대비 장기요양보험료율은 2023년 12.81%로 2022년 12.27% 대비 4.40%가 인상된다.

이번 장기요양보험료율은 초고령사회를 대비하여 장기요양보험의 수입과 지출의 균형 원칙을 지키면서 국민들의 부담 최소화와 제도의 안정적 운영 측면을 함께 고려하여 논의·결정하였다.

특히, 빠른 고령화에 따라 장기요양 인정자 수의 증가로 지출 소요가 늘어나는 상황이나, 어려운 경제여건을 고려하여 2018년도 이후 최저 수준으로 보험료율이 결정되었다.

*장기요양보험료율(소득 대비) 추이 : ('18) 0.46% → ('19) 0.55% → ('20) 0.68% → ('21) 0.79% → ('22) 0.86% → ('23) 0.91%

① 16,972원
③ 17,363원

② 17,121원
④ 18,112원

27 다음은 국민건강보험법의 일부이다. 이에 대한 설명으로 적절하지 않은 것은?

급여의 제한(제53조)

① 공단은 보험급여를 받을 수 있는 사람이 다음 각 호의 어느 하나에 해당하면 보험급여를 하지 아니한다.

　　1. 고의 또는 중대한 과실로 인한 범죄행위에 그 원인이 있거나 고의로 사고를 일으킨 경우

　　2. 고의 또는 중대한 과실로 공단이나 요양기관의 요양에 관한 지시에 따르지 아니한 경우

　　3. 고의 또는 중대한 과실로 제55조에 따른 문서와 그 밖의 물건의 제출을 거부하거나 질문 또는 진단을 기피한 경우

　　4. 업무 또는 공무로 생긴 질병·부상·재해로 다른 법령에 따른 보험급여나 보상(報償) 또는 보상(補償)을 받게 되는 경우

② 공단은 보험급여를 받을 수 있는 사람이 다른 법령에 따라 국가나 지방자치단체로부터 보험급여에 상당하는 급여를 받거나 보험급여에 상당하는 비용을 지급받게 되는 경우에는 그 한도에서 보험급여를 하지 아니한다.

③ 공단은 가입자가 대통령령으로 정하는 기간 이상 다음 각 호의 보험료를 체납한 경우 그 체납한 보험료를 완납할 때까지 그 가입자 및 피부양자에 대하여 보험급여를 실시하지 아니할 수 있다. 다만, 월별 보험료의 총체납횟수(이미 납부된 체납보험료는 총체납횟수에서 제외하며, 보험료의 체납기간은 고려하지 아니한다)가 대통령령으로 정하는 횟수 미만이거나 가입자 및 피부양자의 소득·재산 등이 대통령령으로 정하는 기준 미만인 경우에는 그러하지 아니하다.

　　1. 제69조 제4항 제2호에 따른 소득월액보험료

　　2. 제69조 제5항에 따른 세대단위의 보험료

④ 공단은 제77조 제1항 제1호에 따라 납부의무를 부담하는 사용자가 제69조 제4항 제1호에 따른 보수월액보험료를 체납한 경우에는 그 체납에 대하여 직장가입자 본인에게 귀책사유가 있는 경우에 한하여 제3항의 규정을 적용한다. 이 경우 해당 직장가입자의 피부양자에게도 제3항의 규정을 적용한다.

⑤ 제3항 및 제4항에도 불구하고 제82조에 따라 공단으로부터 분할납부 승인을 받고 그 승인된 보험료를 1회 이상 낸 경우에는 보험급여를 할 수 있다. 다만, 제82조에 따른 분할납부 승인을 받은 사람이 정당한 사유 없이 5회(같은 조 제1항에 따라 승인받은 분할납부 횟수가 5회 미만인 경우에는 해당 분할납부 횟수를 말한다) 이상 그 승인된 보험료를 내지 아니한 경우에는 그러하지 아니하다.

---

① 공단의 요양에 관한 지시를 고의로 따르지 아니할 경우 보험급여가 제한된다.

② 지방자치단체로부터 보험급여에 해당하는 급여를 받으면 그 한도에서 보험급여를 하지 않는다.

③ 관련 법조항에 따라 분할납부가 승인되면 분할납부가 완료될 때까지 보험급여가 제한될 수 있다.

④ 승인받은 분할납부 횟수가 4회일 경우 정당한 사유 없이 4회 이상 보험료를 내지 않으면 보험급여가 제한된다.

28 다음은 2022년 시도별 공공의료기관 인력 현황에 대한 자료이다. 전문의 의료 인력 대비 간호사 인력 비율이 가장 높은 지역은?

〈시도별 공공의료기관 인력 현황〉

(단위 : 명)

시·도	일반의	전문의	레지던트	간호사
서울	35	1,905	872	8,286
부산	5	508	208	2,755
대구	7	546	229	2,602
인천	4	112	0	679
광주	4	371	182	2,007
대전	3	399	163	2,052
울산	0	2	0	8
세종	0	118	0	594
경기	14	1,516	275	6,706
강원	4	424	67	1,779
충북	5	308	89	1,496
충남	2	151	8	955
전북	2	358	137	1,963
전남	9	296	80	1,460
경북	7	235	0	1,158
경남	9	783	224	4,004
제주	0	229	51	1,212

① 서울
② 울산
③ 경기
④ 충남

29 다음은 시도별 지역사회 정신건강 예산에 대한 자료이다. 2021년 대비 2022년 정신건강 예산의 증가액이 가장 큰 지역부터 순서대로 바르게 나열한 것은?

〈시도별 지역사회 정신건강 예산〉

시·도	2022년		2021년	
	정신건강 예산(천 원)	인구 1인당 지역사회 정신건강 예산(원)	정신건강 예산(천 원)	인구 1인당 지역사회 정신건강 예산(원)
서울	58,981,416	6,208	53,647,039	5,587
부산	24,205,167	7,275	21,308,849	6,373
대구	12,256,595	5,133	10,602,255	4,382
인천	17,599,138	5,984	12,662,483	4,291
광주	13,479,092	9,397	12,369,203	8,314
대전	14,142,584	9,563	12,740,140	8,492
울산	6,497,177	5,782	5,321,968	4,669
세종	1,515,042	4,129	1,237,124	3,546
제주	5,600,120	8,319	4,062,551	6,062

① 서울 – 세종 – 인천 – 대구 – 제주 – 대전 – 울산 – 광주 – 부산
② 서울 – 인천 – 부산 – 대구 – 제주 – 대전 – 울산 – 광주 – 세종
③ 서울 – 대구 – 인천 – 대전 – 부산 – 세종 – 울산 – 광주 – 제주
④ 서울 – 인천 – 부산 – 세종 – 제주 – 대전 – 울산 – 광주 – 대구

30 다음 중 $1^2 - 2^2 + 3^2 - 4^2 + \cdots + 199^2$의 값은?

① 17,500
② 19,900
③ 21,300
④ 23,400
⑤ 25,700

31 어떤 학급에서 이어달리기 대회 대표로 A ~ E학생 5명 중 3명을 순서와 상관없이 뽑을 수 있는 경우의 수는?

① 5가지
② 10가지
③ 20가지
④ 60가지
⑤ 120가지

32 커피 X 300g은 A원두와 B원두의 양을 1 : 2 비율로 배합하여 만들고, 커피 Y 300g은 A원두와 B원두의 양을 2 : 1 비율로 배합하여 만든다. 커피 X, Y 300g의 판매 가격이 각각 3,000원, 2,850원일 때, B원두의 100g당 원가는?(단, 판매가격은 원가의 합의 1.5배이다)

① 500원
② 600원
③ 700원
④ 800원
⑤ 1,000원

33 다음 〈보기〉의 단어들의 관계를 토대로 빈칸 ㉠에 들어갈 단어로 옳은 것은?

> **보기**
> • 치르다 – 지불하다
> • 연약 – 나약
> • 가쁘다 – 벅차다
> • 가뭄 – _____㉠_____

① 갈근
② 해수
③ 한발
④ 안건

(가) 경영학 측면에서도 메기 효과는 한국, 중국 등 고도 경쟁사회인 동아시아 지역에서만 제한적으로 사용되며 영미권에서는 거의 사용되지 않는다. 기획재정부의 조사에 따르면 메기에 해당하는 해외 대형 가구업체인 이케아(IKEA)가 국내에 들어오면서 청어에 해당하는 중소 가구업체의 입지가 더욱 좁아졌다고 한다. 이처럼 경영학 측면에서도 메기 효과는 과학적으로 검증되지 않은 가설이다.

(나) 결국 메기 효과는 과학적으로 증명되진 않았지만 '경쟁'의 양면성을 보여주는 가설이다. 기업의 경영에서 위협이 발생하였을 때, 위기감에 의한 성장 동력을 발현시킬 수는 있을 것이다. 그러나 무한 경쟁사회에서 규제 등의 방법으로 적정 수준을 유지하지 못한다면 거미의 등장으로 인해 폐사한 메뚜기와 토양처럼 거대한 위협이 기업과 사회를 항상 좋은 방향으로 이끌어나가지는 않을 것이다.

(다) 그러나 메기 효과가 전혀 시사점이 없는 것은 아니다. 이케아가 국내에 들어오면서 도산할 것으로 예상되었던 일부 국내 가구 업체들이 오히려 성장하는 현상 또한 관찰되고 있다. 강자의 등장으로 약자의 성장 동력이 어느 정도는 발현되었다는 것을 보여주는 사례라고 할 수 있다.

(라) 그러나 최근에는 메기 효과가 검증되지 않고 과장되어 사용되거나 심지어 거짓이라고 주장하는 사람들이 있다. 먼저 메기 효과의 기원부터 의문점이 있다. 메기는 민물고기로 바닷물고기인 청어는 메기와 연관점이 없으며, 실제로 북유럽의 어부들이 수조에 메기를 넣어 효과가 있었는지 검증되지 않았다. 실제로 2012년 『사이언스』에서 제한된 공간에 메뚜기와 거미를 두었을 때 메뚜기들은 포식자인 거미로 인해 스트레스의 수치가 증가하고 체내 질소 함량이 줄어들었고, 죽은 메뚜기에 포함된 질소 함량이 줄어들면서 토양 미생물이 줄어들고 황폐화되었다.

(마) 우리나라에서 '경쟁'과 관련된 이론 중 가장 유명한 것은 영국의 역사가 아널드 토인비가 주장했다고 하는 '메기 효과(Catfish Effect)'이다. 메기 효과란 냉장시설이 없었던 과거에 북유럽의 어부들이 잡은 청어를 싱싱하게 운반하기 위하여 수조 속에 천적인 메기를 넣어 끊임없이 움직이게 했다는 것이다. 이 가설은 경영학계에서 비유적으로 사용되어 기업의 경쟁력을 키우기 위해서는 적절한 위협과 자극이 필요하다고 주장하고 있다.

| K-water 한국수자원공사 / 의사소통능력

34 윗글의 문단을 논리적 순서대로 바르게 나열한 것은?

① (가) – (라) – (나) – (다) – (마)　　　② (다) – (마) – (가) – (나) – (라)
③ (마) – (가) – (라) – (다) – (나)　　　④ (마) – (라) – (가) – (다) – (나)

| K-water 한국수자원공사 / 의사소통능력

35 다음 중 윗글을 이해한 내용으로 적절하지 않은 것은?

① 거대기업의 출현은 해당 시장의 생태계를 파괴할 수도 있다.
② 메기 효과는 과학적으로 검증되지 않았으므로 낭설에 불과하다.
③ 발전을 위해서는 기업 간 경쟁을 적정 수준으로 유지해야 한다.
④ 메기 효과는 경쟁을 장려하는 사회에서 널리 사용되고 있다.

36 어느 회사에 입사하는 사원수를 조사하니 올해 남자 사원수는 작년에 비하여 8% 증가하고 여자 사원수는 10% 감소했다. 작년의 전체 사원은 820명이고, 올해는 작년에 비하여 10명이 감소하였다고 할 때, 올해의 여자 사원수는?

① 378명 　　　　　　　　　　　　② 379명

③ 380명 　　　　　　　　　　　　④ 381명

37 철호는 50만 원으로 K가구점에서 식탁 1개와 의자 2개를 사고, 남은 돈은 모두 장미꽃을 구매하는 데 쓰려고 한다. 판매하는 가구의 가격이 다음과 같을 때, 구매할 수 있는 장미꽃의 수는?(단, 장미꽃은 한 송이당 6,500원이다)

〈K가구점 가격표〉

종류	책상	식탁	침대	의자	옷장
가격	25만 원	20만 원	30만 원	10만 원	40만 원

※ 30만 원 이상 구매 시 10% 할인

① 20송이 　　　　　　　　　　　　② 21송이

③ 22송이 　　　　　　　　　　　　④ 23송이

38 다음 〈보기〉의 전제 1에서 항상 참인 결론을 이끌어 내기 위한 전제 2로 옳은 것은?

> **보기**
>
> • 전제 1 : 흰색 공을 가지고 있는 사람은 모두 검은색 공을 가지고 있지 않다.
> • 전제 2 : _____
> • 결론 : 흰색 공을 가지고 있는 사람은 모두 파란색 공을 가지고 있다.

① 검은색 공을 가지고 있는 사람은 모두 파란색 공을 가지고 있다.

② 파란색 공을 가지고 있지 않은 사람은 모두 검은색 공도 가지고 있지 않다.

③ 파란색 공을 가지고 있지 않은 사람은 모두 검은색 공을 가지고 있다.

④ 파란색 공을 가지고 있는 사람은 모두 검은색 공을 가지고 있다.

※ 다음은 보조배터리를 생산하는 K사의 시리얼 넘버에 대한 자료이다. 이어지는 질문에 답하시오.
[39~40]

〈시리얼 넘버 부여 방식〉

시리얼 넘버는 [제품 분류] – [배터리 형태][배터리 용량][최대 출력] – [고속충전 규격] – [생산날짜] 순서로 부여한다.

〈시리얼 넘버 세부사항〉

제품 분류	배터리 형태	배터리 용량	최대 출력
NBP : 일반형 보조배터리 CBP : 케이스 보조배터리 PBP : 설치형 보조배터리	LC : 유선 분리형 LO : 유선 일체형 DK : 도킹형 WL : 무선형 LW : 유선+무선	4 : 40,000mAh 이상 3 : 30,000mAh 이상 2 : 20,000mAh 이상 1 : 10,000mAh 이상	A : 100W 이상 B : 60W 이상 C : 30W 이상 D : 20W 이상 E : 10W 이상

고속충전 규격	생산날짜	
P31 : USB-PD3.1 P30 : USB-PD3.0 P20 : USB-PD2.0	B3 : 2023년 B2 : 2022년 … A1 : 2011년	1 : 1월 2 : 2월 … 0 : 10월 A : 11월 B : 12월	01 : 1일 02 : 2일 … 30 : 30일 31 : 31일

39 다음 〈보기〉 중 시리얼 넘버가 잘못 부여된 제품은 모두 몇 개인가?

> **보기**
>
> - NBP – LC4A – P20 – B2102
> - CBP – WK4A – P31 – B0803
> - NBP – LC3B – P31 – B3230
> - CNP – LW4E – P20 – A7A29
> - PBP – WL3D – P31 – B0515
> - CBP – LO3E – P30 – A9002
> - PBP – DK1E – P21 – A8B12
> - PBP – DK2D – P30 – B0331
> - NBP – LO3B – P31 – B2203
> - CBP – LC4A – P31 – B3104

① 2개
③ 4개
② 3개
④ 5개

40 K사 고객지원팀에 재직 중인 S주임은 보조배터리를 구매한 고객으로부터 다음과 같은 전화를 받았다. 해당 제품을 회사 데이터베이스에서 검색하기 위해 시리얼 넘버를 입력할 때, 고객이 보유 중인 제품의 시리얼 넘버로 가장 적절한 것은?

S주임 : 안녕하세요. K사 고객지원팀 S입니다. 무엇을 도와드릴까요?

고객 : 안녕하세요. 지난번에 구매한 보조배터리가 작동을 하지 않아서요.

S주임 : 네, 고객님. 해당 제품 확인을 위해 시리얼 넘버를 알려주시기 바랍니다.

고객 : 제품을 들고 다니면서 시리얼 넘버가 적혀 있는 부분이 지워졌네요. 어떻게 하면 되죠?

S주임 : 고객님 혹시 구매하셨을 때 동봉된 제품설명서를 가지고 계실까요?

고객 : 네, 가지고 있어요.

S주임 : 제품설명서 맨 뒤에 제품 정보가 적혀 있는데요. 순서대로 불러주시기 바랍니다.

고객 : 설치형 보조배터리에 70W, 24,000mAh의 도킹형 배터리이고, 규격은 USB-PD3.0이고, 생산날짜는 2022년 10월 12일이네요.

S주임 : 확인 감사합니다. 고객님 잠시만 기다려 주세요.

---

① PBP - DK2B - P30 - B1012
② PBP - DK2B - P30 - B2012
③ PBP - DK3B - P30 - B1012
④ PBP - DK3B - P30 - B2012

41 K하수처리장은 오수 1탱크를 정수로 정화하는 데 A ~ E 5가지 공정을 거친다고 한다. 공정당 소요시간이 다음과 같을 때 30탱크 분량의 오수를 정화하는 데 걸린 최소 시간은?(단, 공정별 걸린 시간에는 정비시간이 포함되어 있다)

〈K하수처리장 공정별 소요시간〉

공정	A	B	C	D	E
걸린 시간	4시간	6시간	5시간	4시간	6시간

① 181시간
② 187시간
③ 193시간
④ 199시간

42 다음은 1g당 80원인 A회사 우유와 1g당 50원인 B회사 우유를 각각 100g씩 섭취했을 때 얻을 수 있는 열량과 단백질의 양을 나타낸 표이다. 우유 A, B를 합하여 300g을 만들어 열량 490kcal 이상과 단백질 29g 이상을 얻으면서 가장 저렴하게 구입하였을 때, 그 가격은 얼마인가?

〈A, B회사 우유의 100g당 열량과 단백질의 양〉

식품 \ 성분	열량(kcal)	단백질(g)
A회사 우유	150	12
B회사 우유	200	5

① 20,000원
② 21,000원
③ 22,000원
④ 23,000원
⑤ 24,000원

43 다음은 S헬스 클럽의 회원들이 하루 동안 운동하는 시간을 조사하여 나타낸 도수분포표이다. 하루 동안 운동하는 시간이 80분 미만인 회원이 전체의 80%일 때, $A-B$의 값은?

시간(분)	회원 수(명)
0 이상 20 미만	1
20 이상 40 미만	3
40 이상 60 미만	8
60 이상 80 미만	A
80 이상 100 미만	B
합계	30

① 2
② 4
③ 6
④ 8
⑤ 10

44 A가게와 B가게에서의 연필 1자루당 가격과 배송비가 다음과 같을 때, 연필을 몇 자루 이상 구매해야 B가게에서 주문하는 것이 유리한가?

<구매정보>

구분	연필 가격	배송비
A가게	500원/자루	무료
B가게	420원/자루	2,500원/건

① 30자루
② 32자루
③ 34자루
④ 36자루
⑤ 38자루

45 S마스크 회사에서는 지난 달에 제품 A, B를 합하여 총 6,000개를 생산하였다. 이번 달에 생산한 양은 지난 달에 비하여 제품 A는 6% 증가하고, 제품 B는 4% 감소하여 전체 생산량은 2% 증가하였다고 한다. 이번 달 두 제품 A, B의 생산량의 차는 얼마인가?

① 1,500개
② 1,512개
③ 1,524개
④ 1,536개
⑤ 1,548개

46 다음 중 기계적 조직의 특징으로 적절한 것을 <보기>에서 모두 고르면?

보기
㉠ 변화에 맞춰 쉽게 변할 수 있다.
㉡ 상하 간 의사소통이 공식적인 경로를 통해 이루어진다.
㉢ 대표적으로 사내벤처팀, 프로젝트팀이 있다.
㉣ 구성원의 업무가 분명하게 규정되어 있다.
㉤ 다양한 규칙과 규제가 있다.

① ㉠, ㉡, ㉢
② ㉠, ㉣, ㉤
③ ㉡, ㉢, ㉣
④ ㉡, ㉣, ㉤
⑤ ㉢, ㉣, ㉤

47 다음 중 글로벌화에 대한 설명으로 적절하지 않은 것은?

① 범지구적 시스템과 네트워크 안에서 기업 활동이 이루어지는 국제경영이 중요시된다.

② 글로벌화가 이루어지면 시장이 확대되어 상대적으로 기업 경쟁이 완화된다.

③ 경제나 산업에서 벗어나 문화, 정치 등 다른 영역까지 확대되고 있다.

④ 활동 범위가 세계로 확대되는 것을 의미한다.

⑤ 다국적 기업의 증가에 따라 국가 간 경제통합이 강화되었다.

48 다음 중 팀워크에 대한 설명으로 적절하지 않은 것은?

① 조직에 대한 이해 부족은 팀워크를 저해하는 요소이다.

② 팀워크를 유지하기 위해 구성원은 공동의 목표의식과 강한 도전의식을 가져야 한다.

③ 공동의 목적을 달성하기 위해 상호관계성을 가지고 협력하여 업무를 수행하는 것이다.

④ 사람들이 집단에 머물도록 만들고, 집단의 멤버로서 계속 남아 있기를 원하게 만드는 힘이다.

⑤ 효과적인 팀은 갈등을 인정하고 상호신뢰를 바탕으로 건설적으로 해결한다.

49 다음은 협상과정 단계별 세부 수행 내용이다. 협상과정의 단계를 순서대로 바르게 나열한 것은?

> ㉠ 겉으로 주장하는 것과 실제로 원하는 것을 구분하여 실제로 원하는 것을 찾아낸다.
> ㉡ 합의문을 작성하고 이에 서명한다.
> ㉢ 갈등문제의 진행상황과 현재의 상황을 점검한다.
> ㉣ 상대방의 협상의지를 확인한다.
> ㉤ 대안 이행을 위한 실행계획을 수립한다.

① ㉠ - ㉢ - ㉤ - ㉣ - ㉡ 　　　　　② ㉠ - ㉤ - ㉢ - ㉣ - ㉡
③ ㉢ - ㉠ - ㉤ - ㉣ - ㉡ 　　　　　④ ㉣ - ㉠ - ㉢ - ㉤ - ㉡
⑤ ㉣ - ㉢ - ㉠ - ㉤ - ㉡

50 다음 중 Win – Win 전략에 의거한 갈등 해결 단계에 포함되지 않는 것은?

① 비판적인 패러다임을 전환하는 등 사전 준비를 충실히 한다.
② 갈등 당사자의 입장을 명확히 한다.
③ 서로가 받아들일 수 있도록 중간지점에서 타협적으로 주고받아 해결점을 찾는다.
④ 서로의 입장을 명확히 한다.
⑤ 상호 간에 중요한 기준을 명확히 말한다.

아이들이 답이 있는 질문을 하기 시작하면 그들이 성장하고 있음을 알 수 있다.

-존 J. 플롬프-

PART 1

직업기초능력평가

CHAPTER 01
의사소통능력

의사소통능력은 평가하지 않는 공사·공단이 없을 만큼 필기시험에서 중요도가 높은 영역이다. 또한, 의사소통능력의 문제 출제 비중은 가장 높은 편이다. 이러한 점을 볼 때, 의사소통능력은 NCS를 준비하는 수험생이라면 반드시 정복해야 하는 과목이다.

국가직무능력표준에 따르면 의사소통능력의 세부 유형은 문서이해, 문서작성, 의사표현, 경청, 기초외국어로 나눌 수 있다. 문서이해·문서작성과 같은 제시문에 대한 주제찾기, 내용일치 문제의 출제 비중이 높으며, 공문서·기획서·보고서·설명서 등 문서의 특성을 파악하는 문제도 출제되고 있다. 따라서 이러한 분석을 바탕으로 전략을 세우는 것이 매우 중요하다.

01 문제에서 요구하는 바를 먼저 파악하라!

의사소통능력에서 가장 중요한 것은 제한된 시간 안에 빠르고 정확하게 답을 찾아내는 것이다. 그러기 위해서는 우리가 의사소통능력을 공부하는 이유를 잊지 말아야 한다. 우리는 지식을 쌓기 위해 의사소통능력 지문을 보는 것이 아니다. 의사소통능력에서는 지문이 아니라 문제가 주인공이다! 지문을 보기 전에 문제를 먼저 파악해야 한다. 주제찾기 문제라면 첫 문장과 마지막 문장 또는 접속어를 주목하자! 내용일치 문제라면 지문과 문항의 일치 / 불일치 여부만 파악한 뒤 빠져나오자! 지문에 빠져드는 순간 소중한 시험 시간은 속절없이 흘러 버린다!

02 잠재되어 있는 언어능력을 발휘하라!

의사소통능력에는 끝이 없다! 의사소통의 방대함에 포기한 적이 있는가? 세상에 글은 많고 우리가 학습할 수 있는 시간은 한정적이다. 이를 극복할 수 있는 방법은 다양한 글을 접하는 것이다. 실제 시험장에서 어떤 내용의 지문이 나올지 아무도 예측할 수 없다. 따라서 평소에 신문, 소설, 보고서 등 여러 글을 접하는 것이 필요하다. 잠재되어 있는 글에 대한 안목이 시험장에서 빛을 발할 것이다.

03 상황을 가정하라!

업무 수행에 있어 상황에 따른 언어 표현은 중요하다. 같은 말이라도 상황에 따라 다르게 해석될 수 있기 때문이다. 그런 의미에서 자신의 의견을 효과적으로 전달할 수 있는 능력을 평가하는 것은 당연하다. 따라서 다양한 상황에서의 언어표현능력을 함양하기 위한 연습의 과정이 요구된다. 업무를 수행하면서 발생할 수 있는 여러 상황을 가정하고 그에 따른 올바른 언어표현을 정리하는 것이 필요하다. 의사표현 영역의 경우 출제 빈도가 높지는 않지만 상황에 따른 판단력을 평가하는 문항인 만큼 대비하는 것이 필요하다.

04 말하는 이의 입장에서 생각하라!

잘 듣는 것 또한 하나의 능력이다. 상대방의 이야기에 귀 기울이고 공감하는 태도는 업무를 수행하는 관계 속에서 필요한 요소이다. 그런 의미에서 다양한 상황에서 듣는 능력을 평가하는 것이다. 말하는 이가 요구하는 듣는 이의 태도를 파악하고, 이에 따른 판단을 할 수 있도록 언제나 말하는 사람의 입장이 되는 연습이 필요하다.

05 반복만이 살길이다!

학창 시절 외국어를 공부하던 때를 떠올려 보자! 셀 수 없이 많은 표현들을 익히기 위해 얼마나 많은 반복의 과정을 거쳤는가? 의사소통능력 역시 그러하다. 하나의 문제 유형을 마스터하기 위해 가장 중요한 것은 바로 여러 번, 많이 풀어 보는 것이다.

01

문서이해능력 ①

문서 내용 이해

| 유형분석 |

- 주어진 지문을 읽고 선택지를 고르는 전형적인 독해 문제이다.
- 지문은 주로 신문기사(보도자료 등)나 업무 보고서, 시사 등이 제시된다.
- 공사공단에 따라 자사와 관련된 내용의 기사나 법조문, 보고서 등이 출제되기도 한다.

G씨는 성장기인 아들의 수면습관을 바로 잡기 위해 수면습관에 관련된 글을 찾아보았다. 다음 글을 읽고 이해한 내용으로 적절하지 않은 것은?

> 수면은 비렘(non-REM)수면과 렘수면으로 이뤄진 사이클이 반복되면서 이뤄지는 복잡한 신경계의 상호작용이며, 좋은 수면이란 이 사이클이 끊어지지 않고 충분한 시간 동안 유지되도록 하는 것이다. 수면 패턴은 일정한 것이 좋으며, 깨는 시간을 지키는 것이 중요하다. 그리고 수면 패턴은 휴일과 평일 모두 일정하게 지키는 것이 성장하는 아이들의 수면 리듬을 유지하는 데 좋다. 수면 상태에서 깨어날 때 영향을 주는 자극들은 '빛, 식사 시간, 운동, 사회 활동' 등이 있으며, 이 중 가장 강한 자극은 '빛'이다. 침실을 밝게 하는 것은 적절한 수면 자극을 방해하는 것이다. 반대로 깨어날 때 강한 빛 자극을 주면 수면 상태에서 빠르게 벗어날 수 있다. 이는 뇌의 신경 전달 물질인 멜라토닌의 농도와 연관되어 나타나는 현상이다. 수면 중 최대치로 올라간 멜라토닌은 시신경이 강한 빛에 노출되면 빠르게 줄어들게 되는데, 이때 수면 상태에서 벗어나게 된다. 아침 일찍 일어나 커튼을 젖히고 밝은 빛이 침실 안으로 들어오게 하는 것은 매우 효과적인 각성 방법인 것이다.

① 잠에서 깨는 데 가장 강력한 자극을 주는 것은 빛이었구나.
② 멜라토닌의 농도에 따라 수면과 각성이 영향을 받는군.
③ 평일에 잠이 모자란 우리 아들은 잠을 보충해 줘야 하니까 휴일에 늦게까지 자도록 둬야겠다.
④ 좋은 수면은 비렘수면과 렘수면의 사이클이 충분한 시간 동안 유지되도록 하는 것이구나.
⑤ 우리 아들 침실이 좀 밝은 편이니 충분한 수면을 위해 암막커튼을 달아줘야겠어.

정답 ③

수면 패턴은 휴일과 평일 모두 일정하게 지키는 것이 성장하는 아이들의 수면 리듬을 유지하는 데 좋다. 따라서 휴일에 늦잠을 자는 것은 적절하지 않다.

풀이 전략!

주어진 선택지에서 키워드를 체크한 후, 지문의 내용과 비교해 가면서 내용의 일치 유무를 빠르게 판단한다.

01 다음 글을 읽고 이해한 내용으로 적절하지 않은 것은?

> 아무리 튤립이 귀하다 한들 알뿌리 하나의 값이 요즈음 돈으로 쳐서 45만 원이 넘는 수준까지 치솟을 수 있을까? 엄지손가락만 한 크기의 메추리알 하나의 값이 달걀 한 꾸러미 값보다도 더 비싸질 수 있을까? 이 두 물음에 대한 대답은 모두 '그렇다'이다.
>
> 역사책을 보면 1636년 네덜란드에서는 튤립 알뿌리 하나의 값이 정말로 그 수준으로 뛰어오른 적이 있었다. 그리고 그때를 기억하는 사람은 알겠지만, 실제로 1950년대 말 우리나라에서 한때 메추리알 값이 그렇게까지 비쌌던 적이 있었다.
>
> 어떤 상품의 가격은 기본적으로 수요와 공급의 힘에 의해 결정된다. 시장에 참여하고 있는 경제 주체들은 자신이 갖고 있는 정보를 기초로 하여 수요와 공급을 결정한다. 이들이 똑같은 정보를 함께 갖고 있으며 이 정보가 아주 틀린 것이 아닌 한, 상품의 가격은 어떤 기본적인 수준에서 크게 벗어나지 않을 것이라고 예상할 수 있다. 예를 들어 튤립 알뿌리 하나의 값은 수선화 알뿌리 하나의 값과 비슷하고, 메추리알 하나는 달걀 하나보다 더 쌀 것으로 짐작해도 무방하다는 말이다.
>
> 그러나 현실에서는 사람들이 서로 다른 정보를 갖고 시장에 참여하는 경우가 많다. 어떤 사람은 특정한 정보를 갖고 있는데 거래 상대방은 그 정보를 갖고 있지 못한 경우도 있다. 뿐만 아니라 거래에 참여하는 목적이나 재산 등의 측면에서 큰 차이가 존재하는 것이 보통이다. 이런 경우에는 어떤 상품의 가격이 우리의 상식으로는 도저히 이해하기 힘든 수준까지 일시적으로 뛰어오르는 현상이 나타날 가능성이 있다. 이런 현상은 특히 투기의 대상이 되는 자산의 경우에 자주 목격되는데, 우리는 이를 '거품(Bubbles)'이라고 부른다.
>
> 일반적으로 거품은 어떤 상품(특히 자산)의 가격이 지속적으로 급격히 상승하는 현상을 가리킨다. 이와 같은 지속적인 가격 상승이 일어나는 이유는 애초에 생긴 가격 상승이 추가적인 가격 상승의 기대로 이어져 투기 바람이 형성되기 때문이다. 어떤 상품의 가격이 올라 그것을 미리 사둔 사람이 재미를 보았다는 소문이 돌면 너도나도 사려고 달려들기 때문에 가격이 천정부지*로 뛰어오르게 된다. 물론 이 같은 거품이 무한정 커질 수는 없고 언젠가는 터져 정상적인 상태로 돌아올 수밖에 없다. 이때 거품이 터지는 충격으로 인해 경제에 심각한 위기가 닥칠 수도 있다.
>
> *천정부지 : 물가 따위가 한없이 오르기만 함을 비유적으로 이르는 말

① 거품은 투기의 대상이 되는 자산에서 자주 일어난다.

② 거품이 터지면 경제에 심각한 위기를 초래할 수 있다.

③ 거래에 참여하는 사람의 목적이나 재산에 큰 차이가 없다면 거품이 일어날 수 있다.

④ 상품의 가격이 일반적인 상식으로는 이해되지 않는 수준까지 일시적으로 상승할 수도 있다.

⑤ 일반적으로 시장에 참여하고 있는 경제 주체들은 자신의 정보를 바탕으로 수요와 공급을 결정한다.

02

음악에서 화성이나 멜로디가 하나의 음 또는 하나의 화음을 중심으로 일정한 체계를 유지하는 것을 조성(調性)이라 한다. 조성을 중심으로 한 음악은 서양음악에 지배적인 영향을 미쳤는데, 여기에서 벗어나 자유롭게 표현하고 싶은 음악가의 열망이 무조(無調) 음악을 탄생시켰다. 무조 음악에서는 한 옥타브 안의 12음 각각에 동등한 가치를 두어 음들을 자유롭게 사용하였다. 이로 인해 무조 음악은 표현의 자유를 누리게 되었지만 조성이 주는 체계성은 잃게 되었다. 악곡의 형식을 유지하는 가장 기초적인 뼈대가 흔들린 것이다. 이와 같은 상황 속에서 무조 음악이 지닌 자유로움에 체계성을 더하고자 고민한 작곡가 쇤베르크는 '12음 기법'이라는 독창적인 작곡 기법을 만들어 냈다. 쇤베르크의 12음 기법은 12음을 한 번씩 사용하여 만든 기본 음렬(音列)에 이를 '전위', '역행', '역행 전위'의 방법으로 파생시킨 세 가지 음렬을 더해 악곡을 창작하는 체계적인 작곡 기법이다.

① 조성은 하나의 음으로 여러 음을 만드는 것을 말한다.
② 무조 음악은 조성이 발전한 형태라고 말할 수 있다.
③ 무조 음악은 한 옥타브 안의 음 각각에 가중치를 두어서 사용했다.
④ 조성은 체계성을 추구하고, 무조 음악은 자유로움을 추구한다.
⑤ 쇤베르크의 12음 기법은 무조 음악과 조성 모두에서 벗어나고자 한 작곡 기법이다.

03

세계 식품 시장의 20%를 차지하는 할랄식품(Halal Food)은 '신이 허용한 음식'이라는 뜻으로, 이슬람 율법에 따라 생산, 처리, 가공되어 무슬림들이 먹거나 사용할 수 있는 식품을 말한다. 이런 기준이 적용된 할랄식품은 엄격하게 생산되고 유통과정이 투명하기 때문에 일반 소비자들에게도 좋은 평을 얻고 있다.
할랄식품 시장은 최근 들어 급격히 성장하고 있는데 이의 가장 큰 원인은 무슬림 인구의 증가이다. 무슬림은 최근 20년 동안 5억 명 이상의 인구증가를 보이고 있어서 많은 유통업계들이 할랄식품을 위한 생산라인을 설치하는 등의 노력을 하고 있다.
그러나 할랄식품을 수출하는 것은 쉬운 일이 아니다. 신이 '부정한 것'이라고 하는 모든 것으로부터 분리돼야 하기 때문이다. 또한, 국제적으로 표준화된 기준이 없다는 것도 할랄식품 시장의 성장을 방해하는 요인이다. 세계 할랄 인증 기준만 200종에 달하고 수출업체는 무슬림 국가마다 별도의 인증을 받아야 한다. 전문가들은 이대로라면 할랄 인증이 무슬림 국가들의 수입 장벽이 될 수 있다고 지적한다.

① 할랄식품은 무슬림만 먹어야 하는 식품이다.
② 할랄식품의 이미지 때문에 소비자들에게 인기가 좋다.
③ 할랄식품 시장의 급격한 성장으로 유통업계에서 할랄식품을 위한 생산라인을 설치 중이다.
④ 표준화된 할랄 인증 기준을 통과하면 무슬림 국가에 수출이 가능하다.
⑤ 할랄식품은 그 자체가 브랜드이기 때문에 큰 걸림돌 없이 지속적인 성장이 가능하다.

04

1896년 『독립신문』 창간을 계기로 여러 가지의 애국가 가사가 신문에 게재되기 시작했는데, 어떤 곡조에 따라 이 가사들을 노래로 불렀는지는 명확하지 않다. 다만 대한제국이 서구식 군악대를 조직해 1902년 '대한제국 애국가'라는 이름의 국가(國歌)를 만들어 나라의 주요 행사에 사용했다는 기록은 남아 있다. 오늘날 우리가 부르는 애국가의 노랫말은 외세의 침략으로 나라가 위기에 처해있던 1907년을 전후하여 조국애와 충성심을 북돋우기 위하여 만들어졌다.

1935년 해외에서 활동 중이던 안익태는 오늘날 우리가 부르고 있는 국가를 작곡하였다. 대한민국 임시정부는 이 곡을 애국가로 채택해 사용했으나 이는 해외에서만 퍼져나갔을 뿐, 국내에서는 광복 이후 정부수립 무렵까지 애국가 노랫말을 스코틀랜드 민요에 맞춰 부르고 있었다. 그러다가 1948년 대한민국 정부가 수립된 이후 현재의 노랫말과 함께 안익태가 작곡한 곡조의 애국가가 정부의 공식 행사에 사용되고 각급 학교 교과서에도 실리면서 전국적으로 애창되기 시작하였다.

애국가가 국가로 공식화되면서 1950년대에는 대한뉴스 등을 통해 적극적으로 홍보가 이루어졌다. 그리고 '국기게양 및 애국가 제창 시의 예의에 관한 지시(1966)' 등에 의해 점차 국가의례의 하나로 간주되었다.

1970년대 초에는 공연장에서 본공연 전에 애국가가 상영되기 시작하였다. 이후 1980년대 중반까지 주요 방송국에서 국기강하식에 맞춰 애국가를 방송하였다. 주요 방송국의 국기강하식 방송, 극장에서의 애국가 상영 등은 1980년대 후반 중지되었으며 음악회와 같은 공연 시 애국가 연주도 이때 자율화되었다.

오늘날 주요 행사 등에서 애국가를 제창하는 경우에는 부득이한 경우를 제외하고 4절까지 제창하여야 한다. 애국가는 모두 함께 부르는 경우에는 전주곡을 연주한다. 다만, 약식 절차로 국민의례를 행할 때 애국가를 부르지 않고 연주만 하는 의전행사(외국에서 하는 경우 포함)나 시상식·공연 등에서는 전주곡을 연주해서는 안 된다.

① 1940년에 해외에서는 안익태가 만든 애국가 곡조를 들을 수 없었다.
② 1990년대 초반에는 국기강하식 방송과 극장에서의 애국가 상영이 의무화되었다.
③ 오늘날 우리가 부르는 애국가의 노랫말은 1896년 『독립신문』에 게재되지 않았다.
④ 시상식에서 애국가를 부르지 않고 연주만 하는 경우에는 전주곡을 연주할 수 있다.
⑤ 안익태가 애국가 곡조를 작곡한 해로부터 대한민국 정부 공식 행사에 사용될 때까지 채 10년이 걸리지 않았다.

| 유형분석 |

- 주어진 지문을 파악하여 전달하고자 하는 핵심 주제를 고르는 문제이다.
- 정보를 종합하고 중요한 내용을 구별하는 능력이 필요하다.
- 설명문부터 주장, 반박문까지 다양한 성격의 지문이 제시되므로 글의 성격별 특징을 알아두는 것이 좋다.

다음 글의 주제로 가장 적절한 것은?

> 표준화된 언어는 의사소통을 효과적으로 하기 위하여 의도적으로 선택해야 할 공용어로서의 가치가 있다. 반면에 방언은 지역이나 계층의 언어와 문화를 보존하고 드러냄으로써 국가 전체의 언어와 문화를 다양하게 발전시키는 토대로서의 가치가 있다. 이러한 의미에서 표준화된 언어와 방언은 상호 보완적인 관계에 있다. 표준화된 언어가 있기에 정확한 의사소통이 가능하며, 방언이 있기에 개인의 언어생활에서나 언어 예술 활동에서 자유롭고 창의적인 표현이 가능하다. 결국 우리는 표준화된 언어와 방언 둘 다의 가치를 인정해야 하며, 발화(發話) 상황(狀況)을 잘 고려해서 표준화된 언어와 방언을 잘 가려서 사용할 줄 아는 능력을 길러야 한다.

① 창의적인 예술 활동에서는 방언의 기능이 중요하다.
② 표준화된 언어와 방언에는 각각 독자적인 가치와 역할이 있다.
③ 정확한 의사소통을 위해서는 표준화된 언어가 꼭 필요하다.
④ 표준화된 언어와 방언을 구분할 줄 아는 능력을 길러야 한다.
⑤ 표준화된 언어는 방언보다 효용가치가 있다.

정답 ②

마지막 문장의 '표준화된 언어와 방언 둘 다의 가치를 인정'하고, '잘 가려서 사용할 줄 아는 능력을 길러야 한다.'는 내용을 바탕으로 ②와 같은 주제를 이끌어낼 수 있다.

풀이 전략!

'결국', '즉', '그런데', '그러나', '그러므로' 등의 접속어 뒤에 주제가 드러나는 경우가 많다는 것에 주의하면서 지문을 읽는다.

※ 다음 글의 중심내용으로 가장 적절한 것을 고르시오. [1~2]

01

> 높은 유류세는 자동차를 사용함으로써 발생하는 다음과 같은 문제들을 줄이는 교정적 역할을 수행한다. 첫째, 유류세는 사람들의 대중교통수단 이용을 유도하고, 자가용 사용을 억제함으로써 교통 혼잡을 줄여 준다. 둘째, 교통사고 발생 시 대형 차량이나 승합차가 중소형 차량보다 치명적인 피해를 줄 가능성이 높다. 이와 관련해서 유류세는 유류를 많이 소비하는 대형 차량을 운행하는 사람에게 더욱 많은 비용을 치르게 함으로써 교통사고 위험에 대한 간접적인 비용을 징수하는 효과를 가진다. 셋째, 유류세는 유류 소비를 억제함으로써 대기오염을 줄이는 데 기여한다.

① 유류세의 용도
② 높은 유류세의 정당성
③ 유류세의 지속적 인상
④ 에너지 소비 절약
⑤ 유류세의 감소 원인

02

> 분노는 공격과 복수의 행동을 유발한다. 분노 감정의 처리에는 '눈에는 눈, 이에는 이'라는 탈리오 법칙이 적용된다. 분노의 감정을 느끼게 되면 상대방에 대해 공격적인 행동을 하고 싶은 공격 충동이 일어난다. 동물의 경우, 분노를 느끼면 이빨을 드러내게 되고 발톱을 세우는 등 공격을 위한 준비 행동을 나타내게 된다. 사람의 경우에도 분노를 느끼면 자율신경계가 활성화되고 눈매가 사나워지며 이를 꽉 깨물고 주먹을 불끈 쥐는 등 공격 행위와 관련된 행동들이 나타나게 된다. 특히 분노 감정이 강하고 상대방이 약할수록 공격 충동은 행동화되는 경향이 있다.

① 공격을 유발하게 되는 원인
② 분노가 야기하는 행동의 변화
③ 탈리오 법칙의 정의와 실제 사례
④ 동물과 인간의 분노 감정의 차이
⑤ 분노 감정의 처리와 법칙

※ 다음 글의 주제로 가장 적절한 것을 고르시오. [3~4]

03

우리사회는 타의 추종을 불허할 정도로 빠르게 변화하고 있다. 가족정책도 4인 가족 중심에서 1 ~ 2인 가구 중심으로 변해야 하며, 청년실업율과 비정규직화, 독거노인의 증가를 더 이상 개인의 문제가 아닌 사회문제로 다뤄야 하는 시기이다. 여러 유형의 가구와 생애주기 변화, 다양해지는 수요에 맞춘 공동체 주택이야말로 최고의 주거복지사업이다. 공동체 주택은 공동의 목표와 가치를 가진 사람들이 커뮤니티를 이뤄 사회문제에 공동으로 대처해 나가도록 돕고, 나아가 지역사회와도 연결시키는 작업을 진행하고 있다.

임대료 부담으로 작품활동이나 생계에 어려움을 겪는 예술인을 위한 공동주택, 1인 창업과 취업을 위해 골몰하는 청년을 위한 주택, 지속적인 의료서비스가 필요한 환자나 고령자를 위한 의료안심주택은 모두 시민의 삶의 질을 높이고 선별적 복지가 아닌 복지사회를 이루기 위한 노력의 일환이다. 혼자가 아닌 '함께 가는' 길에 더 나은 삶이 있기 때문에 오늘도 수요자 맞춤형 공공주택은 수요자에 맞게 진화하고 있다.

① 주거난에 대비하는 주거복지 정책
② 4차 산업혁명과 주거복지
③ 선별적 복지 정책의 긍정적 결과
④ 수요자 중심의 대출규제 완화
⑤ 다양성을 수용하는 주거복지 정책

04

우리 민족은 처마 끝의 곡선, 버선발의 곡선 등 직선보다는 곡선을 좋아했고, 그러한 곡선의 문화가 곳곳에 배어있다. 이것은 민요의 경우도 마찬가지이다. 서양 음악에서 '도'가 한 박이면 한 박, 두 박이면 두 박, 길든 짧든 같은 음이 곧게 지속되는데 우리 음악은 '시김새'에 의해 음을 곧게 내지 않고 흔들어 낸다. 시김새는 어떤 음높이의 주변에서 맴돌며 가락에 멋을 더하는 역할을 하는 장식음이다. 시김새란 '삭다'라는 말에서 나왔다. 그렇기 때문에 시김새라는 단어가 김치 담그는 과정에서 생겨났다고 볼 수 있다. 김치를 담글 때 무나 배추를 소금에 절여 숨을 죽이고 갖은 양념을 해서 일정 기간 숙성시켜 맛을 내듯, 시김새 역시 음악가가 손과 마음으로 삭여냈을 때 맛이 드는 것과 비슷하기 때문이다. 이 때문에 시김새가 '삭다'라는 말에서 나온 것으로 본다. 더욱이 같은 재료를 썼는데도 집집마다 김치 맛이 다르고, 지방에 따라 양념을 고르는 법이 달라 다른 맛을 내듯 시김새는 음악 표현의 질감을 달리하는 핵심 요소이다.

① 민요에서 볼 수 있는 우리 민족의 곡선 문화
② 시김새에 의한 민요의 특징
③ 시김새의 정의와 어원
④ 시김새와 김치의 공통점
⑤ 시김새에서 김치의 역할

05 다음 글의 제목으로 가장 적절한 것은?

우리는 처음 만난 사람의 외모를 보고, 그를 어떤 방식으로 대우해야 할지를 결정할 때가 많다. 그가 여자인지 남자인지, 얼굴색이 흰지 검은지, 나이가 많은지 적은지 혹은 그의 스타일이 조금은 상류층의 모습을 띠고 있는지 아니면 너무나 흔해서 별 특징이 드러나 보이지 않는 외모를 하고 있는지 등을 통해 그들과 나의 차이를 재빨리 감지한다. 일단 감지가 되면 우리는 둘 사이의 지위 차이를 인식하고 우리가 알고 있는 방식으로 그를 대하게 된다. 한 개인이 특정 집단에 속한다는 것은 단순히 다른 집단의 사람과 다르다는 것뿐만 아니라, 그 집단이 다른 집단보다는 지위가 높거나 우월하다는 믿음을 갖게 한다. 모든 인간은 평등하다는 우리의 신념에도 불구하고 왜 인간들 사이의 이러한 위계화(位階化)를 당연한 것으로 받아들일까? 위계화란 특정 부류의 사람들은 자원과 권력을 소유하고 다른 부류의 사람들은 낮은 사회적 지위를 갖게 되는 사회적이며 문화적인 체계이다. 다음에서 우리는 이러한 불평등이 어떠한 방식으로 경험되고 조직화되는지를 살펴보기로 하자.

인간이 불평등을 경험하게 되는 방식은 여러 측면으로 나눌 수 있다. 산업 사회에서의 불평등은 계층과 계급의 차이를 통해서 정당화되는데, 이는 재산, 생산 수단의 소유 여부, 학력, 집안 배경 등등의 요소들의 결합에 의해 사람들 사이의 위계를 만들어 낸다. 또한 모든 사회에서 인간은 태어날 때부터 얻게 되는 인종, 성, 종족 등의 생득적 특성과 나이를 통해 불평등을 경험한다. 이러한 특성들은 단순히 생물학적인 차이를 지칭하는 것이 아니라, 개인의 열등성과 우등성을 가늠하게 만드는 사회적 개념이 되곤 한다.

한편 불평등이 재생산되는 다양한 사회적 기제들이 때로는 관습이나 전통이라는 이름 아래 특정 사회의 본질적인 문화적 특성으로 간주되고 당연시되는 경우가 많다. 불평등은 체계적으로 조직되고 개인에 의해 경험됨으로써 문화의 주요 부분이 되었고, 그 결과 같은 문화권 내의 구성원들 사이에 권력 차이와 그에 따른 폭력이나 비인간적인 행위들이 자연스럽게 수용될 때가 많다.

문화 인류학자들은 사회 집단의 차이와 불평등, 사회의 관습 또는 전통이라고 얘기되는 문화 현상에 대해 어떤 입장을 취해야 할지 고민을 한다. 문화 인류학자가 이러한 문화 현상은 고유한 역사적 산물이므로 나름대로 가치를 지닌다는 입장만을 반복하거나 단순히 관찰자로서의 입장에 안주한다면, 이러한 차별의 형태를 제거하는 데 도움을 줄 수 없다. 실제로 문화 인류학 연구는 기존의 권력 관계를 유지시켜주는 다양한 문화적 이데올로기를 분석하고, 인간 간의 차이가 우등성과 열등성을 구분하는 지표가 아니라 동등한 다름일 뿐이라는 것을 일깨우는 데 기여해 왔다.

① 차이와 불평등
② 차이의 감지 능력
③ 문화 인류학의 역사
④ 위계화의 개념과 구조
⑤ 관습과 전통의 계승과 창조

| 유형분석 |

- 각 문단 또는 문장의 내용을 파악하고 논리적 순서에 맞게 배열하는 복합적인 문제이다.
- 전체적인 글의 흐름을 이해하는 것이 중요하며, 각 문장의 지시어나 접속어에 주의한다.

다음 문단을 논리적 순서대로 바르게 나열한 것은?

(가) 그중에서도 우리나라의 나전칠기는 중국이나 일본보다 단조한 편이지만, 옻칠의 질이 좋고 자개 솜씨가 뛰어나 우리나라 칠공예만의 두드러진 개성을 가진다. 전래 초기에는 주로 백색의 야광패를 사용하였으나, 후대에는 청록 빛깔을 띤 복잡한 색상의 전복껍데기를 많이 사용하였다. 우리나라의 나전칠기는 일반적으로 목제품의 표면에 옻칠을 하고 그것에다 한층 치레 삼아 첨가한다.

(나) 이러한 나전칠기는 특히 통영의 것이 유명하다. 이는 예로부터 통영에서는 나전의 원료가 되는 전복이 많이 생산되었으며, 인근 내륙 및 함안지역의 질 좋은 옻이 나전칠기가 발달하는 데 주요 원인이 되었기 때문이다. 이에 통영시는 지역 명물 나전칠기를 널리 알리기 위해 매년 10월 통영 나전칠기축제를 개최하여 400년을 이어온 통영지방의 우수하고 독창적인 공예법을 소개하고 작품도 전시하고 있다.

(다) 제작방식은 우선 전복껍데기를 얇게 하여 무늬를 만들고 백골에 모시 천을 바른 뒤, 칠과 호분을 섞어 표면을 고른다. 그 후 칠죽 바르기, 삼베 붙이기, 탄회 칠하기, 토회 칠하기를 통해 제조과정을 끝마친다. 문양을 내기 위해 나전을 잘라내는 방법에는 주름질(자개를 문양 형태로 오려낸 것), 이음질(문양구도에 따라 주름대로 문양을 이어가는 것), 끊음질(자개를 실같이 가늘게 썰어서 문양 부분에 모자이크 방법으로 붙이는 것)이 있다.

(라) 나전칠기는 기물에다 무늬를 나타내는 대표적인 칠공예의 장식기법 중 하나로, 얇게 깐 조개껍데기를 여러 가지 형태로 오려내어 기물의 표면에 감입하여 꾸미는 것을 통칭한다. 우리나라는 목기와 더불어 칠기가 발달했는데, 이러한 나전기법은 중국 주대(周代)부터 이미 유행했고 당대(唐代)에 성행하여 한국과 일본에 전해진 것으로 보인다. 나전기법은 여러 나라를 포함한 아시아 일원에 널리 보급되어 있고 지역에 따라 독특한 성격을 가진다.

① (나) - (다) - (가) - (라)
② (나) - (가) - (다) - (라)
③ (다) - (나) - (라) - (가)
④ (라) - (가) - (다) - (나)

정답 ④

제시문은 나전칠기의 개념을 제시하고 우리나라 나전칠기의 특징, 제작방법 그리고 더 나아가 국내의 나전칠기 특산지에 대해 설명하고 있다. 따라서 (라) 나전칠기의 개념 → (가) 우리나라 나전칠기의 특징 → (다) 나전칠기의 제작방법 → (나) 나전칠기 특산지 소개의 순서대로 나열하는 것이 적절하다.

풀이 전략!

상대적으로 시간이 부족하다고 느낄 때는 선택지를 참고하여 문장의 순서를 생각해 본다.

PART 1

01 다음 문장을 읽고, 이어질 내용을 논리적 순서대로 바르게 나열한 것은?

> 전 세계적으로 온난화 기체 저감을 위한 습지 건설 기술은 아직 보고된 바가 없으며 관련 특허도 없다.

> (가) 동남아시아 등에서 습지를 보존하고 복원하는 데 국내 개발 기술을 활용하면
> (나) 이산화탄소를 고정하고 메탄을 배출하지 않는 인공 습지를 개발하면
> (다) 기존의 목적에 덧붙여 온실가스를 제거하는 새로운 녹색 성장 기술로 사용할 수 있으며
> (라) 기술 이전에 따른 별도 효과도 기대할 수 있을 것이다.

① (가) - (나) - (다) - (라)
② (가) - (다) - (나) - (라)
③ (나) - (가) - (다) - (라)
④ (나) - (다) - (가) - (라)
⑤ (다) - (라) - (나) - (가)

02 다음 문장을 논리적 순서대로 바르게 나열한 것은?

> (가) 여름에는 찬 음식을 많이 먹거나 냉방기를 과도하게 사용하는 경우가 많은데, 그렇게 되면 체온이 떨어져 면역력이 약해지기 때문이다.
> (나) 만약 감기에 걸렸다면 탈수로 인한 탈진을 방지하기 위해 수분을 충분히 섭취해야 한다.
> (다) 특히 감기로 인해 열이 나거나 기침을 할 때에는 따뜻한 물을 여러 번에 나누어 먹는 것이 좋다.
> (라) 여름철 감기를 예방하기 위해서는 찬 음식은 적당히 먹어야 하고 냉방기에 장시간 노출되는 것을 피해야 하며, 충분한 휴식을 취하고, 집에 돌아온 후에는 손발을 꼭 씻어야 한다.
> (마) 일반적으로 감기는 겨울에 걸린다고 생각하지만 의외로 여름에도 감기에 걸린다.

① (가) - (라) - (다) - (마) - (나)
② (가) - (라) - (마) - (나) - (다)
③ (가) - (다) - (나) - (라) - (마)
④ (마) - (가) - (라) - (나) - (다)
⑤ (마) - (다) - (라) - (나) - (가)

03 다음 문단을 읽고, 이어질 내용을 논리적 순서대로 바르게 나열한 것은?

> 초콜릿은 많은 사람이 좋아하는 간식이다. 어릴 때 초콜릿을 많이 먹으면 이가 썩는다는 부모님의 잔소리를 안 들어본 사람은 별로 없을 것이다. 그러면 이러한 초콜릿은 어떻게 등장하게 된 것일까?

> (가) 한국 또한 초콜릿의 열풍을 피할 수는 없었는데, 한국에 초콜릿이 전파된 것은 개화기 이후 서양 공사들에 의해서였다고 전해진다. 일제강점기 이후 한국의 여러 제과회사는 다양한 변용을 통해 다채로운 초콜릿 먹거리를 선보이고 있다.
> (나) 초콜릿의 원료인 카카오 콩의 원산지는 남미로 전해진다. 대항해시대 이전, 즉 유럽인들이 남미에 진입하기 이전에는 카카오 콩은 예식의 예물로 선물하기도 하고 의약품의 대용으로 사용되는 등 진귀한 대접을 받는 물품이었다.
> (다) 유럽인들이 남미로 진입한 이후, 여타 남미산 작물이 그러하였던 것처럼 카카오 콩도 유럽으로 전파되어 선풍적인 인기를 끌게 된다. 다만 남미에서 카카오 콩에 첨가물을 넣지 않았던 것과는 달리 유럽에서는 설탕을 넣어 먹었다고 한다.
> (라) 카카오 콩에 설탕을 넣어 먹은 것이 바로 우리가 간식으로 애용하는 초콜릿의 원형이라고 생각된다. 설탕과 카카오 콩의 결합물로서의 초콜릿은 알다시피 이후 세계를 풍미하는 간식의 대표주자가 된다.

① (나) – (다) – (라) – (가)
② (나) – (라) – (다) – (가)
③ (나) – (라) – (가) – (다)
④ (다) – (나) – (라) – (가)
⑤ (다) – (나) – (가) – (라)

04 다음 문장을 논리적 순서대로 바르게 나열한 것은?

> ㉠ 그러나 인권 침해에 관한 문제 제기도 만만치 않아 쉽게 결정할 수 없는 상황이다.
> ㉡ 지난 석 달 동안만 해도 벌써 3건의 잔혹한 살인 사건이 발생하였다.
> ㉢ 반인륜적인 범죄가 갈수록 증가하고 있다.
> ㉣ 이에 따라 반인륜적 범죄에 대한 처벌을 강화해야 한다는 목소리가 날로 높아지고 있다.

① ㉠ – ㉡ – ㉢ – ㉣
② ㉡ – ㉢ – ㉠ – ㉣
③ ㉢ – ㉡ – ㉣ – ㉠
④ ㉢ – ㉣ – ㉡ – ㉠
⑤ ㉡ – ㉠ – ㉣ – ㉢

05 다음 문단을 논리적 순서대로 바르게 나열한 것은?

(가) 흡연자와 비흡연자 사이의 후두암, 폐암 등의 질병별 발생위험도에 대해서 건강보험공단은 유의미한 연구결과를 내놓기도 했는데, 연구결과에 따르면 흡연자는 비흡연자에 비해서 후두암 발생률이 6.5배, 폐암 발생률이 4.6배 등 각종 암에 걸릴 확률이 높은 것으로 나타났다.

(나) 건강보험공단은 이에 대해 담배회사가 절차적 문제로 방어막을 치고 있는 것에 지나지 않는다 하여 비판을 제기하고 있다. 아직 소송이 처음 시작한 만큼 담배회사와 건강보험공단 간의 '담배 소송'의 결과를 보려면 오랜 시간을 기다려야 할 것이다.

(다) 이와 같은 담배의 유해성 때문에 건강보험공단은 현재 담배회사와 소송을 진행하고 있는데, 당해 소송에서는 담배의 유해성에 관한 인과관계 입증 이전에 다른 문제가 부상하였다. 건강보험공단이 소송당사자가 될 수 있는지가 문제가 된 것이다.

(라) 담배는 임진왜란 때 일본으로부터 호박, 고구마 등과 함께 들어온 것으로 알려져 있다. 그러나 선조들이 알고 있던 것과는 달리, 담배는 약초가 아니다. 담배의 유해성은 우선 담뱃갑이 스스로를 경고하는 경고 문구에 나타나 있다. 담뱃갑에는 '흡연은 폐암 등 각종 질병의 원인'이라는 문구를 시작으로, '담배 연기에는 발암성 물질인 나프틸아민, 벤젠, 비닐 크롤라이드, 비소, 카드뮴이 들어 있다.'라고 적시하고 있다.

① (가) – (다) – (라) – (나)
② (라) – (가) – (다) – (나)
③ (가) – (라) – (다) – (나)
④ (라) – (다) – (가) – (나)
⑤ (가) – (라) – (나) – (다)

04

어휘어법
맞춤법 및 어휘

| 유형분석 |

- 맞춤법에 맞는 단어를 찾거나 주어진 지문의 내용에 어울리는 단어를 찾는 문제가 주로 출제된다.
- 자주 출제되는 단어나 헷갈리는 단어에 대한 학습을 꾸준히 하는 것이 좋다.

다음 중 밑줄 친 부분의 표기가 옳은 것은?

① 나의 <u>바램대로</u> 내일은 흰 눈이 왔으면 좋겠다.
② 엿가락을 고무줄처럼 <u>늘였다.</u>
③ 학생 신분에 <u>알맞는</u> 옷차림을 해야 한다.
④ 계곡물에 손을 <u>담구니</u> 시원하다.
⑤ <u>지리한</u> 장마가 끝나고 불볕더위가 시작되었다.

> **정답** ②

'본디보다 더 길어지게 하다.'라는 의미로 쓰였으므로 '늘이다'로 쓰는 것이 옳다.

> **오답분석**

① 바램 → 바람
③ 알맞는 → 알맞은
④ 담구니 → 담그니
⑤ 지리한 → 지루한

> ■ **풀이 전략!**

문제에서 물어보는 단어를 정확히 확인해야 하고, 어휘문제의 경우 주어진 지문의 전체적인 흐름에 어울리는 단어를 생각해 본다.

01   다음 밑줄 친 ㉠과 같은 의미로 쓰인 것은?

> 언어 없이 사고가 불가능하다는 이론도 그렇다. 생각은 있되, 그 생각을 표현할 적당한 말이 없는 경우도 얼마든지 있으며, 생각은 분명히 있지만 말을 잊어서 표현에 곤란을 느끼는 경우도 흔한 것이다. 음악가는 언어라는 매개를 ㉠ 통하지 않고 작곡을 하여 어떤 생각이나 사상을 표현하며, 조각가는 언어 없이 조형을 한다. 또 우리는 흔히 새로운 물건, 새로운 생각을 이제까지 없던 새 말로 만들어 명명하기도 한다.

① 그의 주장은 앞뒤가 잘 <u>통하지</u> 않는다.

② 바람이 잘 <u>통하는</u> 곳에 빨래를 널어야 잘 마른다.

③ 그 시상식은 텔레비전을 <u>통해</u> 전국에 중계되었다.

④ 청소년들은 기성세대와 말이 <u>통하지</u> 않는다고 말한다.

⑤ 부부는 어떤 일을 하든 서로 뜻이 잘 <u>통해야</u> 한다.

02   다음 문장 중 고칠 부분이 없는 문장은?

① 단편 소설은 길이가 짧은 대신, 장편 소설이 제공할 수 없는 강한 인상이다.

② 모든 청소년은 자연을 사랑하고 그 속에서 심신을 수련해야 한다.

③ 신문은 우리 주변의 모든 일이 기사 대상이다.

④ 거칠은 솜씨로 정교한 작품을 만들기는 어렵다.

⑤ 이번에 아주 비싼 대가를 치루었다.

03 다음 중 문맥상 단어의 쓰임이 잘못된 것은?

① 어려운 문제의 답을 맞혀야 높은 점수를 받을 수 있다.

② 공책에 선을 반듯이 긋고 그 선에 맞춰 글을 쓰는 연습을 해.

③ 생선을 간장에 10분 동안 졸이면 요리가 완성된다.

④ 미안하지만 지금은 바쁘니까 이따가 와서 얘기해.

⑤ 땅 주인은 땅을 사려는 사람에게 흥정을 붙였다.

※ 다음 밑줄 친 단어를 어법에 따라 수정할 때, 적절하지 않은 것을 고르시오. [4~5]

04

> 나는 내가 <u>시작된</u> 일은 반드시 내가 마무리 지어야 한다는 사명감을 가지고 있었다. 그래서 이번 문제 역시 다른 사람의 도움 없이 스스로 해결해야겠다고 다짐했었다. 그러나 일은 생각만큼 쉽게 풀리지 <u>못했다.</u> 이번에 새로 올린 기획안이 사장님의 <u>제가</u>를 받기 어려울 것이라는 이야기가 들렸다. 같은 팀의 박대리는 내게 사사로운 감정을 기획안에 <u>투영하지</u> 말라는 충고를 전하면서 커피를 건넸고, 화가 난 나는 뜨거운 커피를 그대로 마시다가 하얀 셔츠에 모두 쏟고 말았다. 오늘 회사 내에서 만나는 사람마다 모두 커피를 쏟은 내 셔츠의 사정에 관해 물었고, 그들에 의해 나는 오늘 온종일 <u>칠칠한</u> 사람이 되어야만 했다.

① 시작된 → 시작한

② 못했다 → 않았다

③ 제가 → 재가

④ 투영하지 → 투영시키지

⑤ 칠칠한 → 칠칠하지 못한

05

> 옛것을 <u>본받는</u> 사람은 옛 자취에 <u>얽메이는</u> 것이 문제다. 새것을 만드는 사람은 이치에 <u>합당지</u> 않은 것이 걱정이다. 진실로 능히 옛것을 <u>변화할줄</u> 알고, 새것을 만들면서 법도에 맞을 수만 있다면 지금 글도 <u>옛글 만큼</u> 훌륭하게 쓸 수 있을 것이다.

① 본받는 → 본 받는
② 얽메이는 → 얽매이는
③ 합당지 → 합당치
④ 변화할줄 → 변화할 줄
⑤ 옛글 만큼 → 옛글만큼

06 다음 중 '데'의 쓰임이 잘못 연결된 것은?

> ㉠ 과거 어느 때에 직접 경험하여 알게 된 사실을 현재의 말하는 장면에 그대로 옮겨 와서 말함을 나타내는 종결 어미
> ㉡ 뒤 절에서 어떤 일을 설명하거나 묻거나 시키거나 제안하기 위하여 그 대상과 상관되는 상황을 미리 말할 때에 쓰는 연결 어미
> ㉢ 일정한 대답을 요구하며 물어보는 뜻을 나타내는 종결 어미

① ㉠ : 내가 어릴 때 살던 곳은 아직 그대로던데.
② ㉠ : 그 친구는 발표를 정말 잘하던데.
③ ㉡ : 그를 설득하는 데 며칠이 걸렸다.
④ ㉡ : 가게에 가는데 뭐 사다 줄까?
⑤ ㉢ : 저기 저 꽃의 이름은 뭔데?

경청 태도 및 자세

| 유형분석 |

- 주로 특정 상황을 제시한 뒤 올바른 경청 방법을 묻는 형태의 문제이다.
- 경청과 관련한 이론에 대해 묻거나 몇 개의 대화문 중에서 올바른 경청 자세로 이루어진 것을 고르는 유형으로도 출제된다.

다음 중 효과적인 경청방법으로 적절하지 않은 것은?

① 말하는 사람의 모든 것에 집중해서 적극적으로 들어야 한다.
② 상대방의 의견에 동조할 수 없더라도 일단 수용한다.
③ 질문에 대한 답이 즉각적으로 이루어질 때만 질문을 한다.
④ 대화의 내용을 주기적으로 요약한다.
⑤ 상대방이 전달하려는 메시지를 자신의 삶, 목적, 경험과 관련시켜 본다.

정답 ③

질문에 대한 답이 즉각적으로 이루어질 수 없는 상황이라고 하더라도 질문을 하면 경청하는 데 적극적인 자세가 되고 집중력 또한 높아진다.

풀이 전략!

별다른 암기 없이도 풀 수 있는 문제가 대부분이지만, 올바른 경청을 방해하는 요인이나 경청훈련 등에 대한 내용은 미리 숙지하고 있는 것이 좋다.

01   다음 〈보기〉 중 경청에 대한 설명으로 옳지 않은 것을 모두 고르면?

> **보기**
>
> ㄱ. 상대방의 성격상 지나친 경청은 부담스러워할 수 있으므로, 적당히 거리를 두며 듣는다.
> ㄴ. 경청을 통해 상대방의 메시지와 감정이 더욱 효과적으로 전달될 수 있다.
> ㄷ. 상대의 말에 대한 경청은 상대에게 본능적 안도감을 제공한다.
> ㄹ. 경청을 하는 사람은 상대의 말에 무의식적 믿음을 갖게 된다.

① ㄱ   ② ㄴ
③ ㄱ, ㄷ   ④ ㄱ, ㄹ
⑤ ㄴ, ㄷ, ㄹ

02   다음 〈보기〉 중 인상적인 의사소통에 대한 설명으로 옳지 않은 것은 모두 몇 개인가?

> **보기**
>
> ㄱ. 항상 주위의 언어 정보에 민감하게 반응할 수 있어야 한다.
> ㄴ. 의사를 전달받는 상대방의 이해방식을 고려하기 위해 노력한다.
> ㄷ. 인상적인 의사소통이란 동일한 내용이라도 새롭게 부각시켜 전달할 수 있는 능력을 가리킨다.
> ㄹ. 이전에 사용한 표현을 기반으로 안정적인 의사전달 방안을 고민한다.
> ㅁ. 일상 속에서 언어정보를 직접 활용할 수 있도록 노력하여야 한다.

① 없음   ② 1개
③ 2개   ④ 3개
⑤ 4개

CHAPTER 02
수리능력

합격 CHEAT KEY

수리능력은 사칙연산·통계·확률의 의미를 정확하게 이해하고 이를 업무에 적용하는 능력으로, 기초연산과 기초통계, 도표분석 및 작성의 문제 유형으로 출제된다. 수리능력 역시 채택하지 않는 공사·공단이 거의 없을 만큼 필기시험에서 중요도가 높은 영역이다.

수리능력은 NCS 기반 채용을 진행한 거의 모든 기업에서 다루었으며, 문항 수는 전체의 평균 16% 정도로 많이 출제되었다. 특히, 난이도가 높은 공사·공단의 시험에서는 도표분석, 즉 자료해석 유형의 문제가 많이 출제되고 있고, 응용수리 역시 꾸준히 출제하는 공사·공단이 많기 때문에 기초연산과 기초통계에 대한 공식의 암기와 자료해석능력을 기를 수 있는 꾸준한 연습이 필요하다.

01 응용수리능력의 공식은 반드시 암기하라!

응용수리능력은 지문이 짧지만, 풀이 과정은 긴 문제도 자주 볼 수 있다. 그렇기 때문에 응용수리능력의 공식을 반드시 암기하여 문제의 상황에 맞는 공식을 적절하게 적용하여 답을 도출해야 한다. 따라서 문제에서 묻는 것을 정확하게 파악하여 그에 맞는 공식을 적절하게 적용하는 꾸준한 노력과 공식을 암기하는 연습이 필요하다.

02 통계에서의 사건이 동시에 발생하는지 개별적으로 발생하는지 구분하라!

통계에서는 사건이 개별적으로 발생했을 때 경우의 수는 합의 법칙, 확률은 덧셈정리를 활용하여 계산하며, 사건이 동시에 발생했을 때 경우의 수는 곱의 법칙, 확률은 곱셈정리를 활용하여 계산한다. 특히, 기초통계능력에서 출제되는 문제 중 순열과 조합의 계산 방법이 필요한 문제도 다수이므로 순열(순서대로 나열)과 조합(순서에 상관없이 나열)의 차이점을 숙지하는 것 또한 중요하다. 통계 문제에서의 사건 발생 여부만 잘 판단하여도 계산과 공식을 적용하기가 수월하므로 문제의 의도를 잘 파악하는 것이 중요하다.

03 자료의 해석은 자료에서 즉시 확인할 수 있는 지문부터 확인하라!

대부분의 수험생들이 어려워 하는 영역이 수리영역 중 도표분석, 즉 자료해석능력이다. 자료는 표 또는 그래프로 제시되고, 쉬운 지문은 증가·감소 추이 또는 간단한 사칙연산으로 풀이가 가능한 문제들이 있고, 자료의 조사기간 동안 전년 대비 증가율 혹은 감소율이 가장 높은 기간을 찾는 문제들도 있다. 따라서 일단 증가·감소 추이와 같이 눈으로 확인이 가능한 지문을 먼저 확인한 후 복잡한 계산이 필요한 지문을 확인하는 방법으로 문제를 풀이한다면, 시간을 조금이라도 아낄 수 있다. 특히, 그래프와 같은 경우에는 그래프에 대한 특징을 알고 있다면, 그래프의 길이 혹은 높낮이 등으로 대략적인 수치를 빠르게 확인할 수 있으므로 이에 대한 숙지도 필요하다. 또한, 여러 가지 보기가 주어진 문제 역시 지문을 잘 확인하고 문제를 풀이한다면 불필요한 계산을 생략할 수 있으므로 항상 지문부터 확인하는 습관을 들여야 한다.

04 도표작성능력에서 지문에 작성된 도표의 제목을 반드시 확인하라!

도표작성은 하나의 자료 혹은 보고서와 같은 수치가 표현된 자료를 도표로 작성하는 형식으로 출제되는데, 대체로 표보다는 그래프를 작성하는 형태로 많이 출제된다. 지문을 살펴보면 각 지문에서 주어진 도표에도 소제목이 있는 경우가 대부분이다. 이때, 자료의 수치와 도표의 제목이 일치하지 않는 경우 함정이 존재하는 문제일 가능성이 높으므로 도표의 제목을 반드시 확인하는 것이 중요하다. 도표작성의 경우 대부분 비율 계산이 많이 출제되는데, 도표의 제목과는 다른 수치로 작성된 도표가 존재하는 경우가 있다. 그렇기 때문에 지문에서 작성된 도표의 소제목을 먼저 확인하는 연습을 하여 간단하지 않은 비율 계산을 두 번 하는 일이 없도록 해야 한다.

| 유형분석 |

- 문제에서 제공하는 정보를 파악한 뒤, 사칙연산을 활용하여 계산하는 전형적인 수리문제이다.
- 문제를 풀기 위한 정보가 산재되어 있는 경우가 많으므로 주어진 조건 등을 꼼꼼히 확인해야 한다.

대학 서적을 도서관에서 빌리면 10일간 무료이고, 그 이상은 하루에 100원의 연체료가 부과되며 한 달 단위로 연체료는 두 배로 늘어난다. 1학기 동안 대학 서적을 도서관에서 빌려 사용하는 데 얼마의 비용이 드는가?(단, 1학기의 기간은 15주이고, 한 달은 30일로 정한다)

① 18,000원
② 20,000원
③ 23,000원
④ 25,000원
⑤ 28,000원

정답 ④

- 1학기의 기간 : $15 \times 7 = 105$일
- 연체료가 부과되는 기간 : $105 - 10 = 95$일
- 연체료가 부과되는 시점에서부터 한 달 동안의 연체료 : $30 \times 100 = 3,000$원
- 첫 번째 달부터 두 번째 달까지의 연체료 : $30 \times 100 \times 2 = 6,000$원
- 두 번째 달부터 세 번째 달까지의 연체료 : $30 \times 100 \times 2 \times 2 = 12,000$원
- 95일(3개월 5일) 연체료 : $3,000 + 6,000 + 12,000 + \{5 \times (100 \times 2 \times 2 \times 2)\} = 25,000$원

따라서 1학기 동안 대학 서적을 도서관에서 빌려 사용한다면 25,000원의 비용이 든다.

풀이 전략!

문제에서 묻는 바를 정확하게 확인한 후, 필요한 조건 또는 정보를 구분하여 신속하게 풀어 나간다. 단, 계산에 착오가 생기지 않도록 유의한다.

01 원가가 5,000원인 물건을 25% 인상한 가격으로 판매하였으나, 잘 판매되지 않아 다시 10%를 인하하여 팔았다. 물건 4개를 판매하였을 때, 이익은 얼마인가?

① 2,000원　　　　　　　　　　　　② 2,500원
③ 3,000원　　　　　　　　　　　　④ 3,500원
⑤ 4,000원

02 민섭이는 가족여행을 하려고 한다. 총경비의 $\frac{1}{3}$ 은 숙박비이고, $\frac{1}{3}$ 은 왕복 항공권 비용이다. 숙박비와 항공권 비용을 쓰고 남은 경비의 $\frac{1}{6}$ 은 교통비로 사용하고, 이외의 나머지 경비를 40만 원으로 책정할 때, 총경비는 얼마로 예상해야 하는가?

① 138만 원　　　　　　　　　　　② 140만 원
③ 142만 원　　　　　　　　　　　④ 144만 원
⑤ 146만 원

03 K기업은 해외 기업으로부터 대리석을 수입하여 국내 건설업체에 납품하고 있다. 최근 파키스탄의 H기업과 대리석 1톤을 수입하는 거래를 체결하였다. 수입대금으로 내야 할 금액은 원화로 얼마인가?

> • 환율정보
> 　– 1달러＝100루피
> 　– 1달러＝1,160원
> • 대리석 10kg당 가격 : 35,000루피

① 3,080만 원　　　　　　　　　　② 3,810만 원
③ 4,060만 원　　　　　　　　　　④ 4,600만 원
⑤ 5,800만 원

04 철도 길이가 570m인 터널이 있다. A기차는 터널을 완전히 빠져나갈 때까지 50초가 걸리고, 기차 길이가 A기차의 길이보다 60m 짧은 B기차는 23초가 걸렸다. 두 기차가 터널 양 끝에서 동시에 출발하면 $\frac{1}{3}$ 지점에서 만난다고 할 때, A기차의 길이는 얼마인가?(단, 기차의 속력은 일정하다)

① 150m   ② 160m

③ 170m   ④ 180m

⑤ 190m

05 K공사에 근무 중인 S사원은 업무 계약 건으로 출장을 가야 한다. 시속 75km로 이동하던 중 점심시간이 되어 전체 거리의 40% 지점에 위치한 휴게소에서 30분 동안 점심을 먹었다. 시계를 확인하니 약속된 시간에 늦을 것 같아 시속 25km를 더 올려 이동하였더니, 회사에서 출장지까지 총 3시간 20분이 걸려 도착하였다. K공사에서 출장지까지의 거리는?

① 100km   ② 150km

③ 200km   ④ 250km

⑤ 300km

06 K사의 출근 시각은 오전 9시이다. K사는 지하철역에서 K사 정문까지 셔틀버스를 운행한다. 정문에 셔틀버스가 출근 시각에 도착할 확률은 $\frac{1}{2}$, 출근 시각보다 늦게 도착할 확률은 $\frac{1}{8}$, 출근 시각보다 일찍 도착할 확률은 $\frac{3}{8}$ 이다. 지하철역에서 3대가 동시에 출발할 때, 2개의 버스는 출근 시각보다 일찍 도착하고, 1대의 버스는 출근 시각에 도착할 확률은?

① $\frac{1}{128}$ ② $\frac{3}{128}$

③ $\frac{9}{128}$ ④ $\frac{27}{128}$

⑤ $\frac{81}{128}$

07 집에서 할아버지 댁까지는 총 50km라고 한다. 10km/h의 속력으로 25km를 갔더니 도착하기로 한 시간이 얼마 남지 않아서 15km/h의 속력으로 뛰어가 오후 4시에 할아버지 댁에 도착할 수 있었다. 집에서 나온 시각은 언제인가?

① 오전 11시 50분
② 낮 12시 10분
③ 낮 12시 50분
④ 오후 1시 10분
⑤ 오후 1시 50분

08 성현이와 성수는 공놀이를 하고 있다. 성현이는 A지점, 성수는 B지점에 서 있다. 성현이는 A지점에서 B지점으로, 성수는 B지점에서 A지점으로 공을 찼다. 성현이가 찬 공은 5m/s의 속력으로 이동하고, 성수가 찬 공은 3m/s의 속력으로 이동한다. 26초 뒤 두 사람이 찬 공이 부딪쳤다면 A지점에서 B지점까지 10m/s의 속력으로 공이 이동하는 데 걸리는 시간은 얼마인가?(단, 공은 일정한 속력으로 이동한다고 가정한다)

① 19.2초
② 19.6초
③ 20초
④ 20.4초
⑤ 20.8초

09 운송업체에서 택배 기사로 일하고 있는 A씨는 5곳에 배달을 할 때, 첫 배송지에서 마지막 배송지까지 총 1시간 20분이 걸린다. 평균적으로 이와 같은 속도로 12곳에 배달을 할 때, 첫 배송지에서 출발해서 마지막 배송지까지 택배를 마치는 데 걸리는 시간은?(단, 배송지에서 머무는 시간은 고려하지 않는다)

① 3시간 12분
② 3시간 25분
③ 3시간 36분
④ 3시간 40분
⑤ 3시간 52분

02

통계분석

| 유형분석 |

- 통계와 관련한 이론을 활용하여 계산하는 문제이다.
- 중·고등학교 수준의 통계 이론은 숙지하고 있어야 하며, 주로 상대도수, 평균, 표준편차, 최댓값, 최솟값, 가중치 등이 활용된다.

다음 중 직원 (가) ~ (바)의 사내 업무 평가 점수의 중앙값으로 옳은 것은?

직원	(가)	(나)	(다)	(라)	(마)	(바)
점수	83	76	75	85	91	79

① 79
② 80
③ 81
④ 83
⑤ 76

정답 ③

중앙값은 관찰값을 최솟값부터 최댓값까지 크기순으로 배열하였을 때 순서상 중앙에 위치하는 값을 말하며, 관찰값의 개수가 짝수인 경우 중앙에 위치하는 두 관찰값의 평균이 중앙값이 된다. 직원 (가) ~ (바)의 점수를 크기 순으로 나열하면 91, 85, 83, 79, 76, 75가 되며, 관찰값의 개수가 짝수이므로 중앙에 위치하는 두 관찰값 83과 79의 평균인 81이 중앙값이 된다.

풀이 전략!

통계와 관련된 기본적인 공식은 반드시 암기해 두도록 하며, 이를 활용한 다양한 문제를 풀어보면서 풀이방법을 습득하는 연습이 필요하다.

01 K공사는 6개의 과로 구성되어 있다. 사업 영역 확장을 위해 7번째 과를 신설하는데, 임원과 사원을 발탁하여 과를 구성하려고 한다. 사원 한 명을 발탁하면 업무 효율이 3point 증가하고, 비용이 4point 소요된다. 임원 한 명을 발탁하면 업무 효율이 4point 증가하고, 비용이 7point 소요된다. 비용은 100point 이하로 소요하면서, 효율은 60point를 달성하려고 할 때, 사원과 임원 수를 합한 최솟값은?(단, 사원과 임원은 각각 한 명 이상 발탁한다)

① 14　　　　　　　　　　　　　② 15

③ 16　　　　　　　　　　　　　④ 17

⑤ 18

02 수도권에 사는 1,000명의 20대 남녀를 대상으로 한 달 동안 외식을 하는 횟수를 조사해 보았다. 한 달 동안 외식을 하는 평균 횟수는 12번이고, 표준편차는 4번이었다. 정규분포를 따르며 임의로 64명을 표본추출할 경우, 표본표준편차는 얼마인가?

① 0.2　　　　　　　　　　　　② 0.5

③ 0.8　　　　　　　　　　　　④ 1.2

⑤ 1.6

03 A ~ E는 모두 한 팀이며, A, C의 평균값은 20이고, B, D, E의 평균값은 40이다. 이때 팀 전체 평균값은 얼마인가?

① 30　　　　　　　　　　　　② 31

③ 32　　　　　　　　　　　　④ 33

⑤ 34

04 K공장에서 습도를 일정하게 유지하기 위해 공장 안에서의 포화 수증기량을 기준으로 상대습도를 알아보고자 한다. 공장은 기온을 23℃로 유지하고, 공기 1kg에 수증기 12g이 포함되어 있다고 할 때, 공장 안에서의 상대습도는 얼마인가?(단, 상대습도는 소수점 둘째 자리에서 반올림한다)

〈공장안 기온에 따른 포화수증기량〉

기온(℃)	포화수증기량(g/kg)	기온(℃)	포화수증기량(g/kg)
0	4.0	16	12.8
1	4.5	17	14.0
2	4.9	18	15.2
3	5.4	19	15.9
4	5.9	20	16.7
5	6.3	21	17.5
6	6.7	22	18.6
7	7.1	23	20.8
8	7.6	24	22.4
9	8.1	25	23.9
10	8.5	26	25.1
11	8.9	27	26.7
12	9.6	28	28.4
13	10.0	29	30.2
14	11.2	30	31.6
15	12.1	31	32.9

※ $[\text{상대습도}(\%)] = \dfrac{(\text{현재 공기 중 수증기량})}{(\text{현재 온도 포화수증기량})} \times 100$

① 57.7%
② 56.4%
③ 55.1%
④ 54.8%
⑤ 53.5%

05 다음은 K기업의 정수기 판매량에 따른 평균 수입과 평균 비용을 나타낸 자료이다. 현재 4대를 판매하고 있는 K기업이 이윤을 극대화하기 위한 판단으로 옳은 것은?

〈정수기 판매량에 따른 평균 수입 및 평균 비용〉

판매량(대)	1	2	3	4	5	6
평균 수입(만 원)	6	6	6	6	6	6
평균 비용(만 원)	6	4	4	5	6	7

※ (평균 수입)=$\dfrac{(총수입)}{(판매량)}$, (평균 비용)=$\dfrac{(총비용)}{(판매량)}$

① 이윤은 판매량이 1대 또는 5대일 때 극대화된다.
② 평균 수입이 평균 비용보다 높으므로 판매량을 늘려야 한다.
③ 평균 수입이 평균 비용보다 낮으므로 판매량을 줄여야 한다.
④ 판매량을 3대로 줄이면 이윤이 증가하므로 판매량을 줄여야 한다.
⑤ 판매량이 현재와 같이 유지될 때 이윤이 가장 크다.

06 다음은 과일의 종류별 무게에 따른 가격표이다. 종류별 무게를 가중치로 적용하여 가격에 대한 가중평균을 구하면 42만 원이다. 이때 빈칸에 들어갈 수치로 옳은 것은?

〈과일 종류별 가격 및 무게〉

(단위 : 만 원, kg)

구분	가	나	다	라
가격	25	40	60	
무게	40	15	25	20

① 40 　　　　　　　　　　② 45
③ 50 　　　　　　　　　　④ 55
⑤ 60

| 유형분석 |

- 문제에 주어진 도표를 분석하여 각 선택지의 정답 여부를 판단하는 문제이다.
- 주로 그래프와 표로 제시되며, 경영·경제·산업 등과 관련된 최신 이슈를 많이 다룬다.
- 자료 간의 증감률·비율·추세 등을 자주 묻는다.

다음은 연도별 국민연금 급여수급자 현황을 나타낸 그래프이다. 이에 대한 내용으로 옳지 않은 것은?

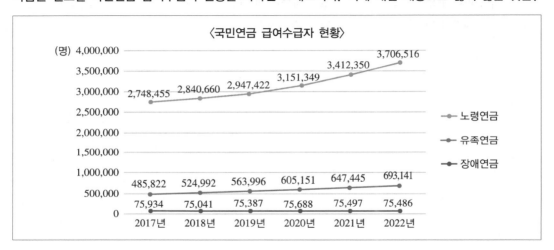

① 2017 ~ 2022년 동안 유족연금 수급자 수는 매년 증가했다.
② 2019년 노령연금 수급자 대비 유족연금 수급자 비율은 20% 미만이다.
③ 2018 ~ 2022년 동안 장애연금 수급자가 전년 대비 가장 많이 증가한 해는 2019년이다.
④ 노령연금 수급자 대비 유족연금 수급자 비율은 2017년이 2019년보다 높다.

정답 ④

2017년 노령연금 수급자 대비 유족연금 수급자 비율은 $\frac{485,822}{2,748,455} \times 100 \fallingdotseq 17.7\%$이며, 2019년 노령연금 수급자 대비 유족연금

수급자 비율은 $\frac{563,996}{2,947,422} \times 100 \fallingdotseq 19.1\%$이므로 2019년이 더 높다.

풀이 전략!

선택지를 먼저 읽고 필요한 정보를 도표에서 확인하도록 하며, 계산이 필요한 경우에는 실제 수치를 사용하여 복잡한 계산을 하는 대신, 대소 관계의 비교나 선택지의 옳고 그름만을 판단할 수 있을 정도로 간소화하여 계산해 풀이시간을 단축할 수 있도록 한다.

01 다음은 1인당 우편 이용 물량을 나타낸 그래프이다. 이에 대한 설명으로 옳은 것은?

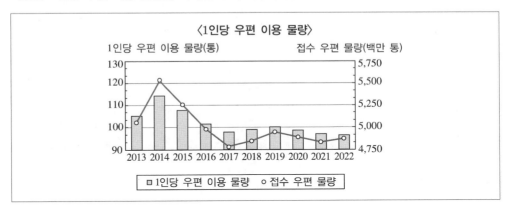

① 1인당 우편 이용 물량은 증가 추세에 있다.
② 1인당 우편 이용 물량은 2014년에 가장 높았고, 2017년에 가장 낮았다.
③ 매년 평균적으로 1인당 4일에 한 통 이상은 우편물을 보냈다.
④ 1인당 우편 이용 물량과 접수 우편 물량 모두 2019년부터 2022년까지 지속적으로 감소하고 있다.
⑤ 접수 우편 물량이 가장 많은 해와 가장 적은 해의 차이는 약 900백만 통이다.

02 다음은 출생연대별로 드러난 개인주의 가치성향을 조사한 결과이다. 이에 대한 설명으로 옳은 것은?

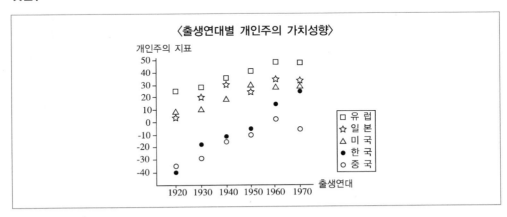

① 세대별로 가치관의 차이는 한국보다 유럽이 큰 편이다.
② 한국을 제외하고는 나이와 개인주의 가치관이 항상 반비례하고 있다.
③ 중국의 1960년대생과 1970년대생은 비슷한 개인주의 성향을 보인다.
④ 전체 인구를 보면 대체로 유럽, 일본, 미국이 한국, 중국보다 개인주의 성향이 더 강하다.
⑤ 일본의 세대별 개인주의의 차이가 가장 크다.

03 다음은 OECD 32개국의 고용률과 인구증가율을 4분면으로 나타낸 것이다. 아래 데이터 표와 바르게 짝지어진 것은?

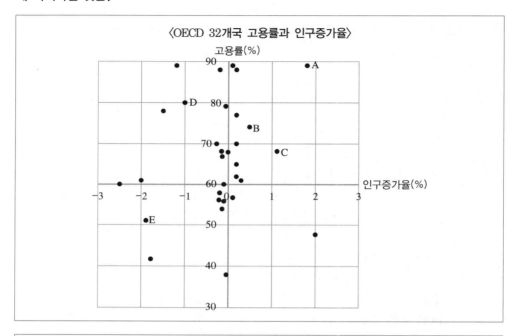

나라	호주	벨기에	헝가리	멕시코	일본	캐나다	독일	덴마크	한국	프랑스
고용률(%)	89	62	80	68	51	74	88	79	42	68
인구증가율(%)	1.8	0.2	-1.0	-0.03	-1.9	0.5	0.18	-0.05	-1.8	1.1

① A : 캐나다
② B : 독일
③ C : 멕시코
④ D : 헝가리
⑤ E : 한국

04 다음은 OECD 국가의 대학졸업자 취업에 대한 자료이다. A ~ L국가 중 전체 대학졸업자 대비 대학졸업자 중 취업자 비율이 OECD 평균보다 높은 국가로 바르게 짝지어진 것은?

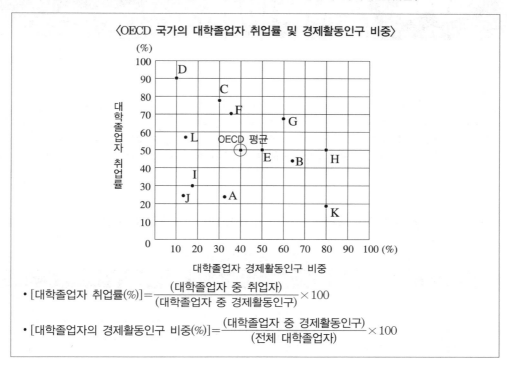

· [대학졸업자 취업률(%)] = $\dfrac{(대학졸업자 중 취업자)}{(대학졸업자 중 경제활동인구)} \times 100$

· [대학졸업자의 경제활동인구 비중(%)] = $\dfrac{(대학졸업자 중 경제활동인구)}{(전체 대학졸업자)} \times 100$

① A, D

② B, C

③ D, H

④ G, K

⑤ H, L

| 유형분석 |

- 제시된 표를 분석하여 선택지의 정답 유무를 판단하는 문제이다.
- 표의 수치 등을 통해 변화량이나 증감률, 비중 등을 비교하여 판단하는 문제가 자주 출제된다.
- 지원하고자 하는 기업이나 산업과 관련된 자료 등이 문제의 자료로 많이 다뤄진다.

다음은 A ~ E 5개국의 경제 및 사회 지표이다. 이에 대한 설명으로 옳지 않은 것은?

〈주요 5개국의 경제 및 사회 지표〉

구분	1인당 GDP(달러)	경제성장률(%)	수출(백만 달러)	수입(백만 달러)	총인구(백만 명)
A	27,214	2.6	526,757	436,499	50.6
B	32,477	0.5	624,787	648,315	126.6
C	55,837	2.4	1,504,580	2,315,300	321.8
D	25,832	3.2	277,423	304,315	46.1
E	56,328	2.3	188,445	208,414	24.0

※ (총 GDP)=(1인당 GDP)×(총인구)

① 경제성장률이 가장 큰 나라가 총 GDP는 가장 작다.
② 총 GDP가 가장 큰 나라의 GDP는 가장 작은 나라의 GDP보다 10배 이상 더 크다.
③ 5개국 중 수출과 수입에 있어서 규모에 따라 나열한 순위는 서로 일치한다.
④ A국이 E국보다 총 GDP가 더 크다.
⑤ 1인당 GDP에 따른 순위와 총 GDP에 따른 순위는 서로 일치한다.

정답 ⑤

1인당 GDP 순위는 E>C>B>A>D이다. 그런데 1인당 GDP가 가장 큰 E국은 1인당 GDP가 2위인 C국보다 1% 정도밖에 높지 않은 반면, 인구는 C국의 $\frac{1}{10}$ 이하이므로 총 GDP 역시 C국보다 작다. 따라서 1인당 GDP 순위와 총 GDP 순위는 일치하지 않는다.

풀이 전략!

평소 변화량이나 증감률, 비중 등을 구하는 공식을 알아두고 있어야 하며, 지원하는 기업이나 산업에 관한 자료 등을 확인하여 비교하는 연습 등을 한다.

PART 1

01 다음은 어느 기업의 콘텐츠 유형별 매출액에 대한 자료이다. 이에 대한 설명으로 옳지 않은 것은?

〈2015 ~ 2022년 콘텐츠 유형별 매출액〉

(단위 : 백만 원)

구분	게임	음원	영화	SNS	전체
2015년	235	108	371	30	744
2016년	144	175	355	45	719
2017년	178	186	391	42	797
2018년	269	184	508	59	1,020
2019년	485	199	758	58	1,500
2020년	470	302	1,031	308	2,111
2021년	603	411	1,148	104	2,266
2022년	689	419	1,510	341	2,959

① 2017년 이후 매출액이 매년 증가한 콘텐츠 유형은 영화뿐이다.

② 2022년의 전년 대비 매출액 증가율이 가장 큰 콘텐츠 유형은 SNS이다.

③ 영화 매출액은 매년 전체 매출액의 40% 이상이다.

④ 2016 ~ 2022년 동안 모든 콘텐츠의 매출액이 전년보다 증가한 해는 2022년뿐이다.

⑤ 2019 ~ 2022년 동안 매년 게임 매출액은 음원 매출액의 2배 이상이다.

02 다음은 A ~ D사의 남녀 직원비율을 나타낸 자료이다. 이에 대한 설명으로 옳지 않은 것은?

〈회사별 남녀 직원비율〉

(단위 : %)

구분	A사	B사	C사	D사
남직원	54	48	42	40
여직원	46	52	58	60

① 여직원 대비 남직원 비율이 가장 높은 회사는 A이며, 가장 낮은 회사는 D이다.

② B, C, D사의 여직원 수의 합은 남직원 수의 합보다 크다.

③ A사의 남직원이 B사의 여직원보다 많다.

④ A, B사의 전체 직원 중 남직원이 차지하는 비율이 52%라면 A사의 전체 직원 수는 B사 전체 직원 수의 2배이다.

⑤ A, B, C사의 전체 직원 수가 같다면 A, C사 여직원 수의 합은 B사 여직원 수의 2배이다.

03 다음은 수송부문의 대기 중 온실가스 배출량에 대한 자료이다. 이에 대한 설명으로 옳지 않은 것은?

<수송부문의 대기 중 온실가스 배출량>

(단위 : ppm)

구분		이산화탄소	아산화질소	메탄	합계
2018년	합계	82,917.7	197.6	502.6	83,617.9
	산업부문	57,702.5	138	328.3	58,168.8
	가계부문	25,215.2	59.6	174.3	25,449.1
2019년	합계	84,626.3	202.8	513.9	85,343
	산업부문	58,686.7	141.4	332.1	59,160.2
	가계부문	25,939.6	61.4	181.8	26,182.8
2020년	합계	84,306.8	203.1	504.4	85,014.3
	산업부문	59,553.9	144.4	331.7	60,030
	가계부문	24,752.9	58.7	172.7	24,984.3
2021년	합계	85,632.1	205.1	501.1	86,338.3
	산업부문	63,936.9	151.5	374	64,462.4
	가계부문	21,695.2	53.6	127.1	21,875.9
2022년	합계	87,547.49	210.98	502.9	88,261.37
	산업부문	64,973.29	155.87	362.36	65,491.52
	가계부문	22,574.2	55.11	140.54	22,769.85

① 이산화탄소의 비중은 어느 시기든 상관없이 가장 크다.
② 연도별 가계와 산업 부문의 배출량 차이 값은 2022년에 가장 크다.
③ 연도별 가계와 산업 부문의 배출량 차이 값은 지속적으로 증가한다.
④ 해당기간 동안 온실가스 총량은 지속적으로 증가하고 있다.
⑤ 메탄은 항상 아산화질소보다 많은 양이 배출되고 있다.

04 다음은 2018 ~ 2022년 우리나라의 출생 및 사망자 수에 대한 자료이다. 이에 대한 설명으로 옳지 않은 것은?

〈우리나라 출생 및 사망자 수 현황〉

(단위 : 명)

구분	2018년	2019년	2020년	2021년	2022년
출생아 수	436,455	435,435	438,420	406,243	357,771
사망자 수	266,257	267,692	275,895	280,827	285,534

① 출생아 수가 가장 많았던 해는 2020년이다.

② 사망자 수는 2019년부터 2022년까지 매년 전년 대비 증가하고 있다.

③ 2018년부터 2022년까지 사망자 수가 가장 많은 해와 가장 적은 해의 사망자 수 차이는 15,000명 이상이다.

④ 2020년 출생아 수는 같은 해 사망자 수의 1.7배 이상이다.

⑤ 2019년 출생아 수는 2022년 출생아 수보다 15% 이상 많다.

05 다음은 어느 나라의 노동가능인구 구성의 비율을 나타낸 자료이다. 2021년과 비교한 2022년의 상황으로 옳은 것은?

〈노동가능인구 구성의 비율〉

구분	취업자	실업자	비경제활동인구
2021년	55%	25%	20%
2022년	43%	27%	30%

① 이 자료에서 실업자의 수는 알 수 없다.

② 실업자의 비율은 감소하였다.

③ 경제활동인구의 비율은 증가하였다.

④ 취업자 비율의 증감폭이 실업자 비율의 증감폭보다 작다.

⑤ 비경제활동인구의 비율은 감소하였다.

05

도표작성능력
도표작성

| 유형분석 |

- 문제에 주어진 자료를 도표로 변환하는 문제이다.
- 주로 자료에 있는 수치와 그래프 또는 표에 있는 수치가 서로 일치하는지 여부를 판단한다.

다음은 연도별 제주도 감귤 생산량 및 면적을 나타낸 자료이다. 〈보기〉에서 이를 바르게 나타낸 그래프를 모두 고르면?(단, 그래프의 면적 단위가 만 ha일 때는 백의 자리에서 반올림한다)

〈연도별 제주도 감귤 생산량 및 면적〉

(단위 : 톤, ha)

구분	생산량	면적	구분	생산량	면적
2012년	19,725	536,668	2018년	17,921	480,556
2013년	19,806	600,511	2019년	17,626	500,106
2014년	19,035	568,920	2020년	17,389	558,942
2015년	18,535	677,770	2021년	17,165	554,007
2016년	18,457	520,350	2022년	16,941	573,442
2017년	18,279	655,046	-	-	-

보기

ㄱ. 2012 ~ 2017년 제주도 감귤 재배면적

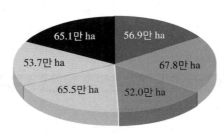

□ 2012 ■ 2013 ■ 2014 ■ 2015 ■ 2016 □ 2017

ㄴ. 2017 ~ 2022년 감귤 생산량

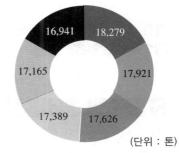

(단위 : 톤)

■ 2017 ■ 2018 ■ 2019 □ 2020 □ 2021 ■ 2022

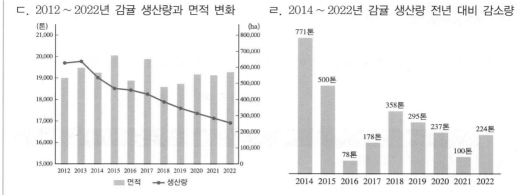

ㄷ. 2012 ～ 2022년 감귤 생산량과 면적 변화

ㄹ. 2014 ～ 2022년 감귤 생산량 전년 대비 감소량

① ㄱ, ㄴ   ② ㄱ, ㄷ

③ ㄴ, ㄷ   ④ ㄴ, ㄹ

⑤ ㄷ, ㄹ

정답   ③

오답분석

ㄱ. 재배면적 수치가 제시된 표와 다르다.

ㄹ. 2021년 전년 대비 감소량은 2022년 전년 대비 감소량인 224톤과 같다.

풀이 전략!

각 선택지에 있는 도표의 제목을 먼저 확인한다. 그다음 제목에서 어떠한 정보가 필요한지 확인한 후, 문제에서 주어진 자료를 빠르게 확인하여 일치 여부를 판단한다.

01 다음은 난민 통계 현황에 대한 자료이다. 이를 나타낸 그래프로 옳지 않은 것은?

〈난민 신청자 현황〉

(단위 : 명)

구분		2019년	2020년	2021년	2022년
성별	남자	1,039	1,366	2,403	4,814
	여자	104	208	493	897
국적	파키스탄	242	275	396	1,143
	나이지리아	102	207	201	264
	이집트	43	97	568	812
	시리아	146	295	204	404
	중국	3	45	360	401
	기타	178	471	784	2,687

〈난민 인정자 현황〉

(단위 : 명)

구분		2019년	2020년	2021년	2022년
성별	남자	39	35	62	54
	여자	21	22	32	51
국적	미얀마	18	19	4	32
	방글라데시	16	10	2	12
	콩고DR	4	1	3	1
	에티오피아	4	3	43	11
	기타	18	24	42	49

① 난민 신청자 연도·국적별 현황

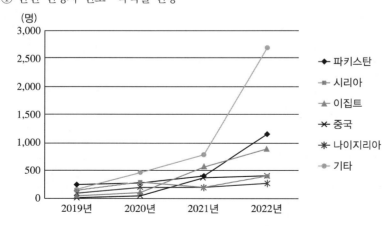

② 전년 대비 난민 인정자 증감률(2020 ~ 2022년)

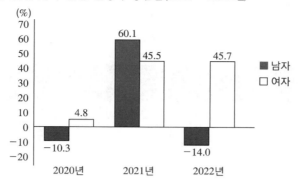

③ 난민 신청자 현황

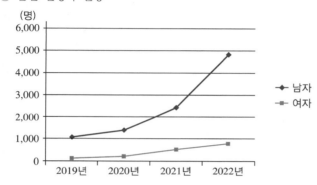

④ 난민 인정자 비율

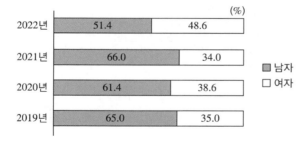

⑤ 2022년 국가별 난민 신청자 비율

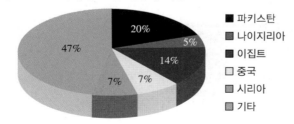

02 다음은 연도별 및 연령대별 흡연율 관련 자료이다. 이를 나타낸 그래프로 옳지 않은 것은?

〈연도별·연령대별 흡연율〉

(단위 : %)

구분	연령대				
	20대	30대	40대	50대	60대 이상
2013년	28.4	24.8	27.4	20.0	16.2
2014년	21.5	31.4	29.9	18.7	18.4
2015년	18.9	27.0	27.2	19.4	17.6
2016년	28.0	30.1	27.9	15.6	2.7
2017년	30.0	27.5	22.4	16.3	9.1
2018년	24.2	25.2	19.3	14.9	18.4
2019년	13.1	25.4	22.5	15.6	16.5
2020년	22.2	16.1	18.2	13.2	15.8
2021년	11.6	25.4	13.4	13.9	13.9
2022년	14.0	22.2	18.8	11.6	9.4

① 40대, 50대 연도별 흡연율

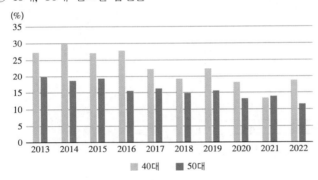

② 2019 ~ 2022년 연령대별 흡연율

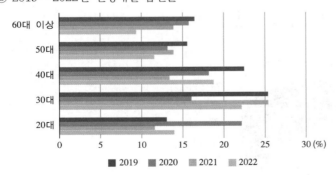

③ 2017 ~ 2022년 60대 이상 연도별 흡연율

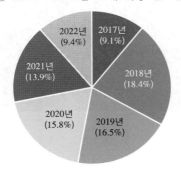

④ 20대, 30대 연도별 흡연율

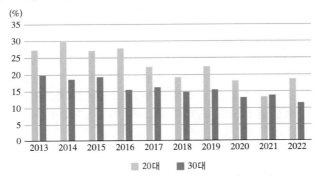

⑤ 2022년 연령대별 흡연율

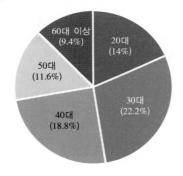

CHAPTER 03
문제해결능력

합격 CHEAT KEY

문제해결능력은 업무를 수행하면서 여러 가지 문제 상황이 발생하였을 때, 창의적이고 논리적인 사고를 통하여 이를 올바르게 인식하고 적절히 해결하는 능력을 말한다. 하위능력으로는 사고력과 문제처리능력이 있다.

문제해결능력은 NCS 기반 채용을 진행하는 대다수의 공사·공단에서 채택하고 있으며, 문항 수는 평균 24% 정도로 상당히 많이 출제되고 있다. 하지만 많은 수험생들은 더 많이 출제되는 다른 영역에 몰입하고 문제해결능력에는 집중하지 않는 실수를 하고 있다. 다른 영역보다 더 많은 노력이 필요할 수는 있지만 그렇기에 차별화를 할 수 있는 득점 영역이므로 포기하지 말고 꾸준하게 노력해야 한다.

01   질문의 의도를 정확하게 파악하라!

문제해결능력은 문제에서 무엇을 묻고 있는지 정확하게 파악하여 먼저 풀이 방향을 설정하는 것이 가장 효율적인 방법이다. 특히, 조건이 주어지고 답을 찾는 창의적·분석적인 문제가 주로 출제되고 있기 때문에 처음에 정확한 풀이 방향이 설정되지 않는다면 시간만 허비하고 결국 문제도 풀지 못하게 되므로 첫 번째로 출제의도 파악에 집중해야 한다.

02   중요한 정보는 반드시 표시하라!

위에서 말한 출제의도를 정확히 파악하기 위해서는 문제의 중요한 정보를 반드시 표시하거나 메모하여 하나의 조건, 단서도 잊고 넘어가는 일이 없도록 해야 한다. 실제 시험에서는 시간의 압박과 긴장감으로 정보를 잘못 적용하거나 잊어버리는 실수가 많이 발생하므로 사전에 충분한 연습이 필요하다.

가령 명제 문제의 경우 주어진 명제와 그 명제의 대우를 본인이 한눈에 파악할 수 있도록 기호화, 도식화하여 메모하면 흐름을 이해하기가 더 수월하다. 이를 통해 자신만의 풀이 순서와 방향, 기준 또한 생길 것이다.

03 **반복 풀이를 통해 취약 유형을 파악하라!**

길지 않은 한정된 시간 동안 모든 문제를 다 푸는 것은 조금은 어려울 수도 있다. 따라서 고득점을 할 수 있는 효율적인 문제 풀이 방법을 찾아야 한다. 이때, 반복적인 문제 풀이를 통해 자신이 취약한 유형을 파악하는 것이 중요하다. 취약 유형 파악은 종료 시간이 임박했을 때 빛을 발할 것이다. 풀 수 있는 문제부터 빠르게 풀고 취약한 유형은 나중에 푸는 효율적인 문제 풀이를 통해 최대한 고득점을 맞는 것이 중요하다. 그러므로 본인의 취약 유형을 파악하기 위해서 많은 문제를 풀어 봐야 한다.

04 **타고나는 것이 아니므로 열심히 노력하라!**

대부분의 수험생들이 문제해결능력은 공부해도 실력이 늘지 않는 영역이라고 생각한다. 하지만 그렇지 않다. 문제해결능력이야말로 노력을 통해 충분히 고득점이 가능한 영역이다. 정확한 질문 의도 파악, 취약한 유형의 반복적인 풀이, 빈출유형 파악 등의 방법으로 충분히 실력을 향상시킬 수 있다. 자신감을 갖고 공부하기 바란다.

| 유형분석 |

- 주어진 문장을 토대로 논리적으로 추론하여 참 또는 거짓을 구분하는 문제이다.
- 대체로 연역추론을 활용한 명제 문제가 출제된다.
- 자료를 제시하고 새로운 결과나 자료에 주어지지 않은 내용을 추론해 가는 형식의 문제가 출제된다.

어느 도시에 있는 병원의 공휴일 진료 현황은 다음과 같다. 공휴일에 진료하는 병원의 수는?

- B병원이 진료를 하지 않으면, A병원은 진료를 한다.
- B병원이 진료를 하면, D병원은 진료를 하지 않는다.
- A병원이 진료를 하면, C병원은 진료를 하지 않는다.
- C병원이 진료를 하지 않으면, E병원이 진료를 한다.
- E병원은 공휴일에 진료를 하지 않는다.

① 1곳
② 2곳
③ 3곳
④ 4곳
⑤ 5곳

정답 ②

제시된 진료 현황을 각각의 명제로 보고 이들을 수식으로 설명하면 다음과 같다(단, 명제가 참일 경우 그 대우도 참이다).
- B병원이 진료를 하지 않으면 A병원이 진료한다(~B → A / ~A → B).
- B병원이 진료를 하면 D병원은 진료를 하지 않는다(B → ~D / D → ~B).
- A병원이 진료를 하면 C병원은 진료를 하지 않는다(A → ~C / C → ~A).
- C병원이 진료를 하지 않으면 E병원이 진료한다(~C → E / ~E → C).
이를 하나로 연결하면, D병원이 진료를 하면 B병원이 진료를 하지 않고, B병원이 진료를 하지 않으면 A병원은 진료를 한다. A병원이 진료를 하면 C병원은 진료를 하지 않고, C병원이 진료를 하지 않으면 E병원은 진료를 한다(D → ~B → A → ~C → E).
명제가 참일 경우 그 대우도 참이므로 ~E → C → ~A → B → ~D가 된다. E병원은 공휴일에 진료를 하지 않으므로 위의 명제를 참고하면 C와 B병원만이 진료를 하는 경우가 된다. 따라서 공휴일에 진료를 하는 병원은 2곳이다.

풀이 전략!

명제와 관련한 기본적인 논법에 대해서는 미리 학습해 두며, 이를 바탕으로 각 문장에 있는 핵심단어 또는 문구를 기호화하여 정리한 후, 선택지와 비교하여 참 또는 거짓을 판단한다.

01 연경, 효진, 다솜, 지민, 지현 5명 중에서 1명이 선생님의 책상에 있는 화병에 꽃을 꽂아 두었다. 이 가운데 두 명의 이야기는 모두 거짓이지만 세 명의 이야기는 모두 참이라고 할 때, 선생님 책상에 꽃을 꽂아 둔 사람은?

> 연경 : 화병에 꽃을 꽂아 두는 것을 나와 지현이만 보았다. 효진이의 말은 모두 맞다.
> 효진 : 화병에 꽃을 꽂아 둔 사람은 지민이다. 지민이가 그러는 것을 지현이가 보았다.
> 다솜 : 지민이는 꽃을 꽂아 두지 않았다. 지현이의 말은 모두 맞다.
> 지민 : 화병에 꽃을 꽂아 두는 것을 세 명이 보았다. 효진이는 꽃을 꽂아 두지 않았다.
> 지현 : 나와 연경이는 꽃을 꽂아 두지 않았다. 나는 누가 꽃을 꽂는지 보지 못했다.

① 연경 ② 효진
③ 다솜 ④ 지민
⑤ 지현

02 다음 〈조건〉을 바탕으로 추론한 내용으로 옳은 것은?

> **조건**
> • 분야별 인원 구성
>   − A분야 : a(남자), b(남자), c(여자)
>   − B분야 : 가(남자), 나(여자)
>   − C분야 : 갑(남자), 을(여자), 병(여자)
> • 4명씩 나누어 총 2팀(1팀, 2팀)으로 구성한다.
> • 같은 분야의 같은 성별인 사람은 같은 팀에 들어갈 수 없다.
> • 각 팀에는 분야별로 적어도 한 명 이상이 들어가야 한다.
> • 한 분야의 모든 사람이 한 팀에 들어갈 수는 없다.

① 갑과 을이 한 팀이 된다면 가와 나도 한 팀이 될 수 있다.
② 4명으로 나뉜 두 팀에는 남녀가 각각 2명씩 들어간다.
③ a가 1팀으로 간다면 c는 2팀으로 가야 한다.
④ 가와 나는 한 팀이 될 수 없다.
⑤ c와 갑은 한 팀이 될 수 있다.

03 A ~ D가 키우는 동물의 종류에 대해서 다음과 같은 사실이 알려져 있다. 〈조건〉을 통해 추론한 내용으로 옳은 것은?

> **조건**
> • A는 개, C는 고양이, D는 닭을 키운다.
> • B는 토끼를 키우지 않는다.
> • A가 키우는 동물 종류는 B도 키운다.
> • A와 C는 같은 동물 종류를 키우지 않는다.
> • A, B, C, D 각각은 2종류 이상의 동물을 키운다.
> • A, B, C, D는 개, 고양이, 토끼, 닭 이외의 동물은 키우지 않는다.

① B는 개를 키우지 않는다.
② B와 C가 공통으로 키우는 동물 종류는 없다.
③ C는 키우지 않지만 D가 키우는 동물 종류가 있다.
④ 3명이 공통으로 키우는 동물 종류는 없다.
⑤ 3가지 종류의 동물을 키우는 사람은 없다.

04 K기업은 사옥 내에 구내식당을 운영하고 있다. 구내식당의 공간이 부족하여 부서별로 순서를 정하여 이용하고 있다. 올해는 A, B, C, D, E부서 순서로 식사를 했으나, 내년에는 모든 부서가 새로운 순서로 식사하기로 했다. 내년에 C부서가 E부서 바로 다음에 식사하기로 하였다면, 다음 중 옳은 것은?

① 총 4가지 방법이 있다.
② B부서는 맨 마지막에 식사할 수 없다.
③ E부서는 맨 마지막 순서를 제외한 나머지 모든 순서에 위치할 수 있다.
④ D부서가 가장 먼저 식사한다면, 바로 그다음에는 반드시 A부서가 식사한다.
⑤ A부서가 맨 마지막에 식사하는 경우는 한 가지 방법뿐이다.

05 같은 해에 입사한 동기 A ~ E는 모두 K기업 소속으로 서로 다른 부서에서 일하고 있다. 이들이 근무하는 부서와 해당 부서의 성과급은 다음과 같다. 부서배치에 대한 조건, 휴가에 대한 조건을 참고했을 때, 다음 중 항상 옳은 것은?

〈부서별 성과급〉

비서실	영업부	인사부	총무부	홍보부
60만 원	20만 원	40만 원	60만 원	60만 원

※ 각 사원은 모두 각 부서의 성과급을 동일하게 받는다.

〈부서배치 조건〉

• A는 성과급이 평균보다 적은 부서에서 일한다.
• B와 D의 성과급을 더하면 나머지 세 명의 성과급 합과 같다.
• C의 성과급은 총무부보다는 적지만 A보다는 많다.
• C와 D 중 한 사람은 비서실에서 일한다.
• E는 홍보부에서 일한다.

〈휴가 조건〉

• 영업부 직원은 비서실 직원보다 휴가를 더 늦게 가야 한다.
• 인사부 직원은 첫 번째 또는 제일 마지막으로 휴가를 가야 한다.
• B의 휴가 순서는 이들 중 세 번째이다.
• E는 휴가를 반납하고 성과급을 두 배로 받는다.

① A의 3개월 치 성과급은 C의 2개월 치 성과급보다 많다.
② C가 맨 먼저 휴가를 갈 경우, B가 맨 마지막으로 휴가를 가게 된다.
③ D가 C보다 성과급이 많다.
④ 휴가철이 끝난 직후, 급여명세서에 D와 E의 성과급 차이는 세 배이다.
⑤ B는 A보다 휴가를 먼저 출발한다.

| 유형분석 |

- 주어진 상황과 규칙을 종합적으로 활용하여 풀어가는 문제이다.
- 일정, 비용, 순서 등 다양한 내용을 다루고 있어 유형을 한 가지로 단일화하기 어렵다.

갑은 다음 규칙을 참고하여 알파벳 단어를 숫자로 변환하고자 한다. 규칙을 적용한 〈보기〉의 ㉠ ~ ㉣ 단어에서 알파벳 Z에 해당하는 자연수들을 모두 더한 값은?

〈규칙〉

① 알파벳 'A'부터 'Z'까지 순서대로 자연수를 부여한다.

   예 A=2라고 하면 B=3, C=4, D=5이다.

② 단어의 음절에 같은 알파벳이 연속되는 경우 ①에서 부여한 숫자를 알파벳이 연속되는 횟수만큼 거듭제 곱한다.

   예 A=2이고 단어가 'AABB'이면 AA는 '2^2'이고, BB는 '3^2'이므로 '49'로 적는다.

> 보기
>
> ㉠ AAABBCC는 100000010201110404로 변환된다.
> ㉡ CDFE는 3465로 변환된다.
> ㉢ PJJYZZ는 1712126729로 변환된다.
> ㉣ QQTSR은 625282726으로 변환된다.

① 154   ② 176

③ 199   ④ 212

⑤ 234

정답 ④

㉠ A=100, B=101, C=102이다. 따라서 Z=125이다.

㉡ C=3, D=4, E=5, F=6이다. 따라서 Z=26이다.

㉢ P가 17임을 볼 때, J=11, Y=26, Z=27이다.

㉣ Q=25, R=26, S=27, T=28이다. 따라서 Z=34이다.

따라서 해당하는 Z값을 모두 더하면 125+26+27+34=212이다.

풀이 전략!

문제에 제시된 조건이나 규칙을 정확히 파악한 후, 선택지나 상황에 적용하여 문제를 풀어나간다.

01 새롭게 비품관리를 담당하게 된 A사원은 기존에 거래하던 ○○문구와 다른 업체들과의 가격 비교를 위해 △△문구와 □□문구에 견적서를 요청한 뒤 세 곳을 비교하려고 한다. 비품의 성능 차이는 다르지 않으므로 비교 후 가격이 저렴한 곳과 거래할 예정이다. 견적서의 총액과 최종적으로 거래할 업체를 바르게 짝지은 것은?(단, 배송료는 총 주문금액 계산 이후 더하며 백 원 미만은 절사한다)

○○문구			
품명	수량	단가	공급가액
MLT − D209S[호환]	1	28,000원	32,000원
A4 복사용지 80G(2박스 묶음)	1	18,900원	31,900원
친환경 진행 문서 파일	1	1,500원	2,500원

※ 총 주문금액에서 20% 할인 쿠폰 사용 가능
※ 배송료 : 4,000원(10만 원 이상 구매 시 무료 배송)

△△문구			
품명	수량	단가	공급가액
PGI − 909 − PINK[호환]	1	20,000원	25,000원
더블비 A4 복사용지 80G(2박스 묶음)	1	17,800원	22,800원
친환경 진행 문서 파일	1	1,200원	1,800원

※ 4만 원 이상 구매 시 판매가의 7% 할인
※ 배송료 : 2,500원(7만 원 이상 구매 시 무료 배송)

□□문구			
품명	수량	단가	공급가액
MST − D128S	1	20,100원	24,100원
A4 복사용지 75G(2박스 묶음)	1	18,000원	28,000원
문서 파일	1	1,600원	3,600원

※ 첫 구매 적립금 4,000포인트 사용 가능
※ 5만 원 이상 구매 시 문서 파일 1개 무료 증정
※ 배송료 : 4,500원(6만 원 이상 구매 시 무료 배송)

① ○○문구 − 49,000원
② △△문구 − 46,100원
③ □□문구 − 48,200원
④ △△문구 − 48,600원
⑤ □□문구 − 51,700원

02 A과장은 월요일에 사천연수원에서 진행될 세미나에 참석해야 한다. 세미나는 월요일 낮 12시부터 시작이며, 수요일 오후 6시까지 진행된다. 갈 때는 세미나에 늦지 않게만 도착하면 되지만, 올 때는 목요일 회의 준비를 위해 최대한 일찍 서울로 올라와야 한다. 교통비는 회사에 청구하지만 가능한 적은 비용으로 세미나 참석을 원할 때, 교통비는 얼마가 들겠는가?

〈KTX〉

구분	월요일		수요일		가격
서울 – 사천	08:00 ~ 11:00	09:00 ~ 12:00	08:00 ~ 11:00	09:00 ~ 12:00	65,200원
사천 – 서울	16:00 ~ 19:00	20:00 ~ 23:00	16:00 ~ 19:00	20:00 ~ 23:00	66,200원 (10% 할인 가능)

※ 사천역에서 사천연수원까지 택시비는 22,200원이며, 30분이 걸린다.

〈비행기〉

구분	월요일		수요일		가격
서울 – 사천	08:00 ~ 09:00	09:00 ~ 10:00	08:00 ~ 09:00	09:00 ~ 10:00	105,200원
사천 – 서울	19:00 ~ 20:00	20:00 ~ 21:00	19:00 ~ 20:00	20:00 ~ 21:00	93,200원 (10% 할인 가능)

※ 사천공항에서 사천연수원까지 택시비는 21,500원이며, 30분이 걸린다.

① 168,280원
② 178,580원
③ 192,780원
④ 215,380원
⑤ 232,080원

03 다음 자료와 〈보기〉를 바탕으로 철수, 영희, 민수, 철호가 상품을 구입한 쇼핑몰을 바르게 연결한 것은?

<이용약관의 주요내용>

쇼핑몰	주문 취소	환불	배송비	포인트 적립
A	주문 후 7일 이내 취소 가능	10% 환불수수료+송금수수료 차감	무료	구입 금액의 3%
B	주문 후 10일 이내 취소 가능	환불수수료+송금수수료 차감	20만 원 이상 무료	구입 금액의 5%
C	주문 후 7일 이내 취소 가능	환불수수료+송금수수료 차감	1회 이용 시 1만 원	없음
D	주문 후 당일에만 취소 가능	환불수수료+송금수수료 차감	5만 원 이상 무료	없음
E	취소 불가능	고객 귀책 사유에 의한 환불 시에만 10% 환불수수료	1만 원 이상 무료	구입 금액의 10%
F	취소 불가능	원칙적으로 환불 불가능 (사업자 귀책 사유일 때만 환불 가능)	100g당 2,500원	없음

보기

ㄱ. 철수는 부모님의 선물로 등산용품을 구입하였는데, 판매자의 업무착오로 배송이 지연되어 판매자에게 전화로 환불을 요구하였다. 판매자는 판매금액 그대로를 통장에 입금해 주었고 구입 시 발생한 포인트도 유지하여 주었다.

ㄴ. 영희는 옷을 구매할 때 배송료를 고려하여 한 가지씩 여러 번에 나누어 구매하기보다는 가능한 한 한꺼번에 주문하곤 하였다.

ㄷ. 인터넷 사이트에서 영화티켓을 20,000원에 주문한 민수는 다음날 같은 티켓을 18,000원에 파는 가게를 발견하고 전날 주문한 물건을 취소하려 했지만 취소가 되지 않아 곤란을 겪은 적이 있다.

ㄹ. 가방을 100,000원에 구매한 철호는 도착한 물건의 디자인이 마음에 들지 않아 환불 및 송금수수료와 배송료를 감수하는 손해를 보면서도 환불할 수밖에 없었다.

	철수	영희	민수	철호
①	E쇼핑몰	B쇼핑몰	C쇼핑몰	D쇼핑몰
②	F쇼핑몰	E쇼핑몰	D쇼핑몰	B쇼핑몰
③	E쇼핑몰	D쇼핑몰	F쇼핑몰	C쇼핑몰
④	F쇼핑몰	C쇼핑몰	E쇼핑몰	B쇼핑몰
⑤	E쇼핑몰	C쇼핑몰	B쇼핑몰	D쇼핑몰

03

SWOT 분석

| 유형분석 |

- 상황에 대한 환경 분석 결과를 통해 주요 과제를 도출하는 문제이다.
- 주로 3C 분석 또는 SWOT 분석을 활용한 문제들이 출제되고 있으므로 해당 분석도구에 대한 사전 학습이 요구된다.

다음 설명을 참고하여 기사를 읽고 B자동차가 취할 수 있는 전략으로 옳은 것은?

'SWOT'는 Strength(강점), Weakness(약점), Opportunity(기회), Threat(위협)의 머리글자를 따서 만든 단어로, 경영 전략을 세우는 방법론이다. SWOT로 도출된 조직의 내·외부 환경을 분석하고, 이 결과를 통해 대응전략을 구상할 수 있다. 'SO전략'은 기회를 활용하기 위해 강점을 사용하는 전략이고, 'WO전략'은 약점을 보완 또는 극복하여 시장의 기회를 활용하는 전략이다. 'ST전략'은 위협을 피하기 위해 강점을 활용하는 방법이며, 'WT전략'은 위협요인을 피하기 위해 약점을 보완하는 전략이다.

- 새로운 정권의 탄생으로 자동차 업계 내 새로운 바람이 불 것으로 예상된다. A당선인이 이번 선거에서 친환경차 보급 확대를 주요 공약으로 내세웠고, 공약에 따라 공공기관용 친환경차 비율을 70%로 상향시키기로 하고, 친환경차 보조금 확대 등을 통해 친환경차 보급률을 높이겠다는 계획을 세웠다. 또한 최근 환경을 생각하는 국민 의식의 향상과 친환경차의 연비 절감 부분이 친환경차 구매 욕구 상승에 기여하고 있다.
- B자동차는 기존에 전기자동차 모델들을 꾸준히 출시하여 성장세가 두드러지고 있는데다 고객들의 다양한 구매 욕구를 충족시킬 만한 전기자동차 상품의 다양성을 확보하였다. 또한, B자동차의 전기자동차 미국 수출이 증가하고 있는 만큼 앞으로의 전망도 밝을 것으로 예상된다.

① SO전략
② WO전략
③ ST전략
④ WT전략

정답 ①

- Strength(강점) : B자동차는 전기자동차 모델들을 꾸준히 출시하여 성장세가 두드러지고 있는데다 고객들의 다양한 구매 욕구를 충족시킬 만한 전기자동차 상품의 다양성을 확보하였다.
- Opportunity(기회) : 새로운 정권에서 친환경차 보급 확대에 적극 나설 것으로 보인다는 점과 환경을 생각하는 국민 의식의 향상과 친환경차의 연비 절감 부분이 친환경차 구매 욕구 상승에 기여하고 있으며 B자동차의 미국 수출이 증가하고 있다.

따라서 해당 기사를 분석하면 SO전략이 적절하다.

풀이 전략!

문제에 제시된 분석도구를 확인한 후, 분석 결과를 종합적으로 판단하여 각 선택지의 전략 과제와 일치 여부를 판단한다.

01 다음은 국내 금융기관에 대한 SWOT 분석 자료이다. 이를 통해 SWOT 전략을 세운다고 할 때, 〈보기〉 중 분석 결과에 대응하는 전략과 그 내용이 바르게 연결된 것을 모두 고르면?

> 국내 대부분의 예금과 대출을 국내 은행이 차지하고 있을 정도로 국내 금융기관에 대한 우리나라 국민들의 충성도는 높은 편이다. 또한 국내 금융기관은 철저한 신용 리스크 관리로 해외 금융기관과 비교해 자산건전성 지표가 매우 우수한 편이다. 시장 리스크 관리도 해외 선진 금융기관 수준에 도달한 것으로 평가받는다. 국내 금융기관은 외환위기와 글로벌 금융위기 등을 거치며 꾸준히 자산건전성을 강화해 왔기 때문이다.
>
> 그러나 은행과 이자 이익에 수익이 편중돼 있다는 점은 국내 금융기관의 가장 큰 약점이 된다. 대부분 예금과 대출 거래 중심의 영업구조로 되어 있기 때문이다. 취약한 해외 비즈니스도 문제로 들 수 있다. 최근 동남아 시장을 중심으로 해외 진출에 박차를 가하고 있지만, 아직은 눈에 띄는 성과가 많지 않은 상황이다.
>
> 많은 어려움에도 불구하고 국내 금융기관의 발전 가능성은 아직 무궁무진하다. 우선 해외 시장으로 눈을 돌리면 다양한 기회가 열려있다. 전 세계 신용·단기 자금 확대, 글로벌 무역 회복세로 국내 금융기관의 해외 진출 여건은 양호한 편이다. 따라서 해외 시장 개척을 통해 어떻게 신규 수익원을 확보하느냐가 성장의 새로운 기회로 작용할 전망이다. IT 기술 발달에 따른 핀테크의 등장도 새로운 기회가 될 수 있다. 국내의 발달된 인터넷과 모바일뱅킹 서비스, IT 인프라를 활용한 새로운 수익 창출 가능성이 열려 있는 것이다.
>
> 역설적으로 핀테크의 등장은 오히려 국내 금융기관의 발목을 잡을 수 있다. 블록체인 기술에 기반한 암호화폐, 간편결제와 송금, 로보어드바이저, 인터넷 은행, P2P 대출 등 다양한 핀테크 분야의 새로운 서비스들이 기존 금융 서비스의 대체재로서 출현하고 있기 때문이다. 금융시장 개방에 따른 글로벌 금융기관과의 경쟁 심화도 넘어야 할 산이다. 특히 중국 은행을 비롯한 중국 금융이 급성장하고 있어 이에 대한 대비책 마련이 시급하다.

보기

㉠ SO전략 : 높은 국내 시장점유율을 기반으로 국내 핀테크 사업에 진출한다.
㉡ WO전략 : 위기관리 역량을 강화하여 해외 금융시장에 진출한다.
㉢ ST전략 : 해외 금융기관과 비교해 우수한 자산건전성을 강조하여 글로벌 금융기관과의 경쟁에서 우위를 차지한다.
㉣ WT전략 : 해외 비즈니스 역량을 강화하여 해외 금융시장에 진출한다.

① ㉠, ㉡   ② ㉠, ㉢
③ ㉡, ㉢   ④ ㉡, ㉣
⑤ ㉢, ㉣

02 무역회사에 지원하여 최종 면접을 앞둔 K씨는 성공적인 PT 면접을 위해 회사에 대한 정보를 파악하고 그에 따른 효과적인 전략을 알아보고자 한다. K씨가 분석한 SWOT 결과가 다음과 같을 때, 분석 결과에 대응하는 전략과 그 내용의 연결이 적절하지 않은 것은?

강점(Strength)	약점(Weakness)
• 우수한 역량의 인적자원 보유 • 글로벌 네트워크 보유 • 축적된 풍부한 거래 실적	• 고객 니즈 대응에 필요한 특정 분야별 전문성 미흡 • 신흥 시장 진출 증가에 따른 경영 리스크
기회(Opportunity)	위협(Threat)
• 융·복합화를 통한 정부의 일자리 창출 사업 • 해외 사업을 위한 협업 수요 확대 • 수요자 맞춤식 서비스 요구 증대	• 타사와의 경쟁 심화 • 정부의 예산 지원 감소 • 무역시장에 대한 일부 부정적 인식 존재

① SO전략 : 우수한 인적자원을 활용한 무역 융·복합 사업 추진
② WO전략 : 분야별 전문 인력 충원을 통한 고객 맞춤형 서비스 제공 확대
③ ST전략 : 글로벌 네트워크를 통한 해외 시장 진출
④ ST전략 : 풍부한 거래 실적을 바탕으로 시장에서의 경쟁력 확보
⑤ WT전략 : 리스크 관리를 통한 안정적 재무역량 확충

03 K회사의 기획팀에 근무 중인 P사원은 자사에 대한 마케팅 전략 보고서를 작성하려고 한다. P사원이 SWOT 분석을 한 결과가 다음과 같을 때, 분석 결과에 대응하는 전략과 그 내용의 연결이 적절하지 않은 것은?

강점(Strength)	약점(Weakness)
• 세계 판매량 1위의 높은 시장 점유율 • 제품의 뛰어난 내구성 • 다수의 특허 확보	• 보수적 기업 이미지 • 타사 제품에 비해 높은 가격 • 경쟁업체 제품과의 차별성 약화
기회(Opportunity)	위협(Threat)
• 경쟁업체 제품의 결함 발생 • 해외 신규시장의 등장 • 인공지능, 사물인터넷 등 새로운 기술 등장	• 중국 업체의 성장으로 가격 경쟁 심화 • 미·중 무역전쟁 등 시장의 불확실성 증가에 따른 소비 위축

① SO전략 : 뛰어난 내구성을 강조한 마케팅 전략 수립
② SO전략 : 확보한 특허 기술을 바탕으로 사물인터넷 기반의 신사업 추진
③ WO전략 : 안정적 기업 이미지를 활용한 홍보 전략으로 해외 신규시장 진출
④ ST전략 : 해외 공장 설립으로 원가 절감을 통한 가격 경쟁력 확보
⑤ WT전략 : 경쟁업체와 차별화된 브랜드 고급화 전략 수립

04 퇴직을 앞둔 회사원 L씨는 1년 뒤 샐러드 도시락 프랜차이즈 가게를 운영하고자 한다. 다음은 L씨가 회사 근처 샐러드 도시락 프랜차이즈 가게에 대해 SWOT 분석을 실시한 결과이다. 〈보기〉 중 분석에 따른 대응 전략으로 적절한 것을 모두 고르면?

강점(Strength)	약점(Weakness)
• 다양한 연령층을 고려한 메뉴 • 월별 새로운 메뉴 제공	• 부족한 할인 혜택 • 홍보 및 마케팅 전략의 부재
기회(Opportunity)	위협(Threat)
• 건강한 식단에 대한 관심 증가 • 회사원들의 간편식 점심 수요 증가	• 경기 침체로 인한 외식 소비 위축 • 주변 음식점과의 경쟁 심화

보기

ㄱ. 다양한 연령층이 이용할 수 있도록 새로운 한식 도시락을 출시한다.
ㄴ. 계절 채소를 이용한 샐러드 런치 메뉴를 출시한다.
ㄷ. 제품의 가격 상승을 유발하는 홍보 방안보다 먼저 품질 향상 방안을 마련해야 한다.
ㄹ. 주변 회사와 제휴하여 이용 고객에 대한 할인 서비스를 제공한다.

① ㄱ, ㄴ
② ㄱ, ㄷ
③ ㄴ, ㄷ
④ ㄴ, ㄹ
⑤ ㄷ, ㄹ

| 유형분석 |

- 주어진 자료를 해석하고 활용하여 풀어가는 문제이다.
- 꼼꼼하고 분석적인 접근이 필요한 다양한 자료들이 출제된다.

L공장에서 제조하는 볼트의 일련번호는 다음과 같이 구성된다. 일련번호는 형태 – 허용압력 – 직경 – 재질 – 용도 순으로 표시할 때, 다음 중 직경이 14mm이고, 자동차에 쓰이는 스테인리스 볼트의 일련번호로 가장 적절한 것은?

형태	나사형	육각	팔각	별
	SC	HX	OT	ST
허용압력(kg/cm^2)	10 ~ 20	21 ~ 40	41 ~ 60	61 이상
	L	M	H	P
직경(mm)	8	10	12	14
	008	010	012	014
재질	플라스틱	크롬 도금	스테인리스	티타늄
	P	CP	SS	Ti
용도	항공기	선박	자동차	일반
	A001	S010	M110	E100

① SCP014TiE100
② OTH014SSS010
③ STM012CPM110
④ HXL014SSM110
⑤ SCM012TiM110

정답 ④

오답분석
① 재질이 티타늄, 용도가 일반이므로 옳지 않다.
② 용도가 선박이므로 옳지 않다.
③ 재질이 크롬 도금, 직경이 12mm이므로 옳지 않다.
⑤ 재질이 티타늄, 직경이 12mm이므로 옳지 않다.

풀이 전략!

문제 해결을 위해 필요한 정보가 무엇인지 먼저 파악한 후, 제시된 자료를 분석적으로 읽고 해석한다.

01 실속과 품격을 따지기로 유명한 G회사에서 새로운 기계를 구매하기 위해 검토 중이라는 소문을 K회사 영업사원인 귀하가 입수했다. G회사 구매 담당자인 A상무는 회사 방침에 따라 실속(가격)이 최우선이며 그다음이 품격(디자인)이고 구매하려는 기계의 제작사들이 비슷한 기술력을 가지고 있기 때문에 성능은 다 같다고 생각하고 있다. 따라서 사후관리(A/S)를 성능보다 우선시하고 있다고 한다. 귀하는 오늘 경쟁사와 자사 기계에 대한 종합 평가서를 참고하여 A상무를 설득시킬 계획이다. 다음 중 귀하가 A상무에게 할 수 있는 설명으로 옳지 않은 것은?

<표제>종합 평가서</표제>

구분	A사	B사	C사	D사	E사	F사
성능(높은 순)	1	4	2	3	6	5
디자인(평가가 좋은 순)	3	1	2	4	5	6
가격(낮은 순)	1	3	5	6	4	2
A/S 특징(신속하고 철저한 순)	6	2	5	3	1	4

※ 숫자는 순위를 나타낸다.

① A사 제품은 가격은 가장 저렴하나 A/S가 늦고 철저하지 않습니다. 우리 제품을 사면 제품 구매 비용은 A사보다 많이 들어가나 몇 년 운용을 해보면 실제 A/S 지체 비용으로 인한 손실액이 A사보다 적기 때문에 실제로 이익입니다.

② C사 제품보다는 우리 회사 제품이 가격이나 디자인 면에서 우수하고 A/S 또한 빠르고 정확하기 때문에 비교할 바가 안 됩니다. 성능이 우리 것보다 조금 낮다고는 하나 사실 이 기계의 성능은 서로 비슷하기 때문에 우리 회사 제품이 월등하다고 볼 수 있습니다.

③ D사 제품은 먼저 가격에서나 디자인 그리고 A/S에서 우리 제품을 따라올 수 없습니다. 성능도 엇비슷하기 때문에 결코 우리 회사 제품과 견줄 것이 못 됩니다.

④ E사 제품은 A/S 면에서 가장 좋은 평가를 받고 있으나 성능 면에서 가장 뒤처지기 때문에 고려할 가치가 없습니다. 특히 A/S가 잘되어 있다면 오히려 성능이 뒤떨어져서 일어나는 사인이기 때문에 재고할 가치가 없습니다.

⑤ F사 제품은 우리 회사 제품보다 가격은 저렴하지만 A/S나 디자인 면에서 우리 제품이 더 좋은 평가를 받고 있으므로 우리 회사 제품이 더 뛰어납니다.

※ 자동차에 번호판을 부여하는 법칙이 다음과 같을 때, 이어지는 질문에 답하시오. **[2~3]**

〈자동차 번호판 부여 법칙〉

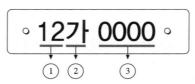

각 숫자는 다음의 사항을 나타낸다.
① 자동차의 종류
② 자동차의 용도
③ 자동차의 등록번호

▶ 자동차의 종류

구분	숫자 기호
승용차	01 ~ 69
승합차	70 ~ 79
화물차	80 ~ 97
특수차	98 ~ 99

▶ 자동차의 용도

구분		문자 기호
비사업용		가, 나, 다, 라, 마, 거, 너, 더, 러, 머, 서, 어, 저, 고, 노, 도, 로, 모, 보, 소, 오, 조, 구, 누, 두, 루, 무, 부, 수, 우, 주
사업용	택시	아, 바, 사, 자
	택배	배
	렌터카	하, 허, 호

▶ 자동차의 등록번호 차량의 고유번호로, 임의로 부여한다.

02 A씨는 이사하면서 회사와 거리가 멀어져 출퇴근을 위해 새 승용차를 구입하였다. A씨가 부여받을 수 있는 자동차 번호판으로 옳지 않은 것은?

① 23겨 4839

② 67거 3277

③ 42서 9961

④ 31주 5443

⑤ 12모 4839

03 다음 중 성격이 다른 하나는?

① 80가 8425

② 84배 7895

③ 92보 1188

④ 81오 9845

⑤ 97주 4763

CHAPTER 04
조직이해능력

합격 CHEAT KEY

조직이해능력은 업무를 원활하게 수행하기 위해 조직의 체제와 경영을 이해하고 국제적인 추세를 이해하는 능력이다. 현재 많은 공사·공단에서 출제 비중을 높이고 있는 영역이기 때문에 미리 대비하는 것이 중요하다. 실제 업무 능력에서 조직이해능력을 요구하기 때문에 중요도는 점점 높아 질 것이다.

국가직무능력표준 홈페이지 자료에 따르면 조직이해능력의 세부 유형은 조직체제이해능력·경영이해능력·업무이해능력·국제감각으로 나눌 수 있다. 조직도를 제시하는 문제가 출제되거나 조직의 체계를 파악해 경영의 방향성을 예측하고, 업무의 우선순위를 파악하는 문제가 출제된다.

조직이해능력은 NCS 기반 채용을 진행한 기업 중 70% 정도가 다뤘으며, 문항 수는 전체에서 평균 5% 정도로 상대적으로 적게 출제되었다.

01 문제 속에 정답이 있다!

경력이 없는 경우 조직에 대한 이해가 낮을 수밖에 없다. 그러나 문제 자체가 실무적인 내용을 담고 있어도 문제 안에는 해결의 단서가 주어진다. 부담을 갖지 않고 접근하는 것이 중요하다.

02 경영·경제학원론 정도의 수준은 갖추도록 하라!

지원한 직군마다 차이는 있을 수 있으나, 경영·경제이론을 접목시킨 문제가 꾸준히 출제되고 있다. 따라서 기본적인 경영·경제이론은 익혀 둘 필요가 있다.

03 지원하는 공사·공단의 조직도를 파악하자!

출제되는 문제는 각 공사·공단의 세부내용일 경우가 많기 때문에 지원하는 공사·공단의 조직도를 파악해두어야 한다. 조직이 운영되는 방법과 전략을 이해하고, 조직을 구성하는 체제를 파악하고 간다면 조직이해능력영역에서 조직도가 나올 때 단기간에 문제를 풀 수 있을 것이다.

04 실제 업무에서도 요구되므로 이론을 익혀두자!

각 공사·공단의 직무 특성상 일부 영역에 중요도가 가중되는 경우가 있어서 많은 취업준비생들이 일부 영역에만 집중하지만, 실제 업무 능력에서 직업기초능력 10개 영역이 골고루 요구되는 경우가 많고, 현재는 필기시험에서도 조직이해능력을 출제하는 기관의 비중이 늘어나고 있기 때문에 미리 이론을 익혀 둔다면 모듈형 문제에서 고득점을 노릴 수 있다.

| 유형분석 |

- 경영전략에서 대표적으로 출제되는 문제는 마이클 포터(Michael Porter)의 본원적 경쟁전략이다.
- 본원적 경쟁전략의 기본적인 이해와 구조를 물어보는 문제가 자주 출제되므로 전략별 특징 및 개념에 대한 이론학습이 요구된다.

다음 사례에서 나타난 마이클 포터의 본원적 경쟁전략으로 가장 적절한 것은?

전자제품 시장에서 경쟁회사가 가격을 낮추는 저가 전략을 사용하여 점유율을 높이려 하자, 이에 맞서 오히려 고급 기술을 적용한 고품질 프리미엄 제품을 선보이고 서비스를 강화해 시장의 점유율을 높였다.

① 차별화 전략　　　　　　　　　　　② 원가우위 전략
③ 집중화 전략　　　　　　　　　　　④ 마케팅 전략
⑤ 비교우위 전략

정답 ①

마이클 포터의 본원적 경쟁전략
- 차별화 전략 : 조직이 생산품이나 서비스를 차별화하여 고객에게 가치가 있고 독특하게 인식되도록 하는 전략으로, 이를 활용하기 위해서는 연구개발이나 광고를 통하여 술, 품질, 서비스, 브랜드 이미지를 개선할 필요가 있다.
- 원가우위 전략 : 원가절감을 통해 해당 산업에서 우위를 점하는 전략으로, 이를 위해서는 대량생산을 통해 단위 원가를 낮추거나 새로운 생산기술을 개발할 필요가 있다.
- 집중화 전략 : 특정 시장이나 고객에게 한정된 전략으로, 특정 산업을 대상으로 한다. 즉, 경쟁 조직들이 소홀히 하고 있는 한정된 시장을 원가우위나 차별화 전략을 써서 집중 공략하는 방법이다.

풀이 전략!

대부분의 기업들은 마이클 포터의 본원적 경쟁전략을 사용하고 있다. 각 전략에 해당하는 대표적인 기업을 연결하고, 그들의 경영전략을 상기하며 문제를 풀어보도록 한다.

01 다음은 개인화 마케팅에 대한 내용이다. 다음 글을 읽고 개인화 마케팅의 사례로 적절하지 않은 것은?

> 소비자들의 요구가 점차 다양해지고, 복잡해짐에 따라 개인별로 맞춤형 제품과 서비스를 제공하며 '개인화 마케팅'을 펼치는 기업이 늘어나고 있다. 개인화 마케팅이란 각 소비자의 이름, 관심사, 구매이력 등의 데이터를 기반으로 특정 고객에 대한 개인화 서비스를 제공하는 활동을 의미한다. 이러한 개인화 마케팅은 개별적 커뮤니케이션 실현을 통한 효율성 증대 및 기업 이윤 창출을 목적으로 하고 있다.
>
> 이러한 개인화 마케팅은 기업들의 지속적인 투자를 통해 다양한 방식으로 계속되고 있다. 빠르게 변화하고 있는 마케팅 시장에서 개인화된 서비스 제공을 통해 소비자 만족도를 끌어낼 수 있다는 점은 충분히 매력적일 수 있기 때문이다.

① 고객들의 사연을 받아 지하철역 에스컬레이터 벽면에 광고판을 만든 A배달업체는 고객들로 하여금 자신의 사연이 뽑히지 않았는지 관심을 갖도록 유도하여 광고 효과를 톡톡히 보고 있다.

② 최근 B전시관은 시각적인 시원한 민트색 벽지와 그에 어울리는 시원한 음향, 상쾌한 민트 향기, 민트맛 사탕을 나눠주며 민트에 대한 다섯 가지 감각을 이용한 미술관 전시로 화제가 되었다.

③ C위생용품회사는 자사의 인기 상품에 대한 단종으로 사과의 뜻을 담은 뮤직비디오를 제작했다. 고객들은 뮤직비디오를 보기 전에 자신의 이름을 입력하면, 뮤직비디오에 자신의 이름이 노출되어 자신이 직접 사과를 받는 듯한 효과를 느낄 수 있다.

④ 참치캔을 생산하는 D사는 최근 소외계층에게 힘이 되는 응원 메시지를 댓글로 받아 77명을 추첨하여 댓글 작성자의 이름으로 소외계층들에게 참치캔을 전달하는 이벤트를 진행하였다.

⑤ 커피전문점 E사는 고객이 자사 홈페이지에서 회원 가입 후 이름을 등록한 경우, 음료 주문 시 "○○○ 고객님, 주문하신 아메리카노 나왔습니다."와 같이 고객의 이름을 불러주는 서비스를 제공하고 있다.

02 다음 중 기업의 핵심 역량을 연구개발에 집중하는 기술혁신형 중소기업으로 가장 적절한 것은?

① 모듈 기업

② 이노비즈 기업

③ 벤처 기업

④ 가상 기업

⑤ 전문 기업

| 유형분석 |

- 조직구조 유형에 대한 특징을 물어보는 문제가 자주 출제된다.
- 기계적 조직과 유기적 조직의 차이점과 사례 등을 숙지하고 있어야 한다.
- 조직구조 형태에 따라 기능적 조직, 사업별 조직으로 구분하여 출제되기도 한다.

다음 〈보기〉 중 조직구조에 대한 설명으로 옳지 않은 것을 모두 고르면?

> **보기**
>
> ㄱ. 기계적 조직은 구성원들의 업무분장이 명확하게 이루어져 있는 편이다.
> ㄴ. 기계적 조직은 조직 내 의사소통이 비공식적 경로를 통해 활발히 이루어진다.
> ㄷ. 유기적 조직은 의사결정 권한이 조직 하부 구성원들에게 많이 위임되어 있으며, 업무내용이 명확히 규정되어 있는 것이 특징이다.
> ㄹ. 유기적 조직은 기계적 조직에 비해 조직의 형태가 가변적이다.

① ㄱ, ㄴ   ② ㄱ, ㄷ
③ ㄴ, ㄷ   ④ ㄴ, ㄹ
⑤ ㄷ, ㄹ

정답 ③

ㄴ. 기계적 조직 내 의사소통은 비공식적 경로가 아닌 공식적 경로를 통해 주로 이루어진다.
ㄷ. 유기적 조직은 의사결정 권한이 조직 하부 구성원들에게 많이 위임되어 있으나, 업무내용은 기계적 조직에 비해 가변적이다.

오답분석

ㄱ. 기계적 조직은 위계질서 및 규정, 업무분장이 모두 명확하게 확립되어 있는 조직이다.
ㄹ. 유기적 조직에서는 비공식적인 상호 의사소통이 원활히 이루어지며, 규제나 통제의 정도가 낮아 변화에 따라 쉽게 변할 수 있는 특징을 가진다.

풀이 전략!

조직구조는 유형에 따라 기계적 조직과 유기적 조직으로 나눌 수 있다. 기계적 조직과 유기적 조직은 서로 상반된 특징을 가지고 있으며, 기계적 조직이 관료제의 특징과 비슷함을 파악하고 있다면, 이와 상반된 유기적 조직의 특징도 수월하게 파악할 수 있다.

01 다음 중 맥킨지 7S 모델에서 이야기하는 조직문화를 구성하는 요소로 옳지 않은 것은?

① Structure : 구조
② System : 제도와 절차
③ Style : 리더십 스타일
④ Savvy : 지식, 상식
⑤ Strategy : 전략

PART 1

02 조직문화는 조직구성원들에게 일체감과 정체성을 부여하고 조직구성원들의 행동지침을 제공하는 등의 기능을 가지고 있다. 다음 중 조직문화의 구성요소에 대한 설명으로 적절하지 않은 것은?

① 공유가치는 가치관과 이념, 조직관, 전통가치, 기본목적 등을 포함한다.
② 조직구성원은 인력구성뿐만 아니라 그들의 가치관과 신념, 동기, 태도 등을 포함한다.
③ 관리기술은 조직경영에 적용되는 목표관리, 예산관리, 갈등관리 등을 포함한다.
④ 관리시스템으로는 리더와 부하 간 상호관계를 볼 수 있다.
⑤ 조직의 전략은 조직운영에 필요한 장기적인 틀을 제공한다.

03 K공사는 경영진과 직원의 자유로운 소통, 부서 간 화합 등을 통해 참여와 열린 소통의 조직문화를 조성하고자 노력한다. 이러한 조직문화는 조직의 방향을 결정하고 조직을 존속하게 하는 데 중요한 요인 중의 하나이다. 다음 중 조직문화에 대한 설명으로 적절하지 않은 것은?

① 조직구성원들에게 일체감과 정체성을 부여하고, 결속력을 강화시킨다.
② 조직구성원들의 조직몰입을 높여준다.
③ 조직구성원의 사고방식과 행동양식을 규정한다.
④ 조직구성원들의 생활양식이나 가치를 의미한다.
⑤ 대부분의 조직들은 서로 비슷한 조직문화를 만들기 위해 노력한다.

| 유형분석 |

- 부서별 주요 업무에 대해 묻는 문제이다.
- 부서별 특징과 담당 업무에 대한 이해가 필요하다.

다음은 기업의 각 부서에서 하는 일이다. 일반적인 상황에서 부서와 그 업무를 바르게 나열한 것은?

ㄱ. 의전 및 비서업무	ㄴ. 업무분장 및 조정
ㄷ. 결산 관련 업무	ㄹ. 임금제도
ㅁ. 소모품의 구입 및 관리	ㅂ. 법인세, 부가가치세
ㅅ. 판매 예산 편성	ㅇ. 보험가입 및 보상 업무
ㅈ. 견적 및 계약	ㅊ. 국내외 출장 업무 협조
ㅋ. 외상매출금 청구	ㅌ. 직원수급 계획 및 관리

① 총무부 : ㄱ, ㅁ, ㅅ
② 영업부 : ㅅ, ㅈ, ㅋ
③ 회계부 : ㄷ, ㅇ, ㅋ
④ 인사부 : ㄱ, ㄴ, ㄹ

정답 ②

영업부의 업무로는 판매 계획, 판매 예산의 편성(ㅅ), 견적 및 계약(ㅈ), 외상매출금의 청구 및 회수(ㅋ), 시장조사, 판매원가 및 판매가격의 조사 검토 등이 있다.

오답분석
① 총무부 : ㄱ, ㅁ, ㅊ
③ 회계부 : ㄷ, ㅂ, ㅇ
④ 인사부 : ㄴ, ㄹ, ㅌ

풀이 전략!

조직은 목적의 달성을 위해 업무를 효과적으로 분배하고 처리할 수 있는 구조를 확립해야 한다. 조직의 목적이나 규모에 따라 업무의 종류는 다양하지만, 대부분의 조직에서는 총무, 인사, 기획, 회계, 영업으로 부서를 나누어 업무를 담당하고 있다. 따라서 5가지 업무 종류에 대해서는 미리 숙지해야 한다.

01 다음 기사를 보고 근로자가 선택한 행동으로 적절한 것을 〈보기〉에서 모두 고르면?

> 담합은 경제에 미치는 악영향도 크고 워낙 은밀하게 이뤄지는 탓에 경쟁 당국 입장에서는 적발하기 어렵다는 현실적인 문제가 있다. 독과점 사업자는 시장에서 어느 정도 드러나기 때문에 부당행위에 대한 감시·감독을 할 수 있지만, 담합은 그 속성상 증거가 없으면 존재 여부를 가늠하기 힘들기 때문이다.

보기

> ㄱ. 신고를 통해 개인의 이익을 얻고 사회적으로 문제 해결을 한다.
> ㄴ. 내부에서 먼저 합리적인 절차에 따라 문제 해결을 하고자 노력한다.
> ㄷ. 근로자 개인이 받는 피해가 클지라도 기업 활동의 해악이 심각하면 이를 신고한다.

① ㄱ
② ㄴ
③ ㄱ, ㄷ
④ ㄴ, ㄷ
⑤ ㄱ, ㄴ, ㄷ

02 현재 시각은 오전 11시이다. 오늘 중 마쳐야 하는 다음 네 가지의 업무가 있을 때 업무의 우선순위는 어떻게 되는가?(단, 업무시간은 오전 9시부터 오후 6시까지이며, 점심시간은 낮 12시부터 1시간이다)

업무 내용	처리 시간
ㄱ. 기한이 오늘까지인 비품 신청	1시간
ㄴ. 오늘 내에 보고해야 하는 보고서 초안을 작성해 달라는 부서장의 지시	2시간
ㄷ. 가능한 빨리 보내 달라는 인접 부서의 협조 요청	1시간
ㄹ. 오전 중으로 고객에게 보내기로 한 자료 작성	1시간

① ㄱ-ㄴ-ㄷ-ㄹ
② ㄴ-ㄷ-ㄹ-ㄱ
③ ㄷ-ㄴ-ㄹ-ㄱ
④ ㄴ-ㄱ-ㄷ-ㄹ
⑤ ㄹ-ㄴ-ㄷ-ㄱ

PART 1

03 다음과 같은 상황에서 A과장이 취할 수 있는 가장 좋은 행동(Best)과 가장 좋지 않은 행동(Worst)을 바르게 연결한 것은?

> A과장은 동료 직원과 공동으로 맡은 프로젝트가 있다. 프로젝트의 업무 보고서를 내일까지 E차장에게 작성해서 제출해야 한다. 또한 A과장은 오늘 점심식사 후에 있을 회의 자료도 준비해야 한다. 회의 시작까지 남은 시간은 3시간이고, 프로젝트 업무 보고서 제출기한은 내일 오전 중이다.

번호	행동
1	동료 직원과 업무 보고서에 관해 논의한 뒤 분담해 작성한다.
2	동료 직원의 업무 진행상황을 묻고 우선순위를 논의한 뒤 회의 자료를 준비한다.
3	다른 팀 사원에게 상황을 설명하고 도움을 요청한 뒤 회의 자료를 준비한다.
4	회의 자료를 준비한 후 동료와 업무 진행 상황을 논의해 우선순위를 정하고, 업무 보고서를 작성한다.

	Best	Worst
①	1	3
②	2	4
③	3	1
④	4	1
⑤	3	2

04 C사원은 총무팀에서 근무하고 있으며, 각 부서의 비품 조달을 담당하고 있다. E팀장은 4분기 비품 보급 계획을 수립하라는 지시를 하였으며, C사원은 비품수요 조사 및 보급 계획을 세워 보고하였다. 보고서를 읽어 본 E팀장은 업무 지도 차원에서 지적을 하였는데, 다음 중 그 내용으로 적절하지 않은 것은?

① 각 부서에서 어떤 비품을 얼만큼 필요한지를 정확하게 조사했어야지.

② 부서에서 필요한 수량을 말했으면 그것보다는 조금 더 여유 있게 준비했어야지.

③ 비품목록에 없는 것을 요청했다면 비품 보급 계획에서 제외했어야지.

④ 비품 구매비용이 예산을 초과하는지를 검토했어야지.

⑤ 정확한 비품 관리를 위해 비품관리대장을 꼼꼼히 작성했어야지.

05 다음 중 주혜정 씨가 가장 마지막에 처리할 업무는?

Henry Thomas의 부하직원 주혜정은 Mr. Thomas와 국내 방송사 기자와의 인터뷰 일정을 최종 점검 중이다.

다음은 기자와의 통화내용이다.

주혜정 : 공진호 기자님, 안녕하세요. 저는 Sun Capital의 주혜정입니다. Mr. Thomas와의 인터뷰 일정 확인 차 연락드립니다. 지금 통화 가능하세요?

공진호 : 네, 말씀하세요.

주혜정 : 인터뷰 예정일이 7월 10일 오후 2시인데 변동사항이 있나 확인하고자 합니다.

공진호 : 네, 예정된 일정대로 진행 가능합니다. Sun Capital의 회의실에서 하기로 했죠?

주혜정 : 맞습니다. 인터뷰 준비 관련해서 저희 측에서 더 준비해야 하는 사항이 있나요?

공진호 : 카메라 기자와 함께 가니 회의실 공간이 좀 넓어야 하겠고, 회의실 배경이 좀 깔끔해야 할 텐데 준비가 가능할까요?

---

① 총무팀에 연락하여 인터뷰 당일 회의실 예약을 미리 해 놓는다.

② 기자에게 인터뷰의 방영 일자를 확인하여 인터뷰 영상 내용을 자료로 보관하도록 한다.

③ 인터뷰 당일 Mr. Thomas의 점심 식사 약속은 될 수 있는대로 피하도록 한다.

④ 인터뷰 진행 시 통역이 필요한지 아닌지 확인하고, 질문지를 사전에 받아 Mr. Thomas에게 전달한다.

⑤ 인터뷰를 진행할 때 질문을 미리 정리해 놓는다.

06 다음은 최팀장이 김사원에게 남긴 음성메시지이다. 김사원이 가장 먼저 처리해야 할 일로 가장 적절한 것은?

지금 업무 때문에 밖에 나와 있는데, 전화를 안 받아서 음성메시지 남겨요. 내가 중요한 서류를 안 가져왔어요. 미안한데 점심시간에 서류 좀 갖다 줄 수 있어요? 아, 그리고 이팀장한테 퇴근 전에 전화 좀 달라고 해 줘요. 급한 건 아닌데 확인할 게 있어서 그래요. 나는 오늘 여기서 퇴근할 거니까 회사로 연락 오는 거 있으면 정리해서 오후에 알려 주고. 오전에 박과장이 문의사항이 있어서 방문하기로 했으니까 응대 잘 할 수 있도록 해요. 박조합원이 문의한 사항은 관련 서류 정리해서 내 책상에 두었으니까 미리 읽어 보고, 궁금한 사항 있으면 연락 주세요.

---

① 박과장 응대하기

② 최팀장에게 서류 갖다 주기

③ 회사로 온 연락 최팀장에게 알려 주기

④ 이팀장에게 전화달라고 전하기

⑤ 최팀장 책상의 서류 읽어 보기

CHAPTER 05
정보능력

정보능력은 업무를 수행함에 있어 기본적인 컴퓨터를 활용하여 필요한 정보를 수집, 분석, 활용하는 능력을 의미한다. 또한 업무와 관련된 정보를 수집하고, 이를 분석하여 의미있는 정보를 얻는 능력이다.

국가직무능력표준에 따르면 정보능력의 세부 유형은 컴퓨터활용능력·정보처리능력으로 나눌 수 있다.

정보능력은 NCS 기반 채용을 진행한 곳 중 52% 정도가 다뤘으며, 문항 수는 전체에서 평균 6% 정도 출제되었다.

01 평소에 컴퓨터 활용 스킬을 틈틈이 익혀라!

윈도우(OS)에서 어떠한 설정을 할 수 있는지, 응용프로그램(엑셀 등)에서 어떠한 기능을 활용할 수 있는지를 평소에 직접 사용해 본다면 문제를 보다 수월하게 해결할 수 있다. 여건이 된다면 컴퓨터활용능력에 관련된 자격증 공부를 하는 것도 이론과 실무를 익히는 데 도움이 될 것이다.

02 문제의 규칙을 찾는 연습을 하라!

일반적으로 코드체계나 시스템 논리체계를 제공하고 이를 분석하여 문제를 해결하는 유형이 출제된다. 이러한 문제는 문제해결능력과 같은 맥락으로 규칙을 파악하여 접근하는 방식으로 연습이 필요하다.

03 현재 보고 있는 그 문제에 집중하자!

정보능력의 모든 것을 공부하려고 한다면 양이 너무나 방대하다. 그렇기 때문에 수험서에서 본인이 현재 보고 있는 문제들을 집중적으로 공부하고 기억하려고 해야 한다. 그러나 엑셀의 함수 수식, 연산자 등 암기를 필요로 하는 부분들은 필수적으로 암기를 해서 출제가 되었을 때 오답률을 낮출 수 있도록 한다.

04 사진 · 그림을 기억하자!

컴퓨터활용능력을 파악하는 영역이다 보니 컴퓨터 속 옵션, 기능, 설정 등의 사진 · 그림이 문제에 같이 나오는 경우들이 있다. 그런 부분들은 직접 컴퓨터를 통해서 하나하나 확인을 하면서 공부한다면 더 기억에 잘 남게 된다. 조금 귀찮더라도 한 번씩 클릭하면서 확인을 해보도록 한다.

| 유형분석 |

- 컴퓨터 활용과 관련된 상황에서 문제를 해결하기 위한 행동이 무엇인지 묻는 문제이다.
- 주로 업무수행 중에 많이 활용되는 대표적인 엑셀 함수(COUNTIF, ROUND, MAX, SUM, COUNT, AVERAGE …)가 출제된다.
- 종종 엑셀시트를 제시하여 각 셀에 들어갈 함수식이 무엇인지 고르는 문제가 출제되기도 한다.

다음 중 엑셀에 제시된 함수식의 결괏값으로 옳지 않은 것은?

▲	A	B	C	D	E	F
1						
2		120	200	20	60	
3		10	60	40	80	
4		50	60	70	100	
5						
6		함수식			결괏값	
7		=MAX(B2:E4)			A	
8		=MODE(B2:E4)			B	
9		=LARGE(B2:E4,3)			C	
10		=COUNTIF(B2:E4,E4)			D	
11		=ROUND(B2,−1)			E	
12						

① A = 200
② B = 60
③ C = 100
④ D = 1
⑤ E = 100

정답 ⑤

ROUND 함수는 지정한 자릿수를 반올림하는 함수이다. 함수식에서 '−1'은 일의 자리를 뜻하며, '−2'는 십의 자리를 뜻한다. 여기서 '−' 기호를 빼면 소수점 자리로 인식한다. 따라서 일의 자리를 반올림하기 때문에 결괏값은 120이다.

풀이 전략!

제시된 상황에서 사용할 엑셀 함수가 무엇인지 파악한 후, 선택지에서 적절한 함수식을 골라 식을 만들어야 한다. 평소 대표적으로 문제에 자주 출제되는 몇몇 엑셀 함수를 익혀두면 풀이시간을 단축할 수 있다.

01 K공사는 출근 시스템 단말기에 출근 체크를 하면 엑셀 워크시트에 실제 출근시간(B4:B10) 데이터가 자동으로 전송되어 입력된다. [C8] 셀에 입력할 함수는?(단, 9시까지는 출근으로 인정한다)

〈출근시간 워크시트〉

	A	B	C	D
1			날짜	2023.08.11
2		〈직원별 출근 현황〉		
3	이름	체크시간	근태상황	비고
4	이청용	7:55		
5	이하이	8:15		
6	구자철	8:38		
7	박지민	8:59		
8	손흥민	9:00		
9	박지성	9:01		
10	홍정호	9:07		

① =IF(B8>=TIME(9,1,0),"지각","출근")

② =IF(B8>=TIME(9,1,0),"출근","지각")

③ =IF(HOUR(B8)>=9,"지각","출근")

④ =IF(HOUR(B8)>9,"출근","지각")

⑤ =IF(B8>=TIME(9,0,0),"지각","출근")

02 다음 워크시트를 참조할 때, 수식 「=INDEX(A3:E9,MATCH(SMALL(B3:B9,2),B3:B9,0),5)」의 결괏값은?

	A	B	C	D	E
1					(단위 : 개, 원)
2	상품명	판매 수량	단가	판매 금액	원산지
3	참외	5	2,000	10,000	대구
4	바나나	12	1,000	12,000	서울
5	감	10	1,500	15,000	부산
6	포도	7	3,000	21,000	대전
7	사과	20	800	16,000	광주
8	오렌지	9	1,200	10,800	전주
9	수박	8	10,000	80,000	춘천

① 21,000

② 대전

③ 15,000

④ 광주

⑤ 사과

| 유형분석 |

- 프로그램의 실행 결과를 코딩을 통해 파악하여 이를 풀이하는 문제이다.
- 대체로 문제에서 규칙을 제공하고 있으며, 해당 규칙을 적용하여 새로운 코드번호를 만들거나 혹은 만들어진 코드번호를 해석하는 등의 문제가 출제된다.

다음 중 프로그램의 실행 결과로 옳은 것은?

```
#include <stdio.h>

int main(){
        int i = 4;
        int k = 2;
        switch(i) {
                case 0:
                case 1:
                case 2:
                case 3: k = 0;
                case 4: k += 5;
                case 5: k -= 20;
                default: k++;
        }
        printf("%d", k);
}
```

① 12   ② −12
③ 10   ④ −10

정답 ②

i가 4이기 때문에 case 4부터 시작한다. k는 2이고, k+=5를 하면 7이 되고, Case 5에서 k-=20을 하면 −13이 되며, default에서 1이 증가하여 결괏값은 −12가 된다.

풀이 전략!

문제에서 실행 프로그램 내용이 주어지면 핵심 키워드를 확인한다. 코딩 프로그램을 통해 요구되는 내용을 알아맞혀 정답 유무를 판단한다.

01 다음 파이썬 프로그램의 실행 결과로 옳은 것은?

```
a = 0
for i in range(1, 11, 2):
    a += i
print (a)
```

① 1　　　　　　　　　　　　　　② 2

③ 11　　　　　　　　　　　　　④ 25

⑤ 30

02 다음 코드를 참고하여 〈보기〉에서 변수를 나타낸 내용으로 옳은 것은?

```
int a = 10;
int *p = &a;
*p = 20;
```

보기

(가) a　　　　　　　　　　　　(나) 10
(다) p　　　　　　　　　　　　(라) *p
(마) &a

① (가), (나), (마)　　　　　　　② (가), (다), (라)

③ (나), (다), (라)　　　　　　　④ (나), (다), (마)

⑤ (다), (라), (마)

CHAPTER 06
기술능력

합격 CHEAT KEY

기술능력은 업무를 수행함에 있어 도구, 장치 등을 포함하여 필요한 기술에 어떠한 것들이 있는지 이해하고, 실제 업무를 수행함에 있어 적절한 기술을 선택하여 적용하는 능력이다. 사무직을 제외한 특수 직렬을 지원하는 수험생이라면 전공을 포함하여 반드시 준비해야 하는 영역이다.

국가직무능력표준에 따르면 기술능력의 세부 유형은 기술이해능력·기술선택능력·기술적용능력으로 나눌 수 있다. 제품설명서나 상황별 매뉴얼을 제시하는 문제 또는 명령어를 제시하고 규칙을 대입할 수 있는지 묻는 문제가 출제되기 때문에 이런 유형들을 공략할 수 있는 전략을 세워야 한다. 기술능력은 NCS 기반 채용을 진행한 기업 중 50% 정도가 채택했으며, 문항 수는 전체에서 평균 2% 정도 출제되었다.

01 긴 지문이 출제될 때는 보기의 내용을 미리 보자!

기술능력에서 자주 출제되는 제품설명서나 상황별 매뉴얼을 제시하는 문제에서는 기술을 이해하고, 상황에 알맞은 원인 및 해결방안을 고르는 문제가 출제된다. 실제 시험장에서 문제를 풀 때는 시간적 여유가 없기 때문에 보기를 먼저 읽고, 그 다음 긴 지문을 보면서 동시에 보기와 일치하는 내용이 나오면 확인해 가면서 푸는 것이 좋다.

02 모듈형에 대비하라!

모듈형 문제의 비중이 늘어나는 추세이므로 공기업을 준비하는 취업준비생이라면 모듈형 문제에 대비해야 한다. 기술능력의 모듈형 이론 부분을 학습하고 모듈형 문제를 풀어보고 여러 번 읽으며 이론을 확실히 익혀두면 실제 시험장에서 이론을 묻는 문제가 나왔을 때 단번에 답을 고를 수 있다.

03 전공 이론도 익혀두자!

지원하는 직렬의 전공 이론이 기술능력으로 출제되는 경우가 많기 때문에 전공 이론을 익혀두는 것이 좋다. 깊이 있는 지식을 묻는 문제가 아니더라도 출제되는 문제의 소재가 전공과 관련된 내용일 가능성이 크기 때문에 최소한 지원하는 직렬의 전공 용어는 확실히 익혀두어야 한다.

04 포기하지 말자!

직업기초능력에서 주요 영역이 아니면 소홀한 경우가 많다. 시험장에서 기술능력을 읽어보지도 않고 포기하는 경우가 많은데 차근차근 읽어보면 지문만 잘 읽어도 풀 수 있는 문제들이 출제되는 경우가 있다. 이론을 모르더라도 풀 수 있는 문제인지 파악해보자.

| 유형분석 |

- 기술 시스템의 개념과 발전 단계에 대한 지식을 평가한다.
- 각 단계의 순서와 그에 따른 특징을 숙지하여야 한다.
- 단계별로 요구되는 핵심 역할이 다름에 유의한다.

다음 중 기술 시스템의 발전 단계에 따라 빈칸 ㉠ ~ ㉣에 들어갈 내용을 순서대로 바르게 나열한 것은?

발전 단계	특징	핵심 역할
발명·개발·혁신의 단계	기술 시스템이 탄생하고 성장	기술자
㉠	성공적인 기술이 다른 지역으로 이동	기술자
㉡	기술 시스템 사이의 경쟁	㉢
기술 공고화 단계	경쟁에서 승리한 기술 시스템의 관성화	㉣

	㉠	㉡	㉢	㉣
①	기술 이전의 단계	기술 경쟁의 단계	기업가	자문 엔지니어
②	기술 경쟁의 단계	기술 이전의 단계	금융전문가	자문 엔지니어
③	기술 이전의 단계	기술 경쟁의 단계	기업가	기술자
④	기술 경쟁의 단계	기술 이전의 단계	금융전문가	기업가
⑤	기술 이전의 단계	기술 경쟁의 단계	금융전문가	기술자

정답 ①

기술 시스템의 발전 단계는 '발명·개발·혁신의 단계 → ㉠ 기술 이전의 단계 → ㉡ 기술 경쟁의 단계 → 기술 공고화 단계'를 거쳐 발전한다. 또한 기술 시스템의 발전 단계에는 단계별로 핵심적인 역할을 하는 사람들이 있다. 기술 경쟁의 단계에서는 ㉢ 기업가들의 역할이 더 중요해지고, 기술 공고화 단계에서는 이를 활성·유지·보수 등을 하기 위한 ㉣ 자문 엔지니어와 금융전문가 등의 역할이 중요해진다.

풀이 전략!

기술 시스템이란 개별 기술들이 네트워크로 결합하여 새로운 기술로 만들어지는 것을 뜻한다. 따라서 개별 기술들이 '개발 → 이전 → 경쟁 → 공고화'의 절차를 가지고 있음을 숙지하여 문제를 풀어야 한다.

01 다음 중 설명서를 작성할 때 유의할 점으로 가장 적절한 것은?

① 추상적 명사를 사용한다.

② 전문용어는 가능한 사용하지 않는다.

③ 능동태보다는 수동태의 동사를 사용한다.

④ 여러 가지 명령을 포함하는 문장으로 작성한다.

⑤ 제품설명서에는 제품 사용 중 해야 할 일만 정의한다.

02 다음은 기술선택을 위한 절차를 나타낸 자료이다. 밑줄 친 (A) ~ (E)에 대한 내용으로 옳은 것은?

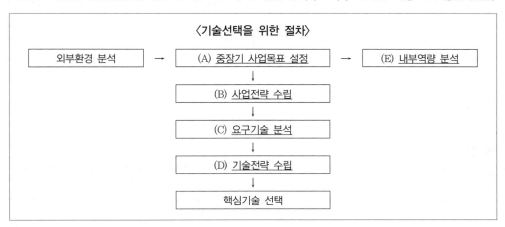

① (A) : 기술획득 방법 결정

② (B) : 사업 영역 결정, 경쟁 우위 확보 방안 수립

③ (C) : 기업의 장기비전, 매출목표 및 이익목표 설정

④ (D) : 기술능력, 생산능력, 마케팅 / 영업능력, 재무능력 등 분석

⑤ (E) : 제품 설계 / 디자인 기술, 제품 생산 공정, 원재료 / 부품 제조기술 분석

| 유형분석 |

- 주어진 자료를 해석하고 기술을 적용하여 풀어가는 문제이다.
- 꼼꼼하고 분석적인 접근이 필요한 논리연산, 사용설명서 등의 문제들이 출제된다.

귀하가 근무하는 기술자격팀에서 작년부터 연구해 온 데이터의 흐름도가 완성되었다. 다음 자료와 〈조건〉을 보고 A에서 1이 입력되었을 때, F에서의 결과가 가장 크게 되는 값은?

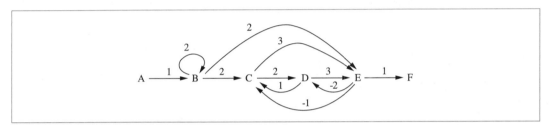

조건

- 데이터는 화살표 방향으로만 이동할 수 있으며, 같은 경로를 여러 번 반복해서 이동할 수 있다.
- 화살표 위의 숫자는 그 경로를 통해 데이터가 1회 이동할 때마다 데이터에 곱해지는 수치를 의미한다.
- 각 경로를 따라 데이터가 이동할 때, 1회 이동 시간은 1시간이며, 데이터의 총 이동 시간은 10시간을 초과할 수 없다.
- 데이터의 대소 관계는 [음수＜0＜양수]의 원칙에 따른다.

① 256   ② 384

③ 432   ④ 864

⑤ 1,296

정답 ④

결과가 가장 큰 값을 구해야 하므로 최대한 큰 수가 있는 구간으로 이동해야 하며, 세 번째 조건에 따라 총 10번의 이동이 가능하다. 반복 이동으로 가장 커질 수 있는 구간은 D－E구간이지만 음수가 있으므로 왕복 2번을 이동하여 값을 양수로 만들어야 한다. D－E구간에서 4번 이동하고 마지막에 E－F구간 1번 이동하는 것을 제외하면 출발점인 A에서 D－E구간을 왕복하기 전까지 총 5번을 이동할 수 있다. D－E구간으로 가기 전 가장 큰 값은 C에서 E로 가는 것이므로 C－E－D－E－D－E－F로 이동한다. 또한, 출발점인 A에서 C까지 4번 이동하려면 A－B－B－B－C밖에 없다.

따라서 A－B－B－B－C－E－D－E－D－E－F 순서로 이동한다.

∴ $1 \times 2 \times 2 \times 2 \times 3 \times (-2) \times 3 \times (-2) \times 3 \times 1 = 864$

풀이 전략!

문제 해결을 위해 필요한 정보와 기술능력이 무엇인지 먼저 파악한 후, 제시된 자료를 분석적으로 읽고 문제를 풀이한다.

01 B사원은 최근 K전자의 빔프로젝터를 구입하였으며, 빔프로젝터 고장 신고 전 확인사항 자료를 확인하였다. 빔프로젝터의 증상과 그에 따른 확인 및 조치사항이 옳은 것은?

〈빔프로젝터 고장 신고 전 확인사항〉

분류	증상	확인 및 조치사항
설치 및 연결	전원이 들어오지 않음	• 제품 배터리의 충전 상태를 확인하세요. • 만약 그래도 제품이 전혀 동작하지 않는다면 제품 옆면의 'Reset' 버튼을 1초간 누르시기 바랍니다.
	전원이 자동으로 꺼짐	• 본 제품은 약 20시간 지속 사용 시 제품의 시스템 보호를 위해 전원이 자동 차단될 수 있습니다.
	외부기기가 선택되지 않음	• 외부기기 연결선이 신호 단자에 맞게 연결되었는지 확인하고, 연결 상태를 점검해 주시기 바랍니다.
메뉴 및 리모컨	리모컨이 동작하지 않음	• 리모컨의 건전지 상태 및 건전지가 권장 사이즈에 부합하는지 확인해 주세요. • 리모컨 각도와 거리가(10m 이하) 적당한지, 제품과 리모컨 사이에 장애물이 없는지 확인해 주세요.
	메뉴가 선택되지 않음	• 메뉴의 글자가 회색으로 나와 있지 않은지 확인해 주세요. 회색의 글자 메뉴는 선택되지 않습니다.
화면 및 소리	영상이 희미함	• 리모컨 메뉴창의 초점 조절 기능을 이용하여 초점을 조절해 주세요. • 투사거리가 초점에서 너무 가깝거나 멀리 떨어져 있지 않은지 확인해 주세요(권장거리 1 ～ 3m).
	제품에서 이상한 소리가 남	• 이상한 소리가 계속해서 발생할 경우 사용을 중지하고 서비스 센터로 문의해 주시기 바랍니다.
	화면이 안 나옴	• 제품 배터리의 충전 상태를 확인해 주세요. • 본체의 발열이 심할 경우 화면이 나오지 않을 수 있습니다.
	화면에 줄, 잔상, 경계선 등이 나타남	• 일정시간 정지된 영상을 지속적으로 표시하면 부분적으로 잔상이 발생합니다. • 영상의 상·하·좌·우의 경계선이 고정되어 있거나 빛의 투과량이 서로 상이한 영상을 장시간 시청 시 경계선에 자국이 발생할 수 있습니다.

① 영화를 보는 중에 갑자기 전원이 꺼진 것은 본체의 발열이 심해서 그런 것이므로 약 20시간 동안 사용을 중지하였다.

② 메뉴가 선택되지 않아 외부기기와 연결선이 제대로 연결되었는지 확인하였다.

③ 일주일째 이상한 소리가 나 제품 배터리가 충분히 충전된 상태인지 살펴보았다.

④ 언젠가부터 화면에 잔상이 나타나 제품과 리모콘 배터리의 충전 상태를 확인하였다.

⑤ 영상이 너무 희미해 초점과 투사거리를 확인하여 조절하였다.

※ K호텔 뷔페에서는 3대의 밥솥으로 백미, 잡곡, 현미밥을 고객의 취향대로 먹을 수 있도록 비치하였다.
다음 설명서를 읽고 이어지는 질문에 답하시오. **[2~4]**

■ **취사요령**

구분	백미	백미쾌속	잡곡	현미	죽	누룽지	만능 찜
취사시간	40~50분	30~35분	50~60분	70~80분	60분	40분	30분

1) 쌀을 인원수에 맞게 계량합니다.
2) 쌀을 깨끗이 씻어 물이 맑아질 때까지 헹굽니다.
3) 내솥에 씻은 쌀을 담고 물을 채웁니다.
4) 내솥을 밥솥에 넣고 뚜껑을 닫습니다.
5) 원하는 메뉴를 선택한 뒤 취사 버튼을 누릅니다.
※ 콩은 따로 씻어서 30분 이상 물에 불린 뒤 잡곡에 섞어 취사하도록 합니다.

■ **예약취사 방법**

1) 〈예약〉 버튼을 누른 뒤 〈메뉴〉 버튼으로 원하시는 메뉴를 선택합니다.
2) 〈시/분〉 버튼을 눌러 시간을 먼저 선택한 뒤, 분을 선택합니다.
3) 시간 설정이 완료되면 〈취사〉 버튼을 눌러 주세요.
※ 예약시간은 완료시간을 기준으로 합니다(저녁 6시에 12시간 예약을 할 경우 저녁 6시로부터 12시간 후인 아침 6시에 취사가 완료됩니다).

■ **문제해결 방법**

증상	확인	해결 방법
취사 시간이 너무 오래 걸려요.	취사 중 다른 조작을 하지는 않았나요?	취사 중 다른 버튼을 조작하지 마십시오.
뚜껑 틈으로 수증기가 나옵니다.	뚜껑 패킹이 찢어지지는 않았나요?	새 뚜껑 패킹으로 교환해 주세요.
	뚜껑 패킹과 내솥 사이에 이물질이 끼어있지 않나요?	이물질을 제거해 주세요.
밥물이 넘쳐요.	물의 양이 많지는 않나요?	물 눈금에 맞게 취사해 주세요.
예약이 안 돼요.	예약 가능한 메뉴를 확인하셨나요?	예약 가능한 메뉴는 백미, 잡곡, 현미 3가지 메뉴입니다.
취사 후 밥을 뒤집으니 밥 밑면이 누렇게 됐어요.	쌀을 씻을 때 맑은 물이 나올 때까지 씻었나요?	쌀뜨물이 바닥으로 깔려 취사가 누렇게 될 수 있습니다. 맑은 물이 나올 때까지 헹궈 주세요.
	개봉한 지 오래된 쌀로 밥을 하셨나요?	개봉한 지 오래된 쌀은 바닥에 쌀겨가 많이 깔릴 수 있습니다. 맑은 물이 나올 때까지 헹궈 주세요.
보온이 잘 안 돼요.	12시간 이상 장시간 보온하셨나요?	12시간 이내로 보온하세요.
	취사 후 밥을 잘 섞어 주셨나요?	취사 후 밥을 섞어 주세요.

02 뷔페의 저녁 타임 오픈 시간은 17시이다. 한식 구역을 배정받은 조리사 L씨는 오픈 준비를 위해 취사를 하였다. 다음 중 L씨의 취사 과정으로 옳은 것은?

① 백미는 40 ~ 50분 소요되므로 15시에 '백미' 모드로 50분을 선택하여 예약하였다.

② 백미를 내솥에 담아 밥물을 맞춘 뒤 15시에 '백미쾌속' 모드로 2시간을 선택하여 예약하였다.

③ 콩은 따로 씻어서 30분 이상 물에 불린 뒤 잡곡에 섞어 '잡곡쾌속' 모드로 취사하였다.

④ 현미를 맑은 물이 나올 때까지 깨끗하게 헹궈서 내솥에 담았다.

⑤ 현미를 내솥에 담아 밥물을 맞춘 뒤 16시에 취사 버튼을 눌렀다.

03 취사 도중 뚜껑 틈으로 수증기가 나왔다. 설명서를 참고했을 때 뚜껑 틈으로 수증기가 나오는 원인이 될 수 있는 것은?

① 취사 도중 실수로 보온 버튼이 눌러졌다.

② 밥물의 양이 많았다.

③ 12시간 이상 보온을 하였다.

④ 뚜껑 패킹과 내솥 사이에 이물질이 끼어있었다.

⑤ 내솥 바닥에 이물질이 묻어있었다.

04 03번 문제에서 찾은 원인에 따라 조치를 취했지만 여전히 뚜껑 틈으로 수증기가 나왔다. 추가적인 해결 방법으로 가장 적절한 것은?

① 물 눈금에 맞게 취사하였다.

② 내솥 및 내부 부품을 깨끗하게 닦았다.

③ 취사 후 밥을 골고루 섞었다.

④ 서비스센터로 문의하였다.

⑤ 새 뚜껑 패킹으로 교환하였다.

많이 보고 많이 겪고 많이 공부하는 것은 배움의 세 기둥이다.

– 벤자민 디즈라엘리 –

PART 2

최종점검 모의고사

제1회
최종점검 모의고사

※ 한전KPS 별정직 최종점검 모의고사는 채용공고를 기준으로 구성한 것으로 실제 시험과 다를
수 있습니다.

■ 취약영역 분석

번호	O/×	영역	번호	O/×	영역	번호	O/×	영역
1		의사소통능력	18		수리능력	35		조직이해능력
2			19			36		
3			20			37		
4			21		문제해결능력	38		
5			22			39		
6			23			40		
7			24			41		정보능력 / 기술능력
8			25			42		
9			26			43		
10			27			44		
11		수리능력	28			45		
12			29			46		
13			30			47		
14			31		조직이해능력	48		
15			32			49		
16			33			50		
17			34					

평가문항	50문항	평가시간	65분
시작시간	:	종료시간	:
취약영역			

⏰ 응시시간 : 65분   📝 문항 수 : 50문항   정답 및 해설 p.038

01 다음 중 경청하는 태도로 적절하지 않은 것은?

> 김사원 : 직원교육시간이요. 조금 귀찮기는 하지만 다양한 주제에 대해서 들을 수 있어서 좋은 것 같아요.
> 한사원 : 그렇죠? 이번 주 강의도 전 꽤 마음에 들더라고요. 그러고 보면, 어떻게 하면 말을 잘 할 지는 생각해 볼 수 있지만 잘 듣는 방법에는 소홀하기 쉬운 것 같아요.
> 김사원 : 맞아요. 잘 듣는 것이 대화에서 큰 의미를 가지는데도 그렇죠. 오늘 강의에서 들은 내용대 로 노력하면 상대방이 전달하는 메시지를 제대로 이해하는 데 문제가 없을 것 같아요.

① 상대방의 이야기를 들으면서 동시에 그 내용을 머릿속으로 정리한다.
② 상대방의 이야기를 들을 때 상대가 다음에 무슨 말을 할지 예상해 본다.
③ 선입견이 개입되면 안 되기 때문에 나의 경험은 이야기와 연결 짓지 않는다.
④ 이야기를 듣기만 하는 것이 아니라 대화 내용에 대해 적극적으로 질문한다.
⑤ 내용뿐만 아니라 말하는 사람의 모든 것에 집중해서 듣는다.

02 다음 글의 예시로 적절하지 않은 것은?

> 현대사회는 익명성을 바탕으로 많은 사람과 소통할 수 있다. 그러나 바로 그 환경 때문에 대면 접촉을 통한 소통이 점차 경시되고 있으며 접촉 범위는 넓어졌으나 소통의 깊이 면에서는 예전과 큰 차이를 보이지 않고 있다. 이러한 상황에서 사람 간의 소통은 같은 사회적 기반을 갖추고 있지 않는 한 제대로 이루어지지 않고 있다. 특히 우리 사회는 집단 간 소통이 큰 문제로 부각되고 있다. 그로 인해 같은 집단 내 공감과 대화가 활발할 뿐, 다른 집단 간의 대화는 종종 싸움으로 번져 서로에 대한 비방으로 끝이 나는 경우가 많다.

① 가만히 앉아서 우리의 피땀으로 제 주머니만 불리는 돼지 같은 경영자들!
② 요즘 젊은 애들은 배가 불러서 그래. 우리는 더 힘든 상황에서도 열심히 일했는데 말이야.
③ 저 임대 아파트 애들은 게으르고 더러우니까 함께 놀지 마라.
④ A지역에 국가 산업 단지가 들어온다고? 로비라도 했나? 이번 정부는 A지역만 챙기는군.
⑤ 이번에 B기업에서 낸 신제품 봤어? 무리하게 할인을 해서라도 저 제품을 꺾자고.

03 다음 글의 제목으로 가장 적절한 것은?

많은 경제학자는 제도의 발달이 경제 성장의 중요한 원인이라고 생각해 왔다. 예를 들어 재산권 제도가 발달하면 투자나 혁신에 대한 보상이 잘 이루어져 경제 성장에 도움이 된다는 것이다. 그러나 이를 입증하기는 쉽지 않다. 제도의 발달 수준과 소득 수준 사이에 상관관계가 있다 하더라도, 제도는 경제 성장에 영향을 줄 수 있지만 경제 성장으로부터 영향을 받을 수도 있으므로 그 인과관계를 판단하기 어렵기 때문이다.

① 경제 성장과 소득 수준
② 경제 성장과 제도 발달
③ 소득 수준과 제도 발달
④ 소득 수준과 투자 수준
⑤ 제도 발달과 투자 수준

04 다음 글의 서술상 특징으로 가장 적절한 것은?

법조문도 언어로 이루어진 것이기에, 원칙적으로 문구가 지닌 보편적인 의미에 맞춰 해석된다. 일상의 사례로 생각해 보자. "실내에 구두를 신고 들어가지 마시오."라는 팻말이 있는 집에서는 손님들이 당연히 글자 그대로 구두를 신고 실내에 들어가지 않는다. 그런데 팻말에 명시되지 않은 '실외'에서 구두를 신고 돌아다니는 것은 어떨까? 이에 대해서는 금지의 문구로 제한하지 않았기 때문에, 금지의 효력을 부여하지 않겠다는 의미로 당연하게 받아들인다. 이처럼 문구에서 명시하지 않은 상황에 대해서는 그 효력을 부여하지 않는다고 해석하는 방식을 '반대 해석'이라 한다.
그런데 팻말에는 운동화나 슬리퍼에 대해서는 쓰여 있지 않다. 하지만 누군가 운동화를 신고 마루로 올라가려 하면, 집주인은 팻말을 가리키며 말릴 것이다. 이 경우에 '구두'라는 낱말은 본래 가진 뜻을 넘어 일반적인 신발이라는 의미로 확대된다. 이런 식으로 어떤 표현을 본래의 의미보다 넓혀 이해하는 것을 '확장 해석'이라 한다.

① 현실의 문제점을 분석하고 그 해결책을 제시한다.
② 비유의 방식을 통해 상대방의 논리를 반박하고 있다.
③ 일상의 사례를 들어 독자들의 이해를 돕고 있다.
④ 기존 견해를 비판하고 새로운 견해를 제시한다.
⑤ 하나의 현상에 대한 여러 가지 관점을 대조하며 비판한다.

05 다음 제시된 문단을 읽고, 이어질 내용을 논리적 순서대로 바르게 나열한 것은?

'낙수 이론(Trickle-down Theory)'은 '낙수 효과(Trickle-down Effect)'에 의해서 경제 상황이 개선될 수 있다는 것을 골자로 하는 이론이다. 이 이론은 경제적 상위계층의 생산 혹은 소비 등의 전반적 경제활동에 따라 경제적 하위계층에게도 그 혜택이 돌아간다는 모델에 기반을 두고 있다.

(가) 한국에서 이 낙수 이론에 의한 경제구조의 변화를 실증적으로 나타내는 것이 바로 70년대 경제 발전기의 경제 발전 방식과 그 결과물이다. 한국은 대기업 중심의 경제 발전을 통해서 경제의 규모를 키웠고, 이는 기대 수명 증가 등 긍정적 결과로 나타났다.

(나) 그러나 낙수 이론에 기댄 경제정책이 실증적인 효과를 낸 전력이 있음에도 불구하고, 낙수 이론에 의한 경제발전모델이 과연 전체의 효용을 바람직하게 증가시켰는지에 대해서는 비판들이 있다.

(다) 사회적 측면에서는 계층 간 위화감 조성이라는 문제점 또한 제기된다. 결국 상류층이 돈을 푸는 것으로 인하여 하류층의 경제적 상황에 도움이 되는 것이므로, 상류층과 하류층의 소비력의 차이가 여실히 드러나고, 이는 사회적으로 위화감을 조성시킨다는 것이다.

(라) 제일 많이 제기되는 비판은 경제적 상류계층이 경제활동을 할 때까지 기다려야 한다는 낙수 효과의 본질적인 문제점에서 연유한다. 결국 낙수 효과는 상류계층의 경제활동에 의해 이루어지는 것이므로, 당사자가 움직이지 않는다면 발생하지 않기 때문이다.

① (가) – (라) – (나) – (다)
② (가) – (다) – (라) – (나)
③ (다) – (가) – (라) – (나)
④ (가) – (나) – (라) – (다)
⑤ (가) – (나) – (다) – (라)

06 다음 글의 전개 방식으로 가장 적절한 것은?

법은 필요악이다. 법은 우리의 자유를 막고 때로는 신체적 구속을 행사하는 경우도 있다. 이런 점에서 법은 달가운 존재가 아니며 기피와 증오의 대상이 되기도 한다. 그러나 법이 없으면 안전한 생활을 할 수 없다는 점에서 법은 없어서는 안 될 존재이다. 이와 같이 법의 양면성은 울타리의 그것과 비슷하다. 울타리는 우리의 시야를 가리고 때로는 바깥출입의 자유를 방해한다. 그러나 낯선 사람의 눈총과 외부 침입자로부터 안전하고 포근한 삶을 보장한다는 점에서 울타리는 우리에게 고마운 존재이다.

① 대상의 차이점을 부각해 내용을 전개하고 있다.
② 주장에 대한 구체적인 근거로 내용을 전개하고 있다.
③ 권위 있는 학자의 주장을 인용하여 내용을 전개하고 있다.
④ 두 대상의 공통점을 근거로 내용을 전개하고 있다.
⑤ 글쓴이 자신의 경험을 토대로 논지를 전개하고 있다.

07 다음 글을 기반으로 올바른 언어 사용을 하는 사람은?

말을 많이 하는 것보다 말을 어떻게 하는가가 더 중요하고 회사 내에서는 알맞은 호칭과 적절한 단어를 사용하는 것만으로도 높은 경쟁력을 확보할 수 있다. 그렇다면 어떤 말을 어떻게 활용해야 품위 있고 왜곡 없는 전달이 가능할까?

먼저 상하관계가 확실한 직장에서 지켜야 할 호칭의 문제를 살펴보자. 윗사람을 향한 존칭은 누구나 늘 긴장을 하는 부분이다. 그렇다면 아랫사람을 부를 때는 어떻게 해야 현명할까. 일반적으로 '~씨'라는 호칭을 붙여 부를 것이다.

누군가는 '~씨'보다는 '~님'을 써야 한다고 주장하기도 하지만 보통의 언어생활에서 '~님'은 어울리지 않는 느낌을 준다. 직함이 없는 경우 '~씨'는 사람을 높여 부르는 말이기에 동료나 아랫사람을 부를 때 자연스럽게 쓰인다. 그러나 엄연히 직함이 있을 때는 문제가 달라진다. 부하직원이 대리나 과장 등 정확한 직함을 달고 있는데도 언제나 '~씨'라고 부른다면 잘못된 언어 습관이다. 아무리 부하직원이라지만 직위에 알맞은 책임이나 권위를 무시하는 행위이기 때문이다.

상사에 관해서는 '밥'과 관련된 인사를 할 때 주의해야 한다. 바로 '식사'와 '진지'의 차이다. 보통 상사에게 밥을 먹었는지 물어볼 때 '식사하셨나요?'라고 묻는다. 물론 식사는 끼니로 음식을 먹는 행위를 뜻하는 점잖은 한자 표현이지만 의미상 '밥'과 일맥상통하기 때문에 '밥하셨나요?'라는 뜻이 된다. 밥의 높임말은 '진지'. 물론 큰 차이가 나지 않는 선배에게 '진지 드셨어요?'라고 묻는다면 어색하겠지만 부장이나 본부장, 사장에게 말하는 경우라면 밥을 높여 '진지 드셨어요?'라고 하는 것이 공손한 표현이다.

정확한 언어를 사용하면 현란한 어휘와 화술로 말의 외피를 두르는 것보다 훨씬 더 깊이 있는 품격을 드러낼 수 있다. 우리 주변에는 흔히 쓰지만 알고 보면 틀린 말들이 많다. 대표적인 단어는 '피로회복제'. 재밌게도 피로회복제로는 절대 피로를 풀 수 없다. 무슨 말일까? '회복'이란 단어는 원래 상태를 되찾는다는 걸 의미한다. 건강 회복, 신뢰 회복, 주권 회복 등 회복이 쓰이는 말을 살펴보면 알아챌 수 있다. 그러므로 '피로회복제'는 몸을 다시 피로한 상태로 되돌린다는 말이 된다. 피로회복제라는 말은 '피로해소제'로 바꾸거나 '원기회복제'로 바꾸는 게 맞다.

피로회복제와 비슷한 경우로 '뇌졸증'이 있다. 결론부터 말하자면 '뇌졸증'은 아무도 걸리지 않는다. 우리가 말하고자 하는 병명은 아마 '뇌졸중'일 테다. 증상이나 병을 나타내는 단어에 대부분 증(症)이 붙어 혼동하는 단어다. 뇌졸중의 졸중(卒中)은 졸중풍(卒中風)의 줄임말이므로 뇌졸중은 뇌에 갑자기 풍을 맞았다는 뜻을 가진다. '뇌졸중'은 현대의학에서 뇌출혈, 뇌경색 등 뇌혈관 질환을 통틀어 이르는 말이며 '뇌졸증'은 아예 없는 말이다.

실제로 하는 말뿐만 아니라 최근에는 SNS나 메신저 앱으로 많은 대화가 오가기 때문에 맞춤법에도 민감하고 단어를 정확하게 표기하는 것이 중요하다. 특히 일상대화에서 자주 쓰는 사자성어 중에 잘못 알고 있는 경우가 많다.

포복졸도는 포복절도(抱腹絕倒), 홀홀단신은 혈혈단신(孑孑單身), 전입가경은 점입가경(漸入佳境), 고분분투는 고군분투(孤軍奮鬪), 절대절명은 절체절명(絕體絕命)이 맞다. 사자성어를 통해 상황을 정확하게 설명하려다 되레 체면을 구길 수 있으니 꼼꼼하게 체크한 후 쓰도록 하자.

① A부장 : K씨, 우리 부서에서 개인 인센티브 지급을 대리급 이상 사원 중 가장 성과가 많은 분에게 지급한다고 해서 K씨가 지급받게 되었어요. 수고 많았어요.

② B대리 : 본부장님, 식사 맛있게 하셨습니까? 이번 달 지출품의서 결재 부탁드립니다.

③ C사원 : G주임님, 어제 축구 보셨어요? 절대절명의 순간에 결승골이 터져서 정말 짜릿했어요.

④ D대리 : 겨울엔 뇌졸중을 조심해야겠어요. 지인이 경미한 뇌졸중으로 병원에 입원했다고 하네요.

⑤ E과장 : 어제 회식하느라 다들 고생했어요. 피로회복제 하나씩 먹고 오늘 하루도 힘내 봅시다.

※ 평소 환경에 관심이 많은 A씨는 인터넷에서 다음과 같은 글을 보았다. 이어지는 질문에 답하시오.
[8~9]

마스크를 낀 사람들이 더는 낯설지 않다. "알프스나 남극 공기를 포장해 파는 시대가 오는 게 아니냐."는 농담을 가볍게 웃어넘기기 힘든 상황이 되었다. 황사, 미세먼지, 초미세먼지, 오존, 자외선 등 한 번 외출할 때마다 꼼꼼히 챙겨야 할 것들이 한둘이 아니다. 중국과 인접한 우리나라의 환경오염 피해는 더욱 심각한 상황이다. 지난 4월 3일 서울의 공기품질은 최악을 기록한 인도 델리에 이어 불명예 2위를 차지했다.

또렷한 환경오염은 급격한 기후변화의 촉매제가 되고 있다. 지난 1912년 이후 지구의 연평균 온도는 꾸준히 상승해 평균 0.75℃가 올랐다. 우리나라는 세계적으로 유래를 찾아보기 어려울 만큼 연평균 온도가 100여 년간 1.8℃나 상승했으며, 이는 지구 평균치의 2배를 웃도는 수치이다. 기온 상승은 다양한 부작용을 낳고 있다. 1991년부터 2010년까지 20여 년간 폭염일수는 8.2일에서 10.5일로 늘어났고, 열대야지수는 5.4일에서 12.5일로 증가했다. 1920년대에 비해 1990년대 겨울은 한 달이 짧아졌다. 이러한 이상 기온은 우리 농어촌에 악영향을 끼칠 수밖에 없다.

기후변화와 더불어, 세계 인구의 폭발적 증가는 식량난 사태로 이어지고 있다. 일부 저개발 국가에서는 굶주림이 일반화되고 있다. 올해 4월을 기준으로 전 세계 인구수는 74억 9,400만 명을 넘어섰다. 인류 역사상 가장 많은 인류가 지구에 사는 셈이다. 이 추세대로라면 오는 2050년에는 97억 2,500만 명을 넘어설 것으로 전망된다. 한정된 식량 자원과 급증하는 지구촌 인구수 앞에 결과는 불을 보듯 뻔하다. 곧 글로벌 식량위기가 가시화될 전망이다.

우리나라는 식량의 75% 이상을 해외에서 조달하고 있다. 이는 국제 식량가격의 급등이 식량안보 위협으로 이어질 수도 있음을 뜻한다. 미 국방성은 '수백만 명이 사망하는 전쟁이나 자연재해보다 기후변화가 가까운 미래에 더 심각한 재앙을 초래할 수 있다.'는 내용의 보고서를 발표하였다.

이뿐 아니라 식량이 부족한 상황에서 식량의 질적 문제도 해결해야 할 과제이다. 삶의 질을 중시하면서 친환경적인 안전 먹거리에 대한 관심과 수요는 증가하고 있지만, 급변하는 기후변화와 부족한 식량자원은 식량의 저질화로 이어질 가능성을 높이고 있다. 일손 부족 등으로 인해 친환경 먹거리 생산의 대량화 역시 쉽지 않은 상황이다.

08 다음 중 윗글의 주제로 가장 적절한 것은?

① 지구온난화에 의한 기후변화의 징조
② 환경오염에 따른 기후변화가 우리 삶에 미치는 영향
③ 기후변화에 대처하는 자세
④ 환경오염을 예방하는 방법
⑤ 환경오염과 인구증가의 원인

09 다음 중 A씨가 윗글을 읽고 이해한 내용으로 가장 적절한 것은?

① 기후변화는 환경오염의 촉매제가 되어 우리 농어촌에 악영향을 끼치고 있다.
② 알프스나 남극에서 공기를 포장해 파는 시대가 도래하였다.
③ 세계 인구의 폭발적인 증가는 저개발 국가의 책임이 크다.
④ 우리나라의 식량자급률의 특성상 기후변화가 계속된다면 식량난이 심각해질 것이다.
⑤ 친환경 먹거리는 급변하는 기후 속 식량난을 해결하는 방법의 하나다.

10 다음 중 ㉠과 ㉡에 들어갈 말을 바르게 나열한 것은?

이동통신이 유선통신에 비하여 어려운 점은 다중 경로에 의해 통신 채널이 계속 변화하여 통신 품질이 저하된다는 것이다. 다중 경로는 송신기에서 발생한 신호가 수신기에 어떠한 장애물을 거치지 않고 직접 도달하기도 하고 장애물을 통과하거나 반사하여 간접적으로 도달하기도 하기 때문에 발생한다. 이 다중 경로 때문에 송신기에서 발생한 신호가 안테나에 도달할 때 신호마다 시간 차이가 발생한다. 이렇게 하나의 송신 신호가 시시각각 수신기에 다르게 도달하기 때문에 이동통신 채널은 일반적으로 유선통신 채널보다 빈번히 변화한다. 일반적으로 거쳐 오는 경로가 길수록 수신되는 진폭은 작아지고 지연 시간도 길어지게 된다. 다중 경로를 통해 전파가 전송되어 오면 각 경로의 거리 및 전송 특성 등의 차이에 의해 수신기에 도달하는 시간과 신호 세기의 차이가 발생한다.

시간에 따라 변화하는 이동통신의 품질을 극복하기 위해 개발된 것이 A기술이다. 이 기술을 사용하면 하나의 송신기로부터 전송된 하나의 신호가 다중 경로를 통해 안테나에 수신된다. 이때 안테나에 수신된 신호 중 일부 경로를 통해 수신된 신호의 크기가 작더라도 나머지 다른 경로를 통해 수신된 신호의 크기가 크면 수신된 신호 중 가장 큰 것을 선택하여 안정적인 송수신을 이루려는 것이 A기술이다. A기술은 마치 한 종류의 액체를 여러 배수관에 동시에 흘려보내 가장 빨리 나오는 배수관의 액체를 선택하는 것에 비유할 수 있다. 여기서 액체는 ____㉠____ 에 해당하고, 배수관은 ____㉡____ 에 해당한다.

	㉠	㉡		㉠	㉡
①	송신기	안테나	②	신호	경로
③	신호	안테나	④	안테나	경로
⑤	안테나	신호			

11 C사원은 본사 이전으로 인해 집과 회사가 멀어져 근처로 집을 구하려고 한다. K시에 있는 아파트와 빌라 총 세 곳의 월세를 알아 본 C사원이 월세와 교통비를 생각해 집을 결정할 때, 제시된 자료를 바탕으로 옳은 것은?

〈장소별 월세 및 거리〉

구분	월세	거리(편도)
A빌라	280,000원	2.8km
B빌라	250,000원	2.1km
C아파트	300,000원	1.82km

※ 월 출근일 : 20일
※ 교통비 : 1km당 1,000원

① 월 예산 40만 원으로는 세 집 모두 불가능하다.
② B빌라에 살 경우 회사와 집만 왕복하면 한 달에 33만 4천 원으로 살 수 있다.
③ C아파트의 교통비가 가장 많이 든다.
④ C아파트는 A빌라보다 한 달 금액이 20,000원 덜 든다.
⑤ B빌라에 두 달 살 경우, A빌라와 C아파트의 한 달 금액을 합친 것보다 비싸다.

12 다음 그래프를 보고 이해한 내용으로 옳지 않은 것은?

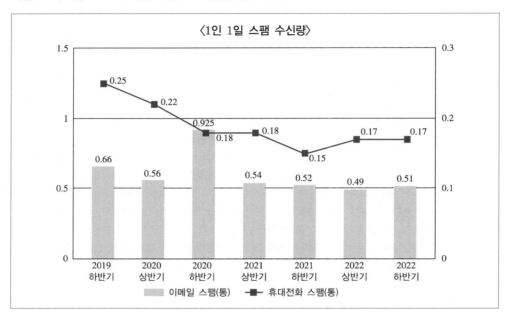

① 이메일과 휴대전화 스팸 수신량이 가장 높은 시기는 2020년 하반기이다.

② 이메일 스팸 수신량이 휴대전화 스팸 수신량보다 항상 많다.

③ 이메일과 휴대전화 스팸 수신량 사이에 밀접한 관련이 있다고 보기 어렵다.

④ 이메일 스팸 총 수신량의 평균은 휴대전화 스팸 총 수신량 평균의 3배 이상이다.

⑤ 컴퓨터 사용량과 이메일 스팸 수신량이 정비례 관계에 있다고 한다면, 2020년 하반기 우리나라 국민의 평균 컴퓨터 사용량이 제일 높았을 것이다.

※ 다음은 2015년부터 2022년까지 화재발생 건수와 이로 인해 발생한 사망자 및 부상자 현황을 나타낸 자료이다. 이를 참고하여 이어지는 질문에 답하시오. **[13~14]**

<화재발생 건수 및 인명피해자 수>

(단위 : 건, 명)

구분	화재발생 건수	사망자 수	부상자 수
2015년	41,863	827	964
2016년	44,373	( )	( )
2017년	41,774	899	811
2018년	44,281	841	1,028
2019년	46,790	936	1,245
2020년	44,265	747	1,343
2021년	41,693	929	1,268
2022년	44,278	774	1,250

※ 인명피해자 수는 사망자와 부상자 수를 합한 값이다.

13 2016년에 발생한 사망자는 전년도보다 4% 증가했으며, 2017년에 발생한 부상자는 2016년보다 20% 감소했다고 할 때, 2016년에 발생한 인명피해자는 몇 명인가?(단, 소수점 첫째 자리에서 반올림한다)

① 1,874명
② 1,878명
③ 1,885명
④ 1,886명
⑤ 1,891명

14 다음 중 자료에 대한 설명으로 옳지 않은 것은?(단, 소수점 둘째 자리에서 반올림한다)

① 2016 ~ 2022년 전년 대비 인명피해자가 가장 크게 감소한 해는 2022년도이다.
② 2015 ~ 2022년 총 인명피해자 중 50% 이상은 부상자이다.
③ 전년 대비 화재발생 건수 증감률이 가장 큰 해는 2018년이다.
④ 2016 ~ 2022년 화재발생 건수는 매년 전년 대비 2,500건 이상의 변화를 보인다.
⑤ 2020년 사망자는 전년 대비 20%p 이상 감소했다.

※ 다음은 요식업 사업자 현황에 대한 자료이다. 이어지는 질문에 답하시오. [15~16]

〈요식업 사업자 현황〉

(단위 : 명)

구분	2019년	2020년	2021년	2022년
커피음료점	25,151	30,446	36,546	43,457
패스트푸드점	27,741	31,174	32,982	34,421
일식전문점	12,997	13,531	14,675	15,896
기타외국식전문점	17,257	17,980	18,734	20,450
제과점	12,955	13,773	14,570	15,155
분식점	49,557	52,725	55,013	55,474
기타음식점	22,301	24,702	24,818	24,509
한식전문점	346,352	360,209	369,903	375,152
중식전문점	21,059	21,784	22,302	22,712
호프전문점	41,796	41,861	39,760	37,543
간이주점	19,849	19,009	17,453	16,733
구내식당	35,011	31,929	29,213	26,202
합계	632,026	659,123	675,969	687,704

15 2019년 대비 2022년 사업자 수의 감소율이 두 번째로 큰 업종의 감소율을 바르게 구한 것은?(단, 소수점 둘째 자리에서 반올림한다)

① 25.2%p
② 18.5%p
③ 15.7%p
④ 10.2%p
⑤ 9.9%p

16 다음 중 자료에 대한 설명으로 옳지 않은 것은?(단, 소수점 셋째 자리에서 반올림한다)

① 기타음식점의 2022년 사업자는 전년보다 309명 감소했다.
② 2020년의 전체 요식업 사업자에서 분식점이 차지하는 비중과 패스트푸드점이 차지하는 비중의 차이는 5%p 미만이다.
③ 사업자가 해마다 감소하는 업종은 두 곳이다.
④ 2019년 대비 2021년 일식전문점 사업자의 증감률은 약 15.2%p이다.
⑤ 전체 요식업 사업자 중 구내식당의 비중은 2019년에 가장 높다.

17 귀하는 K회사의 인사관리부서에서 근무 중이다. 오늘 회의시간에 생산부서의 인사평가 자료를 취합하여 보고해야 하는데 자료 취합 중 파일에 오류가 생겨 일부 자료가 훼손되었다. 다음 중 (가)~(라)에 들어갈 점수로 옳은 것은?(단, 각 평가는 100점 만점이고, 종합순위는 각 평가지표 점수의 총합으로 결정한다)

〈인사평가 점수 현황〉

(단위 : 점)

구분	역량	실적	자기계발	성실성	종합순위
A사원	70	(가)	80	70	5
B사원	80	85	(나)	70	1
C대리	(다)	85	70	75	3
D과장	80	80	60	70	4
E부장	85	85	70	(라)	2

※ 점수는 5점 단위로 부여한다.

	(가)	(나)	(다)	(라)
①	60	70	55	60
②	65	70	65	60
③	65	65	65	65
④	75	65	55	65
⑤	75	65	65	65

18 P연구원과 K연구원은 공동으로 연구를 끝내고 보고서를 제출하려 한다. 이 연구를 혼자 할 경우 P연구원 8일이 걸리고, K연구원은 14일이 걸린다. 처음 이틀은 같이 연구하고, 이후엔 K연구원 혼자 연구를 하다가 보고서 제출 이틀 전부터 같이 연구하였다. 보고서를 제출할 때까지 총 며칠이 걸렸는가?

① 6일
② 7일
③ 8일
④ 9일
⑤ 10일

19 다음은 2022년 9개 국가의 실질세부담률에 대한 자료이다. 〈조건〉에 근거하여 A ~ E에 해당하는 국가를 바르게 나열한 것은?

〈2022년 국가별 실질세부담률〉

구분 국가	독신 가구 실질세부담률(%)			다자녀 가구 실질세부담률(%)	독신 가구와 다자녀 가구의 실질세부담률 차이(%p)
		2012년 대비 증감(%p)	전년 대비 증감(%p)		
A	55.3	−0.20	−0.28	40.5	14.8
일본	32.2	4.49	0.26	26.8	5.4
B	39.0	−2.00	−1.27	38.1	0.9
C	42.1	5.26	0.86	30.7	11.4
한국	21.9	4.59	0.19	19.6	2.3
D	31.6	−0.23	0.05	18.8	12.8
멕시코	19.7	4.98	0.20	19.7	0.0
E	39.6	0.59	−1.16	33.8	5.8
덴마크	36.4	−2.36	0.21	26.0	10.4

> **조건**
> • 2022년 독신 가구와 다자녀 가구의 실질세부담률 차이가 덴마크보다 큰 국가는 캐나다, 벨기에, 포르투갈이다.
> • 2022년 독신 가구 실질세부담률이 전년 대비 감소한 국가는 벨기에, 그리스, 스페인이다.
> • 스페인의 2022년 독신 가구 실질세부담률은 그리스의 2022년 독신 가구 실질세부담률보다 높다.
> • 2012년 대비 2022년 독신 가구 실질세부담률이 가장 큰 폭으로 증가한 국가는 포르투갈이다.

	A	B	C	D	E
①	벨기에	그리스	포르투갈	캐나다	스페인
②	벨기에	스페인	캐나다	포르투갈	그리스
③	캐나다	스페인	포르투갈	벨기에	그리스
④	캐나다	그리스	스페인	포르투갈	벨기에
⑤	그리스	스페인	벨기에	캐나다	포르투갈

20 다음은 도로별 일평균 교통량에 대한 자료이다. 이에 대한 설명으로 옳지 않은 것은?

〈고속국도의 일평균 교통량〉

(단위 : 대)

구분	2018년	2019년	2020년	2021년	2022년
승용차	28,864	31,640	32,593	33,605	35,312
버스	1,683	1,687	1,586	1,594	1,575
화물차	13,142	11,909	12,224	13,306	13,211
합계	43,689	45,236	46,403	48,505	50,098

〈일반국도의 일평균 교통량〉

(단위 : 대)

구분	2018년	2019년	2020년	2021년	2022년
승용차	7,951	8,470	8,660	8,988	9,366
버스	280	278	270	264	256
화물차	2,945	2,723	2,657	2,739	2,757
합계	11,176	11,471	11,587	11,991	12,379

〈국가지원지방도의 일평균 교통량〉

(단위 : 대)

구분	2018년	2019년	2020년	2021년	2022년
승용차	5,169	5,225	5,214	5,421	5,803
버스	230	219	226	231	240
화물차	2,054	2,126	2,059	2,176	2,306
합계	7,453	7,570	7,499	7,828	8,349

① 조사기간 중 고속국도의 일평균 승용차 교통량은 일반국도와 국가지원지방도의 일평균 승용차 교통량의 합보다 항상 많았다.

② 전년 대비 일반국도의 일평균 화물차 교통량은 2020년까지 감소하다가 2021년부터 다시 증가하고 있다.

③ 2019 ~ 2022년 동안 국가지원지방도의 일평균 버스 교통량 중 전년 대비 증가율이 가장 큰 해는 2022년이다.

④ 조사기간 중 고속국도와 일반국도의 일평균 버스 교통량의 증감 추이는 같다.

⑤ 2022년 고속국도의 일평균 화물차 교통량은 2022년 일반국도와 국가지원지방도의 일평균 화물차 교통량의 합의 2.5배 이상이다.

※ K회사는 업무의 효율적인 관리를 위해 새롭게 부서를 통합하고 사무실을 옮기려고 한다. 〈조건〉을 보고 이어지는 질문에 답하시오. [21~22]

- **팀 조직도**

디자인	경영관리	경영기획	인사	총무	VM	법무	영업기획	영업관리	콘텐츠개발	마케팅	전산

  ※ VM(Visual Marketing)팀
- **사무실 배치도**

1	2
3	4

4F

1	2
3	4

5F

1	2
3	4

6F

조건

- 4층은 디자인과 마케팅뿐만 아니라 영업까지 전부 담당하기 위해 영업홍보부서로 개편한다.
- 경영기획관리부서는 새로운 콘텐츠 발굴부터 매장의 비주얼까지 전부 관리할 것이다.
- 6층에서는 회사의 인사, 급여, 전산관리와 같은 전반적인 일들을 관리할 것이다.
- 팀명에 따라 가나다순으로 1 ~ 4팀으로 배치되며 영어이름일 경우 한글로 변환하여 가나다순으로 배치한다.

21 부서마다 4개의 팀이 배정된다. 다음 중 영업홍보부서에 포함될 팀으로 옳지 않은 것은?

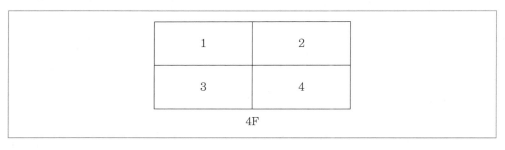

1	2
3	4

4F

① VM팀   ② 디자인팀
③ 마케팅팀   ④ 영업관리팀
⑤ 영업기획팀

22 K회사는 팀 배정을 끝마치고 각자 내선번호를 부여하기로 했다. 〈조건〉을 바탕으로 할 때, 변경된 내선번호가 바르게 짝지어진 것은?

조건

내선번호는 3자리 숫자이다.
– 첫 번째 자리는 층 번호이다.
– 두 번째 자리는 각 층의 팀 이름 순번으로 1 ~ 4까지 부여한다.
– 세 번째 자리는 직급으로 부장, 과장, 대리, 사원 순서로 1 ~ 4까지 부여한다.

[받는 이] H대리(VM팀)

[내용] 안녕하십니까? 부서 개편으로 인해 내선번호가 새롭게 부여되었음을 안내드립니다. H대리님의 번호는 00 – (가) 이며 이에 대한 궁금한 점이 있으시다면 00 – (나) 로 연락주시기 바랍니다.

[보낸 이] A사원(총무팀)

	(가)	(나)
①	321	622
②	422	544
③	533	644
④	513	632
⑤	412	631

23 제시된 명제가 모두 참일 때, 다음 중 옳지 않은 것은?

• 건강한 사람은 건강한 요리를 좋아한다.
• 건강한 요리를 좋아하면 혈색이 좋다.
• 건강하지 않은 사람은 나쁜 인상을 갖는다.
• 건강한 요리를 좋아하는 사람은 그렇지 않은 사람보다 콜레스테롤 수치가 낮다.

① 건강한 사람은 혈색이 좋다.
② 좋은 인상을 가진 사람은 건강한 요리를 좋아한다.
③ 건강한 사람은 그렇지 않은 사람보다 콜레스테롤 수치가 낮다.
④ 좋은 인상을 가진 사람은 그렇지 않은 사람보다 콜레스테롤 수치가 높다.
⑤ 혈색이 좋지 않으면 나쁜 인상을 갖는다.

24 업무상 중국 베이징에서 열린 회의에 참석한 김대리는 회사에서 급한 연락을 받았다. 자사 공장이 있는 다롄에도 시찰을 다녀오라는 것이었다. 김대리가 선택할 수 있는 교통수단이 다음과 같을 때, 어떤 교통편을 선택하겠는가?(단, 김대리는 기준에 따른 금액이 가장 적은 교통편을 선택한다)

〈교통수단별 시간 및 요금〉

교통편명	교통수단	시간(h)	요금(원)
CZ3650	비행기	2	500,000
MU2744	비행기	3	200,000
G820	고속열차	5	120,000
D42	고속열차	8	70,000

※ (김대리의 기준)=[시간(h)]×1,000,000×0.6+[요금(원)]×0.8

① CZ3650
② MU2744
③ G820
④ D42
⑤ 없음

25 다음은 분식점에 대한 SWOT 분석 결과이다. 이에 대한 대응 방안으로 가장 적절한 것은?

S(강점)	W(약점)
• 좋은 품질의 재료만 사용 • 청결하고 차별화된 이미지	• 타 분식점에 비해 한정된 메뉴 • 배달서비스를 제공하지 않음
O(기회)	T(위협)
• 분식점 앞에 곧 학교가 들어설 예정 • 최근 TV프로그램 섭외 요청을 받음	• 프랜차이즈 분식점들로 포화상태 • 저렴한 길거리 음식으로 취급하는 경향이 있음

① ST전략 : 비싼 재료들을 사용하여 가격을 올려 저렴한 길거리 음식이라는 인식을 바꾼다.
② WT전략 : 다른 분식점들과 차별화된 전략을 유지하기 위해 배달서비스를 시작한다.
③ WO전략 : TV프로그램 출연용으로 다양한 메뉴를 일시적으로 개발한다.
④ SO전략 : TV프로그램에 출연해 좋은 품질의 재료만 사용한다는 점을 부각시킨다.
⑤ WT전략 : 포화 상태의 시장에서 살아남기 위해 다른 가게보다 저렴한 가격으로 판매한다.

26 귀하의 팀은 출장근무를 마치고 서울로 복귀하고자 한다. 다음의 대화를 고려했을 때, 서울에 도착할 수 있는 가장 이른 시각은 언제인가?

〈상황〉

- 귀하가 소속된 팀원은 총 4명이다.
- 대전에서 출장을 마치고 서울로 돌아가려고 한다.
- 고속버스터미널에는 은행, 편의점, 화장실, 패스트푸드점 등이 있다.

※ 시설별 소요시간 : 은행 30분, 편의점 10분, 화장실 20분, 패스트푸드점 25분

〈대화 내용〉

A과장 : 긴장이 풀려서 그런가? 배가 출출하네. 햄버거라도 사 먹어야겠어.

B대리 : 저도 출출하긴 한데 그것보다 화장실이 더 급하네요. 금방 다녀오겠습니다.

C주임 : 그럼 그사이에 버스표를 사야 하니 은행에 들러 현금을 찾아오겠습니다.

귀하 : 저는 그동안 버스 안에서 먹을 과자를 편의점에서 사 오겠습니다.

A과장 : 지금이 16시 50분이니까 다들 각자 볼일 보고 빨리 돌아와. 다 같이 타고 가야 하니까.

〈시외버스 배차정보〉

대전 출발	서울 도착	잔여좌석 수
17:00	19:00	6
17:15	19:15	8
17:30	19:30	3
17:45	19:45	4
18:00	20:00	8
18:15	20:15	5
18:30	20:30	6
18:45	20:45	10
19:00	21:00	16

① 17:45

② 19:15

③ 19:45

④ 20:15

⑤ 20:45

※ 귀하가 근무하는 건설회사에서는 학교건물을 신축하는 프로젝트를 담당하게 되었다. 다음 자료를 보고 이어지는 질문에 답하시오. [27~28]

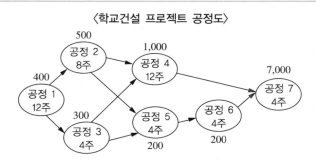

〈학교건설 프로젝트 공정도〉

※ 화살표의 진행방향은 선행관계를 나타낸다. 그리고 타원 안의 아래에 위치하는 숫자는 정규 공사기간을 의미한다. 또한 타원 바깥의 숫자는 공사기간을 1주 줄이는 데 소요되는 비용(단위 : 만 원)을 나타낸다(단, 공사기간 단축은 공정 1부터 순차적으로 진행되어야 한다).

모든 공정은 선행단계를 끝내야만 다음 단계로 진행할 수 있다. 그리고 진행상 서로 다른 공정이 동시에 진행될 수도 있다.
- 공정 1은 설계도면의 작성으로 12주가 소요된다.
- 공정 2는 기초 공사로 8주가 소요된다.
- 공정 3은 건설자재 주문과 운송으로 4주가 소요된다.
- 공정 4는 건물 건축으로 12주가 소요된다.
- 공정 5는 건물 내부 페인트 선택으로 4주가 소요된다.
- 공정 6은 건물 내부 집기의 주문과 운송으로 4주가 소요된다.
- 공정 7은 마감공사로 4주가 소요된다.

〈학교건설 프로젝트〉

(단위 : 주, 만 원)

공정	정규 공사기간	Crash Time	총 단축 가능한 공사기간	1주 공사기간 단축 시 부담할 추가 공사비용
1	12	7	5	400
2	8	5	3	500
3	4	3	1	300
4	12	9	3	1,000
5	4	1	3	200
6	4	1	3	200
7	4	3	1	7,000

※ 추가로 공사비용을 부담할 경우 공사기간을 단축할 수 있는데, 더 많은 공사비용이 투입될 경우 위의 Crash Time까지 공사기간을 단축할 수 있다.
[예] 공정 7인 마감공사에 정규적으로는 4주가 소요되는데 공사비용 7,000만 원을 추가 투입하여 인력을 보강한 경우 1주의 공사기간을 단축하여 3주 후에 마감공사를 끝낼 수 있다.

27 학교건설 프로젝트에 대한 자료를 보고 나눈 다음 대화에서 바르게 말한 사람은?

> 이대리 : 추가적인 공사비용을 전혀 투입하지 않고 정규적으로 공사할 경우 소요되는 총 공사기간 은 48주가 걸리겠어요.
>
> 김사원 : 3월 학교개강에 맞추어 공사를 끝내기 위하여 정규적으로 공사할 때보다 10주의 공사기 간 단축이 필요할 경우, 추가로 드는 최소 비용은 2,700만 원으로 예상됩니다.
>
> 박주임 : 3월 학교개강에 맞추어 공사를 끝내기 위하여 정규적으로 공사할 때보다 6주의 공사기간 단축이 필요할 경우, 추가로 드는 비용은 2,500만 원이네요.

① 이대리   ② 김사원
③ 박주임   ④ 이대리, 김사원
⑤ 김사원, 박주임

28 공사 시작이 예정보다 늦어졌기 때문에 공사기간을 단축하기 위해 추가로 배정받은 예산이 4,500 만 원이다. 이 비용을 가장 효율적으로 활용해서 공사를 완성하려 할 때, 최대한 공사를 단축할 수 있는 기간은?

① 8주   ② 9주
③ 10주   ④ 11주
⑤ 12주

※ K회사는 1년에 15일의 연차를 제공하고, 매달 3일까지 연차를 쓸 수 있다. 이어지는 질문에 답하시오.
[29~30]

<table>
<tr><th colspan="4">〈A ~ E사원의 연차 사용 내역(1 ~ 9월)〉</th></tr>
<tr><th>1 ~ 2월</th><th>3 ~ 4월</th><th>5 ~ 6월</th><th>7 ~ 9월</th></tr>
<tr>
<td>• 1월 9일 : D, E사원
• 1월 18일 : C사원
• 1월 20 ~ 22일 : B사원
• 1월 25일 : D사원</td>
<td>• 3월 3 ~ 4일 : A사원
• 3월 10 ~ 12일 : B, D사원
• 3월 23일 : C사원
• 3월 25 ~ 26일 : E사원</td>
<td>• 5월 6 ~ 8일 : E사원
• 5월 12 ~ 14일 : B, C사원
• 5월 18 ~ 20일 : A사원</td>
<td>• 7월 7일 : A사원
• 7월 18 ~ 20일 : C, D사원
• 7월 25 ~ 26일 : E사원
• 9월 9일 : A, B사원
• 9월 28일 : D사원</td>
</tr>
</table>

29 다음 중 연차를 가장 적게 쓴 사원은 누구인가?

① A사원   ② B사원

③ C사원   ④ D사원

⑤ E사원

30 K회사에서는 11월을 집중 근무 기간으로 정하여 연차를 포함한 휴가를 전면 금지할 것이라고 9월 30일에 발표하였다. 이런 상황에서 휴가에 대한 손해를 보지 않는 사원은?

① A, C사원   ② B, C사원

③ B, D사원   ④ C, D사원

⑤ D, E사원

31 A ~ D사원이 경제뉴스에서 본 내용을 이야기하고 있다. 다음 중 경제 상식에 대해 잘못 알고 있는 사람은 누구인가?

> A사원 : 주식을 볼 때, 미국은 나스닥, 일본은 자스닥, 한국은 코스닥을 운영하고 있던가?
> B사원 : 응, 국가마다 기준이 다른데 MSCI지수를 통해 상호 비교할 수 있어.
> C사원 : 그렇지. 그리고 요즘 기축통화에 대해 들었어? 한국의 결제나 금융거래에서 기본이 되는 화폐인데 이제 그 가치가 더 상승한대.
> D사원 : 그래? 고도의 경제성장률을 보이는 이머징마켓에 속한 국가들 때문에 그런가?

① A사원　　　　　　　　　　　② B사원
③ C사원　　　　　　　　　　　④ D사원
⑤ 없음

32 기업의 해외 진출을 위해서는 국제적으로 다른 국가들이 어떤 방향성을 가졌는지 파악해야 하는데 이를 국제동향이라고 한다. 다음 중 국제동향을 파악하는 방법으로 적절하지 않은 것은?

① 신문, 인터넷 등 각종 매체를 통해 국제적 동향을 파악한다.
② 업무와 관련된 국제적 법규나 규정을 숙지한다.
③ 특정 국가의 관련 업무에 대한 동향을 점검한다.
④ 국제적인 상황변화에 관심을 두도록 한다.
⑤ 현지인의 의견보다는 국내 전문가의 의견에 따른다.

33 귀하는 6개월간의 인턴 기간을 마치고 정규직 채용 면접에 참가했다. 면접 당일, 면접관이 인턴을 하는 동안 우리 조직에 대해서 알게 된 것을 말해보라는 질문을 던졌다. 다음 중 귀하가 면접관에게 말할 항목으로 적절하지 않은 것은?

① 조직의 구조　　　　　　　　② 주요 업무 내용
③ 사무실의 구조　　　　　　　④ 업무 환경
⑤ 업무 처리 과정

34 다음 사례의 쟁점과 협상전략을 바르게 묶은 것은?

> 대기업 영업부장인 김봉구 씨는 기존 재고를 처리할 목적으로 업체 W사와 협상 중이다. 그러나 W
> 사는 자금 부족을 이유로 이를 거절하고 있다. 김봉구 씨는 자신의 회사에서 물품을 제공하지 않으
> 면 W사가 매우 곤란한 지경에 빠진다는 사실을 알고 있다. 그래서 김봉구 씨는 앞으로 W사와 거래
> 하지 않을 것이라는 엄포를 놓았다.

① 자금 부족 – 협력전략
② 재고 처리 – 갈등전략
③ 재고 처리 – 경쟁전략(강압전략)
④ 정보 부족 – 양보전략(유화전략)
⑤ 정보 부족 – 경쟁전략(강압전략)

35 인사담당자 B는 채용설명회를 준비하며 포스터를 만들려고 한다. 다음 제시된 인재상을 실제 업무
환경과 관련지어 포스터에 문구를 삽입하려고 할 때, 적절한 문구가 아닌 것은?

인재상	업무환경
1. 책임감	1. 토요 격주 근무
2. 고객지향	2. 자유로운 분위기
3. 열정	3. 잦은 출장
4. 목표의식	4. 고객과 직접 대면하는 업무
5. 글로벌 인재	5. 해외지사와 업무협조

① 고객을 최우선으로 생각하고 행동하는 인재
② 자기 일을 사랑하고 책임질 수 있는 인재
③ 어느 환경에서도 잘 적응할 수 있는 인재
④ 중압적인 분위기를 잘 이겨낼 수 있는 열정적인 인재
⑤ 세계화에 발맞춰 소통으로 회사의 미래를 만드는 인재

36 다음은 K공사의 해외시장 진출 및 지원 확대를 위한 전략과제의 필요성을 제시한 자료이다. 이를 통해 도출된 과제의 추진방향으로 적절하지 않은 것은?

전략과제 필요성
1. 해외시장에서 기관이 수주할 수 있는 산업 발굴
2. 국제사업 수행을 통한 경험축적 및 컨소시엄을 통한 기술·노하우 습득
3. 해당 산업 관련 민간기업의 해외진출 활성화를 위한 실질적 지원

① 국제기관의 다양한 자금을 활용하여 사업을 발굴하고, 해당 사업의 해외진출을 위한 기술역량을 강화한다.

② 해외봉사활동 등과 연계하여 기관 이미지 제고 및 사업에 대한 사전조사, 시장조사를 통한 선제적 마케팅 활동을 추진한다.

③ 국제경쟁입찰의 과열 경쟁 심화와 컨소시엄 구성 시 민간기업과 업무배분, 이윤 추구성향 조율에 어려움이 예상된다.

④ 해당 산업 민간(중소)기업을 대상으로 입찰 정보제공, 사업전략 상담, 동반 진출 등을 통한 실질적 지원을 확대한다.

⑤ 국제사업에 참여하여 경험을 축적시키고, 컨소시엄을 통해 습득한 기술 등을 재활용할 수 있는 사업을 구상하고 연구진을 지원한다.

37 신입사원 A는 입사 후 처음으로 보고서를 작성하게 되었는데, 보고서라는 양식 자체에 대한 이해가 부족하다는 생각이 들어서 인터넷을 통해 보고서에 대해 알아보았다. 다음 중 A사원이 이해한 내용으로 가장 적절한 것은?

① 전문용어는 이해하기 어렵기 때문에 최대한 사용하지 말아야 해.

② 상대가 요구하는 것이 무엇인지 파악하는 것이 가장 중요해. 상대의 선택을 받아야 하니까.

③ 이해를 돕기 위해서 관련 자료는 최대한 많이 첨부하는 것이 좋아.

④ 문서와 관련해서 받을 수 있는 질문에 대비해야 해.

⑤ 한 장에 담아내는 것이 원칙이니까 내용이 너무 길어지지 않게 신경 써야겠어.

38 K회사는 매년 사내 직원을 대상으로 창의공모대회를 개최하여 최고의 창의적 인재를 선발해 큰 상금을 수여한다. 이번 해에 귀하를 포함한 동료들은 창의공모대회에 참가하기로 하고 대회에 참가하는 동료들과 함께 창의적인 사고에 대해 생각을 공유하는 시간을 가졌다. 대화 중 귀하가 받아들이기에 적절하지 않은 것은?

① 누구라도 자기 일을 하는 데 있어 요구되는 지능 수준을 가지고 있다면, 그 분야에서 누구 못지않게 창의적일 수 있어.

② 창의적인 사고를 하기 위해서는 고정관념을 버리고, 문제의식을 느껴야 해.

③ 창의적으로 문제를 해결하기 위해서는 문제의 원인이 무엇인가를 분석하는 논리력이 매우 뛰어나야 해.

④ 창의적인 사고는 선천적으로 타고나야 하고, 후천적인 노력에는 한계가 있어.

⑤ 창의적인 사고는 아이디어를 내고 그 유용성을 생각해 보는 활동이라고 볼 수 있어.

39 다음 글을 업무와 관련지어 이해한 내용으로 가장 적절한 것은?

> 총무부는 회사에 필요한 사무용품을 대량으로 주문하였다. 주문서는 메일로 보냈는데, 배송 온 사무용품을 확인하던 중 책꽂이의 수량과 연필꽂이의 수량이 바뀌어서 배송된 것을 알았다. 주문서를 보고 주문한 수량을 한 번 더 확인한 후 바로 문구회사에 전화를 하니 상담원은 처음 발주한 수량대로 제대로 보냈다고 한다. 메일을 확인해 보니, 수정 전의 파일이 발송되었다.

① 문구회사는 주문서를 제대로 보지 못하였다.

② 주문서는 메일로 보내면 안 된다.

③ 메일에 자료를 첨부할 때는 꼼꼼히 확인하여야 한다.

④ 책꽂이는 환불을 받는다.

⑤ 연필꽂이의 수량이 책꽂이보다 많았다.

40 김팀장은 박대리에게 다음과 같은 업무지시를 내렸다. 다음 중 박대리가 가장 먼저 처리해야 할 일은 무엇인가?

김팀장 : 박대리, 지난주에 요청했던 사업계획서는 문제없이 진행되고 있나요? 이번 주 금요일까지 완료해서 부장님께 제출해 주세요. 그리고 오늘 오후 5시에는 본사에서 진행되는 금년도 사업현황보고 회의에 함께 참석해야 합니다. 따라서 금일 업무 보고는 오후 6시가 아닌 오후 4시에 받도록 하겠습니다. 오후 4시까지 금일 업무 보고서를 작성해서 전달해 주세요. 참! 이틀 전 박대리가 예약한 회의실이 본사 2층의 대회의실이었나요? 혹시 모를 상황에 대비하여 적어도 회의 시작 3시간 전에 사내 인트라넷의 회의실 예약 현황을 확인하고, 변동사항이 있다면 저에게 알려 주세요.

① 금일 업무 보고서 작성
② 본사 사업현황보고 회의 참석
③ 본사 대회의실 사용 신청
④ 부장님께 사업계획서 제출
⑤ 회의실 예약 현황 확인

41 워드프로세서의 인쇄용지 중 낱장 용지에 대한 설명으로 옳은 것은?

① 낱장 인쇄용지 중 크기가 가장 큰 용지는 A1이다.

② 낱장 인쇄용지의 가로 : 세로의 비율은 1 : 2이다.

③ B4는 A4보다 2배 크다.

④ 규격은 전지의 종류와 전지를 분할한 횟수를 사용하여 표시한다.

⑤ 용지를 나타내는 숫자가 1씩 커질수록 용지의 크기도 2배씩 커진다.

42 다음 중 워드프로세서의 커서 이동키에 대한 설명으로 옳은 것은?

① 〈Home〉 : 커서를 현재 문서의 맨 처음으로 이동시킨다.

② 〈End〉 : 커서를 현재 문단의 맨 마지막으로 이동시킨다.

③ 〈Back Space〉 : 커서를 화면의 맨 마지막으로 이동시킨다.

④ 〈Page Down〉 : 커서를 한 화면 단위로 하여 아래로 이동시킨다.

⑤ 〈Alt〉+〈Page Up〉 : 커서를 파일의 맨 처음으로 이동시킨다.

43 다음 글에서 설명하는 함수로 옳은 것은?

> 주어진 조건에 의해 지정된 셀들의 합계를 구하는 함수이다. 특정 문자로 시작하는 셀들의 합계를 구하는 경우, 특정 금액 이상의 셀 합계를 구하는 경우, 구분 항목별 합계를 구하는 경우 등 다양하게 사용할 수 있다.

① SUM   ② COUNT

③ SUMIF   ④ AVERAGEA

⑤ COUNTIF

44 다음은 워드프로세서의 기능을 설명한 내용이다. (가), (나)에 들어갈 용어를 바르게 나열한 것은?

워드프로세서의 기능 중 자주 쓰이는 문자열을 따로 등록해 놓았다가, 필요할 때 등록한 준말을 입력하면 본말 전체가 입력되도록 하는 기능을 ___(가)___(이)라고 하고, 본문에 들어가는 그림이나 표, 글상자, 그리기 개체, 수식에 번호와 제목, 간단한 설명 등을 붙이는 기능을 ___(나)___라고 한다.

	(가)	(나)
①	매크로	캡션달기
②	매크로	메일머지
③	상용구	메일머지
④	상용구	캡션달기
⑤	스타일	캡션달기

45 다음 중 아래 차트에 설정되어 있지 않은 차트 요소는?

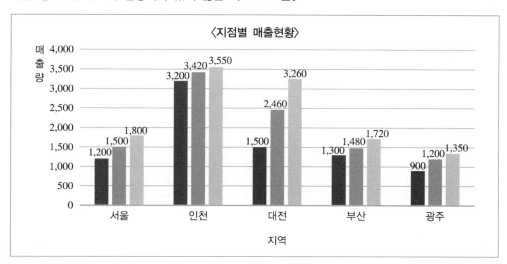

① 축 제목　　　　　　　　　② 차트 제목

③ 범례　　　　　　　　　　④ 데이터 레이블

⑤ 눈금선

※ 귀하는 지점별 매출 및 매입 현황을 정리하고 있다. 이어지는 질문에 답하시오. [46~47]

	A	B	C	D	E	F
1	지점명	매출	매입			
2	주안점	2,500,000	1,700,000			
3	동암점	3,500,000	2,500,000		최대 매출액	
4	간석점	7,500,000	5,700,000		최소 매출액	
5	구로점	3,000,000	1,900,000			
6	강남점	4,700,000	3,100,000			
7	압구정점	3,000,000	1,500,000			
8	선학점	2,500,000	1,200,000			
9	선릉점	2,700,000	2,100,000			
10	교대점	5,000,000	3,900,000			
11	서초점	3,000,000	1,900,000			
12	합계	(가)	(나)			

46 다음 중 (가)와 (나)를 구할 때 사용할 함수는?

① REPT
② CHOOSE
③ DSUM
④ AVERAGE
⑤ SUM

47 다음 중 [F3] 셀을 구하는 함수식으로 옳은 것은?

① =MIN(B2:B11)
② =MAX(B2:C11)
③ =MIN(C2:C11)
④ =MAX(B2:B11)
⑤ =MAX(C2:C11)

48 다음 프로그램에서 최근 작업 문서를 열 때 사용하는 단축키는?

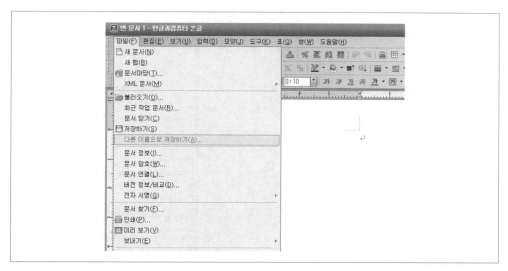

① ⟨Alt⟩+⟨N⟩
③ ⟨Alt⟩+⟨S⟩
⑤ ⟨Alt⟩+⟨F3⟩

② ⟨Ctrl⟩+⟨N⟩, ⟨M⟩
④ ⟨Alt⟩+⟨O⟩

49 다음 중 추세선을 추가할 수 있는 차트 종류는?

① 방사형
③ 원형
⑤ 도넛형

② 분산형
④ 표면형

50 A대리는 비밀번호 자동저장으로 인한 사내 정보 유출을 막기 위해 관련 공문을 보내려고 한다. 다음 중 공문에 첨부할 스크린샷 화면으로 옳은 것은?

①

②

③

④

⑤

41 귀하는 반도체 회사의 기술연구팀에서 연구원으로 근무하고 있다. 하루는 인사팀에서 '기술능력이 뛰어난 신입사원' 한 명을 추천해달라는 요청을 받았다. 귀하는 추천에 앞서 먼저 해당 추천서에 필요한 평가 항목을 정하려고 한다. 다음 중 추천서의 평가 항목으로 적절하지 않은 것은?

① 문제를 해결하기 위해 다양한 해결책을 개발하고 평가하려는 사람인가?

② 실질적 문제해결을 위해 필요한 지식이나 자원을 선택하고 적용할 줄 아는 사람인가?

③ 처리하는 기술적 문제 사항이 실제 업무에 효용성이 있는가?

④ 아무런 제약이 없다면 자신의 능력을 최대한 발휘할 수 있는 사람인가?

⑤ 해결에 필요한 문제를 예리하게 간파할 줄 아는 사람인가?

PART 2

42 어느 날 귀하는 캐나다 정부에서 막대한 예산을 투입해 토양 청정화 기술을 지원한다는 기사를 읽고, 현재 추진 중인 프로젝트에 접목해 보려고 한다. 다음 〈보기〉 중 귀하가 선택할 만한 적절한 계획을 모두 고르면?

> **보기**
>
> A. 고갈되는 에너지를 최대한 활용해 낭비적 소비 형태를 지양하는 방향으로 추진해 보자.
> B. 미래 세대보다는 현재 세대의 발전과 환경적 상황을 고려해야 돼.
> C. 자원의 재생산뿐 아니라 얼마나 생산적인 방식으로 사용되는지도 고려해 봐야겠다.
> D. 기술적 효용뿐 아니라 환경 효용까지 추구해야 할 거야.

① A   ② A, B

③ B, C   ④ C, D

⑤ A, B, C, D

43 다음은 건설회사 연구팀의 회의 내용이다. 층간소음을 획기적으로 줄이는 기술 개발에 대해 이야기를 나누고 있을 때, 적절하지 않은 것은?

① A : 신기술을 도입하면 층간소음 저감효과가 높게 나타날 것으로 예상됩니다.

② B : 바닥충격음뿐 아니라 차단구조 성능까지도 고려해야 할 텐데요.

③ C : 타사에서도 층간소음과 관련한 신기술이 완성단계에 있다고 들었는데, 비용이 다소 높더라도 서둘러 개발하는 것이 좋지 않을까요?

④ D : 물론입니다. 그런데 차단 효과가 매우 월등하다고 해도 비용이 너무 높게 책정되는 것이 문제네요.

⑤ E : 신기술의 응용 가능성은 높지만, 당장 적용할 수 있을지는 좀 더 고민해 봐야겠군요.

※ 기획전략팀에서는 사무실을 간편히 청소할 수 있는 새로운 청소기를 구매하였다. 기획전략팀의 B대리는 새 청소기를 사용하기 전에 제품 설명서를 참고하였다. 다음 설명서를 읽고 이어지는 질문에 답하시오. **[44~46]**

〈사용 설명서〉

1. 충전

- 충전 시 작동 스위치 2곳을 반드시 꺼주십시오.
- 타 제품의 충전기를 사용할 경우 고장의 원인이 되오니 반드시 전용 충전기를 사용하십시오.
- 충전 시 충전기에 열이 느껴지는 것은 고장이 아닙니다.
- 본 제품에는 배터리 보호를 위하여 과충전 보호회로가 내장되어 있어 적정 충전시간을 초과하여도 배터리는 손상을 입지 않습니다.
- 충전기의 줄을 잡고 뽑을 경우 감전, 쇼트, 발화 및 고장의 원인이 됩니다.
- 충전하지 않을 때는 전원 콘센트에서 충전기를 뽑아 주십시오. 절연 열화에 따른 화재, 감전 및 고장의 원인이 됩니다.

2. 이상발생 시 점검 방법

증상	확인사항	해결 방법
스위치를 켜도 청소기가 작동하지 않는다면?	• 청소기가 충전잭에 꽂혀 있는지 확인하세요. • 충전이 되어 있는지 확인하세요. • 본체에 핸디 청소기가 정확히 결합되었는지 확인하세요. • 접점부(핸디, 본체)를 부드러운 면으로 깨끗이 닦아 주세요.	• 청소기에서 충전잭을 뽑아 주세요.
사용 중 갑자기 흡입력이 떨어진다면?	• 흡입구를 커다란 이물질이 막고 있는지 확인하세요. • 먼지 필터가 막혀 있는지 확인하세요. • 먼지통 내에 오물이 가득 차 있는지 확인하세요.	• 이물질을 없애고 다시 사용하세요.
청소기가 멈추지 않는다면?	• 스틱 손잡이 / 핸디 손잡이 스위치 2곳 모두 꺼져 있는지 확인하세요. • 청소기 본체에서 핸디 청소기를 분리하세요.	–
사용시간이 짧다고 느껴진다면?	• 10시간 이상 충전하신 후 사용하세요.	–
라이트 불이 켜지지 않는다면?	• 청소기 작동 스위치를 ON으로 하셨는지 확인하세요. • 라이트 스위치를 ON으로 하셨는지 확인하세요.	–
파워브러시가 작동하지 않는다면?	• 머리카락이나 실 등 이물질이 감겨있는지 확인하세요.	• 청소기 전원을 끄고 이물질 제거 후 전원을 켜면 파워브러시가 재작동하며 평상시에도 파워브러시가 멈추었을 때는 전원 스위치를 껐다 켜면 브러시가 재작동합니다.

44 사용 중 충전으로 인한 고장이 발생한 경우, 그 원인에 해당하지 않는 것은?

① 충전 시 작동 스위치 2곳을 모두 끄지 않은 경우
② 충전기를 뽑을 때 줄을 잡고 뽑은 경우
③ 충전하지 않을 때 충전기를 계속 꽂아 둔 경우
④ 적정 충전시간을 초과하여 충전한 경우
⑤ 타 제품의 충전기를 사용한 경우

45 B대리는 청소기의 전원을 껐다 켬으로써 청소기의 작동 불량을 해결하였다. 어떤 작동 불량이 발생하였는가?

① 청소기가 멈추지 않았다.
② 사용시간이 짧게 느껴졌다.
③ 파워브러시가 작동하지 않았다.
④ 사용 중 흡입력이 떨어졌다.
⑤ 라이트 불이 켜지지 않았다.

46 다음 중 청소기에 이물질이 많이 들어있을 때 나타날 수 있는 증상은?

① 사용시간이 짧아진다.
② 라이트 불이 켜지지 않는다.
③ 스위치를 켜도 청소기가 작동하지 않는다.
④ 충전 시 충전기에서 열이 난다.
⑤ 사용 중 갑자기 흡입력이 떨어진다.

47 상담원인 귀하는 전자파와 관련된 고객의 문의전화를 받았다. 가전제품 전자파 절감 가이드라인을 참고했을 때, 상담내용 중 옳지 않은 것을 모두 고르면?

〈가전제품 전자파 절감 가이드라인〉

오늘날 전자파는 우리 생활을 풍요롭고 편리하게 해주는 떼려야 뗄 수 없는 존재가 되었습니다. 일상생활에서 사용하는 가전제품의 전자파 세기는 매우 미약하며 안전하지만 여전히 걱정이 된다고요? 그렇다면 일상생활에서 전자파를 줄이는 가전제품 사용 가이드라인에 대해 알려드리겠습니다.
1. 생활가전제품 사용 시에는 가급적 30cm 이상 거리를 유지하세요.
   − 가전제품의 전자파는 30cm 거리를 유지하면 밀착하여 사용할 때보다 1/10로 줄어듭니다.
2. 전기장판은 담요를 깔고, 온도는 낮게, 온도조절기는 멀리 하세요.
   − 전기장판의 자기장은 3 ~ 5cm 두께의 담요나 이불을 깔고 사용하면 밀착 시에 비해 50% 정도 줄어듭니다.
   − 전기장판의 자기장은 저온(취침모드)으로 낮추면 고온으로 사용 시에 비해 50% 줄어듭니다.
   − 온도조절기와 전원접속부는 전기장판보다 전자파가 많이 발생하니 멀리 두고 사용하세요.
3. 전자레인지 동작 중에는 가까운 거리에서 들여다보지 마세요.
   − 사람의 눈은 민감하고 약한 부위에 해당되므로 전자레인지 동작 중에는 가까운 거리에서 내부를 들여다보는 것을 삼가는 것이 좋습니다.
4. 헤어드라이기를 사용할 때에는 커버를 분리하지 마세요.
   − 커버가 없을 경우 사용부위(머리)와 가까워져 전자파에 2배 정도 더 노출됩니다.
5. 가전제품은 필요한 시간만 사용하고 사용 후에는 항상 전원을 뽑으세요.
   − 가전제품을 사용한 후 전원을 뽑으면 불필요한 전자파를 줄일 수 있습니다.
6. 시중에서 판매되고 있는 전자파 차단 필터는 효과가 없습니다.
7. 숯, 선인장 등은 전자파를 줄이거나 차단하는 효과가 없습니다.

상담원 : 안녕하십니까, 고객상담팀 김○○입니다.
　고객 : 안녕하세요, 문의할 게 있어서 전화했습니다. 이번에 전기장판을 사용하는데 윙윙거리는 전자파 소리가 들려서 도저히 불안해서 사용할 수가 없네요. 전기장판에서 발생하는 전자파는 어느 정도인가요?
상담원 : ㉠ 일상생활에서 사용하는 모든 가전제품에서는 전자파가 나오지만 그 세기는 매우 미약하고 안전하니 걱정하지 않으셔도 됩니다.
　고객 : 하지만 괜히 몸도 피곤하고 전기장판에서 자면 개운하지 않은 것 같아서요.
상담원 : ㉡ 혹시 온도조절기가 몸과 가까이 있지 않나요? 온도조절기와 전원접속부는 전기장판보다 전자파가 더 많이 발생하니 멀리 두고 사용하면 전자파를 줄일 수 있습니다.
　고객 : 네, 온도조절기가 머리 가까이 있었는데 위치를 바꿔야겠네요.
상담원 : ㉢ 또한 전기장판은 저온으로 장시간 이용하는 것보다 고온으로 온도를 올리고 있다가 저온으로 낮춰 사용하는 것이 전자파 절감에 더 효과가 있습니다.
　고객 : 그럼 혹시 핸드폰에서 발생하는 전자파를 절감할 수 있는 방법도 있나요?
상담원 : ㉣ 핸드폰의 경우 시중에 판매하는 전자파 차단 필터를 사용하시면 50% 이상의 차단 효과를 보실 수 있습니다.

① ㉠, ㉡　　　　　　　　　　　　　　② ㉠, ㉢
③ ㉡, ㉢　　　　　　　　　　　　　　④ ㉢, ㉣
⑤ ㉡, ㉣

48 다음 중 코닥이 몰락하게 된 원인은?

> 1980년대에 세계 필름 시장의 2/3를 지배했던 '필름의 명가' 코닥사는 131년의 역사를 가지고 있다. 그런 코닥의 몰락을 가져온 디지털 카메라를 처음 개발한 회사는 역설적이게도 코닥 그 자신이었다. 코닥 카메라는 세계 최초로 1975년 디지털 카메라를 개발하였지만 이 기술로 돈을 벌지 못하였다. 이유는 디지털 시대가 도래했지만 이 신기술에 대한 미온적인 태도로 디지털 카메라를 무시했기 때문이다. 코닥은 디지털 카메라보다 회사의 주요 제품인 필름이 필요한 즉석 카메라에 집중했다. 폴라로이드와 즉석 카메라 특허로 분쟁을 일으키기까지 하였다. 한편 디지털 카메라를 적극적으로 받아들인 일본의 소니, 캐논 등이 디지털 카메라 시장으로 진출하자 필름 카메라의 영역은 급속하게 축소되었다. 뒤늦게 코닥이 디지털 카메라 시장에 뛰어들지만 상황을 바꾸기에는 역부족이었다.

① 폴라로이드의 시장 점유율이 코닥을 뛰어 넘었기 때문이다.
② 시대에 맞지 않은 신기술을 개발하였기 때문이다.
③ 즉석 카메라 기술 비용으로 자금난에 시달렸기 때문이다.
④ 새로운 분야에 계속해서 도전했기 때문이다.
⑤ 변화하는 추세를 따라가지 못했기 때문이다.

49 다음 중 D씨가 하고 있는 것은 무엇인가?

> D씨는 하이베드 딸기 재배 기법을 배우기 위해 네덜란드 PTC+에서 교육을 받았다. 한국에 돌아온 D씨는 네덜란드 PTC+에서 배워온 딸기 재배 기법을 단순 적용한 것이 아니라 우리나라 실정에 맞게 재배 기법을 변형하여 실시함으로써 고수익을 올릴 수 있었다. D씨는 수개월간의 시행착오 끝에 네덜란드의 기후, 토양의 질 등과는 다른 우리나라 환경에 적합한 딸기를 재배하기 위해 배양액의 농도, 토질, 조도시간, 생육기간과 당도까지 최적의 기술을 연구함으로써 국내 최고의 질을 자랑하는 딸기를 출하할 수 있게 되었다.

① 벤치마크   ② 벤치마킹
③ 표절   ④ 모방
⑤ 차용

50 최근 국내 전기설비 안전규격에 문제가 있다는 주장이 제기되고 있다. 일부 전기안전 전문가들은 차단기의 국내 전기설비 규격이 선진국에 비해 너무 낮다고 주장한다. 세계 각국의 표준 규격과 차단기를 비교하였을 때, 표준 규격 나라와 차단기의 연결이 옳지 않은 것은?

〈차단기 종류〉

구분	EBS 103Fb	AN 13D	32 GRhc	AF 50	ABE 103AF	AN 20E
정격전압(V)	220, 380	690	220	220	460	690
정격전류(A)	60, 70, 100	1250	15, 20, 30	30, 40, 50	60, 75, 100	1250, 1600
정격차단전류(kA)	5	50	1.5	2.5	2.5	65

〈국가 표준 규격〉

구분	ANSI	CSA	GOST	JIS	DVGW
국가	미국	캐나다	러시아	일본	독일
정격전압(V)	380, 460	220	460, 690	220	380
정격전류(A)	50 ~ 110	15 ~ 35	1000 ~ 1500	30 ~ 60	50 ~ 110
정격차단전류(kA)	2 ~ 5	1 ~ 5	50 ~ 70	2 ~ 3	5 ~ 10

① 미국 – ABE 103AF
② 독일 – EBS 103Fb
③ 러시아 – AN 20E
④ 캐나다 – 32 GRhc
⑤ 일본 – AF 50

우리는 삶의 모든 측면에서 항상 '내가 가치있는 사람일까?',
'내가 무슨 가치가 있을까?'라는 질문을 끊임없이 던지곤 합니다.
하지만 저는 우리가 날 때부터 가치있다 생각합니다.

– 오프라 윈프리 –

제2회
최종점검 모의고사

※ 한전KPS 별정직 최종점검 모의고사는 채용공고를 기준으로 구성한 것으로 실제 시험과 다를 수 있습니다.

■ 취약영역 분석

번호	O/×	영역	번호	O/×	영역	번호	O/×	영역
1		의사소통능력	18		수리능력	35		조직이해능력
2			19			36		
3			20			37		
4			21			38		
5			22			39		
6			23			40		
7			24		문제해결능력	41		정보능력 / 기술능력
8			25			42		
9			26			43		
10			27			44		
11		수리능력	28			45		
12			29			46		
13			30			47		
14			31		조직이해능력	48		
15			32			49		
16			33			50		
17			34					

평가문항	50문항	평가시간	65분
시작시간	:	종료시간	:
취약영역			

🕐 응시시간 : 65분   📋 문항 수 : 50문항   정답 및 해설 p.051

01 다음 글에 이어질 내용으로 가장 적절한 것은?

> 테레민이라는 악기는 손을 대지 않고 연주하는 악기이다. 이 악기를 연주하기 위해 연주자는 허리 높이쯤에 위치한 상자 앞에 선다. 오른손은 상자에 수직으로 세워진 안테나 주위에서 움직인다. 오른손의 엄지와 집게손가락으로 고리를 만들고 손을 흔들면서 나머지 손가락을 하나씩 펴면 안테나에 손이 닿지 않고서도 음이 들린다. 이때 들리는 음은 피아노 건반을 눌렀을 때 나는 것처럼 정해진 음이 아니고 현악기를 연주하는 것과 같은 연속음이며, 소리는 손과 손가락의 움직임에 따라 변한다. 왼손은 손가락을 펼친 채로 상자에서 수평으로 뻗은 안테나 위에서 서서히 오르내리면서 소리를 조절한다.
> 오른손으로는 수직 안테나와의 거리에 따라 음고(音高)를 조절하고 왼손으로는 수평 안테나와의 거리에 따라 음량을 조절한다. 따라서 오른손과 수직 안테나는 음고를 조절하는 회로에 속하고 왼손과 수평 안테나는 음량을 조절하는 또 다른 회로에 속한다. 이 두 회로가 하나로 합쳐지면서 두 손의 움직임에 따라 음고와 음량을 변화시킬 수 있다.
> 어떻게 테레민에서 다른 음고의 음이 발생하는지 알아보자. 음고를 조절하는 회로는 가청주파수 범위 바깥의 주파수를 갖는 서로 다른 두 개의 음파를 발생시킨다. 이 두 개의 음파 사이에 존재하는 주파수의 차이 값에 의해 가청주파수를 갖는 새로운 진동이 발생하는데 그것으로 소리를 만든다. 가청주파수 범위 바깥의 주파수 중 하나는 고정된 주파수를 갖고 다른 하나는 연주자의 손 움직임에 따라 주파수가 바뀐다. 이렇게 발생한 주파수의 변화에 의해 진동이 발생하고 이 진동의 주파수는 가청주파수 범위 내에 있기 때문에 그 진동을 증폭시켜 스피커로 보내면 소리가 들린다.

① 수직 안테나에 손이 닿으면 소리가 발생하는 원리
② 왼손의 손가락 모양에 따라 음고가 바뀌는 원리
③ 수평 안테나와 왼손 사이의 거리에 따라 음량이 조절되는 원리
④ 음고를 조절하는 회로에서 가청주파수의 진동이 발생하는 원리
⑤ 오른손 손가락으로 가상의 피아노 건반을 눌러 음량을 변경하는 원리

02 다음 중 굴뚝 원격감시 체계에 대한 설명으로 가장 적절한 것은?

> 대기오염 중 27%는 공업단지와 같은 산업시설에서 발생하는 굴뚝 매연이다. 따라서 굴뚝 매연을 효과적으로 관리한다면 대기오염을 상당 부분 줄일 수 있다. 굴뚝 매연을 감시하려는 노력은 계속해서 이어져 왔다. 그러나 종전에는 사람이 매번 사업장을 방문해 검사해야 하는 등 여러 불편이 따랐다. 1988년 도입된 Clean SYS(굴뚝 원격감시 체계)는 사업장 굴뚝에 자동측정기기를 설치해 배출되는 대기 오염물질 농도를 24시간 원격으로 감시할 수 있는 시스템이다. 측정기기를 통해 먼지, 암모니아, 염화수소 등의 오염물질을 5분 또는 30분 단위로 측정해서 자료를 수집한다. K공단은 수집된 자료를 통해 사업장의 대기 오염물질 배출현황을 상시 감독하며, 자료를 분석하여 관련 기관에 제공한다. 환경부, 지자체 등 관련 기관은 이를 토대로 오염물질 배출 부과금 도입, 대기오염 정책 개선 등에 나서고 있다. 2015년 자료에 따르면 578개 사업장의 1,531개 굴뚝에 시스템이 운영되고 있으며 앞으로도 계속해서 설치 지역 및 사업장은 늘어날 예정이다. Clean SYS는 사업장이 오염물질 배출 허용기준을 초과할 것으로 우려될 경우 자동으로 통보하는 '예·경보 시스템'을 갖추고 있다. 또한, 원격제어 시스템을 통해 측정기기에 표준가스를 주입함으로써 사업장에 방문하지 않아도 측정기의 정상작동 여부를 확인할 수 있다. 첨단 기술을 도입한 덕분에 더욱 효과적으로 굴뚝의 오염물질 배출 여부를 파악하고 대기오염을 예방하고 있다.

① 굴뚝에 자동측정기기를 설치해 배출되는 대기 오염물질 농도를 12시간 주기로 감시하는 시스템이다.
② K공단은 수집된 자료를 분석하여 대기오염 정책 개선에 노력한다.
③ 측정기기를 통해 오염물질을 1시간 단위로 측정해서 자료를 수집한다.
④ 예·경보 시스템을 통해 측정기기에 표준가스를 주입함으로써, 측정기의 정상작동 여부를 알 수 있다.
⑤ 사업장이 오염물질 배출 허용기준을 초과할 것으로 우려될 경우 예·경보 시스템이 작동한다.

03 다음 중 일반적으로 문서를 작성해야 하는 상황이 아닌 것은?

① 타 부서의 확인이나 요청이 필요한 경우
② 팀원 간 자유롭게 브레인스토밍을 통해 모든 의견이 제시된 경우
③ 동료나 상사의 업무상 과오를 공식화해야 하는 경우
④ 새로운 일이 생겼을 때 가장 적합한 사람을 사내에서 추천하고자 하는 경우
⑤ 곧 개최될 회사 창립기념일 행사와 관련된 정보를 제공해야 할 경우

04 다음 중 〈보기〉의 문장이 들어갈 위치로 가장 적절한 곳은?

탄수화물은 사람을 비롯한 동물이 생존하는 데 필수적인 에너지원이다. (가) 탄수화물은 섬유소와 비섬유소로 구분된다. 사람은 체내에서 합성한 효소를 이용하여 곡류의 녹말과 같은 비섬유소를 포도당으로 분해하고 이를 소장에서 흡수하여 에너지원으로 이용한다. (나) 소, 양, 사슴과 같은 반추 동물도 섬유소를 분해하는 효소를 합성하지 못하는 것은 마찬가지이지만, 비섬유소와 섬유소를 모두 에너지원으로 이용하며 살아간다. (다) 위(胃)가 넷으로 나누어진 반추 동물의 첫째 위인 반추위에는 여러 종류의 미생물이 서식하고 있다. 반추 동물의 반추위에는 산소가 없는데, 이 환경에서 왕성하게 생장하는 반추위 미생물들은 다양한 생리적 특성이 있다. (라) 식물체에서 셀룰로스는 그것을 둘러싼 다른 물질과 복잡하게 얽혀 있는데, F가 가진 효소 복합체는 이 구조를 끊어 셀룰로스를 노출시킨 후 이를 포도당으로 분해한다. F는 이 포도당을 자신의 세포 내에서 대사 과정을 거쳐 에너지원으로 이용하여 생존을 유지하고 개체 수를 늘림으로써 생장한다. (마) 이런 대사 과정에서 아세트산, 숙신산 등이 대사산물로 발생하고 이를 자신의 세포 외부로 배출한다. 반추위에서 미생물들이 생성한 아세트산은 반추 동물의 세포로 직접 흡수되어 생존에 필요한 에너지를 생성하는 데 주로 이용되고 체지방을 합성하는 데도 쓰인다. (바)

> **보기**
>
> ㉠ 반면, 사람은 풀이나 채소의 주성분인 셀룰로스와 같은 섬유소를 포도당으로 분해하는 효소를 합성하지 못하므로 섬유소를 소장에서 이용하지 못한다.
> ㉡ 그중 피브로박터 숙시노젠(F)은 섬유소를 분해하는 대표적인 미생물이다.

	㉠	㉡			㉠	㉡
①	(가)	(라)		②	(가)	(마)
③	(나)	(라)		④	(나)	(마)
⑤	(다)	(바)				

05 다음은 불만고객 응대를 위한 8단계 프로세스이다. 이를 참고하여 고객 상담을 하고 있는 상담사가 '감사와 공감 표시' 단계에서 언급해야 할 발언으로 가장 적절한 것은?

〈불만고객 응대를 위한 8단계 프로세스〉

경청 → 감사와 공감 표시 → 사과 → 해결약속 → 정보파악 → 신속처리 → 처리확인과 사과 → 피드백

① 고객님, 혹시 어떤 부분이 불편하셨는지 구체적으로 말씀해 주시면 감사하겠습니다.
② 이렇게 전화 주셔서 너무 감사합니다. 비도 오고 날도 추운데 고생 많으셨겠습니다.
③ 고객님이 말씀하신 내용이 어떤 내용인지 정확히 확인한 후 바로 도움을 드리도록 하겠습니다.
④ 내용을 확인하는 데 약 1분 정도 시간이 소요될 수 있는 점 양해 부탁드립니다.
⑤ 고객님, 불편하신 점 처리 끝났고요. 처리 과정 및 서비스 만족도 설문해 주시면 감사하겠습니다.

PART 2

06 다음 글의 ㉠ ~ ㉤에 대한 고쳐 쓰기 방안으로 적절하지 않은 것은?

시간을 잘 관리하는 사람은 서두르지 않으면서 늦는 법이 없다. 시간의 주인으로 살기 때문이다. 반면, 시간을 잘 관리하지 못하는 사람은 잡다한 일로 늘 바쁘지만 놓치는 것이 많다. 시간에 묶이기 때문이다. 당신은 어떤 사람인가.
㉠ 하지만 이 말이 일분일초의 여유도 없이 빡빡하게 살라는 말은 아니다. 주어진 순간순간을 밀도 있게 사는 것은 중요하다. 우리는 목표를 정하고 부수적인 것들을 정리하면서 삶의 곳곳에 비는 시간을 ㉡ 만들어져야 한다. 자동차와 빌딩으로 가득한 도시에 공원이 필요하듯 우리의 시간에도 여백이 필요한 것이다. 조금은 비워 두고 무엇이든 자유롭게 할 수 있는 여백은 우리 삶에서 꼭 필요하다. ㉢ 인생의 기쁨은 자존감에 바탕을 둔 배려심에서 나온다. 목표를 향해 가면서 우리는 예상치 못한 일에 맞닥뜨릴 수 있다. 그러한 뜻밖의 상황에서 시간의 여백이 없다면 우리는 문제를 해결하지 못해 목표와 방향을 잃어버릴지도 모른다. ㉣ 그러므로 시간의 여백의 만드는 것은 현명한 삶을 위한 최고의 시간 관리라 할 수 있다. ㉤ 따라서 우리는 시간을 체계적이고 확실한 방법으로 1분 1초의 여유도 남기지 않고 빡빡하게 일정을 계획해야 한다.

① ㉠ : 문맥을 고려하여 뒷문장과 순서를 바꾸는 것이 좋겠어.
② ㉡ : 문장 성분 간의 호응을 고려하여 '만들어야'로 고치는 것이 좋겠어.
③ ㉢ : 글의 통일성을 고려하여 삭제하는 것이 좋겠어.
④ ㉣ : 문장의 연결 관계를 고려하여 '또한'으로 바꾸는 것이 좋겠어.
⑤ ㉤ : 문장이 전체 글의 흐름과 상반되는 내용이므로 삭제하는 것이 좋겠어.

딸기에는 비타민 C가 귤의 1.6배, 레몬의 2배, 키위의 2.6배, 사과의 10배 정도 함유되어 있다. 딸기 5 ~ 6개를 먹으면 하루에 필요한 비타민 C를 전부 섭취할 수 있다. 비타민 C는 신진대사 활성화에 도움을 줘 원기를 회복하고 체력을 증진시킨다. 또한, 멜라닌 색소가 축적되는 것을 막아 기미, 주근깨를 예방해 준다. 멜라닌 색소가 많을수록 피부색이 검어지므로 미백 효과도 있는 셈이다. 피부 저항력을 높여줘 알레르기성 피부나 홍조가 짙은 피부에도 좋다. 비타민 C가 내는 신맛은 식욕 증진 효과가 있고 스트레스도 해소해 준다. 비타민 C만큼 풍부하게 함유된 성분이 항산화 물질인데, 이는 암세포 증식을 억제하는 동시에 콜레스테롤 수치를 낮춰주는 기능을 한다. 그래서 심혈관계 질환, 동맥경화 등에 좋고 눈의 피로를 덜어주며 시각기능을 개선해 주는 효과도 있다. 딸기는 식물성 섬유질 함량도 높은 과일이다. 섬유질 성분은 콜레스테롤을 낮추고 혈액을 깨끗하게 만들어 준다. 뿐만 아니라 소화 기능을 촉진하고 장운동을 활발히 해 변비를 예방한다. 딸기 속 철분은 빈혈 예방 효과가 있어 혈색이 좋아지게 한다. 더불어 모공을 축소시켜 피부 탄력도 증진시킨다. 딸기와 같은 붉은 과일에는 라이코펜이라는 성분이 들어있는데, 이 성분은 면역력을 높이고 혈관을 튼튼하게 해 노화 방지 효과를 낸다. 주의할 점은 당도가 높으므로 하루에 5 ~ 10개 정도만 먹는 것이 적당하다. 물론 달달한 맛에 비해 칼로리는 100g당 27kcal로 높지 않아 다이어트 식품으로 선호도가 높다.

07 윗글의 제목으로 가장 적절한 것은?

① 딸기 속 비타민 C를 찾아라!
② 비타민 C의 신맛의 비밀
③ 제철과일, 딸기 맛있게 먹는 법
④ 다양한 효능을 가진 딸기
⑤ 딸기를 먹을 때 주의해야 할 몇 가지

08 윗글을 마케팅에 이용할 때, 그 대상으로 적절하지 않은 것은?

① 잦은 야외활동으로 주근깨가 걱정인 사람
② 스트레스로 입맛이 사라진 사람
③ 콜레스테롤 수치 조절이 필요한 사람
④ 당뇨병으로 혈당 조절을 해야 하는 사람
⑤ 피부 탄력과 노화 예방에 관심이 많은 사람

09 다음 중 공고문을 보고 나눈 대화로 적절하지 않은 것은?

〈우리 농산물로 만드는 UCC 공모전〉

◇ 접수기간
2023년 8월 16일(수) ~ 9월 18일(월)
◇ 참가대상
우리 농산물을 사랑하는 누구나 참여 가능(개인 혹은 2인 1팀으로만 응모 가능)
◇ 대상품목
오이, 토마토, 호박, 가지, 풋고추, 파프리카, 참외, 딸기(8개 품목)
※ 대상품목을 주재료로 한 요리 레시피를 추천해 주세요.
◇ 작품규격
avi, mkv, wmv, mp4, mpg, mpeg, flv, mov 형태의 3분 이내(50Mb 이하의 동영상)
◇ 접수방법
UCC 공모전 홈페이지(www.ucc-contest.com)에서 UCC 업로드
◇ 선발방법
1차 예선(온라인) 20팀 내외 선발 → 2차 현장(오프라인) 시연 → 수상자 선발 및 시상식
◇ 2차심사
(현장 요리 시연) 2023년 9월 29일(금)
◇ 시상내역
최우수상(K공사중앙회장상, 1점) : 100만 원 농촌사랑 상품권
우수상(대한영양사협회·한국식생활개발연구회, 각 1점) : 각 70만 원 농촌사랑 상품권
특별상(현장 평가 시 협의 후 선정, 3점) : 각 50만 원 농촌사랑 상품권
입상(15점 내외) : 각 30만 원 농촌사랑 상품권
◇ 기타사항
• 수상작은 추후 주최기관의 다양한 홍보 콘텐츠에 활용될 수 있습니다(단, 이 경우 수상자와 별
  도로 약정하여 정함).
• 타 공모전 수상작, 기존 작품, 모방 작품의 경우 수상 취소 및 경품이 반환될 수 있습니다.
• 수상작 선정은 전문심사단의 평가로 진행되며 1인 중복 수상은 불가합니다.
• 수상자의 경품 제세공과금은 주최측 부담입니다.
• 기타 자세한 내용은 UCC 공모전 홈페이지를 참고하시기 바랍니다.
◇ 문의처
K공사 요리 UCC 공모전 운영사무국
02-2000-6300, 02-555-0001(내선 125)
※ 주관 : K공사품목별전국협의회·K공사중앙회
※ 후원 : 대한영양사협회·한국식생활개발연구회

---

① A : UCC로 만들 수 있는 대상품목은 오이, 토마토, 호박, 가지, 풋고추, 파프리카, 참외, 딸기
       등 총 8개 품목이야.
② B : 1차 예선 발표는 접수 마감일 일주일 후인 9월 25일이야.
③ C : 혹시 모를 2차 현장 시연을 위해서 요리 연습을 미리 해둬야겠어.
④ D : 현장 요리 시연은 9월 29일 금요일이야.
⑤ E : UCC 내용은 대상품목을 주재료로 한 추천 요리 레시피야.

10 K공사에서 근무하는 C대리는 공사의 환경경영 실천과제에 대한 구체적인 계획을 수립하고자 한다. C대리가 팀원들과 나눈 대화로 적절하지 않은 것은?

〈K공사 환경경영 실천과제〉

추진전략	세부 추진전략	실천과제
통합환경경영 체계 강화	환경경영 조직 강화 및 마인드 제고	• 환경경영 추진 조직체계 강화 • 환경경영 교육계획 수립 및 시행
	환경경영 프로그램 도입	• ISO 14001 인증 추진 및 지속적 관리 • 환경성과 평가시스템 도입 및 정착 • 환경회계 시스템 도입 및 정착 • 녹색구매 시스템 강화 • 에코 효율성 기법 도입 및 정착 • 환경성적표지 인증 취득 • 환경데이터 관리시스템 구축
	전력그룹사 통합환경경영 확대	• 통합환경경영 기반 구축 • 환경경영 성과 통합관리
환경위험 대응역량 강화	업무활동 환경영향 저감	• 사내 용수 및 에너지 사용 저감 • 수송 환경영향 저감
	폐기물 배출 최소화	• 폐기물 배출량 저감
	유해물질 위험 최소화	• PCBs 적정 저감 • 비상사태대응 시스템 구축
	설비 친환경화 확대	• 녹지 확대 • 지중화 및 옥내화 확대 • 친환경공법 확대 적용
대외 파트너십 강화	환경경영 리더십 확보	• 환경경영 리더십 구축 • 국내외 환경경영 관련 단체 가입 • 환경경영 일반인 교육 확대
	생태계 보존 프로그램 확대	• 자연보호활동 강화
	친환경 커뮤니케이션 확대	• 환경정보 내·외부 공개 확대 • 친환경 IR 강화
	환경 민원 최소화	• 민원 및 법규 위반 효율적 대응
능동적 기후변화 대응	기후변화 대응역량 강화	• 전력그룹사 공동대응 추진 • 신재생에너지 발전 확대 • 기후변화 관련 신규 수익기회 창출
	온실가스 직접배출 저감	• CO_2 배출 저감 • SF_6 배출 저감
	온실가스 간접배출 저감	• 체계적인 전력 수요 관리 • 송배전 손실률 저감

※ ISO 14001 : 국제표준화기구 기술위원회에서 제정한 환경경영 규격 시리즈 중 환경경영체제
※ PCBs : 폴리염화비페닐로 발암 작용, 기형아 출산 등 인체에 해로운 유기화합물
※ IR : 기업의 정보를 제공하기 위한 문서
※ SF_6 : 육불화황을 의미하며 대표적인 온실가스의 하나

① 신재생에너지 발전 확대에 관련한 TF팀을 신설하여 기후변화라는 위기를 기회로 바꿔야 할 것입니다.

② 자연이 파괴되지 않도록 지키고 더 좋은 환경으로 만드는 데 이바지해야 할 것입니다.

③ 제품이 환경개선이나 환경보전에 어떤 영향을 미치는가에 관한 정보를 제품에 표기하는 제도를 실천해야 합니다.

④ 생물학적인 원리와 특성을 활용하여 정보통신 기술을 생명체 현상과 접목해야 할 것입니다.

⑤ 환경 문제에 대해 주민들의 요구사항이 많습니다. 이에 대해 효율적으로 대응할 수 있도록 매뉴얼을 만드는 건 어떨까요?

PART 2

11 K카드회사에서는 새로운 카드상품을 개발하기 위해 고객 1,000명을 대상으로 카드 이용 시 선호하는 부가서비스에 대해 조사하였다. 조사 결과를 토대로 K카드회사 상품개발팀 직원들이 나눈 대화 중 가장 적절한 것은?

〈카드 이용 시 고객이 선호하는 부가서비스〉

(단위 : %)

구분	남성	여성	전체
포인트 적립	19	21	19.8
무이자 할부	17	18	17.4
주유 할인	15	6	11.4
쇼핑 할인	8	15	10.8
외식 할인	8	9	8.4
영화관 할인	8	11	9.2
통화료 / 인터넷 할인	7	8	7.4
은행수수료 할인	8	6	7.2
무응답	10	6	8.4

※ 총 8가지 부가서비스 중 선호하는 서비스 택 1, 무응답 가능

① P대리 : 이번 조사 자료는 K카드를 이용하고 계신 고객 중 1,000명을 대상으로 선호하는 부가서비스에 대해 조사한 것으로 성별 비율은 각각 50%입니다.

② L사원 : 조사 과정에서 응답하지 않은 고객은 남성 50명, 여성 34명으로 총 84명입니다.

③ S주임 : 남성과 여성 모두 가장 선호하는 부가서비스는 포인트 적립서비스이며, 두 번째로는 남성은 주유 할인, 여성은 무이자 할부로 차이를 보이고 있습니다.

④ K과장 : 부가서비스별로 선호하는 비중의 표준편차가 남성에 비해 여성이 더 큽니다.

⑤ R부장 : 이번 조사 결과를 참고했을 때, 남성과 여성이 선호하는 부가서비스가 서로 정반대인 것으로 보이니 성별을 구분하여 적합한 부가서비스를 갖추도록 개발해야겠습니다.

12 다음은 K시 마을의 상호 간 태양광 생산 잉여전력 판매량에 대한 자료이다. 이에 대한 설명으로 옳지 않은 것은?(단, K시 마을은 제시된 4개 마을이 전부이며, 모든 마을의 전력 판매가는 같다고 가정한다)

〈K시 마을 상호 간 태양광 생산 잉여전력 판매량〉

(단위 : kW)

판매량＼구매량	갑마을	을마을	병마을	정마을
갑마을	–	180	230	160
을마을	250	–	200	190
병마을	150	130	–	230
정마을	210	220	140	–

※ (거래수지)＝(판매량)－(구매량)

① 총 거래량이 같은 마을은 없다.
② 갑마을이 을마을에 40kW를 더 판매했다면, 을마을의 구매량은 병마을보다 많게 된다.
③ 태양광 전력 거래 수지가 흑자인 마을은 을마을뿐이다.
④ 전력을 가장 많이 판매한 마을과 가장 많이 구매한 마을은 각각 을마을과 갑마을이다.
⑤ 구매량이 거래량의 40% 이하인 마을은 없다.

13 화물 출발지와 도착지 간 거리가 A기업은 100km, B기업은 200km이며, 운송량은 A기업은 5톤, B기업은 1톤이다. 국내 운송 시 수단별 요금체계가 다음과 같을 때, A기업과 B기업에 최소 운송비용 측면에서 가장 유리한 운송수단은?(단, 다른 조건은 동일하다)

〈운송수단별 요금체계〉

구분		화물자동차	철도	연안해송
운임	기본운임	200,000원	150,000원	100,000원
	km・톤당 추가운임	1,000원	900원	800원
km・톤당 부대비용		100원	300원	500원

① A, B 모두 화물자동차 운송이 저렴하다.
② A는 화물자동차가 저렴하고, B는 모든 수단이 동일한 비용이다.
③ A는 모든 수단이 동일한 비용이고, B는 연안해송이 저렴하다.
④ A, B 모두 철도운송이 저렴하다.
⑤ A는 연안해송, B는 철도운송이 저렴하다.

14 다음은 K공기업 직능별 인력현황에 대한 자료이다. 〈보기〉 중 이에 대해 옳은 설명을 한 사람을 모두 고르면?(단, 비율은 소수점 둘째 자리에서 반올림한다)

〈K공기업 직능별 인력현황〉

구분	전체		기업체		연구기관	
	인원(명)	비율(%)	인원(명)	비율(%)	인원(명)	비율(%)
연구기술직	4,116	59.6	3,242	54.1	874	95.5
사무직	1,658	24.0	1,622	27.1	36	3.9
생산직	710	10.3	710	11.9	–	–
기타	419	6.1	414	6.9	5	0.5
합계	6,903	100.0	5,988	100.0	915	100.0

보기

김사원 : K공기업의 기업체 연구기술직 인원은 기업체 사무직 인원의 2배 이상이다.
이주임 : 전체 연구기술직 인력 중 기업체 연구기술직 인력이 차지하는 비율은 70% 이상이다.
박주임 : 연구기관의 사무직 인력이 전체 사무직 인력 중 차지하는 비율은 3.9%이다.
김대리 : 전체 인력 중 기타로 분류된 인원은 사무직 인원의 25% 이상이다.

① 김사원, 이주임 ② 김사원, 박주임
③ 이주임, 박주임 ④ 이주임, 김대리
⑤ 박주임, 김대리

15 K부서에서는 연말 부서 성과급을 직원들에게 나누어 주려고 한다. 한 사람에게 50만 원씩 주면 100만 원이 남고, 60만 원씩 주면 500만 원이 부족하다고 할 때, 직원은 모두 몇 명인가?

① 50명 ② 60명
③ 70명 ④ 80명
⑤ 90명

16 다음은 2022년도 K대의 P과목에서의 학점 비율을 나타낸 표이다. 이 과목을 수강한 총 학생 수는 200명이고, A학점을 받은 학생 수의 비율은 D학점을 받은 학생 수의 비율의 1.5배이다. B학점을 받은 학생 수의 비율은 F학점을 받은 학생 수 비율의 4배이다. 그리고 C학점을 받은 학생 수의 비율은 B학점과 F학점을 받은 학생 수 비율의 합의 2배이다. 이때, 2021년도에 F학점을 받은 학생 수는?(단, 2021년과 2022년의 P과목 학점 비율은 같고 2021년도 수강생은 120명이다)

〈K대 P과목 학점 비율〉

(단위 : %)

성적	A	B	C	D	E	F	합계
2022년도 학생 수의 비율				10			100

① 6명

② 10명

③ 18명

④ 20명

⑤ 30명

17 서로 다른 인터넷 쇼핑몰 A, B에서 상품을 주문했다. A쇼핑몰의 상품은 오늘 오전에 도착할 예정이고, B쇼핑몰의 상품은 내일 오전에 도착할 예정이다. 택배가 정시에 도착할 확률은 $\frac{1}{3}$, 늦게 도착할 확률은 $\frac{1}{2}$이라고 할 때, A쇼핑몰의 상품은 예정대로 도착하고, B쇼핑몰의 상품은 예정보다 늦게 도착할 확률은?

① $\frac{1}{6}$

② $\frac{1}{3}$

③ $\frac{2}{3}$

④ $\frac{5}{6}$

⑤ $\frac{3}{5}$

18 고장 난 차를 견인하기 위해 A와 B, 두 업체에서 견인차를 보내려고 한다. 고장 난 차량은 B업체보다 A업체와 40km 더 가깝고, A업체의 견인차가 시속 63km의 일정한 속력으로 달리면 40분 만에 도착한다. B업체에서 보낸 견인차가 A업체의 견인차보다 늦게 도착하지 않으려면 B업체의 견인차가 내야 하는 최소 속력은?

① 119km/h

② 120km/h

③ 121km/h

④ 122km/h

⑤ 123km/h

19 다음은 K국 초혼에 대한 자료이다. 이에 대한 설명으로 옳지 않은 것은?

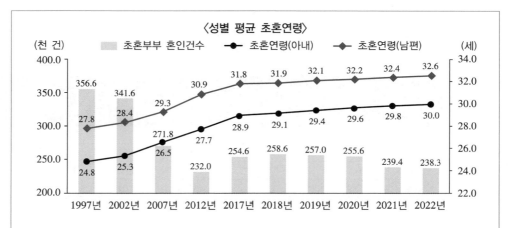

〈성별 평균 초혼연령〉

〈평균 초혼연령 및 초혼부부 혼인건수〉

(단위 : 세, 천 건, %)

구분	평균 초혼연령		혼인건수	여성연상	구성비	동갑	구성비	남성연상	구성비
	아내	남편							
1997년	24.8	27.8	356.6	31.2	8.8	32.3	9.0	293.2	82.2
2002년	25.3	28.4	341.6	29.7	8.7	35.3	10.3	276.6	81.0
2007년	26.5	29.3	271.8	29.1	10.7	34.8	12.8	207.9	76.5
2012년	27.7	30.9	232.0	28.2	12.1	35.0	15.1	168.9	72.8
2017년	28.9	31.8	254.6	37.9	14.9	40.8	16.0	175.9	69.1
2018년	29.1	31.9	258.6	39.5	15.3	42.3	16.4	176.8	68.4
2019년	29.4	32.1	257.0	40.0	15.6	41.7	16.2	175.3	68.2
2020년	29.6	32.2	255.6	41.3	16.2	41.4	16.2	172.8	67.6
2021년	29.8	32.4	239.4	38.9	16.2	38.5	16.1	162.1	67.7
2022년	30.0	32.6	238.3	38.9	16.3	38.2	16.0	161.1	67.6

① 여성의 평균 초혼연령은 2022년에 처음으로 30대에 진입했다.
② 1997년에 비해 2022년의 초혼부부 혼인건수는 십만 건 이상 줄었다.
③ 남성과 여성 모두 평균 초혼연령은 지속적으로 증가했다.
④ 초혼연령이 높아지는 이유는 경제적 상황이 좋지 않기 때문이다.
⑤ K국 초혼부부의 대부분은 남성이 연상이다.

20 다음은 대형마트 이용자를 대상으로 소비자 만족도를 조사한 결과이다. 다음 중 이를 이해한 내용으로 옳은 것은?

〈대형마트 업체별 소비자 만족도〉

(단위 : 점 / 5점 만점)

업체명	종합 만족도	서비스 품질					서비스 쇼핑 체험
		쇼핑 체험 편리성	상품 경쟁력	매장환경 / 시설	고객접점 직원	고객관리	
A마트	3.72	3.97	3.83	3.94	3.70	3.64	3.48
B마트	3.53	3.84	3.54	3.72	3.57	3.58	3.37
C마트	3.64	3.96	3.73	3.87	3.63	3.66	3.45
D마트	3.56	3.77	3.75	3.44	3.61	3.42	3.33

〈대형마트 인터넷 / 모바일쇼핑 소비자 만족도〉

(단위 : 점 / 5점 만점)

분야별 이용 만족도	이용률	A마트	B마트	C마트	D마트
인터넷쇼핑	65.4%	3.88	3.80	3.88	3.64
모바일쇼핑	34.6%	3.95	3.83	3.91	3.69

① 종합만족도는 5점 만점에 평균 3.61점이며, 업체별로는 A마트가 가장 높고, C마트, B마트, D마트 순서로 나타났다.

② 인터넷쇼핑과 모바일쇼핑의 소비자 만족도가 가장 큰 차이를 보이는 곳은 D마트이다.

③ 서비스 품질 부문에 있어 대형마트는 평균적으로 쇼핑 체험 편리성에 대한 만족도가 상대적으로 가장 높게 평가되었으며, 반대로 고객접점직원 서비스가 가장 낮게 평가되었다.

④ 대형마트를 이용하면서 느낀 감정이나 기분을 반영한 서비스 쇼핑 체험 부문의 만족도는 평균 3.41점 정도로 서비스 품질 부문들보다 낮았다.

⑤ 대형마트 인터넷쇼핑몰 이용률이 65.4%로 모바일쇼핑에 비해 높으나, 만족도에서는 모바일쇼핑이 평균 0.1점 정도 더 높게 평가되었다.

21 K공사에서 근무하는 A사원은 경제자유구역사업에 대한 SWOT 분석결과 자료를 토대로, SWOT 분석에 의한 경영전략에 맞추어 〈보기〉와 같이 판단하였다. 다음 중 A사원이 판단한 SWOT 분석에 의한 경영전략의 내용으로 적절하지 않은 것을 모두 고르면?

〈경제자유구역사업에 대한 SWOT 분석결과〉

구분	분석 결과
강점(Strength)	- 성공적인 경제자유구역 조성 및 육성 경험 - 다양한 분야의 경제자유구역 입주희망 국내기업 확보
약점(Weakness)	- 과다하게 높은 외자금액 비율 - 외국계 기업과 국내기업 간의 구조 및 운영상 이질감
기회(Opportunity)	- 국제경제 호황으로 인하여 타국 사업지구 입주를 희망하는 해외시장부문의 지속적 증가 - 국내진출 해외기업 증가로 인한 동형화 및 협업 사례 급증
위협(Threat)	- 국내거주 외국인 근로자에 대한 사회적 포용심 부족 - 대대적 교통망 정비로 인한 기성 대도시의 흡수효과 확대

〈SWOT 분석에 의한 경영전략〉

- SO전략 : 강점을 활용해 기회를 선점하는 전략
- ST전략 : 강점을 활용하여 위협을 최소화하거나 극복하는 전략
- WO전략 : 기회를 활용하여 약점을 보완하는 전략
- WT전략 : 약점을 최소화하고 위협을 회피하는 전략

보기

ㄱ. 성공적인 경제자유구역 조성 노하우를 활용하여 타국 사업지구로의 진출을 희망하는 해외기업을 유인 및 유치하는 전략은 SO전략에 해당한다.

ㄴ. 다수의 풍부한 경제자유구역 성공 사례를 바탕으로 외국인 근로자를 국내주민과 문화적으로 동화시킴으로써 원활한 지역발전의 토대를 조성하는 전략은 ST전략에 해당한다.

ㄷ. 기존에 국내에 입주한 해외기업의 동형화 사례를 활용하여 국내기업과 외국계 기업의 운영상 이질감을 해소하여 생산성을 증대시키는 전략은 WO전략에 해당한다.

ㄹ. 경제자유구역 인근 대도시와의 연계를 활성화하여 경제자유구역 내 국내·외 기업 간의 이질감을 해소하는 전략은 WT전략에 해당한다.

① ㄱ, ㄴ
② ㄱ, ㄷ
③ ㄴ, ㄷ
④ ㄴ, ㄹ
⑤ ㄷ, ㄹ

22 K공사는 각각 다른 심폐기능 등급을 받은 A ~ E 5명 중 등급이 가장 낮은 2명의 환자에게 건강관리 안내문을 발송하려 한다. 다음 〈조건〉을 토대로 발송 대상자는?

> **조건**
> • E보다 심폐기능이 좋은 환자는 2명 이상이다.
> • E는 C보다 한 등급 높다.
> • B는 D보다 한 등급 높다.
> • A보다 심폐기능이 나쁜 환자는 2명이다.

① B, C ② B, D
③ B, E ④ C, D
⑤ C, E

23 다음은 자동차 외판원인 A ~ F의 판매실적 비교에 대한 설명이다. 다음 〈조건〉을 토대로 바르게 추리한 것은?

> **조건**
> • A는 B보다 실적이 높다.
> • C는 D보다 실적이 낮다.
> • E는 F보다 실적이 낮지만, A보다는 높다.
> • B는 D보다 실적이 높지만, E보다는 낮다.

① 실적이 가장 높은 외판원은 F이다.
② 외판원 C의 실적은 꼴찌가 아니다.
③ B의 실적보다 낮은 외판원은 3명이다.
④ 외판원 E의 실적이 가장 높다.
⑤ A의 실적이 C의 실적보다 낮다.

※ 다음은 비품 가격표이다. 이어지는 질문에 답하시오. [24~25]

〈비품 가격표〉

○○문구		
품명	수량(개)	단가(원)
라벨지 50mm(SET)	1	18,000
1단 받침대	1	24,000
블루투스 마우스	1	27,000
★특가★ 문서수동세단기(탁상용)	1	36,000
AAA건전지(SET)	1	4,000

※ 3단 받침대는 2,000원 추가
※ 라벨지 91mm 사이즈 변경 구매 시 SET당 5% 금액 추가
※ 블루투스 마우스 3개 이상 구매 시 건전지 3SET 무료 증정

24 K회사에서는 2분기 비품 구매를 하려고 한다. 다음 주문서대로 주문 시 총액으로 옳은 것은?

주문서			
라벨지 50mm	2SET	1단 받침대	1개
블루투스 마우스	5개	AAA건전지	5SET

① 148,000원   ② 183,000원
③ 200,000원   ④ 203,000원
⑤ 205,000원

25 비품 구매를 담당하는 A사원은 주문 수량을 잘못 기재해서 주문 내역을 수정하였다. 수정 내역대로 비품을 주문했을 때, 주문총액으로 옳은 것은?

주문서			
라벨지 91mm	4SET	3단 받침대	2개
블루투스 마우스	3개	AAA건전지	3SET
문서수동세단기	1개	—	—

① 151,000원   ② 244,600원
③ 252,600원   ④ 256,600원
⑤ 262,600원

26 다음은 민원사무처리규정 일부이다. 이를 참고하여 A ~ C가 요청한 민원이 처리·완료되는 시점을 옳게 구한 것은?

■ 민원사무처리기본표(일부)

소관별	민원명	처리기간(일)	수수료(원)
공통	진정, 단순질의, 건의	7	없음
	법정질의	14	없음
주민복지	가족, 종중, 법인묘지설치허가	7 ~ 30	없음
	개인묘지설치(변경)신고	5	없음
	납골시설(납골묘, 납골탑)설치신고	7 ~ 21	없음
종합민원실	토지(임야)대장등본	즉시	500
	지적(임야)도등본	즉시	700
	토지이용계획확인서	1	1,000
	등록사항 정정	3	없음
	토지거래계약허가	15	없음
	부동산중개사무소 등록	7	개인 : 20,000 / 법인 : 3,000
	토지(임야)분할측량	7	별도

■ 민원사무처리기간 산정방식(1일 근무시간은 8시간으로 한다)
• 민원사무처리기간을 '즉시'로 정한 경우
 – 정당한 사유가 없으면 접수 후 3근무시간 내에 처리하여야 한다.
• 민원사무처리기간을 '5일' 이하로 정한 경우
 – 민원 접수 시각부터 '시간' 단위로 계산한다.
 – 토요일과 공휴일은 산입하지 않는다.
• 민원사무처리기간을 '6일' 이상으로 정한 경우
 – 초일을 산입하여 '일' 단위로 계산한다.
 – 토요일은 산입하되, 공휴일은 산입하지 않는다.
• 신청서의 보완이 필요한 기간은 처리기간에 포함되지 않는다.

[4월 29일(금) 민원실 민원접수 현황]
01. 오전 10시 / A씨 / 부동산중개사무소 개점으로 인한 등록신청서 제출
02. 오후 12시 / B씨 / 토지의 소유권을 이전하는 계약을 체결하고자 허가서 제출
03. 오후 14시 / C씨 / 토지대장에서 잘못된 부분이 있어 정정요청서 제출
※ 공휴일 : 5/5 어린이날, 5/6 임시공휴일, 5/14 석가탄신일

	A씨	B씨	C씨
①	5/9(월)	5/19(목)	5/4(수) 10시
②	5/9(월)	5/19(목)	5/4(수) 14시
③	5/9(월)	5/23(월)	5/10(월) 14시
④	5/10(화)	5/19(목)	5/3(화) 14시
⑤	5/10(화)	5/23(월)	5/4(수) 14시

27 K전자의 영업지원팀 무팀장은 새로 출시한 제품 홍보를 지원하기 위해 월요일부터 목요일까지 매일 남녀 한 명씩 두 사람을 홍보팀으로 보내야 한다. 영업지원팀에는 현재 남자 사원 4명(기태, 남호, 동수, 지원)과 여자 사원 4명(고은, 나영, 다래, 리화)이 근무하고 있다. 다음 〈조건〉을 만족할 때, 옳지 않은 것은?

조건
(가) 매일 다른 사람을 보내야 한다.
(나) 기태는 화요일과 수요일에 휴가를 간다.
(다) 동수는 다래의 바로 이전 요일에 보내야 한다.
(라) 고은은 월요일에는 근무할 수 없다.
(마) 남호와 나영은 함께 근무할 수 없다.
(바) 지원은 기태 이전에 근무하지만 화요일은 갈 수 없다.
(사) 리화는 고은과 나영 이후에 보낸다.

① 고은이 수요일에 근무한다면 기태는 리화와 함께 근무한다.
② 다래가 수요일에 근무한다면 화요일에는 동수와 고은이 근무한다.
③ 리화가 수요일에 근무한다면 남호는 화요일에 근무한다.
④ 고은이 화요일에 근무한다면 지원은 월요일에 근무할 수 없다.
⑤ 지원이 수요일에 근무한다면 다래는 화요일에 근무한다.

28 최씨 남매와 김씨 남매, 박씨 남매 총 6명은 야구 경기를 관람하기 위해 함께 야구장에 갔다. 다음 〈조건〉을 참고할 때, 항상 옳은 것은?

조건
• 관람석의 끝자리에는 같은 성별이 앉지 않는다.
• 박씨 여성은 왼쪽에서 세 번째 자리에 앉는다.
• 김씨 남매는 서로 인접하여 앉지 않는다.
• 박씨와 김씨는 인접하여 앉지 않는다.
• 김씨 남성은 맨 오른쪽 끝자리에 앉는다.

[야구장 관람석]

① 최씨 남매는 왼쪽에서 첫 번째 자리에 앉을 수 없다.
② 최씨 남매는 서로 인접하여 앉는다.
③ 박씨 남매는 서로 인접하여 앉지 않는다.
④ 최씨 남성은 박씨 여성과 인접하여 앉는다.
⑤ 김씨 여성은 최씨 여성과 인접하여 앉지 않는다.

29 K공사에 근무하는 A ~ C 세 명은 협력업체를 방문하기 위해 택시를 타고 가고 있다. 다음 〈조건〉을 참고할 때, 항상 옳은 것은?

> **조건**
> • 세 명의 직급은 각각 과장, 대리, 사원이다.
> • 세 명은 각각 검은색, 회색, 갈색 코트를 입었다.
> • 세 명은 기획팀, 연구팀, 디자인팀이다.
> • 택시 조수석에는 회색 코트를 입은 과장이 앉아있다.
> • 갈색 코트를 입은 연구팀 직원은 택시 뒷좌석에 앉아있다.
> • 셋 중 가장 낮은 직급의 C는 기획팀이다.

① A : 대리, 갈색 코트, 연구팀
② A : 과장, 회색 코트, 디자인팀
③ B : 대리, 갈색 코트, 연구팀
④ B : 과장, 회색 코트, 디자인팀
⑤ C : 사원, 검은색 코트, 기획팀

30 다음은 기후변화협약에 대한 국가군과 특정의무에 대한 자료이다. 이에 대한 내용으로 적절하지 않은 것은?

〈국가군과 특정의무〉

구분	부속서 Ⅰ(Annex Ⅰ) 국가	부속서 Ⅱ(Annex Ⅱ) 국가	비부속서 Ⅰ(Non-Annex Ⅰ) 국가
국가	협약체결 당시 OECD 24개국, EU와 동구권 국가 등 40개국	Annex Ⅰ 국가에서 동구권 국가가 제외된 OECD 24개국 및 EU	우리나라 등
의무	온실가스 배출량을 1990년 수준으로 감축 노력, 강제성을 부여하지 않음	개발도상국에 재정지원 및 기술이전 의무를 가짐	국가 보고서 제출 등의 협약상 일반적 의무만 수행
부속서 Ⅰ	오스트레일리아, 오스트리아, 벨라루스, 벨기에, 불가리아, 캐나다, 크로아티아, 덴마크, 에스토니아, 핀란드, 프랑스, 독일, 그리스, 헝가리, 아이슬란드, 아일랜드, 일본, 라트비아, 리투아니아, 룩셈부르크, 네덜란드, 뉴질랜드, 노르웨이, 폴란드, 포르투갈, 루마니아, 러시아, 슬로바키아, 슬로베니아, 스페인, 스웨덴, 터키, 우크라이나, 영국, 미국, 모나코, 리히텐슈타인 등		
부속서 Ⅱ	오스트레일리아, 오스트리아, 벨기에, 캐나다, 덴마크, 핀란드, 프랑스, 독일, 그리스, 아이슬란드, 아일랜드, 이탈리아, 일본, 룩셈부르크, 네덜란드, 뉴질랜드, 노르웨이, 포르투갈, 스페인, 스웨덴, 스위스, 영국, 미국 등		

① 우리나라는 비부속서 Ⅰ 국가에 속해 협약상 일반적 의무만 수행하면 된다.
② 아일랜드와 노르웨이는 개발도상국에 재정지원 및 기술이전 의무가 있다.
③ 리투아니아와 모나코는 온실가스 배출량을 1990년 수준으로 감축하도록 노력해야 한다.
④ 부속서 Ⅰ에 속하는 국가가 의무를 지키지 않을 시 그에 상응하는 벌금을 내야 한다.
⑤ 비부속서 Ⅰ 국가가 자발적으로 온실가스 배출량을 감축할 수 있다.

31 다음 〈보기〉 중 경영의 4요소로 옳은 것을 모두 고르면?

> **보기**
> ㄱ. 조직의 목적을 달성하기 위해 경영자가 수립하는 것으로 더욱 구체적인 방법과 과정이 담겨 있다.
> ㄴ. 조직에서 일하는 구성원으로 경영은 이들의 직무수행에 기초하여 이루어지기 때문에 이것의 배치 및 활용이 중요하다.
> ㄷ. 생산자가 상품 또는 서비스를 소비자에게 유통하는 데 관련된 모든 체계적 경영 활동이다.
> ㄹ. 특정의 경제적 실체에 관하여 이해관계를 이루는 사람들에게 합리적인 경제적 의사결정을 하는 데 유용한 재무적 정보를 제공하기 위한 일련의 과정 또는 체계이다.
> ㅁ. 경영하는 데 사용할 수 있는 돈으로, 이것이 충분히 확보되는 정도에 따라 경영의 방향과 범위가 정해지게 된다.
> ㅂ. 조직이 변화하는 환경에 적응하기 위하여 경영활동을 체계화하는 것으로, 목표달성을 위한 수단이다.

① ㄱ, ㄴ, ㄷ, ㄹ   ② ㄱ, ㄴ, ㄷ, ㅁ
③ ㄱ, ㄴ, ㅁ, ㅂ   ④ ㄷ, ㄹ, ㅁ, ㅂ
⑤ ㄴ, ㄷ, ㅁ, ㅂ

32 다음 〈보기〉의 직무수행교육(OJT; On the Job Training)의 단계를 순서대로 나열한 것은?

> **보기**
> ㉠ 시켜보고 잘못을 시정한다. 시켜보면서 작업을 설명하도록 한다. 다시 한 번 시켜보면서 급소를 말하도록 한다. 완전히 이해할 때까지 확인한다.
> ㉡ 편안하게 한다. 어떤 작업을 하는지 말한다. 그 작업에 대해서 어느 정도 알고 있는지 확인한다. 작업을 배우고 싶은 기분이 되도록 한다. 올바른 위치에 자세를 취하도록 한다.
> ㉢ 중요한 스텝(Step)을 하나씩 말해서 들려주고, 해 보이고, 기록해 보인다. 급소를 강조한다. 확실하게, 빠짐없이, 끈기 있게, 이해하는 능력 이상으로 하지 않는다.
> ㉣ 작업에 종사시킨다. 모를 때에 답변할 사람을 지정해 둔다. 몇 번이고 조사한다. 질문하도록 작용한다. 차츰 지도를 줄인다.

① ㉠ - ㉢ - ㉡ - ㉣   ② ㉡ - ㉠ - ㉢ - ㉣
③ ㉡ - ㉢ - ㉠ - ㉣   ④ ㉢ - ㉠ - ㉣ - ㉡
⑤ ㉢ - ㉡ - ㉠ - ㉣

33 다음은 K회사의 직무전결표의 일부분이다. 이에 따라 문서를 처리하였을 경우 적절하지 않은 것은?

직무 내용	대표이사	위임 전결권자		
		전무이사	상무이사	부서장
정기 월례 보고				○
각 부서장급 인수인계		○		
3천만 원 초과 예산 집행	○			
3천만 원 이하 예산 집행		○		
각종 위원회 위원 위촉	○			
해외 출장			○	

① 인사부장의 인수인계에 관하여 전무이사에게 결재받은 후 시행하였다.
② 인사징계위원회 위원을 위촉하기 위하여 대표이사 부재중에 전무이사가 전결하였다.
③ 영업팀장의 해외 출장을 위하여 상무이사에게 사인을 받았다.
④ 3천만 원에 해당하는 물품 구매를 위하여 전무이사 전결로 처리하였다.
⑤ 정기 월례 보고서를 작성한 후 부서장의 결재를 받았다.

34 다음 중 지시사항으로 적절하지 않은 것은?

> 은경씨, 금요일 오후 2시부터 10명의 필기전형 합격자의 1차 면접이 진행될 예정입니다. 5층 회의실 사용 예약을 지금 미팅이 끝난 직후 해주시고, 2명씩 다섯 조로 구성하여 10분씩 면접을 진행하니 지금 드리는 지원 서류를 참고하시어 수요일 오전까지 다섯 조를 구성한 보고서를 저에게 주십시오. 그리고 2명의 면접위원님께 목요일 오전에 면접진행에 대해 말씀드려 미리 일정조정을 완료해주시기 바랍니다.

① 면접은 10분씩 진행된다.
② 은경씨는 수요일 오전까지 보고서를 제출해야 한다.
③ 면접은 금요일 오후에 10명을 대상으로 실시된다.
④ 필기전형 합격자는 본인이 몇 조인지 알 수 있다.
⑤ 은경씨는 면접위원님께 면접진행에 대해 말씀드려야 한다.

35 다음 글의 밑줄 친 법칙에 부합하는 사례로 가장 적절한 것은?

> 돈이 되는 20%의 고객이나 상품만 있으면 80%의 수익이 보장된다는 파레토 법칙이 그간 진리로 여겨졌다. 그런데 최근 롱테일(Long-tail) 법칙이라는 새로운 개념이 자리를 잡고 있다. 이는 하위 80%가 상위 20%보다 더 많은 수익을 낸다는 법칙이다. 한마디로 '티끌 모아 태산'이 가능하다는 것이다.

① A은행은 VIP전용 창구를 확대하였다.
② B기업은 생산량을 늘려 단위당 생산비를 낮추었다.
③ C인터넷 서점은 극소량만 팔리는 책이라도 진열한다.
④ D극장은 주말 요금을 평일 요금보다 20% 인상하였다.
⑤ E학원은 인기가 없는 과목은 더는 강의를 열지 않도록 했다.

36 다음 중 승진을 하면 할수록 무능력하게 되는 현상을 무엇이라고 하는가?

① 피터의 법칙　　　　　　　② 샐리의 법칙
③ 무어의 법칙　　　　　　　④ 머피의 법칙
⑤ 파킨스의 법칙

37 C사원은 베트남에서의 국내 자동차 판매량에 대해 조사를 하던 중에 한 가지 특징을 발견했다. 베트남 사람들은 간접적인 방법을 통해 구매하는 것보다 매장에 직접 방문해 구매하는 것을 더 선호한다는 사실이다. 이를 참고하여 C사원이 기획한 신사업 전략으로 적절하지 않은 것은?

① 인터넷과 TV광고 등 비대면채널 홍보를 활성화한다.
② 쾌적하고 깔끔한 매장 환경을 조성한다.
③ 언제 손님이 방문할지 모르므로 매장에 항상 영업사원을 배치한다.
④ 매장 곳곳에 홍보물을 많이 비치해 둔다.
⑤ 정확한 설명을 위해 사원들에게 신차에 대한 정보를 숙지하게 한다.

38 다음 글을 읽고 C사원이 해야 할 업무를 순서대로 바르게 나열한 것은?

> 상사 : 벌써 2시 50분이네, 3시에 팀장회의가 있어서 지금 업무지시를 할게요. 업무보고는 내일
> 9시 30분에 받을게요. 업무보고 전 아침에 회의실과 마이크 체크를 한 내용을 업무보고에
> 반영해 주세요. 내일 있을 3시 팀장회의도 차질 없이 준비해야 합니다. 아, 그리고 오늘 P사
> 원이 아파서 조퇴했으니 P사원 업무도 부탁할게요. 간단한 겁니다. 사업 브로슈어에 사장님
> 의 개회사를 추가하는 건데, 브로슈어 인쇄는 2시간밖에 걸리지 않지만 인쇄소가 오전 10시
> 부터 6시까지 하니 비서실에 방문해 파일을 미리 받아 늦지 않게 인쇄소에 넘겨 주세요. 비
> 서실은 본관 15층에 있으니 가는 데 15분 정도 걸릴 거예요. 브로슈어는 다음날 오전 10시
> 까지 준비되어야 하는 거 알죠? 팀장회의에 사용할 케이터링 서비스는 매번 시키는 D업체
> 로 예약해 주세요. 24시간 전에는 예약해야 하니 서둘러 주세요.

보기

(A) 비서실 방문
(B) 회의실, 마이크 체크
(C) 케이터링 서비스 예약
(D) 인쇄소 방문
(E) 업무보고

① (A) − (C) − (D) − (B) − (E)
② (C) − (A) − (D) − (B) − (E)
③ (B) − (A) − (D) − (E) − (C)
④ (C) − (B) − (A) − (D) − (E)
⑤ (C) − (B) − (D) − (A) − (E)

39 다음의 내용에 해당되는 조직체계 구성요소는?

> 조직의 목표나 전략에 따라 수립되며, 조직구성원들의 활동범위를 제약하고 일관성을 부여하는 기능을 한다.

① 조직목표　　　　　　　　　② 경영자
③ 조직문화　　　　　　　　　④ 조직구조
⑤ 규칙 및 규정

40 직장동료와 휴가 계획에 대해 이야기를 하였다. 국제문화에 대해 옳지 않게 말한 사람은?

> 철수 : 오늘 뉴스를 보니까 엔화가 계속해서 하락하고 있다고 하더라.
> 만수 : 환율이 많이 떨어져서 일본으로 여행가기에는 정말 좋겠다.
> 영수 : 요즘 100엔에 900원 정도밖에 안 하지?
> 희수 : 나는 여름휴가로 미국을 가려고 했는데 전자여권으로 ESTA를 신청해야 하더라.
> 병수 : 엇, 아니야! 미국은 무조건 비자를 받아서 가야 하지 않아?

① 철수　　　　　　　　　　② 만수
③ 영수　　　　　　　　　　④ 희수
⑤ 병수

41 한글에서 파일을 다른 이름으로 저장할 때 사용하는 단축키는 무엇인가?

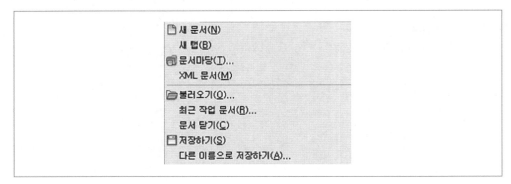

① 〈Alt〉+〈N〉　　　　　　　　　② 〈Alt〉+〈V〉

③ 〈Alt〉+〈S〉　　　　　　　　　④ 〈Alt〉+〈P〉

⑤ 〈Ctrl〉+〈N〉, 〈P〉

42 다음 중 디지털 컴퓨터와 아날로그 컴퓨터의 차이점에 대한 설명으로 옳은 것은?

① 디지털 컴퓨터는 전류, 전압, 온도 등 다양한 입력 값을 처리하며, 아날로그 컴퓨터는 숫자 데이터
만을 처리한다.

② 디지털 컴퓨터는 증폭 회로로 구성되며, 아날로그 컴퓨터는 논리 회로로 구성된다.

③ 아날로그 컴퓨터는 미분이나 적분 연산을 주로 하며, 디지털 컴퓨터는 산술이나 논리 연산을 주로
한다.

④ 아날로그 컴퓨터는 범용이며, 디지털 컴퓨터는 특수 목적용으로 많이 사용된다.

⑤ 디지털 컴퓨터는 연산속도가 빠르지만 아날로그 컴퓨터는 느리다.

43 다음 중 다양한 상황과 변수에 따른 여러 가지 결괏값의 변화를 가상의 상황을 통해 예측하여 분석
할 수 있는 도구는?

① 통합　　　　　　　　　　　② 목표값 찾기

③ 부분합　　　　　　　　　　④ 시나리오 관리자

⑤ 데이터 표

※ 병원에서 근무하는 귀하는 건강검진 관리 현황을 정리하고 있다. 자료를 보고 이어지는 질문에 답하시오. [44~45]

	A	B	C	D	E	F
1			〈건강검진 관리 현황〉			
2	이름	검사구분	주민등록번호	검진일	검사항목 수	성별
3	강민희	종합검진	960809-2******	2022-11-12	18	
4	김범민	종합검진	010323-3******	2022-03-13	17	
5	조현진	기본검진	020519-3******	2022-09-07	10	
6	최진석	추가검진	871205-1******	2022-11-06	6	
7	한기욱	추가검진	980232-1******	2022-04-22	3	
8	정소희	종합검진	001015-4******	2022-02-19	17	
9	김은정	기본검진	891025-2******	2022-10-14	10	
10	박미옥	추가검진	011002-4******	2022-07-21	5	

44 다음 중 2022년 하반기에 검진받은 사람의 수를 확인하려 할 때 사용해야 할 함수로 옳은 것은?

① COUNT
② COUNTA
③ SUMIF
④ MATCH
⑤ COUNTIF

45 주민등록번호를 통해 성별을 구분하려고 할 때, 각 셀에 필요한 함수식으로 옳은 것은?

① [F3] : =IF(AND(MID(C3,8,1)="2",MID(C3,8,1)="4"),"여자","남자")

② [F4] : =IF(AND(MID(C4,8,1)="2",MID(C4,8,1)="4"),"여자","남자")

③ [F7] : =IF(OR(MID(C7,8,1)="2",MID(C7,8,1)="4"),"여자","남자")

④ [F9] : =IF(OR(MID(C9,8,1)="1",MID(C9,8,1)="3"),"여자","남자")

⑤ [F6] : =IF(OR(MID(C6,8,1)="2",MID(C6,8,1)="3"),"남자","여자")

46 아래 워크시트에서 [A1:B1] 영역을 선택한 후 채우기 핸들을 이용하여 [B3] 셀까지 드래그 했을 때, [A3] 셀과 [B3] 셀의 값으로 옳은 것은?

◢	A	B
1	가-011	01월15일
2		
3		
4		

	[A3]	[B3]
①	가-013	01월17일
②	다-011	01월17일
③	가-013	03월15일
④	다-011	03월15일
⑤	가-011	01월15일

47 B대리는 해외에 있는 지사로부터 방대한 양의 납품 자료를 한눈에 파악할 수 있게 데이터를 요약해서 보내라는 연락을 받았다. B대리가 이러한 상황에 대응하기 위한 엑셀 사용 방법으로 가장 적절한 것은?

① 매크로 기능을 이용한다.
② 조건부 서식 기능을 이용한다.
③ 피벗 테이블 기능을 이용한다.
④ 유효성 검사 기능을 이용한다.
⑤ 필터 검사 기능을 이용한다.

48 다음 중 워드프로세서의 복사(Copy)와 잘라내기(Cut)에 대한 설명으로 옳은 것은?

① 복사하거나 잘라내기를 할 때 영역을 선택한 다음에 해야 한다.
② 한 번 복사하거나 잘라낸 내용은 한 번만 붙이기를 할 수 있다.
③ 복사한 내용은 버퍼(Buffer)에 보관되며, 잘라내기한 내용은 내문서에 보관된다.
④ 복사하거나 잘라내기를 하여도 문서의 분량에는 변화가 없다.
⑤ 〈Ctrl〉+〈C〉는 잘라내기, 〈Ctrl〉+〈X〉는 복사하기의 단축키이다.

49 다음 중 컴퓨터 시스템을 안정적으로 사용하기 위한 관리 방법으로 적절하지 않은 것은?

① 컴퓨터를 이동하거나 부품을 교체할 때는 반드시 전원을 끄고 작업하는 것이 좋다.

② 직사광선을 피하고 습기가 적으며 통풍이 잘되고 먼지 발생이 적은 곳에 설치한다.

③ 시스템 백업 기능을 자주 사용하면 시스템 바이러스 감염 가능성이 높아진다.

④ 디스크 조각 모음에 대해 예약 실행을 설정하여 정기적으로 최적화시킨다.

⑤ 강한 자성 물질을 저장 매체 근처에 놓지 않아야 한다.

50 다음은 K회사 인트라넷에 올라온 컴퓨터의 비프음과 관련된 문제 해결 방법에 대한 공지사항이다. 부팅 시 비프음 소리와 해결방법에 대한 설명으로 적절하지 않은 것은?

안녕하십니까.

최근 사용하시는 컴퓨터를 켤 때 비프음 소리가 평소와 다르게 들리는 경우가 종종 있습니다.

해당 비프음 소리별 해결원인과 방법을 공지하오니 참고해 주시기 바랍니다.

〈비프음으로 진단하는 컴퓨터 상태〉

- 짧게 1번 : 정상
- 짧게 2번 : 바이오스 설정이 올바르지 않은 경우, 모니터에 오류 메시지가 나타나게 되므로 참고하여 문제 해결
- 짧게 3번 : 키보드가 불량이거나 올바르게 꽂혀 있지 않은 경우
- 길게 1번+짧게 1번 : 메인보드 오류
- 길게 1번+짧게 2번 : 그래픽 카드의 접촉 점검
- 길게 1번+짧게 3번 : 쿨러의 고장 등 그래픽 카드 접촉 점검
- 길게 1번+짧게 9번 : 바이오스의 초기화, A/S 점검
- 아무 경고음도 없이 모니터가 켜지지 않을 때 : 전원 공급 불량 또는 합선, 파워서플라이의 퓨즈 점검, CPU나 메모리의 불량
- 연속으로 울리는 경고음 : 시스템 오류, 메인보드 점검 또는 각 부품의 접촉 여부와 고장 확인

---

① 짧게 2번 울릴 때는 모니터에 오류 메시지가 뜨니 원인을 참고해 해결할 수 있다.

② 길게 1번, 짧게 9번 울리면 바이오스 ROM 오류로 바이오스의 초기화 또는 A/S가 필요하다.

③ 비프음이 길게 1번, 짧게 1번 울렸을 때 CPU를 교체해야 한다.

④ 키보드가 올바르게 꽂혀 있지 않은 경우 짧게 3번 울린다.

⑤ 연속으로 울리는 경고음은 시스템 오류일 수 있다.

※ 귀하는 사무실에서 사용 중인 기존 공유기에 새로운 공유기를 추가하여 무선 네트워크 환경을 개선하려고 한다. 이어지는 질문에 답하시오. **[41~42]**

〈공유기를 AP / 스위치(허브)로 변경하는 방법〉

[안내]
공유기 2대를 연결하기 위해서는 각각의 공유기가 다른 내부 IP를 사용하여야 하며, 이를 위해 스위치(허브)로 변경하고자 하는 공유기에 내부 IP 주소 변경과 DHCP 서버 기능을 중단해야 합니다.

[절차요약]
– 스위치(허브)로 변경하고자 하는 공유기의 내부 IP 주소 변경
– 스위치(허브)로 변경하고자 하는 공유기의 DHCP 기능 중지
– 인터넷에 연결된 공유기에 스위치(허브)로 변경한 공유기를 연결

[세부절차 설명]
(1) 공유기의 내부 IP 주소 변경
  • 공유기의 웹 설정화면에 접속하여 [관리도구] – [고급설정] – [네트워크관리] – [내부 네트워크 설정]을 클릭합니다.
  • 내부 IP 주소의 끝자리를 임의적으로 변경한 후 [적용 후 시스템 다시 시작] 버튼을 클릭합니다.
(2) 공유기의 DHCP 기능 중지
  • 변경된 내부 IP 주소로 재접속 후 [관리도구] – [고급설정] – [네트워크관리] – [내부 네트워크 설정]을 클릭합니다.
  • 하단의 [DHCP 서버 설정]을 [중지]로 체크 후 [적용]을 클릭합니다.
(3) 스위치(허브)로 변경된 공유기의 연결

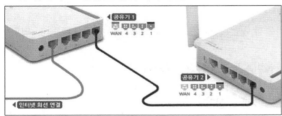

  • 위의 그림과 같이 스위치로 변경된 〈공유기 2〉의 LAN 포트 1 ~ 4 중 하나를 원래 인터넷에 연결되어 있던 〈공유기 1〉의 LAN 포트 1 ~ 4 중 하나에 연결합니다.
  • 〈공유기 2〉는 스위치로 동작하게 되므로 〈공유기 2〉의 WAN 포트에는 아무것도 연결하지 않습니다.

[최종점검]
이제 스위치(허브)로 변경된 공유기를 기존 공유기에 연결하는 모든 과정이 완료되었습니다. 설정이 완료된 상태에서 정상적으로 인터넷 연결이 되지 않는다면 상단 네트워크 〈공유기 1〉에서 IP 할당이 정상적으로 이루어지지 않는 경우입니다. 이와 같은 경우 PC에서 IP 갱신을 해야 하며 PC를 재부팅하거나 공유기를 재시작하시기 바랍니다.

[참고]
(1) Alpha3 / Alpha4의 경우는 간편설정이 가능하므로 (1) ~ (2) 과정을 쉽게 할 수 있습니다.
(2) 스위치(허브)로 변경되어 연결된 공유기가 무선 공유기로 필요에 따라 무선 연결 설정이 필요한 경우
〈공유기 1〉또는 〈공유기 2〉에 연결된 PC 어디에서나 〈공유기 2〉의 변경된 IP 주소를 인터넷 탐색기의
주소란에 입력하면 공유기 관리도구에 쉽게 접속할 수 있으며 필요한 무선 설정을 진행할 수 있습니다.

[경고]
(1) 상단 공유기에도 "내부 네트워크에서 DHCP 서버 발견 시 공유기의 DHCP 서버 기능 중단" 설정이 되어
있을 경우 문제가 발생 할 수 있으므로 상단 공유기의 설정을 해제하시기 바랍니다.
(2) 일부 환경에서 공유기를 스위치(허브)로 변경 후, UPNP 포트포워딩 기능이 실행 중이라면 네트워크 장
애를 유발할 수 있으므로 해당 기능을 중단해 주시기 바랍니다.

41 귀하는 새로운 공유기를 추가로 설치하기 전 판매업체에 문의하여 위와 같은 설명서 내용을 전달받
았다. 다음 중 바르게 이해하지 못한 것은?

① 새로 구매한 공유기가 Alpha3 또는 Alpha4인지 먼저 확인한다.
② 네트워크를 접속할 때 IP를 동적으로 할당받을 수 있도록 하는 DHCP 기능이 활성화되도록 설정
한다.
③ 기존에 있는 공유기의 내부 IP 주소와 새로운 공유기의 내부 IP 주소를 서로 다르게 설정한다.
④ 기존 공유기와 새로운 공유기를 연결할 때, 새로운 공유기의 LAN 포트에 연결한다.
⑤ 설명서와 동일하게 설정한 뒤에도 인터넷이 정상적으로 작동하지 않을 경우에는 PC를 재부팅하
거나 공유기를 재시작한다.

42 귀하는 설명서 내용을 토대로 새로운 공유기를 기존 공유기와 연결하고 설정을 마무리하였으나
제대로 작동하지 않았다. 귀하의 동료 중 IT기술 관련 능력이 뛰어난 A주임에게 문의를 한 결과,
다음과 같은 답변을 받았다. 다음 중 적절한 답변이 아닌 것은?

① 기존 공유기와 새로운 공유기를 연결하는 LAN선이 제대로 꼽혀 있지 않네요.
② PC에서 IP 갱신이 제대로 되지 않은 것 같습니다. 공유기와 PC 모두 재시작해 보는 게 좋을
것 같습니다.
③ 기존 공유기로부터 연결된 LAN선이 새로운 공유기에 LAN 포트에 연결되어 있네요. 이를 WAN
포트에 연결하면 될 것 같습니다.
④ 기존 공유기에서 DHCP 서버가 발견될 경우 DHCP 서버 기능을 중단하도록 설정되어 있어서
오작동한 것 같아요. 해당 설정을 해제하면 될 것 같습니다.
⑤ 새로운 공유기를 설정할 때, UPNP 포트포워딩 기능이 중단되어 있지 않아서 오작동을 일으킨
것 같아요. 중단되도록 설정하면 될 것 같습니다.

※ 최근 회사 내 기관지 관련 질병을 앓는 직원이 늘어나 깨끗한 사무실 환경을 조성하고자 공기청정기를 설치하였다. 약 한 달간 사용한 후 몇 개의 공기청정기가 이상한 증상을 보이기 시작하였으며, 관리담당자인 귀하에게 문의가 접수되었다. 자료를 보고 이어지는 질문에 답하시오. **[43~44]**

〈안전을 위한 주의사항〉

1) 설치관련
   - 정격 전원 이상의 콘센트를 제품 단독으로 사용하세요.
   - 열기구 및 열에 약한 물건 근처나 습기, 기름, 먼지가 많은 곳, 직사광선 및 물이 닿는 곳이나 가스가 샐 가능성이 있는 곳에 설치하지 마세요.
   - 제품을 설치할 때는 전원 코드를 빼기 쉬운 곳에 설치하세요.
   - 바닥이 튼튼하고 수평인 곳에 설치하세요.
   - 청정 능력을 위하여 주변과의 간격이 최소 5cm(권장 15cm) 이상 되게 하여 설치하세요.

2) 전원관련
   - 정기적으로 전원 플러그를 빼고 전원 플러그 접촉부분에 이물질을 마른 천으로 잘 닦아 주세요.
   - 전원 플러그는 콘센트 끝까지 확실히 연결하세요.
   - 장시간 사용하지 않거나 천둥 번개가 칠 경우에는 전원을 차단하세요.
   - 공기청정기 청소 및 수리 시 전원 공급을 차단한 후에 진행하세요.

〈고장신고 전 확인사항〉

증상	조치사항
제품이 작동되지 않아요.	• 전기가 들어오는지 확인한 후에 다시 작동시켜 보세요. • 전원 플러그를 꽂은 후에 다시 작동시켜 보세요. • 다른 콘센트를 사용해 다시 작동시켜 보세요.
필터 교체 알림 표시등이 계속 깜박거려요.	• 일체형 필터 교체 후에 [?]버튼을 눌러 필터 교체 알림을 리셋해 주세요.
이상한 냄새가 나요.	• 먼지거름필터를 확인하고, 지저분한 경우 청소해 주세요. • 집진 / 탈취 일체형 필터에서 이상한 냄새가 날 경우 새 일체형 필터를 구입하고 교체해 주세요.
이상한 소리가 나요.	• 이온 발생 중 '찌지직' 소리가 날 수 있습니다. 정상적인 소음이므로 안심하세요. • 이온 발생 기능을 끄고 싶다면 [?]버튼을 눌러 주세요. • 작동 중에 제품을 이동시키면 소음이 발생될 수 있습니다. • 제품 이동 시에는 전원을 꺼 주세요. • 제품 설치 상태를 확인해 주시고, 비뚤게 되어 있다면 수평으로 다시 설치해 주세요. • 제품 내부에 이물질이 들어갔다면 서비스센터에 연락해 주세요. • 제품에서 접촉 / 마찰 / 걸림 소음과 같은 이상한 소음이 나면 서비스센터에 연락해 주세요.
청정도 표시등이 계속 빨간색으로만 켜져 있어요.	• 실내에 미처 발견하지 못한 먼지나 냄새 유발물질이 있을 수 있습니다. 제품을 다른 깨끗한 실내로 이동시킬 경우 청정도 표시등의 색상이 바뀌는지 확인해 주세요. 그렇지 않다면 센서 / 와이어 동작 이상일 수 있으니 서비스센터에 문의해 주세요. • 먼지 / 냄새센서를 주기적으로 청소해 주세요. • 먼지 / 냄새센서를 청소하고 제품을 깨끗한 실내로 이동시켰는데도 빨간색 표시등이 계속 켜져 있다면, 센서 / 와이어 동작 이상일 수 있으니 서비스센터에 문의해 주세요.

청정도 표시등이 계속 빨간색 / 오렌지 색으로 켜져 있는데 바람세기가 변하지 않아요.	• 운전모드를 자동모드로 설정해 주세요. 강풍 / 약풍 / 취침모드의 경우 바람세기가 바뀌지 않습니다.
이상한 표시가 나타나요.	• 자동모드 표시등이 깜박일 경우, 제품 이상이 있는 것이므로 서비스센터에 연락해 주세요.

43 귀하는 동료들로부터 공기청정기의 이상 현상에 대한 문의를 받았으며, 위에 제시된 제품설명서를 토대로 답변하였다. 다음 대화 중 적절하지 않은 것은?

① A사원 : 다른 부서에 있는 동일한 제품보다 청정 능력이 떨어지는 것 같아요.

　　귀하 : 공기청전기가 벽면과 너무 밀접하면 공기흡입 공간이 부족하여 청정 능력이 떨어질 수 있어요. 주변과의 간격을 15cm 이상 떨어지도록 설치해 주세요.

② B주임 : 청정도 표시가 오염상태로 계속 표시되는데 고장이 난 건가요?

　　귀하 : 먼지센서 및 냄새센서에 이물질이 묻어 있을 경우에 청정도 표시가 오염상태에서 바뀌지 않을 수 있습니다. 센서를 깨끗이 청소하면 될 것 같습니다.

③ C사원 : 난간 위에 공기청정기를 설치했는데 이상한 소리가 나요.

　　귀하 : 만약 공기청정기가 난간 위에 삐뚤게 설치되어 있으면 이상한 소리가 날 수 있습니다. 수평이 되도록 다시 설치해 주세요.

④ D과장 : 공기청정기에 이온 발생 기능을 켜니까, '찌지직' 소리가 나던데 문제가 있는 것이 아닌가?

　　귀하 : 네, 과장님. 마찰음인 것 같은데, 문제가 있어 보입니다. 서비스센터에 문의하겠습니다.

⑤ E대리 : 최근에 퀴퀴한 냄새가 나서 먼지거름필터를 확인하고 지저분한 부분을 청소했는데 여전하네요. 문제가 있는 건가요?

　　귀하 : 그렇다면 일체형 필터에서 냄새가 날 수 있습니다. 새로운 필터로 교체해 주세요.

44 귀하는 회사 내 다수의 공기청정기가 문제를 일으켜, 서비스센터에 문의하여 고장접수를 하려고 한다. 다음 중 서비스센터에 문의하기에 적절하지 않은 것은?

① 공기청정기 제품 내부에 이물질이 들어간 경우
② 공기청정기의 센서 / 와이어 동작에 이상이 있는 경우
③ 공기청정기의 자동모드 표시등이 깜빡일 경우
④ 공기청정기에서 접촉 / 마찰 / 걸림 소음과 같은 이상한 소음이 발생될 경우
⑤ 공기청정기의 바람세기가 변하지 않을 경우

※ 다음은 비데를 설치하기 위해 참고할 제품 설명서의 일부 내용이다. 이어지는 질문에 답하시오. **[45~47]**

〈설치방법〉

1) 비데 본체의 변좌와 변기의 앞면이 일치되도록 전후로 고정하십시오.
2) 비데용 급수호스를 정수필터와 비데 본체에 연결한 후 급수밸브를 열어 주십시오.
3) 전원을 연결하십시오(반드시 전용 콘센트를 사용하십시오).
4) 비데가 작동하는 소리가 들린다면 설치가 완료된 것입니다.

〈주의사항〉

- 전원은 반드시 AC220V에 연결하십시오(반드시 전용 콘센트를 사용하십시오).
- 변좌에 걸터앉지 말고 항상 중앙에 앉고, 변좌 위에 어떠한 것도 놓지 마십시오(착좌센서가 동작하지 않을 수도 있습니다).
- 정기적으로 수도필터와 정수필터를 청소 또는 교환해 주십시오.
- 급수밸브를 꼭 열어 주십시오.

〈A/S 신청 전 확인 사항〉

현상	원인	조치방법
물이 나오지 않을 경우	급수 밸브가 잠김	매뉴얼을 참고하여 급수밸브를 열어 주세요.
	정수필터가 막힘	매뉴얼을 참고하여 정수필터를 교체하여 주세요(A/S상담실로 문의하세요).
	본체 급수호스 등이 동결	더운물에 적신 천으로 급수호스 등의 동결부위를 녹여 주세요.
기능 작동이 되지 않을 경우	수도필터가 막힘	흐르는 물에 수도필터를 닦아 주세요.
	착좌센서 오류	착좌센서에서 의류, 물방울, 이물질 등을 치워 주세요.
수압이 약할 경우	수도필터에 이물질이 낌	흐르는 물에 수도필터를 닦아 주세요.
	본체의 호스가 꺾임	호스의 꺾인 부분을 펴 주세요.
노즐이 나오지 않을 경우	착좌센서 오류	착좌센서에서 의류, 물방울, 이물질을 치워 주세요.
본체가 흔들릴 경우	고정 볼트가 느슨해짐	고정 볼트를 다시 조여 주세요.
비데가 작동하지 않을 경우	급수밸브가 잠김	매뉴얼을 참고하여 급수밸브를 열어 주세요.
	급수호스의 연결문제	급수호스의 연결상태를 확인해 주세요. 계속 작동하지 않는다면 A/S상담실로 문의하세요.
변기의 물이 샐 경우	급수호스가 느슨해짐	급수호스 연결부분을 조여 주세요. 계속 샐 경우 급수 밸브를 잠근 후 A/S상담실로 문의하세요.

45 귀하는 지시에 따라 비데를 설치하였다. 일주일이 지난 뒤, 동료 K사원으로부터 비데의 기능이 작동하지 않는다는 사실을 접수하였다. 다음 중 해당 문제점에 대한 원인을 파악하기 위해 확인해야 할 사항으로 옳은 것은?

① 급수밸브의 잠김 여부   ② 정수필터의 청결 상태
③ 수도필터의 청결 상태   ④ 급수밸브의 연결 상태
⑤ 비데의 고정 여부

PART 2

46 앞의 문제에서 확인한 사항이 추가로 다른 문제를 일으킬 수 있는지 미리 점검하고자 한다면, 다음 중 가장 적절한 행동은?

① 수압이 약해졌는지 확인한다.   ② 물이 나오지 않는지 확인한다.
③ 본체가 흔들리는지 확인한다.   ④ 노즐이 나오지 않는지 확인한다.
⑤ 변기의 물이 새는지 확인한다.

47 앞 문제들과 동일한 현상이 재발되지 않도록 하기 위한 근본적인 해결 방안으로 가장 적절한 것은?

① 변좌에 이물질이나 물방울이 남지 않도록 수시로 치워 준다.
② 정수필터가 막히지 않도록 수시로 점검하고 교체한다.
③ 수도필터가 청결함을 유지할 수 있도록 수시로 닦아 준다.
④ 급수호수가 꺾여있는 부분이 없는지 수시로 점검한다.
⑤ 급수호스 연결부분이 느슨해지지 않도록 정기적으로 조여 준다.

48 다음의 상황을 보고 빈칸에 들어갈 내용으로 가장 적절한 것은?

> A : 요즘엔 온라인으로도 교육을 받을 수 있어서 참 편리한 것 같아.
> B : 성적이나 진도, 출결석도 모두 온라인 시스템으로 관리하는 회사도 있다던데요?
> A : 우리 회사도 이번에 _____을/를 도입하기로 했대.

① LMS
② JIT
③ E-Learning
④ OJT
⑤ Orientation

49 귀하는 의류회사의 마케팅팀에서 팀장으로 근무하고 있다. 다음 자료와 같은 기사를 본 귀하는 해당 기업을 벤치마킹하여 제품진열 (　　　) 변경에 대한 회의 안건을 제안하려 한다. 빈칸에 들어갈 말로 가장 적절한 것은?

> 우선 지역의 특성을 살려 진열 방법을 바꿨다. 즉, 가족 고객이 많은 지역의 매장에는 패밀리 코디를 강조하는 것이다. 대학가 지역에는 젊은 층을 공략한 코디를 전시하도록 했다. 이처럼 동일한 상품에, 판에 박힌 진열 방식을 완전히 뒤집은 것이 가장 큰 성공전략이었다.

① 정관
② 약관
③ 매뉴얼
④ 계약서
⑤ 작업지시서

50 금형 공정 중 프레스 기계가 고장이 났다. 직원의 안전을 위해 프레스 기계를 사용하지 말라는 표시를 할 때, 가장 적절한 마크는?

①

②

③

④

⑤

작은 기회로부터 종종 위대한 업적이 시작된다.

– 데모스테네스 –

제3회
최종점검 모의고사

※ 한전KPS 별정직 최종점검 모의고사는 채용공고를 기준으로 구성한 것으로 실제 시험과 다를
   수 있습니다.

■ 취약영역 분석

번호	O/×	영역	번호	O/×	영역	번호	O/×	영역
1			18			35		
2			19		수리능력	36		
3			20			37		조직이해능력
4			21			38		
5		의사소통능력	22			39		
6			23			40		
7			24			41		
8			25			42		
9			26		문제해결능력	43		
10			27			44		
11			28			45		정보능력 / 기술능력
12			29			46		
13			30			47		
14		수리능력	31			48		
15			32		조직이해능력	49		
16			33			50		
17			34					

평가문항	50문항	평가시간	65분
시작시간	:	종료시간	:
취약영역			

🕐 응시시간 : 65분　　📋 문항 수 : 50문항

정답 및 해설 p.063

01 다음은 안전한 도로이용을 위한 고장 시 조치요령이다. 글의 내용으로 적절하지 않은 것은?

> **〈갓길의 이용〉**
>
> 고속도로에서 고장이나 연료가 소진되어 운전할 수 없는 경우에 주차하려 할 때는 다른 차의 주행을 방해하지 않도록 충분한 공간이 있는 갓길 등에 주차해야 한다.
>
> **〈고장차량 표지의 설치〉**
>
> 자동차의 운전자는 교통안전표지를 설치하는 경우 그 자동차의 후방에서 접근하는 자동차의 운전자가 확인할 수 있는 위치에 설치해야 한다. 또, 고속도로 등에서 자동차를 운행할 수 없게 되었을 때는 고장자동차의 표지를 설치해야 하며, 그 자동차를 고속도로 등이 아닌 다른 곳으로 옮겨 놓는 등의 필요한 조치를 해야 한다. 밤에는 고장자동차 표지와 함께 사방 500m 지점에서 식별할 수 있는 적색의 섬광신호 · 전기제등 또는 불꽃신호를 추가로 설치해야 한다. 강한 바람이 불 때는 고장차량 표지 등이 넘어지지 않도록 필요한 조치를 마련하고, 특히 차체 후부 등에 연결하여 튼튼하게 해야 한다. 또한, 수리 등이 끝나고 현장을 떠날 때는 고장차량 표지 등 장비를 챙기고 가는 것을 잊어서는 안 된다.
>
> **〈차의 이동과 비상 전화 이용〉**
>
> 고속도로상에서 고장이나 연료가 떨어져서 운전할 수 없을 때는 비상조치를 끝낸 후 가장 가까운 비상전화로 견인차를 부르거나 가능한 한 빨리 그곳으로부터 차를 이동해야 한다.

① 고속도로에서 운전할 수 없는 경우에는 갓길 등에 주차해야 한다.
② 교통안전표지는 후방의 운전자가 확인할 수 있는 위치에 설치해야 한다.
③ 밤에 고장자동차의 표지를 설치할 때는 불꽃신호를 추가로 설치해야 한다.
④ 고속도로 등에서 자동차를 운행할 수 없게 되었을 때는 차량을 두고 빨리 대피해야 한다.
⑤ 고속도로에서 비상조치를 끝낸 후 비상전화로 견인차를 부르거나 차를 빨리 이동해야 한다.

02 다음 글의 개요에서 ㉠과 ㉡에 들어갈 내용으로 가장 적절한 것은?

제목 : _____㉠_____

서론 : 환경의 심각성이 날로 도를 더해 간다.

본론

1. 환경오염 현상에 대한 우리의 반응
   (1) 부정적 모습 : 환경오염을 남의 일인 양 생각하는 모습
   (2) 긍정적 모습 : 환경오염의 심각성을 깨닫고 적극적으로 나서는 모습
2. 환경오염의 심각성을 깨닫지 못하는 사람
   (1) 잠시의 편안함을 위해 주위 환경을 함부로 훼손하는 사람
   (2) 다른 사람의 환경오염에 대해 참견하지 않는 사람
3. 환경오염 방지에 적극적으로 나서는 사람
   (1) 자신부터 환경을 오염시키지 않으려는 사람
   (2) 환경오염 방지는 물론 쾌적한 환경을 위해 노력하는 사람

결론 : _____㉡_____

---

① ㉠ : 환경오염에 대한 인식
　　㉡ : 쾌적한 환경을 유지하기 위해 전 국민적인 노력이 필요하다.
② ㉠ : 환경오염 방지의 생활화
　　㉡ : 환경오염 방지를 위한 정부의 대책 마련이 시급하다.
③ ㉠ : 환경 보호의 중요성
　　㉡ : 우리가 물려받은 환경을 우리의 후손에게 물려주어야 한다.
④ ㉠ : 자연적 환경과 문화적 환경
　　㉡ : 자연적 환경뿐만 아니라 문화적 환경에 대한 중요성을 강조한다.
⑤ ㉠ : 환경오염의 원인
　　㉡ : 환경 보호를 위한 방법을 모색한다.

03 다음 중 문서작성의 의미와 중요성에 대한 설명으로 적절하지 않은 것은?

① 문서란 제안서, 보고서, 기획서, 편지, 메모, 공지사항 등이 문자로 구성된 것을 말한다.
② 직장인에게 있어 기획서나 보고서, 공문서 등의 문서를 작성할 수 있는 능력은 중요하다.
③ 문서 내용에는 대상·목적·시기가 포함되어야 하며, 제안서는 경우에 따라 기대효과가 포함되어야 한다.
④ 문서는 한 사안을 한 장의 용지에 작성해야 한다.
⑤ 문서를 작성할 때는 주로 한자를 사용하여 상대방이 쉽게 이해할 수 있도록 한다.

04 다음 글의 빈칸에 들어갈 내용으로 가장 적절한 것은?

상품을 만들어 파는 사람이 그 수고의 대가를 받고 이익을 누리는 것은 당연하다. 하지만 그 이익이 다른 사람의 고통을 무시하고 얻어진 경우에는 정당하지 않을 수 있다. 제3세계에 사는 많은 환자가, 신약 가격을 개발국인 선진국의 수준으로 유지하는 거대 제약회사의 정책 때문에 고통 속에서 죽어가고 있다. 그 약값을 감당할 수 있는 선진국이 보기에도 이는 이익이란 명분 아래 발생하는 끔찍한 사례이다. 비난의 목소리가 높아지자 제약회사의 대규모 투자자 중 일부는 자신들의 행동이 윤리적인지 고민하기 시작했다. 사람들이 약값 때문에 약을 구할 수 없다는 것은 분명히 잘못된 일이다. 하지만 그렇다고 해서 국가가 제약회사에게 손해를 감수하라는 요구를 할 수는 없다는 데 사태의 복잡성이 있다.

신약을 개발하는 일에는 막대한 비용과 시간이 들며, 그 안전성 검사가 법으로 정해져 있어서 추가 비용이 발생한다. 이를 상쇄하기 위해 제약회사들은 시장에서 최대한 이익을 뽑아내려 한다. 얼마나 많은 환자가 신약을 통해 고통에서 벗어나는가에 대한 관심을 이들에게 기대하긴 어렵다. 그러나 만약 제약회사들이 존재하지 않는다면 신약개발도 없을 것이다.

상업적 고려와 인간의 건강 사이에 존재하는 긴장을 어떻게 해소해야 할까? 제3세계의 환자를 치료하는 일은 응급사항이며, 제약회사들이 자선하리라고 기대하는 것은 비현실적이다. 그렇다면 그 대안은 명백하다. _____

물론 여기에도 문제는 있다. 이 대안이 왜 실현되기 어려운 걸까? 그 이유가 무엇인지는 우리가 자신의 주머니에 손을 넣어 거기에 필요한 돈을 꺼내는 순간 분명해질 것이다.

① 제3세계에 제공되는 신약 가격을 선진국과 같게 해야 한다.
② 제3세계 국민에게 필요한 신약을 선진국 국민이 구매하여 전달해야 한다.
③ 선진국들은 자국의 제약회사가 제3세계에 신약을 저렴하게 공급하도록 강제해야 한다.
④ 각국 정부는 거대 제약회사의 신약 가격 결정에 자율권을 주어 개발 비용을 보상받을 수 있게 해야 한다.
⑤ 거대 제약회사들이 제3세계 국민을 위한 신약 개발에 주력하도록 선진국 국민이 압력을 행사해야 한다.

05 다음 중 밑줄 친 부분의 의미 관계와 유사한 것은?

> 논평할 때 진실한 논평을 하려면 이런 측면 저런 측면을 다 같이 검토하고, 거기에 공정한 판단과 결론을 내려야 한다. 공정한 논평에 있어 가장 중요한 점은 사고의 자유로운 활동이다. 자기에게 불리하다고 해서 문제를 그런 식으로 생각하면 못쓴다거나 이 문제는 이런 방향 이런 각도로만 생각해야 하며, 그 밖의 각도로 생각해서는 안 된다고 주장한다면, 이것이 곧 진실과 반대되는 곡필논평(曲筆論評)임을 말할 것도 없다. 곡필논평은 사고하는 것을 포기(抛棄)한 주장이다. 따라서 자유롭게 다각도의 ⊙ <u>사고(思考)</u>를 하면 ⓒ <u>진실(眞實)</u>한 논평이라고 할 수 있다.

① 설득(說得) : 설명(說明)
② 운동(運動) : 건강(健康)
③ 현실(現實) : 이상(理想)
④ 학문(學問) : 학자(學者)
⑤ 능률(能率) : 효율(效率)

06 다음 중 글의 흐름상 필요 없는 문장은?

> 가을을 맞아 기획바우처 행사가 전국 곳곳에서 마련된다. (가) <u>기획바우처는 문화소외계층을 상대로 '모셔오거나 찾아가는' 맞춤형 예술 체험 프로그램이다.</u> (나) <u>서울 지역의 '함께 하는 역사 탐방'은 독거노인을 모셔 와서 역사 현장을 찾아 연극을 관람하고 체험하는 프로그램이다.</u> (다) <u>경기도에서도 가족과 함께 낭만과 여유를 즐길 수 있는 다양한 문화행사를 준비하고 있다.</u> (라) <u>강원도 강릉과 영월에서는 저소득층 자녀를 대상으로 박물관 관람 프로그램을 준비하고 있다.</u> (마) <u>부산 지역의 '어울림'은 방문 공연 서비스로서 지역예술가들이 가난한 동네를 돌아다니며 직접 국악, 클래식, 미술 등 재능을 기부한다.</u>

① (가)　　　　　　　　② (나)
③ (다)　　　　　　　　④ (라)
⑤ (마)

07 다음 '철학의 여인'의 논지를 따를 때, ⑤으로 적절한 것을 〈보기〉에서 모두 고르면?

다음은 철학의 여인이 비탄에 잠긴 보에티우스에게 건네는 말이다.
"나는 이제 네 병의 원인을 알겠구나. 이제 네 병의 원인을 알게 되었으니 ⑤ 너의 건강을 회복할 방법을 찾을 수 있게 되었다. 그 방법은 병의 원인이 되는 잘못된 생각을 바로잡아 주는 것이다. 너는 너의 모든 소유물을 박탈당했다고, 사악한 자들이 행복을 누리게 되었다고, 네 운명의 결과가 불의하게도 제멋대로 바뀌었다는 생각으로 비탄에 빠져 있다. 그런데 그런 생각은 잘못된 전제에서 비롯된 것이다. 네가 눈물을 흘리며 너 자신이 추방당하고 너의 모든 소유물을 박탈당했다고 생각하는 것은 행운이 네게서 떠났다고 슬퍼하는 것과 다름없는데, 그것은 네가 운명의 본모습을 모르기 때문이다. 그리고 사악한 자들이 행복을 가졌다고 생각하는 것이나 사악한 자가 선한 자보다 더 행복을 누린다고 한탄하는 것은 네가 실로 만물의 목적이 무엇인지 모르고 있기 때문이다. 다시 말해 만물의 궁극적인 목적이 선을 지향하는 데 있다는 것을 모르고 있기 때문이다. 또한 너는 세상이 어떤 통치 원리에 의해 다스려지는지 잊어버렸기 때문에 제멋대로 흘러가는 것이라고 믿고 있다. 그러나 만물의 목적에 따르면 악은 결코 선을 이길 수 없으며 사악한 자들이 행복할 수는 없다. 따라서 세상은 결국에는 불의가 아닌 정의에 의해 다스려지게 된다. 그럼에도 불구하고 너는 세상의 통치 원리가 정의와는 거리가 멀다고 믿고 있다. 이는 그저 병의 원인일 뿐 아니라 죽음에 이르는 원인이 되기도 한다. 그러나 다행스럽게도 자연은 너를 완전히 버리지는 않았다. 이제 너의 건강을 회복할 작은 불씨가 생명의 불길로 타올랐으니 너는 조금도 두려워할 필요가 없다."

> **보기**
> ㄱ. 만물의 궁극적인 목적이 선을 지향하는 데 있다는 것을 아는 것
> ㄴ. 세상이 제멋대로 흘러가는 것이 아니라 정의에 의해 다스려진다는 것을 깨닫는 것
> ㄷ. 자신이 박탈당했다고 여기는 모든 것, 즉 재산, 품위, 권좌, 명성 등을 되찾을 방도를 아는 것

① ㄱ
② ㄴ
③ ㄱ, ㄴ
④ ㄴ, ㄷ
⑤ ㄱ, ㄴ, ㄷ

08 다음은 중소기업 방송광고 활성화(제작비) 지원사업 절차이다. 이에 대한 설명으로 적절하지 않은 것은?

<중소기업 방송광고 활성화(제작비) 지원사업 절차>

사업 시행 공고 (한국방송광고진흥공사)	3월, 7월	• 홈페이지 등에 공고

⇩

지원 신청(해당 기업)	3월, 7월	• 신청자격 : 이노비즈 등 인증 중소기업으로 접수 마감일 기준 최근 1년 이내 지상파(전국) 또는 종합편성방송사에 방송광고 집행 실적이 없는 기업 • 신청 접수 : (1차) 3월 21일 ~ 4월 1일, (2차) 7월 18일 ~ 7월 29일

⇩

지원대상 선정 (지원협의회)	4월, 8월	• 예비심사(필요시 시행) • 본심사

⇩

사업 수행 협약 체결 (지원대상기업, 한국방송광고진흥공사)	4월, 8월	• 선정 통보 후 5일 이내 협약 체결

⇩

사업 수행 (지원대상기업)	협약 후 3개월 이내	• 방송광고 제작 계약서 제출(협약 후 45일 이내) • 방송광고 제작 • 방송광고 청약

⇩

사업 수행 완료 후 기금 지원 신청 (지원대상기업 → 한국방송광고진흥공사)	협약 후 3개월 이내	• 완성된 방송광고물 • 완성된 방송광고물의 제작비 상세 명세서 • 완성된 방송광고물의 방송광고 심의 소재 등록증 • 방송광고 청약서 등과 함께 기금 지원 신청서 제출

⇩

검증 및 기금 지원 결정 (지원협의회)	기금 지원 신청 익월	• 기금 지원 신청 금액 및 완성된 방송광고물의 검증 • 지원협의회 최종 승인 및 지급

① 1차 접수를 원한다면 3월에 사업 시행 공고를 보고 4월 1일까지 신청 접수하면 된다.

② 4월과 8월에 진행하는 지원대상 선정에서는 예비심사와 본심사를 반드시 받아야 한다.

③ 지원대상 선정과 같은 달에 사업 수행 협약을 체결한다.

④ 협약 후 45일 이내에 방송광고 제작 계약서를 제출하고, 3개월 이내에 방송광고물을 제작한다.

⑤ 이노비즈 등 인증 중소기업이어야 지원 신청이 가능하다.

(가) 인류의 생명을 위협하는 미세먼지와의 전쟁

먼지는 인류가 지구상에 등장하기 훨씬 전부터 지구 대기를 가득 채우고 있었다. 구름 속에서 눈과 비를 만들고 따가운 햇볕을 가려주는 등 인류에게 이로운 존재였던 먼지가 문제가 된 것은 산업화, 도시화로 인해 자연의 먼지보다 훨씬 작고 위험한 미세먼지가 대기를 덮기 시작했기 때문이다.

보통 지름이 $10\mu m$(머리카락 굵기의 $1/5 \sim 1/7$)보다 작고, $2.5\mu m$(머리카락 굵기의 $1/20 \sim 1/30$)보다 큰 입자를 미세먼지라고 부른다. 주로 자동차가 많은 도로변이나 화석연료를 쓰는 산업단지 등에서 발생한다. 지름이 $2.5\mu m$ 이하의 입자는 '초미세먼지'로 분류되며, 담배 연기나 연료의 연소 시에 생성된다.

이러한 미세먼지가 우리 몸속으로 들어오면 면역력이 급격히 떨어져 감기, 천식, 기관지염 같은 호흡기 질환은 물론 심혈관질환, 피부질환, 안구질환 등 각종 질병에 노출될 수 있다. 세계보건기구(WHO)는 지난 2014년 한 해 동안 미세먼지로 인해 기대수명보다 일찍 사망한 사람이 700만 명에 이른다고 발표했다. 흡연으로 연간 발생하는 조기 사망자가 600만 명임을 고려하면 미세먼지의 유해성이 얼마나 심각한지 잘 알 수 있다.

(나)

2010년 전 세계 자동차 보유대수는 10억 대를 넘었고, 우리나라는 2014년 10월 말에 세계 15번째로 2,000만 대(차량 1대당 인구 2.26명)를 돌파했다. 궁극적으로 미세먼지를 없애려면 도시에서 자동차 통행을 전면 금지하면 된다. 하지만 이것은 현실적으로 불가능하기에 자동차 통행수요를 줄임으로써 미세먼지 발생을 최소화하는 정책이 필요하다. 실제로 유럽이나 미국, 일본 등 많은 나라에서 다양한 자동차 배출가스 정책을 통해 미세먼지를 줄이려고 노력하고 있다.

(다) 미세먼지 없는 깨끗한 세상을 위한 우리의 정책

우리나라 역시 자동차 배출가스 저감을 통해 미세먼지를 줄이려는 세계적인 추세에 보조를 맞추고 있다. 우선, 자동차 배출가스 배출허용기준을 강화하고, 경유차에 배출가스 저감장치를 부착하도록 함으로써 저공해화를 유도한다. 이 밖에도 연료 품질기준 강화, 자동차 배출가스 검사 강화, 자동차 배출가스 단속 강화 등 다양한 정책을 추진 중이다. 따라서 대도시 미세먼지 기여도 1위의 불명예를 안고 있는 노후 경유차 77%를 퇴출하는 한편, 어린이집, 유치원 밀집지역을 '미세 먼지 프리존(Free Zone)'으로 선정해 노후 경유차 출입제한 등의 규제 조치를 취한다.

최대 미세먼지 배출국인 중국과의 공조도 활발히 전개하기로 했다. 기존의 연구협력 수준을 넘어 환경기술 사업 분야의 협력을 강화한다. 아울러 한중 정상회의에서 미세먼지 문제를 의제화해 공동선언 발표를 추진한다는 계획이다. 이처럼 미세먼지는 국가 간 협력해야 하는 전 세계적 문제라고 할 수 있다.

09 다음 중 (나)의 제목으로 적절하지 않은 것은?

① 자동차의 공급, 대기오염의 원인
② 대기오염의 주범, 자동차 배출가스
③ 미세먼지, 자동차 배출가스 정책으로 줄여
④ 자동차 통행수요, 미세먼지에 영향
⑤ 친환경 자동차 공급, 미세먼지 감소

10 다음 중 윗글의 내용을 바르게 이해하지 못한 사람은?

① 김사원 : 미세먼지라고 위험성을 간과하면 안 되겠구나. 미세먼지 때문에 면역력이 감소하게 되면 각종 질병에 노출되니까 말이야.
② 이사원 : 담배 연기로 생성되는 지름이 $3\mu\text{m}$ 이하의 입자는 모두 '초미세먼지'라고 분류하는구나.
③ 홍대리 : 프랑스 파리에서는 미세먼지가 심각한 날에는 무조건 차량 2부제를 실시한다고 하는데, 이는 (나)의 사례로 적절하네.
④ 손대리 : 미국에서 자동차 배출가스 정화 장치를 부착하는 것은 미세먼지와 대기오염을 줄이기 위해 노력하는 방안 중 하나이구나.
⑤ 박과장 : 우리나라의 노력도 중요하지만, 다른 나라와의 협력을 통해 대기오염을 개선하도록 노력하는 것도 매우 중요하구나.

11 K영화관 C지점이 설립됐다. C지점에서는 개업 이벤트로 10명이 모여 예매하면 1인당 20%를 할인 해준다. G고등학교 1학년 2반 학생들은 C지점에서 단체 영화 관람을 하기로 했다. 2반 학생 수가 총 46명일 때, 이벤트 이전에 내야 하는 금액보다 얼마나 할인을 받을 수 있는가?(단, 청소년 한 명의 요금은 8,000원이다)

① 61,000원　　　　　　　　　② 64,000원

③ 67,000원　　　　　　　　　④ 71,000원

⑤ 73,000원

12 원우는 자신을 포함한 8명의 친구와 부산에 놀러 가기 위해 일정한 금액을 걷었다. 원우가 경비를 계산해 보니, 총금액의 30%는 숙박비에 사용하고, 숙박비 사용 금액의 40%는 외식비로 사용한다. 그리고 남은 경비가 92,800원이라면, 각자 얼마씩 돈을 냈는가?

① 15,000원　　　　　　　　　② 18,000원

③ 20,000원　　　　　　　　　④ 22,000원

⑤ 24,000원

13 농도가 20%인 묽은 염산 300g이 있다. 농도가 5%인 묽은 염산을 섞어 실험에 쓸 수 있는 묽은 염산으로 희석한다. 농도가 10%보다 진하면 실험용 염산으로 사용할 수 없다고 할 때, 최소로 필요한 5% 묽은 염산의 양은?

① 600g　　　　　　　　　　　② 650g

③ 700g　　　　　　　　　　　④ 750g

⑤ 800g

※ 귀하는 내달 있을 회사 체육대회의 폐회식을 계획하고 있다. 체육대회에서는 짝피구, 줄다리기, 계주 달리기 종목을 진행할 예정이며 각 우승팀에게 시상하려고 한다. 폐회식 일정에 있는 시상식 때 각 종목 우승팀 중 짝피구 2명, 줄다리기 3명, 계주 달리기 1명이 대표로 단상에 올라가 시상 후 대표이사와 함께 일렬로 서서 사진촬영을 할 예정이다. 이어지는 질문에 답하시오. [14~15]

14 사진촬영 시 대표이사가 가운데 서는 경우의 수는?

① 120가지   ② 256가지
③ 320가지   ④ 480가지
⑤ 720가지

15 사진촬영 시 대표이사가 가운데에 서고 줄다리기 대표들이 이웃해서 서는 경우의 수는?

① 72가지   ② 80가지
③ 100가지   ④ 120가지
⑤ 195가지

16 다음은 R대리가 부산 출장을 갔다 올 때 선택할 수 있는 교통편에 대한 자료이다. R대리가 교통편 하나를 선택하여 왕복티켓을 모바일로 예매하려고 할 때, 가장 저렴한 교통편은 무엇인가?

<서울 → 부산 교통편 현황>

교통편	종류	편도 비용	기타
버스	일반버스	24,000원	–
	우등버스	32,000원	모바일 예매 1% 할인
기차	무궁화호	28,000원	왕복 예매 시 15% 할인
	새마을호	36,000원	왕복 예매 시 20% 할인
	KTX	58,000원	1+1 이벤트(편도 금액으로 왕복 예매 가능)

① 일반버스   ② 우등버스
③ 무궁화호   ④ 새마을호
⑤ KTX

17 K공사 홍보실의 L대리는 인근 학교에서 사내 견학을 온 학생들의 강의를 맡았다. '에너지 절약과 온실가스 감축효과'에 대해 강의한 L대리는 학생들의 강의 집중력을 이끌어내기 위해 이산화탄소 배출량 퀴즈 문제를 만들어 정답자에게 문화상품권을 선물로 주었다. 다음 중 문화상품권을 받은 학생은?

"에너지 절약과 온실가스 감축효과"
잠시 쉬어 가는 깜짝 퀴즈(정답을 맞힌 학생에게는 문화상품권 지급)

Q. 연탄 14장, 도시가스 33Nm^3, 전기 451kWh, LPG 37,500원을 사용했을 때 배출되는 이산화탄소량을 모두 더한 값은?(단, 소수점 첫째 자리에서 반올림한다)

- 연탄 10장을 소비했을 때 배출되는 이산화탄소량=65kgCO_2
- 도시가스 15Nm^{3}를 소비했을 때 배출되는 이산화탄소량=33kgCO_2
- 전기 300kWh를 소비했을 때 배출되는 이산화탄소량=127kgCO_2
- LPG 25,000원을 사용했을 때 배출되는 이산화탄소량=58kgCO_2

책상 위에 놓인 종이에 정답을 적어서 강단 앞 상자에 넣어 주세요.

---

① A학생 : 339kgCO_2 ② B학생 : 423kgCO_2
③ C학생 : 442kgCO_2 ④ D학생 : 458kgCO_2
⑤ E학생 : 523kgCO_2

18 제약회사에서 근무하는 귀하는 의약품 특허출원과 관련하여 조사한 내용을 정리하여 다음과 같이 보고서를 작성하였다. 상사에게 보고서를 제출하기 전에 최종 검토를 하고자 한다. 보고서를 작성할 때 참고한 자료가 다음과 같다면, 보고서 내용 중 수정이 필요한 부분으로 옳은 것은?

〈보고서 내용 일부〉

2020년부터 2022년까지 의약품의 특허출원은 (A) 매년 감소하였다. 그러나 기타 의약품이 전체 의약품 특허출원에서 차지하는 비중은 매년 증가하여 2022년에는 전체 의약품 특허출원의 (B) 25% 이상을 차지하였다. 다국적기업의 의약품별 특허출원 현황을 살펴보면, 원료의약품에서 다국적기업 특허출원이 차지하는 비중은 다른 의약품에 비해 매년 그 비중이 높아져 2022년에는 (C) 20% 이상을 차지하게 되었다. 한편 2022년 다국적기업에서 출원한 완제의약품 특허출원 중 다이어트제 출원은 (D) 11%였다.

[참고자료]

〈의약품별 특허출원 현황〉

구분 \ 연도	2020년	2021년	2022년
완제의약품	7,137건	4,394건	2,999건
원료의약품	1,757건	797건	500건
기타 의약품	2,236건	1,517건	1,220건
합계	11,130건	6,708건	4,719건

〈의약품별 특허출원 중 다국적기업 출원 현황〉

구분 \ 연도	2020년	2021년	2022년
완제의약품	404건	284건	200건
원료의약품	274건	149건	103건
기타 의약품	215건	170건	141건
합계	893건	603건	444건

〈완제의약품 특허출원 중 다이어트제 출원 현황〉

구분	2020년	2021년	2022년
출원 건수	53건	32건	22건

① (A) ② (B)
③ (C) ④ (D)
⑤ 없음

19 다음 중 그래프에 대한 설명으로 옳은 것은?

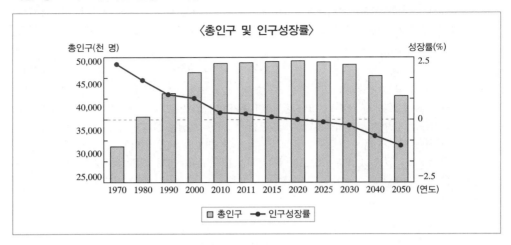

① 인구성장률은 2025년에 잠시 성장하다가 다시 감소할 것이다.
② 2011년부터 총인구는 감소할 것이다.
③ 2000 ~ 2010년 기간보다 2025 ~ 2030년 기간의 인구 증가가 덜할 것이다.
④ 2040년에 총인구는 1990년 인구보다 적을 것이다.
⑤ 총인구수는 2000년부터 감소세를 보이고 있다.

20 다음 2개의 음식점에 대한 만족도를 5개 부문으로 나누어 한 평가로 옳지 않은 것은?

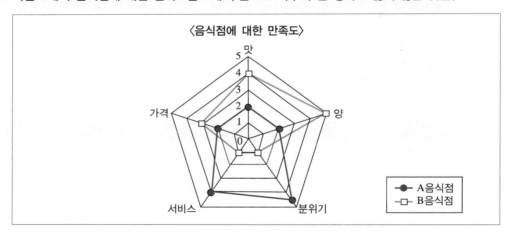

① A음식점은 2개 부문에서 B음식점을 능가한다.
② 맛 부문에서 만족도가 더 높은 음식점은 B음식점이다.
③ A와 B음식점 간 가장 큰 차이를 보이는 부문은 서비스이다.
④ B음식점은 가격보다 맛과 양 부문에서 상대적 만족도가 더 높다.
⑤ B음식점은 3개 부문에서 A음식점을 능가한다.

21 다음은 K기업의 재고 관리 사례이다. 금요일까지 부품 재고 수량이 남지 않게 완성품을 만들 수 있도록 월요일에 주문할 A ~ C부품 개수로 옳은 것은?(단, 주어진 조건 이외에는 고려하지 않는다)

〈부품 재고 수량과 완성품 1개당 소요량〉

부품명	부품 재고 수량	완성품 1개당 소요량
A	500	10
B	120	3
C	250	5

〈완성품 납품 수량〉

항목 \ 요일	월요일	화요일	수요일	목요일	금요일
완성품 납품 개수	없음	30	20	30	20

※ 부품 주문은 월요일에 한 번 신청하며, 화요일 작업 시작 전에 입고된다.
※ 완성품은 부품 A, B, C를 모두 조립해야 한다.

	A	B	C
①	100	100	100
②	100	180	200
③	500	100	100
④	500	150	200
⑤	500	180	250

※ K공사는 직원들의 명함을 다음의 명함 제작 기준에 따라 제작한다. 다음을 읽고 이어지는 질문에 답하시오. [22~23]

〈명함 제작 기준〉

(단위 : 원)

구분	100장	추가 50장
국문	10,000	3,000
영문	15,000	5,000

※ 고급종이로 제작할 경우 정가의 10% 가격 추가

22 올해 신입사원이 입사해서 국문 명함을 만들었다. 명함은 1인당 150장씩 지급하고 일반종이로 만들어 총 제작비용이 195,000원이라고 할 때, 신입사원은 총 몇 명인가?

① 12명　　　　　　　　　　　　② 13명

③ 14명　　　　　　　　　　　　④ 15명

⑤ 16명

23 이번 신입사원 중 해외영업 부서로 배치받은 사원이 있다. 해외영업부 사원들에게는 고급종이로 영문 명함을 200장씩 만들어 주려고 한다. 총인원이 8명일 때, 명함 제작에 드는 총액은 얼마인가?

① 158,400원　　　　　　　　　② 192,500원

③ 210,000원　　　　　　　　　④ 220,000원

⑤ 247,500원

24 다음 자료를 근거로 판단할 때, 연구모임 A ~ E 중 두 번째로 많은 지원금을 받는 모임은?

〈지원계획〉

• 지원을 받기 위해서는 한 모임당 6명 이상 9명 미만으로 구성되어야 한다.
• 기본지원금
  모임당 1,500천 원을 기본으로 지원한다. 단, 상품개발을 위한 모임의 경우는 2,000천 원을 지원한다.
• 추가지원금

등급	상	중	하
추가지원금(천 원/명)	120	100	70

※ 추가지원금은 연구계획 사전평가결과에 따라 달라진다.
• 협업 장려를 위해 협업이 인정되는 모임에는 위의 두 지원금을 합한 금액의 30%를 별도로 지원한다.

〈연구모임 현황 및 평가결과〉

모임	상품개발 여부	구성원 수	연구계획 사전평가결과	협업 인정 여부
A	○	5	상	○
B	×	6	중	×
C	×	8	상	○
D	○	7	중	×
E	×	9	하	×

① A모임
② B모임
③ C모임
④ D모임
⑤ E모임

25 다음은 국내 화장품 제조 회사에 대한 SWOT 분석 자료이다. 〈보기〉 중 분석에 따른 대응 전략으로 적절한 것을 모두 고르면?

강점(Strength)	약점(Weakness)
• 신속한 제품 개발 시스템 • 차별화된 제조 기술 보유	• 신규 생산 설비 투자 미흡 • 낮은 브랜드 인지도
기회(Opportunity)	위협(Threat)
• 해외시장에서의 한국 제품 선호 증가 • 새로운 해외시장의 출현	• 해외 저가 제품의 공격적 마케팅 • 저임금의 개발도상국과 경쟁 심화

보기

ㄱ. 새로운 해외시장의 소비자 기호를 반영한 제품을 개발하여 출시한다.

ㄴ. 국내에 화장품 생산 공장을 추가로 건설하여 제품 생산량을 획기적으로 증가시킨다.

ㄷ. 차별화된 제조 기술을 통해 품질 향상과 고급화 전략을 추구한다.

ㄹ. 브랜드 인지도가 낮으므로 해외 현지 기업과의 인수·합병을 통해 해당 회사의 브랜드로 제품을 출시한다.

① ㄱ, ㄴ

② ㄴ, ㄷ

③ ㄷ, ㄹ

④ ㄱ, ㄷ

⑤ ㄴ, ㄹ

26 다음 자료를 보고 K사원이 8월 출장여비로 받을 수 있는 총액을 바르게 구한 것은?

〈출장여비 계산기준〉

• 출장여비는 출장수당과 교통비의 합으로 계산된다.
• 출장수당의 경우 업무추진비 사용 시 1만 원이 차감되며, 교통비의 경우 관용차량 사용 시 1만 원이 차감된다.

〈출장지별 출장여비〉

출장지	출장수당	교통비
D시	10,000원	20,000원
D시 외	20,000원	30,000원

※ D시 이외 지역으로 출장을 갈 경우 13시 이후 출장 시작 또는 15시 이전 출장 종료 시 출장수당에서 1만 원 차감된다.

〈K사원의 8월 출장내역〉

출장일	출장지	출장 시작 및 종료 시각	비고
8월 8일	D시	14 ~ 16시	관용차량 사용
8월 16일	S시	14 ~ 18시	-
8월 19일	B시	09 ~ 16시	업무추진비 사용

① 6만 원
② 7만 원
③ 8만 원
④ 9만 원
⑤ 10만 원

27 8명의 학생 A ~ H 중 5명이 여름 캠프에 참가할 예정이다. 제시된 〈조건〉을 참고할 때, 다음 중 반드시 캠프에 참가하는 사람은?

조건

• B, C, F 중에서 두 명만이 참가한다.
• C, E, G 중에서 두 명만이 참가한다.
• D, E, F 중에서 두 명만이 참가한다.
• H가 참가하지 않으면 A도 참가하지 않는다.

① A
② B
③ D
④ F
⑤ H

28 K공사에서는 직원들을 해외로 파견하고자 한다. 제시된 파견 조건에 따라 각 직원들의 파견여부와 파견국가가 결정된다고 할 때, 다음 〈보기〉 중 반드시 참인 것을 모두 고르면?

〈파견 조건〉

- A대리가 인도네시아로 파견되지 않는다면, E주임은 몽골로 파견되지 않는다.
- D주임이 뉴질랜드로 파견된다면, B대리는 우즈베키스탄으로 파견된다.
- C주임은 아일랜드로 파견된다.
- E주임이 몽골로 파견되거나, C주임이 아일랜드로 파견되지 않는다.
- A대리가 인도네시아로 파견되지 않거나, B대리가 우즈베키스탄으로 파견되지 않는다.

보기

ㄱ. B대리는 우즈베키스탄으로 파견되지 않는다.
ㄴ. D주임은 뉴질랜드로 파견되지 않는다.
ㄷ. A대리는 인도네시아로 파견되고, E주임은 몽골로 파견되지 않는다.
ㄹ. C주임과 E주임은 같은 국가로 파견된다.

① ㄱ, ㄴ   ② ㄱ, ㄷ
③ ㄴ, ㄷ   ④ ㄴ, ㄹ
⑤ ㄷ, ㄹ

29 K공사는 직원들의 교양증진을 위해 사내 도서관에 도서를 2권 추가하고자 한다. 새로 구매할 도서는 직원들을 대상으로 한 사전조사 결과를 바탕으로 한 선정점수를 결정한다. 〈조건〉에 따라 추가로 구매할 도서를 선정할 때, 다음 중 최종 선정될 도서는?

〈후보 도서 사전조사 결과〉

도서명	저자	흥미도 점수	유익성 점수
재테크, 답은 있다	정우택	6	8
여행학개론	W. George	7	6
부장님의 서랍	김수권	6	7
IT혁명의 시작	정인성, 유오진	5	8
경제정의론	S. Collins	4	5
건강제일주의	임시학	8	5

조건

- 공사는 전 직원들을 대상으로 후보 도서들에 대한 사전조사를 하였다. 각 후보 도서들에 대한 흥미도 점수와 유익성 점수는 전 직원들이 10점 만점으로 부여한 점수의 평균값이다.
- 흥미도 점수와 유익성 점수를 3 : 2의 가중치로 합산하여 1차 점수를 산정하고, 1차 점수가 높은 후보 도서 3개를 1차 선정한다.
- 1차 선정된 후보 도서 중 해외저자의 도서는 가점 1점을 부여하여 2차 점수를 산정한다.
- 2차 점수가 가장 높은 2개의 도서를 최종선정한다. 만일 선정된 후보 도서들의 2차 점수가 모두 동일한 경우, 유익성 점수가 가장 낮은 후보 도서는 탈락시킨다.

① 재테크, 답은 있다 / 여행학개론
② 재테크, 답은 있다 / 건강제일주의
③ 여행학개론 / 부장님의 서랍
④ 여행학개론 / 건강제일주의
⑤ IT혁명의 시작 / 건강제일주의

30 K공사 인력지원실 인사부의 P사원은 직원들의 근무평정 업무를 수행하고 있다. 가점평정 기준표를 참고했을 때, P사원이 K과장에게 부여해야 할 가점은?

〈가점평정 기준표〉

구분		내용	가점	인정범위	비고
근무경력		본부 근무 1개월(본부, 연구원, 인재개발원 또는 정부부처 파견근무기간 포함)	0.03점 (최대 1.8점)	1.8점	동일 근무기간 중 다른 근무경력 가점과 원거리, 장거리 및 특수지
		지역본부 근무 1개월(지역본부 파견근무기간 포함)	0.015점 (최대 0.9점)	1.8점	가점이 중복될 경우, 원거리, 장거리 및 특수지 근무가점은 1/2만 인정
		원거리 근무 1개월	0.035점 (최대 0.84점)		
		장거리 근무 1개월	0.025점 (최대 0.6점)		
		특수지 근무 1개월	0.02점 (최대 0.48점)		
내부평가		내부평가결과 최상위 10%	월 0.012점	0.5점	현 직급에 누적됨 (승진 후 소멸)
		내부평가결과 차상위 10%	월 0.01점		
제안	제안상 결정 시	금상	0.25점	0.5점	수상 당시 직급에 한정함
		은상	0.15점		
		동상	0.1점		
	시행 결과평가	탁월	0.25점	0.5점	제안상 수상 당시 직급에 한정함
		우수	0.15점		

〈K과장 가점평정 사항〉

- 입사 후 36개월 동안 본부에서 연구원으로 근무
- 지역본부에서 24개월 근무
  - 지역본부에서 24개월 근무 중 특수지에서 12개월 동안 파견근무
- 본부로 복귀 후 현재까지 총 23개월 근무
- 팀장(직급 : 과장)으로 승진 후 현재까지
  - 내부평가결과 최상위 10% 총 12회
  - 내부평가결과 차상위 10% 총 6회
  - 금상 2회, 은상 1회, 동상 1회 수상
  - 시행결과평가 탁월 2회, 우수 1회

① 3.284점
② 3.454점
③ 3.604점
④ 3.854점
⑤ 3.974점

31 어떤 주제나 주장 등을 적극적으로 분석·종합·평가하는 능동적 사고를 '비판적 사고'라고 한다. 다음 중 비판적 사고 개발을 위한 내용으로 적절하지 않은 것은?

① 업무에 있어서 나타나는 문제를 자신의 문제로 여기고 진지하게 다루어야 해.

② 어떤 문제에 있어 주관적인 판단을 통해 명확한 결론을 내려야겠지.

③ 비판을 통해 나타나는 고정관념으로 일방적인 평가를 내릴 수 있으니 조심해야 해.

④ 정보에 대한 개방성을 가지고 편견을 갖지 않아야 해.

⑤ 자신이 지닌 문제와 목적을 정확하게 파악하는 것이 우선이겠지.

32 국제문화를 접할 때, 완전히 다른 문화환경이나 새로운 사회환경을 접함으로써 감정의 불안을 느끼거나 무엇을 어떻게 해야 하는지 모르는 판단의 부재 상태에 놓일 수 있는데, 이를 '문화충격'이라고 한다. 다음 중 문화충격을 예방하는 방법으로 적절하지 않은 것은?

① 다른 문화환경에 대한 개방적인 태도를 갖도록 한다.

② 자신이 속한 문화를 기준으로 다른 문화를 평가하지 않도록 한다.

③ 새롭고 다른 것을 경험하는 데 적극적인 자세를 취하도록 한다.

④ 새로운 사회환경 적응을 위해서 자신의 정체성은 포기하도록 한다.

⑤ 다른 문화에 대한 정보를 미리 습득하도록 한다.

33 다음 기사를 읽고 필리핀 EPS 센터에 근무 중인 S대리가 취할 행동으로 적절하지 않은 것은?

> 최근 필리핀에서 한국인을 노린 범죄행위가 기승을 부리고 있다. 외교부 보고에 따르면 최근 5년간 해외에서 우리 국민을 대상으로 벌어진 살인 사건이 가장 많이 발생한 국가가 필리핀인 것으로 나타났다. 따라서 우리나라는 자국민 보호를 위해 한국인 대상 범죄 수사를 지원하는 필리핀 코리안 데스크에 직원을 추가 파견하기로 했다.

① 저녁에 이루어지고 있는 필리핀 문화 교육 시간을 오전으로 당겨야겠군.

② 우리 국민이 늦은 시간에 혼자 다니지 않도록 해야겠어.

③ 주필리핀 한국대사관과 연결하여 자국민 보호 정책을 만들 수 있도록 요청해야겠어.

④ 경찰과 연합해서 우리 국민 보호에 더 신경을 써야겠네.

⑤ 우리나라에 취업하기 위해 들어오는 필리핀 사람들에 대한 규제를 강화해야겠어.

34 K부서의 A부장은 직원들의 업무 효율성이 많이 떨어졌다는 생각이 들어 각자의 의견을 들어 보고 자 회의를 열었다. 다음 중 회의에서 나온 의견으로 적절하지 않은 것은?

① B대리 : 요즘 업무 외적인 통화에 시간을 낭비하는 경우가 많은 것 같습니다. 확실한 목표업무량 을 세우고 목표량 달성 후 퇴근을 하는 시스템을 운영하면 개인 활동으로 낭비되는 시간 이 줄어 생산성이 높아지지 않을까요?

② C주임 : 여유로운 일정이 주원인이라고 생각합니다. 1인당 최대 작업량을 잡아 업무를 진행하면 업무 효율성이 극대화될 것입니다.

③ D대리 : 계획을 짜면 업무를 체계적으로 진행할 수 있다는 의미에서 C주임의 말에 동의하지만, 갑자기 발생할 수 있는 일에 대해 대비해야 한다고 생각합니다. 어느 정도 여유 있게 계획을 짜는 게 좋지 않을까요?

④ E사원 : 목표량 설정 이외에도 업무 진행과정에서 체크리스트를 사용해 기록하고 전체적인 상황 을 파악할 수 있게 하면 효율이 높아질 것입니다.

⑤ F사원 : 업무시간 내에 끝내지 못한 일이 있다면 무리해서 하는 것보다 다음날 예정사항에 적어 놓고 차후에 적절히 시간을 분배해 마무리하면 작업 능률이 더 오를 것입니다.

35 직무 전결 규정상 전무이사가 전결인 '과장의 국내출장 건'의 결재를 시행하고자 한다. 박기수 전무 이사가 해외출장으로 인해 부재중이어서 직무대행자인 최수영 상무이사가 결재하였다. 이와 관련 해 적절하지 않은 것을 〈보기〉에서 모두 고르면?

> **보기**
> ㄱ. 최수영 상무이사가 결재한 것은 전결이다.
> ㄴ. 공문의 결재표 상에는 '과장 최경옥, 부장 김석호, 상무이사 전결, 전무이사 최수영'이라고 표시 되어 있다.
> ㄷ. 박기수 전무이사가 출장에서 돌아와서 해당 공문을 검토하는 것은 후결이다.
> ㄹ. 위임 전결받은 사항에 대해서는 원결재자인 대표이사에게 후결을 받는 것이 원칙이다.

① ㄱ, ㄴ   ② ㄱ, ㄹ

③ ㄱ, ㄴ, ㄹ   ④ ㄴ, ㄷ, ㄹ

⑤ ㄱ, ㄴ, ㄷ, ㄹ

36 다음은 K공단의 기획예산위원회 운영현황에 대한 자료이다. 이를 통해 알 수 있는 내용으로 적절하지 않은 것은?

〈기획예산위원회 운영현황〉

• 기획예산위원회 개요

구분	내용
위원회 구성	• 위원장 : 신이사 • 위원 : 비상임 이사 2인(최이사, 김이사) 및 부사장(박부사장)
개최주기	• 분기별 1회 시행(필요 시 수시 개최 가능)
심의·의결 대상	• 예산(안), 예산 운영계획(안) 심사 • 분기별 예산 및 주요사업 집행실적 심사 • 중장기 재무관리계획 심사 등
의결방법	• 참석 위원 전원 합의

• 2023년 운영현황

차수	일시	참석인원	안건
23 - 1	2023. 02. 15(수)	(위원장) 신이사 (위원) 최이사, 김이사, 박부사장	(23 - 1호) 2023년 예산 운영계획안 (23 - 2호) 2022년 예산 및 주요사업 집행실적
23 - 2	2023. 04. 17(월)	(위원장) 신이사 (위원) 최이사, 김이사, 박부사장	(23 - 3호) 2023년 1분기 예산 및 주요사업 집행실적

① 위원회는 총 4인으로 구성되어 있다.

② 위원장은 위원들의 투표를 통해 선출된다.

③ 참석 위원이 전원 합의해야 예산안이 의결될 수 있다.

④ 2월과 4월에 열린 위원회에는 위원회 전원이 참석하였다.

⑤ 위원회는 분기별로 1회 시행되며, 필요할 경우 수시로 개최할 수 있다.

37 K은행 직원들은 이번 달 상품 홍보 방안을 모색하기 위해 한 자리에 모여서 회의를 하고 있다. 다음 중 회의에 임하는 태도가 적절하지 않은 직원은?

> O계장 : 이번 달 실적을 향상시키기 위한 홍보 방안으로는 뭐가 있을까요? 의견이 있으면 주저하지 말고 뭐든지 말씀해 주세요.
>
> J사원 : 저는 조금은 파격적인 이벤트 같은 게 있었으면 좋겠어요. 예를 들면 곧 할로윈이니까 지점 내부를 할로윈 분위기로 꾸민 다음에 가면이나 가발 같은 걸 비치해 두고, 고객들이 인증샷을 찍으면 예금이나 환전 추가혜택을 주는 건 어떨까 싶어요.
>
> D주임 : 그건 좀 실현가능성이 없지 싶은데요. 그보다는 SNS로 이벤트 응모를 받아서 기프티콘 사은품을 쏘는 이벤트가 현실적이겠어요.
>
> C과장 : 가능성 여부를 떠나서 아이디어는 많을수록 좋으니 반박하지 말고 이야기하세요.
>
> H사원 : 의견 주시면 제가 전부 받아 적었다가 한꺼번에 정리하도록 할게요.

① O계장 ② J사원

③ D주임 ④ C과장

⑤ H사원

38 다음 중 이사원이 처리해야 할 업무를 순서대로 바르게 나열한 것은?

> 현재 시각은 10시 30분. 이사원은 30분 후 거래처 직원과의 미팅이 예정되어 있다. 거래처 직원에게는 회사의 제1회의실에서 미팅을 진행하기로 미리 안내하였으나, 오늘 오전 현재 제1회의실 예약이 모두 완료되어 금일 사용이 불가능하다는 연락을 받았다. 또한 이사원은 오후 2시에 김팀장과 면담 예정이었으나, 오늘까지 문서 작업을 완료해달라는 부서장의 요청을 받았다. 이사원은 면담 시간을 미뤄보려 했지만 김팀장은 이사원과의 면담 이후 부서 회의에 참여해야 하므로 면담 시간을 미룰 수 없다고 답변했다.

> ㉠ 거래처 직원과의 미팅
> ㉡ 11시에 사용 가능한 회의실 사용 예약
> ㉢ 거래처 직원에게 미팅 장소 변경 안내
> ㉣ 김팀장과의 면담
> ㉤ 부서장이 요청한 문서 작업 완료

① ㉠ - ㉢ - ㉡ - ㉣ - ㉤ ② ㉡ - ㉢ - ㉠ - ㉤ - ㉣

③ ㉡ - ㉢ - ㉠ - ㉣ - ㉤ ④ ㉢ - ㉡ - ㉠ - ㉤ - ㉣

⑤ ㉢ - ㉡ - ㉠ - ㉣ - ㉤

※ 다음은 K공단 조직도의 일부이다. 이를 참고하여 이어지는 질문에 답하시오. [39~40]

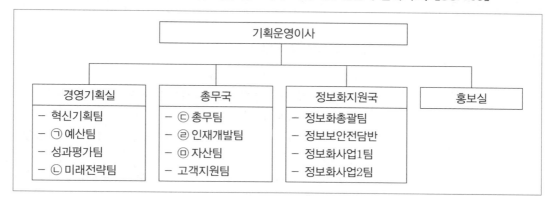

39 다음 중 K공단의 각 부서와 업무 간의 연결이 적절하지 않은 것은?

① ㉠ : 수입 · 지출 예산 편성 및 배정 관리
② ㉡ : 공단사업 관련 연구과제 개발 및 추진
③ ㉢ : 복무관리 및 보건 · 복리 후생
④ ㉣ : 임직원 인사, 상훈, 징계
⑤ ㉤ : 예산집행 조정, 통제 및 결산 총괄

40 다음 중 정보보안전담반의 업무로 적절하지 않은 것은?

① 정보보안기본지침 및 개인정보보호지침 제 · 개정 관리
② 직원 개인정보보호 의식 향상 교육
③ 개인정보종합관리시스템 구축 · 운영
④ 정보보안 및 개인정보보호 계획수립
⑤ 전문자격 출제정보시스템 구축 · 운영

41 다음 중 데이터 입력에 대한 설명으로 옳지 않은 것은?

① 셀 안에서 줄 바꿈을 하려면 〈Alt〉+〈Enter〉 키를 누른다.

② 한 행을 블록 설정한 상태에서 〈Enter〉 키를 누르면 블록 내의 셀이 오른쪽 방향으로 순차적으로 선택되어 행단위로 데이터를 쉽게 입력할 수 있다.

③ 여러 셀에 숫자나 문자 데이터를 한 번에 입력하려면 여러 셀이 선택된 상태에서 데이터를 입력한 후 바로 〈Shift〉+〈Enter〉 키를 누른다.

④ 열의 너비가 좁아 입력된 날짜 데이터 전체를 표시하지 못하는 경우 셀의 너비에 맞춰 '#'이 반복 표시된다.

⑤ 〈Ctrl〉+세미콜론(;)을 누르면 오늘 날짜, 〈Ctrl〉+〈Shift〉+세미콜론(;)을 누르면 현재 시각이 입력된다.

42 K교사는 학생들의 상·벌점을 관리하고 있다. 학생들에 대한 상·벌점 영역인 [B3:B9]에 대해 [셀 서식]－[사용자 지정 형식] 기능을 이용하여 양수는 파란색으로, 음수는 빨간색으로 표현하고 자 할 때, 표시 형식의 내용으로 옳은 것은?(단, [B3:B9]의 영역의 표시결과는 그대로 나타나야 한다)

	A	B
1	〈상·벌점 현황〉	
2	이름	상·벌점
3	감우성	10
4	김지훈	8
5	김채연	−12
6	나선정	−5
7	도지환	15
8	도현수	7
9	모수빈	13

① [빨강]#;[파랑]#

② [빨강]#;[파랑]－#

③ [파랑]#;[빨강]－#

④ [파랑]#;[빨강]#

⑤ [파랑]＋#;[빨강]－#

43 다음은 K사 영업팀의 실적을 정리한 파일이다. 고급 필터의 조건 범위를 [E1:G3] 영역으로 지정한 후 고급필터를 실행했을 때 나타나는 데이터에 대한 설명으로 옳은 것은?(단, [G3] 셀에는 「=C2>=AVERAGE($C$2:$C$8)」이 입력되어 있다)

◢	A	B	C	D	E	F	G
1	부서	사원	실적		부서	사원	식
2	영업2팀	최지원	250,000		영업1팀	*수	
3	영업1팀	김창수	200,000		영업2팀		TRUE
4	영업1팀	김홍인	200,000				
5	영업2팀	홍상진	170,000				
6	영업1팀	홍상수	150,000				
7	영업1팀	김성민	120,000				
8	영업2팀	황준하	100,000				

① 부서가 '영업1팀'이고 이름이 '수'로 끝나거나, 부서가 '영업2팀'이고 실적이 실적의 평균 이상인 데이터
② 부서가 '영업1팀'이거나 이름이 '수'로 끝나고, 부서가 '영업2팀'이거나 실적이 실적의 평균 이상인 데이터
③ 부서가 '영업1팀'이고 이름이 '수'로 끝나거나, 부서가 '영업2팀'이고 실적의 평균이 250,000 이상인 데이터
④ 부서가 '영업1팀'이거나 이름이 '수'로 끝나고, 부서가 '영업2팀'이거나 실적의 평균이 250,000 이상인 데이터
⑤ 부서가 '영업1팀'이고 이름이 '수'로 끝나고, 부서가 '영업2팀'이고 실적의 평균이 250,000 이상인 데이터

44 다음 중 엑셀의 틀 고정 및 창 나누기에 대한 설명으로 옳지 않은 것은?

① 화면에 나타나는 창 나누기 형태는 인쇄 시 적용되지 않는다.
② 창 나누기를 수행하면 셀 포인터의 오른쪽과 아래쪽으로 창 구분선이 표시된다.
③ 창 나누기는 셀 포인터의 위치에 따라 수직, 수평, 수직·수평 분할이 가능하다.
④ 첫 행을 고정하려면 셀 포인터의 위치에 상관없이 [틀 고정]-[첫 행 고정]을 선택한다.
⑤ 셀 편집 모드에 있거나 워크시트가 보호된 경우에는 틀 고정 명령을 사용할 수 없다.

45 다음 〈보기〉 중 개인 정보 유출 방지책으로 적절한 것을 모두 고르면?

> **보기**
> A. 기억하기 쉬운 비밀번호 사용하기
> B. 가입 해지 시 정보 파기 요구하기
> C. 비밀번호를 정기적으로 교체하기
> D. 회원가입 시 이용 약관 확인하기
> E. 이용 목적에 부합하는 정보를 요구하는지 확인하기
> F. 회사 업무에 필요한 개인 정보를 공유하기

① A, B, C, D   ② A, B, E, F
③ B, C, D, E   ④ B, C, D, F
⑤ A, C, D, E

46 K공사 총무부에서 근무하는 S사원은 워드프로세서 프로그램을 사용해 결재 문서를 작성하는 중이다. 결재란을 페이지마다 넣으려고 할 때, S사원이 사용해야 하는 워드프로세서 기능은?

① 스타일   ② 쪽 번호
③ 미주   ④ 머리말
⑤ 글자 겹치기

47 K물산에 근무하는 B사원은 제품 판매 결과보고서를 작성할 때, 자주 사용하는 여러 개의 명령어를 묶어 하나의 키 입력 동작으로 만들어서 빠르게 완성하였다. 그리고 판매 결과를 여러 유통 업자에게 알리기 위해 같은 내용의 안내문을 미리 수집해 두었던 주소록을 활용하여 쉽게 작성하였다. 이러한 사례에서 사용한 워드프로세서의 기능으로 옳은 것을 〈보기〉에서 모두 고르면?

> **보기**
> ㄱ. 매크로   ㄴ. 글맵시
> ㄷ. 메일 머지   ㄹ. 하이퍼링크

① ㄱ, ㄴ   ② ㄱ, ㄷ
③ ㄴ, ㄷ   ④ ㄴ, ㄹ
⑤ ㄷ, ㄹ

48 K공사에서 근무하고 있는 P사원은 2023년 8월 발전소별 생산실적을 엑셀을 이용해 정리하려고 한다. 다음 (A) ~ (E) 셀에 K사원이 입력해야 할 함수로 옳지 않은 것은?

	A	B	C	D	E	F	G
1							
2				2023년 8월 발전소별 생산실적			
3							
4		구분	열용량(Gcal)	전기용량(MW)	열생산량(Gcal)	발전량(MWH)	발전량의 순위
5		파주	404	516	144,600	288,111	(B)
6		판교	172	146	94,657	86,382	
7		광교	138	145	27,551	17	
8		수원	71	43	42,353	321,519	
9		화성	407	512	141,139	6,496	
10		청주	105	61	32,510	4,598	
11		대구	71	44	46,477	753	
12		삼송	103	99	2,792	4,321	
13		평균		(A)	(E)		
14							
15					열용량의 최댓값(Gcal)	열생산량 중 세 번째로 높은 값 (Gcal)	
16					(C)	(D)	

① (A) : =AVERAGE(D5:D12)

② (B) : =RANK(F5,$F$5:$F$12,1)

③ (C) : =MAX(C5:C12)

④ (D) : =LARGE(E5:E12,3)

⑤ (E) : =AVERAGE(E5:E12)

49

```c
#include <stdio.h>
void main() {
  int a = 10;
  float b = 1.3;
  double c;
  c = a + b;
  printf("%.2lf", c);
}
```

① 11

② 11.3

③ 11.30

④ .30

⑤ .3

50

```c
#include <stdio.h>
void main() {
  char arr[10] = "ABCDEFGHI";
  int i;
  for (i = 0; i < 9; i++){
    if (arr[i] == 'B') continue;
    if (arr[i] == 'D') continue;
    if (arr[i] == 'F') continue;
    if (arr[i] == 'H') continue;
    printf ("%c", arr[i]);
  }
}
```

① ABCDEFGHI

② ABCD

③ EFGHI

④ BDFH

⑤ ACEGI

41 다음은 K은행의 ARS 서비스 기능을 설명하고 있다. 다음 중 A씨가 누른 코드로 옳지 않은 것은?

〈코드별 ARS 서비스 기능〉

코드	서비스
1	보이스 피싱 및 분실 신고
2	○○카드 연결
3	잔액 조회
4	○○은행 송금
5	타 은행 송금
6	거래내역 조회
7	다시 듣기
0	상담사 연결

A씨는 잔액 조회를 해보고 생각보다 돈이 적게 남아 있다는 사실에 놀라 거래내역을 조회해 보았다. 조회 결과, 타 은행으로 거액이 송금되어 있는 내역을 확인했고, 9일 전 보험 회사의 전화를 받아 개인 정보를 알려준 것을 기억해 냈다. 상담사에게 상황에 대해 물어보니 보이스 피싱 의심이 된다고 신고를 하라고 하였고, 그 즉시 보이스 피싱 피해 신고를 접수하였다.

① 1
② 3
③ 5
④ 6
⑤ 0

※ 다음은 그래프 구성 명령어 실행 예시이다. 이를 참고하여 이어지는 질문에 답하시오. [42~43]

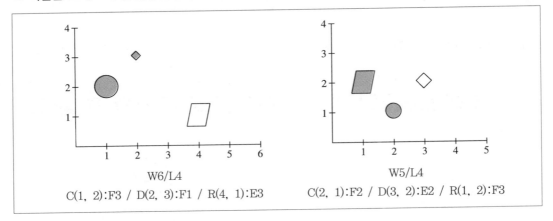

W6/L4
C(1, 2):F3 / D(2, 3):F1 / R(4, 1):E3

W5/L4
C(2, 1):F2 / D(3, 2):E2 / R(1, 2):F3

42 W6/L2 C(1, 1):F1 / D(3, 2):F2 / R(4, 1):F2의 그래프를 산출할 때, 오류가 발생하여 아래와 같은 그래프가 산출되었다. 다음 중 오류가 발생한 값은?

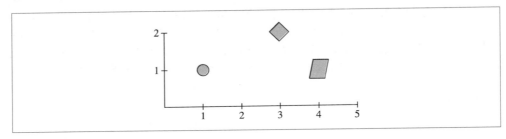

① D(3, 2):F2
② C(1, 1):F1
③ W6/L2
④ R(4, 1):F2
⑤ 알 수 없음

43 다음의 그래프에 알맞은 명령어는 무엇인가?

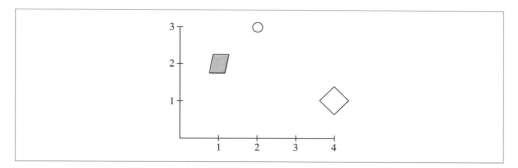

① W4/L3

　C(2, 3):E1 / D(4, 1):E3 / R(1, 2):F2

② W4/L3

　C(2, 3):F1 / D(4, 1):F3 / R(1, 2):E2

③ W4/L3

　C(2, 3):E1 / D(4, 1):F3 / R(1, 2):E2

④ W4/L3

　C(3, 2):E1 / D(1, 4):E3 / R(2, 1):F2

⑤ W4/L3

　C(2, 3):E1 / D(4, 1):E2 / R(1, 2):F3

44 다음은 산업재해를 예방하기 위해 제시되고 있는 하인리히의 법칙이다. 이에 의거하여 보았을 때, 산업재해의 예방을 위해 조치를 취해야 하는 단계는 무엇인가?

> 1931년 미국의 한 보험회사에서 근무하던 하인리히는 회사에서 접한 수많은 사고를 분석하여 하나의 통계적 법칙을 발견하였다. '1 : 29 : 300 법칙'이라고도 부르는 이 법칙은 큰 사고로 인해 산업재해가 발생하면 이 사고가 발생하기 이전에 같은 원인으로 발생한 작은 사고 29번, 잠재적 사고 징후가 300번이 있었다는 것을 나타낸다.
> 하인리히는 이처럼 심각한 산업재해의 발생 전에 여러 단계의 사건이 도미노처럼 발생하기 때문에 앞 단계에서 적절히 대처한다면 산업재해를 예방할 수 있다고 주장했다.

① 개인 능력의 부족이 보이는 단계

② 불안전한 행동 및 상태가 나타난 단계

③ 기술적 결함이 나타난 단계

④ 사회 환경적 문제가 발생한 단계

⑤ 작업 관리상 문제가 나타난 단계

PART 2

※ 다음은 음식물건조처리기 '에밀리'의 사용설명서이다. 이어지는 질문에 답하시오. [45~48]

〈음식물건조처리기 '에밀리' 사용설명서〉

■ **설치방법**

1. 제품을 올려놓을 자리에 수평을 맞춥니다.
• 에밀리는 프리스탠딩타입으로 어느 곳이든 공간과 전원코드만 있다면 설치가 가능합니다. • 콘센트를 연결하시고, 수평만 잘 맞추어 주시면 누구나 손쉽게 설치할 수 있습니다. • 냄새가 날 경우에 환기가 잘 되는 베란다 등에 설치할 수도 있습니다. • 수평이 맞지 않으면 제품의 진동에 의해 소음이 발생합니다.
2. 콘센트에 전원플러그를 꽂아 주시고 전원램프를 확인합니다.
• 전원플러그를 꽂고 전원버튼을 누른 후 램프가 켜지는지를 확인합니다. • 전원램프가 켜지면 '3HOURS', '6HOURS', '8HOURS' 중 하나를 선택하여 누른 후 버튼의 램프도 켜지는지를 확인합니다. • 두 버튼의 램프 중 하나라도 켜지지 않으면 소비자 상담실에 문의하십시오.
3. 원활한 공기 흐름을 위하여 뒷면을 벽면에서 10cm 이상 틈을 주십시오.
• 에밀리의 건조처리 시스템은 외부공기를 안으로 유입시켜 열풍으로 변환하여 건조시키는 방식으로 공기의 흐름이 원활하게 이루어져야 건조율이 좋습니다. 공기의 원활한 공급을 위하여 벽면에서 최소 10cm 이상 떨어지게 하여 주십시오.

■ **사용방법**

1. 건조바스켓에 남은 음식들을 담아 제품 안에 넣습니다.
• 제품 안의 물받이와 건조바스켓을 꺼내 싱크대거름망에 걸러진 남은 음식물을 넣습니다. • 건조바스켓에 표시된 용량에 의한 시간에 맞추어 '3HOURS', '6HOURS', '8HOURS' 중 하나를 눌러줍니다. • 상단의 'MAX'라고 표기된 선을 넘기면 작동되지 않으니 반드시 그 아래까지만 채우고 작동하십시오.
2. 전원버튼을 누르고 시간버튼을 누르면 작동이 됩니다.
• 전원버튼을 누르고 남은 음식물 양에 맞춰 시간버튼을 누르면 작동이 됩니다. • 문이 닫혀야 작동이 되며, 작동 중에 문을 열면 작동이 멈추게 됩니다. • 처리가 끝난 이후에 냉각팬이 30분 정도 더 작동됩니다. 전원버튼이 꺼졌을 때 바스켓을 꺼내십시오.
3. 고기, 전분류 등 건조가 잘 되지 않는 남은 음식물의 처리
• 남은 음식물의 양이 적다 하더라도 기름기 많은 고기류, 전분이 함유된 중국 음식물 등은 다른 음식물에 비해 건조가 잘 되지 않으니 '6HOURS', '8HOURS' 중 하나를 눌러 작동시켜 주시고, 기름기가 너무 많아 8시간에도 건조처리가 잘 안 되었을 경우에는 3시간만 더 건조시키면 완전히 해결됩니다.
4. 건조처리가 끝나면 전용용기에 따로 보관하십시오.
• 처리된 건조물은 별도의 보관용기에 모아 두었다가 한 번에 버리시면 됩니다. 가급적 처리가 끝나고 바로 보관용기에 비워 주십시오. • 처리된 건조물은 비닐봉지에 넣어 두 손으로 가볍게 비벼주시면 부피가 더 줄어들어 많은 양을 보관할 수 있습니다. • 에밀리는 타제품에 비해 건조상태가 월등하여 한 번 건조된 건조물은 일정기간 동안 부패되지 않습니다.

5. 건조처리 전에 굳이 이물질을 골라낼 필요가 없습니다.
• 건조처리 전에 지저분하게 음식물 속에서 굳이 먼저 골라낼 필요가 없습니다. 완전 건조 후 이물질 등을 편하게 골라내면 됩니다. • 밥이나 전분류가 뭉쳐있으면 건조가 잘 안 될 수가 있으니 가급적 틀을 이용하여 흩뜨려서 바스켓에 넣어 주세요.
6. 건조바스켓의 청소
• 건조바스켓을 비우고 바스켓에 붙은 이물질은 물을 담은 용기에 30분 정도 담가 놓은 후 꺼내서 수세미로 가볍게 문지르면 깨끗하게 처리됩니다.
7. 일반쓰레기로 분류되는 물질
• 조개껍데기, 계란껍데기, 과일껍질, 조리하지 않은 채소류(마늘껍질, 파 뿌리, 양파 등의 껍질이나 다발) 등은 일반쓰레기로 분류됩니다. • 수박이나 과일, 채소 등 부피가 큰 것들은 최대한 잘게 잘라서 넣어야 더 많은 양을 건조시킬 수 있으며 더욱 빨리 처리할 수 있습니다.

45 에밀리를 설치하여 사용하던 중에 진동에 의한 소음이 발생하였다. 해결 방법으로 가장 적절한 것은?

① 전원램프가 켜졌는지 확인한다.   ② 음식물의 양을 줄인다.

③ 에밀리의 수평을 맞춘다.   ④ 벽면에서 10cm 이상 떨어지게 한다.

⑤ 이물질을 골라낸다.

46 다음 중 에밀리를 사용하여 음식물을 건조하는 과정으로 적절하지 않은 것은?

① 마늘껍질은 일반쓰레기로 처리한다.

② 기름이 많은 고기류는 '6HOURS' 또는 '8HOURS' 버튼을 눌러 작동시킨다.

③ 수박은 최대한 잘게 잘라 넣는다.

④ 음식물 건조처리 전에 이물질을 골라낸다.

⑤ 건조처리가 잘 안 되었을 경우 3시간 더 건조시킨다.

47 에밀리에 남은 음식물을 넣어 전원램프를 확인한 후 시간 버튼을 눌렀는데 작동되지 않았다. 해결 방법으로 가장 적절한 것은?

① 전원코드가 꽂혀있는지 확인한다.   ② 음식물의 양을 줄인다.

③ 바스켓을 청소한다.   ④ 틀을 이용하여 음식물을 흩뜨린다.

⑤ 소비자 상담실에 문의한다.

48 에밀리를 사용하여 '3HOURS' 버튼을 눌러 한번 사용하고, 처리가 끝난 후 다시 '6HOURS' 버튼을 눌러 사용하였다면 실제 총 건조시간은 얼마나 걸렸겠는가?

① 10시간 반　　　　　　　　　　② 10시간
③ 9시간 반　　　　　　　　　　④ 9시간
⑤ 6시간

49 다음은 산업재해가 발생한 상황에 대해서 예방 대책을 세운 것이다. 재해 예방 대책에서 누락되어 보완되어야 할 사항은?

사고사례
(B소속 정비공인 피재자 A가 대형 해상크레인의 와이어로프 교체작업을 위해 고소작업대(차량탑재형 이동식 크레인)바스켓에 탑승하여 해상크레인 상부 붐(33m)으로 공구를 올리던 중 해상크레인 붐이 바람과 파도에 의해 흔들려 피재자가 탑승한 바스켓에 충격을 가하였고, 바스켓 연결부(로드셀)가 파손되면서 바스켓과 함께 도크바닥으로 떨어져 사망한 재해이다.

재해 예방 대책	1단계	사고 조사, 안전 점검, 현장 분석, 작업자의 제안 및 여론 조사, 관찰 및 보고서 연구 등을 통하여 사실을 발견한다.
	2단계	재해의 발생 장소, 재해 형태, 재해 정도, 관련 인원, 직원 감독의 적절성, 공구 장비의 상태 등을 정확히 분석한다.
	3단계	원인 분석을 토대로 적절한 시정책, 즉 기술적 개선, 인사 조정 및 교체, 교육, 설득, 공학적 조치 등을 선정한다.
	4단계	안전에 대한 교육 및 훈련 시행, 안전시설과 장비의 결함 개선, 안전 감독 실시 등의 선정된 시정책을 적용한다.

① 원인 분석　　　　　　　　　　② 시정책 선정
③ 안전 관리 조직　　　　　　　　④ 시정책 적용 및 뒤처리
⑤ 사실의 발견

50 다음에서 설명하는 네트워크 혁명 법칙은?

반도체의 성능은 24개월마다 2배씩 증가한다.

① 카오의 법칙　　　　　　　　　　② 던바의 법칙
③ 황의 법칙　　　　　　　　　　　④ 메트칼프의 법칙
⑤ 무어의 법칙

PART 3

채용 가이드

CHAPTER 01 블라인드 채용 소개

1. 블라인드 채용이란?

채용 과정에서 편견이 개입되어 불합리한 차별을 야기할 수 있는 출신지, 가족관계, 학력, 외모 등의 편견요인은 제외하고, 직무능력만을 평가하여 인재를 채용하는 방식입니다.

2. 블라인드 채용의 필요성

- 채용의 공정성에 대한 사회적 요구
  - 누구에게나 직무능력만으로 경쟁할 수 있는 균등한 고용기회를 제공해야 하나, 아직도 채용의 공정성에 대한 불신이 존재
  - 채용상 차별금지에 대한 법적 요건이 권고적 성격에서 처벌을 동반한 의무적 성격으로 강화되는 추세
  - 시민의식과 지원자의 권리의식 성숙으로 차별에 대한 법적 대응 가능성 증가
- 우수인재 채용을 통한 기업의 경쟁력 강화 필요
  - 직무능력과 무관한 학벌, 외모 위주의 선발로 우수인재 선발기회 상실 및 기업경쟁력 약화
  - 채용 과정에서 차별 없이 직무능력중심으로 선발한 우수인재 확보 필요
- 공정한 채용을 통한 사회적 비용 감소 필요
  - 편견에 의한 차별적 채용은 우수인재 선발을 저해하고 외모 · 학벌 지상주의 등의 심화로 불필요한 사회적 비용 증가
  - 채용에서의 공정성을 높여 사회의 신뢰수준 제고

3. 블라인드 채용의 특징

편견요인을 요구하지 않는 대신 직무능력을 평가합니다.

※ 직무능력중심 채용이란?

기업의 역량기반 채용, NCS기반 능력중심 채용과 같이 직무수행에 필요한 능력과 역량을 평가하여 선발하는 채용방식을 통칭합니다.

4. 블라인드 채용의 평가요소

직무수행에 필요한 지식, 기술, 태도 등을 과학적인 선발기법을 통해 평가합니다.

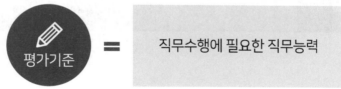

※ 과학적 선발기법이란?
　직무분석을 통해 도출된 평가요소를 서류, 필기, 면접 등을 통해 체계적으로 평가하는 방법으로 입사지원서, 자기소개서, 직무수행능력평가, 구조화 면접 등이 해당됩니다.

5. 블라인드 채용 주요 도입 내용

• 입사지원서에 인적사항 요구 금지
  - 인적사항에는 출신지역, 가족관계, 결혼여부, 재산, 취미 및 특기, 종교, 생년월일(연령), 성별, 신장 및 체중, 사진, 전공, 학교명, 학점, 외국어 점수, 추천인 등이 해당
  - 채용 직무를 수행하는 데 있어 반드시 필요하다고 인정될 경우는 제외
    예 특수경비직 채용 시 : 시력, 건강한 신체 요구
    　　연구직 채용 시 : 논문, 학위 요구 등
• 블라인드 면접 실시
  - 면접관에게 응시자의 출신지역, 가족관계, 학교명 등 인적사항 정보 제공 금지
  - 면접관은 응시자의 인적사항에 대한 질문 금지

6. 블라인드 채용 도입의 효과성

• 구성원의 다양성과 창의성이 높아져 기업 경쟁력 강화
  - 편견을 없애고 직무능력 중심으로 선발하므로 다양한 직원 구성 가능
  - 다양한 생각과 의견을 통하여 기업의 창의성이 높아져 기업경쟁력 강화
• 직무에 적합한 인재선발을 통한 이직률 감소 및 만족도 제고
  - 사전에 지원자들에게 구체적이고 상세한 직무요건을 제시함으로써 허수 지원이 낮아지고, 직무에 적합한 지원자 모집 가능
  - 직무에 적합한 인재가 선발되어 직무이해도가 높아져 업무효율 증대 및 만족도 제고
• 채용의 공정성과 기업이미지 제고
  - 블라인드 채용은 사회적 편견을 줄인 선발 방법으로 기업에 대한 사회적 인식 제고
  - 채용과정에서 불합리한 차별을 받지 않고 실력에 의해 공정하게 평가를 받을 것이라는 믿음을 제공하고, 지원자들은 평등한 기회와 공정한 선발과정 경험

CHAPTER

02 서류전형 가이드

채용공고문

1. 채용공고문의 변화

기존 채용공고문	변화된 채용공고문
• 취업준비생에게 불충분하고 불친절한 측면 존재 • 모집분야에 대한 명확한 직무관련 정보 및 평가기준 부재 • 해당분야에 지원하기 위한 취업준비생의 무분별한 스펙 쌓기 현상 발생	• NCS 직무분석에 기반한 채용공고를 토대로 채용전형 진행 • 지원자가 입사 후 수행하게 될 업무에 대한 자세한 정보 공지 • 직무수행내용, 직무수행 시 필요한 능력, 관련된 자격, 직업기초능력 제시 • 지원자가 해당 직무에 필요한 스펙만을 준비할 수 있도록 안내
• 모집부문 및 응시자격 • 지원서 접수 • 전형절차 • 채용조건 및 처우 • 기타사항	• 채용절차 • 채용유형별 선발분야 및 예정인원 • 전형방법 • 선발분야별 직무기술서 • 우대사항

2. 지원 유의사항 및 지원요건 확인

채용 직무에 따른 세부사항을 공고문에 명시하여 지원자에게 적격한 지원 기회를 부여함과 동시에 채용과정에서의 공정성과 신뢰성을 확보합니다.

구성	내용	확인사항
모집분야 및 규모	고용형태(인턴 계약직 등), 모집분야, 인원, 근무지역 등	채용직무가 여러 개일 경우 본인이 해당되는 직무의 채용규모 확인
응시자격	기본 자격사항, 지원조건	지원을 위한 최소자격요건을 확인하여 불필요한 지원을 예방
우대조건	법정·특별·자격증 가점	본인의 가점 여부를 검토하여 가점 획득을 위한 사항을 사실대로 기재
근무조건 및 보수	고용형태 및 고용기간, 보수, 근무지	본인이 생각하는 기대수준에 부합하는지 확인하여 불필요한 지원을 예방
시험방법	서류·필기·면접전형 등의 활용방안	전형방법 및 세부 평가기법 등을 확인하여 지원전략 준비
전형일정	접수기간, 각 전형 단계별 심사 및 합격자 발표일 등	본인의 지원 스케줄을 검토하여 차질이 없도록 준비
제출서류	입사지원서(경력·경험기술서 등), 각종 증명서 및 자격증 사본 등	지원요건 부합 여부 및 자격 증빙서류 사전에 준비
유의사항	임용취소 등의 규정	임용취소 관련 법적 또는 기관 내부 규정을 검토하여 해당여부 확인

직무기술서란 직무수행의 내용과 필요한 능력, 관련 자격, 직업기초능력 등을 상세히 기재한 것으로 입사 후 수행하게 될 업무에 대한 정보가 수록되어 있는 자료입니다.

1. 채용분야

[설명]

NCS 직무분류 체계에 따라 직무에 대한 「대분류 – 중분류 – 소분류 – 세분류」 체계를 확인할 수 있습니다. 채용 직무에 대한 모든 직무기술서를 첨부하게 되며 실제 수행 업무를 기준으로 세부적인 분류정보를 제공합니다.

채용분야	분류체계			
사무행정	대분류	중분류	소분류	세분류
분류코드	02. 경영 · 회계 · 사무	03. 재무 · 회계	01. 재무	01. 예산
				02. 자금
			02. 회계	01. 회계감사
				02. 세무

2. 능력단위

[설명]

직무분류 체계의 세분류 하위능력단위 중 실질적으로 수행할 업무의 능력만 구체적으로 파악할 수 있습니다.

능력단위	(예산)	03. 연간종합예산수립 05. 확정예산 운영	04. 추정재무제표 작성 06. 예산실적 관리
	(자금)	04. 자금운용	
	(회계감사)	02. 자금관리 05. 회계정보시스템 운용 07. 회계감사	04. 결산관리 06. 재무분석
	(세무)	02. 결산관리 07. 법인세 신고	05. 부가가치세 신고

3. 직무수행내용

[설명]

세분류 영역의 기본정의를 통해 직무수행내용을 확인할 수 있습니다. 입사 후 수행할 직무내용을 구체적으로 확인할 수 있으며, 이를 통해 입사서류 작성부터 면접까지 직무에 대한 명확한 이해를 바탕으로 자신의 희망직무 인지 아닌지, 해당 직무가 자신이 알고 있던 직무가 맞는지 확인할 수 있습니다.

직무수행내용	(예산) 일정기간 예상되는 수익과 비용을 편성, 집행하며 통제하는 일
	(자금) 자금의 계획 수립, 조달, 운용을 하고 발생 가능한 위험 관리 및 성과평가
	(회계감사) 기업 및 조직 내 · 외부에 있는 의사결정자들이 효율적인 의사결정을 할 수 있도록 유용한 정보를 제공, 제공된 회계정보의 적정성을 파악하는 일
	(세무) 세무는 기업의 활동을 위하여 주어진 세법범위 내에서 조세부담을 최소화시키는 조세전략을 포함하고 정확한 과세소득과 과세표준 및 세액을 산출하여 과세당국에 신고 · 납부하는 일

4. 직무기술서 예시

태도	(예산) 정확성, 분석적 태도, 논리적 태도, 타 부서와의 협조적 태도, 설득력
	(자금) 분석적 사고력
	(회계 감사) 합리적 태도, 전략적 사고, 정확성, 적극적 협업 태도, 법률준수 태도, 분석적 태도, 신속성, 책임감, 정확한 판단력
	(세무) 규정 준수 의지, 수리적 정확성, 주의 깊은 태도
우대 자격증	공인회계사, 세무사, 컴퓨터활용능력, 변호사, 워드프로세서, 전산회계운용사, 사회조사분석사, 재경관리사, 회계관리 등
직업기초능력	의사소통능력, 문제해결능력, 자원관리능력, 대인관계능력, 정보능력, 조직이해능력

5. 직무기술서 내용별 확인사항

항목	확인사항
모집부문	해당 채용에서 선발하는 부문(분야)명 확인 [예] 사무행정, 전산, 전기
분류체계	지원하려는 분야의 세부직무군 확인
주요기능 및 역할	지원하려는 기업의 전사적인 기능과 역할, 산업군 확인
능력단위	지원분야의 직무수행에 관련되는 세부업무사항 확인
직무수행내용	지원분야의 직무군에 대한 상세사항 확인
전형방법	지원하려는 기업의 신입사원 선발전형 절차 확인
일반요건	교육사항을 제외한 지원 요건 확인(자격요건, 특수한 경우 연령)
교육요건	교육사항에 대한 지원요건 확인(대졸 / 초대졸 / 고졸 / 전공 요건)
필요지식	지원분야의 업무수행을 위해 요구되는 지식 관련 세부항목 확인
필요기술	지원분야의 업무수행을 위해 요구되는 기술 관련 세부항목 확인
직무수행태도	지원분야의 업무수행을 위해 요구되는 태도 관련 세부항목 확인
직업기초능력	지원분야 또는 지원기업의 조직원으로서 근무하기 위해 필요한 일반적인 능력사항 확인

1. 입사지원서의 변화

기존지원서		능력중심 채용 입사지원서	
직무와 관련 없는 학점, 개인신상, 어학점수, 자격, 수상경력 등을 나열하도록 구성	VS	해당 직무수행에 꼭 필요한 정보들을 제시할 수 있도록 구성	

직무기술서	

직무수행내용	

➡

요구지식 / 기술	

관련 자격증	

사전직무경험	

인적사항	성명, 연락처, 지원분야 등 작성 (평가 미반영)
교육사항	직무지식과 관련된 학교교육 및 직업교육 작성
자격사항	직무관련 국가공인 또는 민간자격 작성
경력 및 경험사항	조직에 소속되어 일정한 임금을 받거나(경력) 임금 없이(경험) 직무와 관련된 활동 내용 작성

2. 교육사항

- 지원분야 직무와 관련된 학교 교육이나 직업교육 혹은 기타교육 등 직무에 대한 지원자의 학습 여부를 평가하기 위한 항목입니다.
- 지원하고자 하는 직무의 학교 전공교육 이외에 직업교육, 기타교육 등을 기입할 수 있기 때문에 전공 제한 없이 직업교육과 기타교육을 이수하여 지원이 가능하도록 기회를 제공합니다.
(기타교육 : 학교 이외의 기관에서 개인이 이수한 교육과정 중 지원직무와 관련이 있다고 생각되는 교육내용)

구분	교육과정(과목)명	교육내용	과업(능력단위)

3. 자격사항

- 채용공고 및 직무기술서에 제시되어 있는 자격 현황을 토대로 지원자가 해당 직무를 수행하는 데 필요한 능력을 가지고 있는지를 평가하기 위한 항목입니다.
- 채용공고 및 직무기술서에 기재된 직무관련 필수 또는 우대자격 항목을 확인하여 본인이 보유하고 있는 자격사항을 기재합니다.

자격유형	자격증명	발급기관	취득일자	자격증번호

4. 경력 및 경험사항

- 직무와 관련된 경력이나 경험 여부를 표현하도록 하여 직무와 관련한 능력을 갖추었는지를 평가하기 위한 항목입니다.
- 해당 기업에서 직무를 수행함에 있어 필요한 사항만을 기록하게 되어 있기 때문에 직무와 무관한 스펙을 갖추지 않아도 됩니다.
- 경력 : 금전적 보수를 받고 일정기간 동안 일했던 경우
- 경험 : 금전적 보수를 받지 않고 수행한 활동

※ 기업에 따라 경력 / 경험 관련 증빙자료 요구 가능

구분	조직명	직위 / 역할	활동기간(년 / 월)	주요과업 / 활동내용

Tip

입사지원서 작성 방법

○ 경력 및 경험사항 작성
- 직무기술서에 제시된 지식, 기술, 태도와 지원자의 교육사항, 경력(경험)사항, 자격사항과 연계하여 개인의 직무역량에 대해 스스로 판단 가능

○ 인적사항 최소화
- 개인의 인적사항, 학교명, 가족관계 등을 노출하지 않도록 유의

부적절한 입사지원서 작성 사례
- 학교 이메일을 기입하여 학교명 노출
- 거주지 주소에 학교 기숙사 주소를 기입하여 학교명 노출
- 자기소개서에 부모님이 재직 중인 기업명, 직위, 직업을 기입하여 가족관계 노출
- 자기소개서에 석·박사 과정에 대한 이야기를 언급하여 학력 노출
- 동아리 활동에 대한 내용을 학교명과 더불어 언급하여 학교명 노출

1. 자기소개서의 변화

- 기존의 자기소개서는 지원자의 일대기나 관심 분야, 성격의 장·단점 등 개괄적인 사항을 묻는 질문으로 구성되어 지원자가 자신의 직무능력을 제대로 표출하지 못합니다.
- 능력중심 채용의 자기소개서는 직무기술서에 제시된 직업기초능력(또는 직무수행능력)에 대한 지원자의 과거 경험을 기술하게 함으로써 평가 타당도의 확보가 가능합니다.

1. 우리 회사와 해당 지원 직무분야에 지원한 동기에 대해 기술해 주세요.
2. 자신이 경험한 다양한 사회활동에 대해 기술해 주세요.
3. 지원 직무에 대한 전문성을 키우기 위해 받은 교육과 경험 및 경력사항에 대해 기술해 주세요.
4. 인사업무 또는 팀 과제 수행 중 발생한 갈등을 원만하게 해결해 본 경험이 있습니까? 당시 상황에 대한 설명과 갈등의 대상이 되었던 상대방을 설득한 과정 및 방법을 기술해 주세요.
5. 과거에 있었던 일 중 가장 어려웠었던(힘들었었던) 상황을 고르고, 어떤 방법으로 그 상황을 해결했는지를 기술해 주세요.

Tip

자기소개서 작성 방법

① 자기소개서 문항이 묻고 있는 평가 역량 추측하기

> [예시]
>
> • 팀 활동을 하면서 갈등 상황 시 상대방의 니즈나 의도를 명확히 파악하고 해결하여 목표 달성에 기여했던 경험에 대해서 작성해 주시기 바랍니다.
> • 다른 사람이 생각해내지 못했던 문제점을 찾고 이를 해결한 경험에 대해 작성해 주시기 바랍니다.

② 해당 역량을 보여줄 수 있는 소재 찾기(시간×역량 매트릭스)

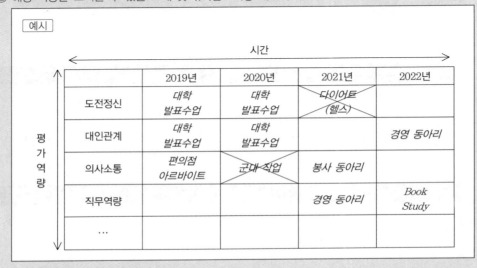

[예시]

평가역량 \ 시간	2019년	2020년	2021년	2022년
도전정신	대학 발표수업	대학 발표수업	~~다이어트 (헬스)~~	
대인관계	대학 발표수업	대학 발표수업		경영 동아리
의사소통	편의점 아르바이트	~~군대 작업~~	봉사 동아리	
직무역량			경영 동아리	Book Study
…				

③ 자기소개서 작성 Skill 익히기
  • 두괄식으로 작성하기
  • 구체적 사례를 사용하기
  • '나'를 중심으로 작성하기
  • 직무역량 강조하기
  • 경험 사례의 차별성 강조하기

CHAPTER 03 인성검사 소개 및 모의테스트

01 인성검사 유형

인성검사는 지원자의 성격특성을 객관적으로 파악하고 그것이 각 기업에서 필요로 하는 인재상과 가치에 부합하는가를 평가하기 위한 검사입니다. 인성검사는 KPDI(한국인재개발진흥원), K-SAD(한국사회적성개 발원), KIRBS(한국행동과학연구소), SHR(에스에이치알) 등의 전문기관을 통해 각 기업의 특성에 맞는 검사 를 선택하여 실시합니다. 대표적인 인성검사의 유형에는 크게 다음과 같은 세 가지가 있으며, 채용 대행업체 에 따라 달라집니다.

1. KPDI 검사

조직적응성과 직무적합성을 알아보기 위한 검사로 인성검사, 인성역량검사, 인적성검사, 직종별 인적성 검사 등의 다양한 검사 도구를 구현합니다. KPDI는 성격을 파악하고 정신건강 상태 등을 측정하고, 직무 검사는 해당 직무를 수행하기 위해 기본적으로 갖추어야 할 인지적 능력을 측정합니다. 역량검사는 특정 직무 역할을 효과적으로 수행하는 데 직접적으로 관련 있는 개인의 행동, 지식, 스킬, 가치관 등을 측정합 니다.

2. KAD(Korea Aptitude Development) 검사

K-SAD(한국사회적성개발원)에서 실시하는 적성검사 프로그램입니다. 개인의 성향, 지적 능력, 기호, 관심, 흥미도를 종합적으로 분석하여 적성에 맞는 업무가 무엇인가 파악하고, 직무수행에 있어서 요구되 는 기초능력과 실무능력을 분석합니다.

3. SHR 직무적성검사

직무수행에 필요한 종합적인 사고 능력을 다양한 적성검사(Paper and Pencil Test)로 평가합니다. SHR 의 모든 직무능력검사는 표준화 검사입니다. 표준화 검사는 표본집단의 점수를 기초로 규준이 만들어진 검사이므로 개인의 점수를 규준에 맞추어 해석·비교하는 것이 가능합니다. S(Standardized Tests), H(Hundreds of Version), R(Reliable Norm Data)을 특징으로 하며, 직군·직급별 특성과 선발 수준에 맞추어 검사를 적용할 수 있습니다.

인성검사는 특히 면접질문과 관련성이 높습니다. 면접관은 지원자의 인성검사 결과를 토대로 질문을 하기 때문입니다. 일관적이고 이상적인 답변을 하는 것이 가장 좋지만, 실제 시험은 매우 복잡하여 전문가라 해도 일정 성격을 유지하면서 답변을 하는 것이 힘듭니다. 또한, 인성검사에는 라이 스케일(Lie Scale) 설문이 전체 설문 속에 교묘하게 섞여 들어가 있으므로 겉치레적인 답을 하게 되면 회답태도의 허위성이 그대로 드러나게 됩니다. 예를 들어 '거짓말을 한 적이 한 번도 없다.'에 '예'로 답하고, '때로는 거짓말을 하기도 한다.'에 '예'라고 답하여 라이 스케일의 득점이 올라가게 되면 모든 회답의 신빙성이 사라지고 '자신을 돋보이게 하려는 사람'이라는 평가를 받을 수 있으므로 주의해야 합니다. 따라서 모의테스트를 통해 인성검사의 유형과 실제 시험 시 어떻게 문제를 풀어야 하는지 연습해 보고 체크한 부분 중 자신의 단점과 연결되는 부분은 면접에서 질문이 들어왔을 때 어떻게 대처해야 하는지 생각해 보는 것이 좋습니다.

03 **유의사항**

1. 기업의 인재상을 파악하라!

인성검사를 통해 개인의 성격 특성을 파악하고 그것이 기업의 인재상과 가치에 부합하는지를 평가하는 시험이기 때문에 해당 기업의 인재상을 먼저 파악하고 시험에 임하는 것이 좋습니다. 모의테스트에서 인재상에 맞는 가상의 인물을 설정하고 문제에 답해 보는 것도 많은 도움이 됩니다.

2. 일관성 있는 대답을 하라!

짧은 시간 안에 다양한 질문에 답을 해야 하는데, 그 안에는 중복되는 질문이 여러 번 나옵니다. 이때 앞서 자신이 체크했던 대답을 잘 기억해뒀다가 일관성 있는 답을 하는 것이 중요합니다.

3. 모든 문항에 대답하라!

많은 문제를 짧은 시간 안에 풀려다 보니 다 못 푸는 경우도 종종 생깁니다. 하지만 대답을 누락하거나 끝까지 다 못했을 경우 좋지 않은 결과를 가져올 수도 있으니 최대한 주어진 시간 안에 모든 문항에 답할 수 있도록 해야 합니다.

※ 모의테스트는 질문 및 답변 유형 연습을 위한 것으로 실제 시험과 다를 수 있습니다.
※ 인성검사는 정답이 따로 없는 유형의 검사이므로 결과지를 제공하지 않습니다.

번호	내용	예	아니요
001	나는 솔직한 편이다.	☐	☐
002	나는 리드하는 것을 좋아한다.	☐	☐
003	법을 어겨서 말썽이 된 적이 한 번도 없다.	☐	☐
004	거짓말을 한 번도 한 적이 없다.	☐	☐
005	나는 눈치가 빠르다.	☐	☐
006	나는 일을 주도하기보다는 뒤에서 지원하는 것을 선호한다.	☐	☐
007	앞일은 알 수 없기 때문에 계획은 필요하지 않다.	☐	☐
008	거짓말도 때로는 방편이라고 생각한다.	☐	☐
009	사람이 많은 술자리를 좋아한다.	☐	☐
010	걱정이 지나치게 많다.	☐	☐
011	일을 시작하기 전 재고하는 경향이 있다.	☐	☐
012	불의를 참지 못한다.	☐	☐
013	처음 만나는 사람과도 이야기를 잘 한다.	☐	☐
014	때로는 변화가 두렵다.	☐	☐
015	나는 모든 사람에게 친절하다.	☐	☐
016	힘든 일이 있을 때 술은 위로가 되지 않는다.	☐	☐
017	결정을 빨리 내리지 못해 손해를 본 경험이 있다.	☐	☐
018	기회를 잡을 준비가 되어 있다.	☐	☐
019	때로는 내가 정말 쓸모없는 사람이라고 느낀다.	☐	☐
020	누군가 나를 챙겨주는 것이 좋다.	☐	☐
021	자주 가슴이 답답하다.	☐	☐
022	나는 내가 자랑스럽다.	☐	☐
023	경험이 중요하다고 생각한다.	☐	☐
024	전자기기를 분해하고 다시 조립하는 것을 좋아한다.	☐	☐

025	감시받고 있다는 느낌이 든다.	☐	☐
026	난처한 상황에 놓이면 그 순간을 피하고 싶다.	☐	☐
027	세상엔 믿을 사람이 없다.	☐	☐
028	잘못을 빨리 인정하는 편이다.	☐	☐
029	지도를 보고 길을 잘 찾아간다.	☐	☐
030	귓속말을 하는 사람을 보면 날 비난하고 있는 것 같다.	☐	☐
031	막무가내라는 말을 들을 때가 있다.	☐	☐
032	장래의 일을 생각하면 불안하다.	☐	☐
033	결과보다 과정이 중요하다고 생각한다.	☐	☐
034	운동은 그다지 할 필요가 없다고 생각한다.	☐	☐
035	새로운 일을 시작할 때 좀처럼 한 발을 떼지 못한다.	☐	☐
036	기분 상하는 일이 있더라도 참는 편이다.	☐	☐
037	업무능력은 성과로 평가받아야 한다고 생각한다.	☐	☐
038	머리가 맑지 못하고 무거운 느낌이 든다.	☐	☐
039	가끔 이상한 소리가 들린다.	☐	☐
040	타인이 내게 자주 고민상담을 하는 편이다.	☐	☐

※ 모의테스트는 질문 및 답변 유형 연습을 위한 것으로 실제 시험과 다를 수 있습니다.
※ 인성검사는 정답이 따로 없는 유형의 검사이므로 결과지를 제공하지 않습니다.

※ 이 성격검사의 각 문항에는 서로 다른 행동을 나타내는 네 개의 문장이 제시되어 있습니다. 이 문장들을 비교하여, 자신의 평소 행동과 가장 가까운 문장을 'ㄱ' 열에 표기하고, 가장 먼 문장을 'ㅁ' 열에 표기하십시오.

01 나는 _____

	ㄱ	ㅁ
A. 실용적인 해결책을 찾는다.	☐	☐
B. 다른 사람을 돕는 것을 좋아한다.	☐	☐
C. 세부 사항을 잘 챙긴다.	☐	☐
D. 상대의 주장에서 허점을 잘 찾는다.	☐	☐

02 나는 _____

	ㄱ	ㅁ
A. 매사에 적극적으로 임한다.	☐	☐
B. 즉흥적인 편이다.	☐	☐
C. 관찰력이 있다.	☐	☐
D. 임기응변에 강하다.	☐	☐

03 나는 _____

	ㄱ	ㅁ
A. 무서운 영화를 잘 본다.	☐	☐
B. 조용한 곳이 좋다.	☐	☐
C. 가끔 울고 싶다.	☐	☐
D. 집중력이 좋다.	☐	☐

04 나는 _____

	ㄱ	ㅁ
A. 기계를 조립하는 것을 좋아한다.	☐	☐
B. 집단에서 리드하는 역할을 맡는다.	☐	☐
C. 호기심이 많다.	☐	☐
D. 음악을 듣는 것을 좋아한다.	☐	☐

05 나는 _____

	ㄱ	ㅁ
A. 타인을 늘 배려한다.	☐	☐
B. 감수성이 예민하다.	☐	☐
C. 즐겨하는 운동이 있다.	☐	☐
D. 일을 시작하기 전에 계획을 세운다.	☐	☐

06 나는 _____

	ㄱ	ㅁ
A. 타인에게 설명하는 것을 좋아한다.	☐	☐
B. 여행을 좋아한다.	☐	☐
C. 정적인 것이 좋다.	☐	☐
D. 남을 돕는 것에 보람을 느낀다.	☐	☐

07 나는 _____

	ㄱ	ㅁ
A. 기계를 능숙하게 다룬다.	☐	☐
B. 밤에 잠이 잘 오지 않는다.	☐	☐
C. 한 번 간 길을 잘 기억한다.	☐	☐
D. 불의를 보면 참을 수 없다.	☐	☐

08 나는 _____

	ㄱ	ㅁ
A. 종일 말을 하지 않을 때가 있다.	☐	☐
B. 사람이 많은 곳을 좋아한다.	☐	☐
C. 술을 좋아한다.	☐	☐
D. 휴양지에서 편하게 쉬고 싶다.	☐	☐

09 나는 _____

	ㄱ	ㅁ
A. 뉴스보다는 드라마를 좋아한다.	☐	☐
B. 길을 잘 찾는다.	☐	☐
C. 주말엔 집에서 쉬는 것이 좋다.	☐	☐
D. 아침에 일어나는 것이 힘들다.	☐	☐

10 나는 _____

	ㄱ	ㅁ
A. 이성적이다.	☐	☐
B. 할 일을 종종 미룬다.	☐	☐
C. 어른을 대하는 게 힘들다.	☐	☐
D. 불을 보면 매혹을 느낀다.	☐	☐

11 나는 _____

	ㄱ	ㅁ
A. 상상력이 풍부하다.	☐	☐
B. 예의 바르다는 소리를 자주 듣는다.	☐	☐
C. 사람들 앞에 서면 긴장한다.	☐	☐
D. 친구를 자주 만난다.	☐	☐

12 나는 _____

	ㄱ	ㅁ
A. 나만의 스트레스 해소 방법이 있다.	☐	☐
B. 친구가 많다.	☐	☐
C. 책을 자주 읽는다.	☐	☐
D. 활동적이다.	☐	☐

면접전형 가이드

01 면접유형 파악

1. 면접전형의 변화

기존 면접전형에서는 일상적이고 단편적인 대화나 지원자의 첫인상 및 면접관의 주관적인 판단 등에 의해서 입사 결정 여부를 판단하는 경우가 많았습니다. 이러한 면접전형은 면접 내용의 일관성이 결여되거나 직무 관련 타당성이 부족하였고, 면접에 대한 신뢰도에 영향을 주었습니다.

기존 면접(전통적 면접)		능력중심 채용 면접(구조화 면접)
• 일상적이고 단편적인 대화 • 인상, 외모 등 외부 요소의 영향 • 주관적인 판단에 의존한 총점 부여 ⇩ • 면접 내용의 일관성 결여 • 직무관련 타당성 부족 • 주관적인 채점으로 신뢰도 저하	VS	• 일관성 　– 직무관련 역량에 초점을 둔 구체적 질문 목록 　– 지원자별 동일 질문 적용 • 구조화 　– 면접 진행 및 평가 절차를 일정한 체계에 의해 구성 • 표준화 　– 평가 타당도 제고를 위한 평가 Matrix 구성 　– 척도에 따라 항목별 채점, 개인 간 비교 • 신뢰성 　– 면접진행 매뉴얼에 따라 면접위원 교육 및 실습

2. 능력중심 채용의 면접 유형

① 경험 면접
- 목적 : 선발하고자 하는 직무 능력이 필요한 과거 경험을 질문합니다.
- 평가요소 : 직업기초능력과 인성 및 태도적 요소를 평가합니다.

② 상황 면접
- 목적 : 특정 상황을 제시하고 지원자의 행동을 관찰함으로써 실제 상황의 행동을 예상합니다.
- 평가요소 : 직업기초능력과 인성 및 태도적 요소를 평가합니다.

③ 발표 면접
- 목적 : 특정 주제와 관련된 지원자의 발표와 질의응답을 통해 지원자 역량을 평가합니다.
- 평가요소 : 직무수행능력과 인지적 역량(문제해결능력)을 평가합니다.

④ 토론 면접
- 목적 : 토의과제에 대한 의견수렴 과정에서 지원자의 역량과 상호작용능력을 평가합니다.
- 평가요소 : 직무수행능력과 팀워크를 평가합니다.

1. 경험 면접

① 경험 면접의 특징

- 주로 직업기초능력에 관련된 지원자의 과거 경험을 심층 질문하여 검증하는 면접입니다.
- 직무능력과 관련된 과거 경험을 평가하기 위해 심층 질문을 하며, 이 질문은 지원자의 답변에 대하여 '꼬리에 꼬리를 무는 형식'으로 진행됩니다.

- 능력요소, 정의, 심사 기준
  - 평가하고자 하는 능력요소, 정의, 심사기준을 확인하여 면접위원이 해당 능력요소 관련 질문을 제시합니다.
- Opening Question
  - 능력요소에 관련된 과거 경험을 유도하기 위한 시작 질문을 합니다.
- Follow-up Question
  - 지원자의 경험 수준을 구체적으로 검증하기 위한 질문입니다.
  - 경험 수준 검증을 위한 상황(Situation), 임무(Task), 역할 및 노력(Action), 결과(Result) 등으로 질문을 구분합니다.

경험 면접의 형태

[면접관 1]　[면접관 2]　[면접관 3]

[면접관 1]　[면접관 2]　[면접관 3]

[지원자]

〈일대다 면접〉

[지원자 1]　[지원자 2]　[지원자 3]

〈다대다 면접〉

② 경험 면접의 구조

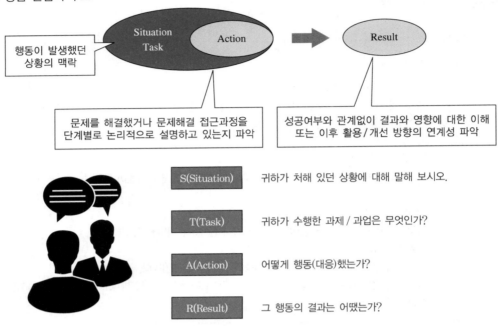

행동이 발생했던
상황의 맥락

문제를 해결했거나 문제해결 접근과정을
단계별로 논리적으로 설명하고 있는지 파악

성공여부와 관계없이 결과와 영향에 대한 이해
또는 이후 활용 / 개선 방향의 연계성 파악

S(Situation)   귀하가 처해 있던 상황에 대해 말해 보시오.

T(Task)   귀하가 수행한 과제 / 과업은 무엇인가?

A(Action)   어떻게 행동(대응)했는가?

R(Result)   그 행동의 결과는 어땠는가?

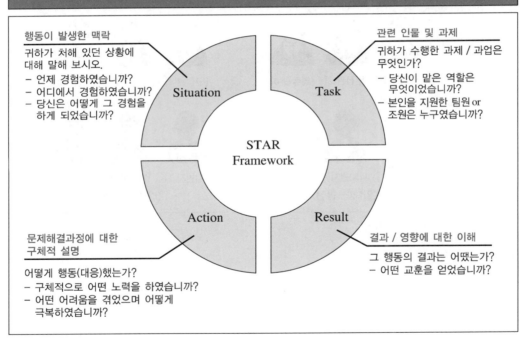

(　　　　　)에 관한 과거 경험에 대하여 말해 보시오.

행동이 발생한 맥락
귀하가 처해 있던 상황에
대해 말해 보시오.
- 언제 경험하였습니까?
- 어디에서 경험하였습니까?
- 당신은 어떻게 그 경험을
  하게 되었습니까?

관련 인물 및 과제
귀하가 수행한 과제 / 과업은
무엇인가?
- 당신이 맡은 역할은
  무엇이었습니까?
- 본인을 지원한 팀원 or
  조원은 누구였습니까?

Situation   Task

STAR
Framework

Action   Result

문제해결과정에 대한
구체적 설명
어떻게 행동(대응)했는가?
- 구체적으로 어떤 노력을 하였습니까?
- 어떤 어려움을 겪었으며 어떻게
  극복하였습니까?

결과 / 영향에 대한 이해
그 행동의 결과는 어땠는가?
- 어떤 교훈을 얻었습니까?

③ 경험 면접 질문 예시(직업윤리)

시작 질문	
1	남들이 신경 쓰지 않는 부분까지 고려하여 절차대로 업무(연구)를 수행하여 성과를 낸 경험을 구체적으로 말해 보시오.
2	조직의 원칙과 절차를 철저히 준수하며 업무(연구)를 수행한 것 중 성과를 향상시킨 경험에 대해 구체적으로 말해 보시오.
3	세부적인 절차와 규칙에 주의를 기울여 실수 없이 업무(연구)를 마무리한 경험을 구체적으로 말해 보시오.
4	조직의 규칙이나 원칙을 고려하여 성실하게 일했던 경험을 구체적으로 말해 보시오.
5	타인의 실수를 바로잡고 원칙과 절차대로 수행하여 성공적으로 업무를 마무리하였던 경험에 대해 말해 보시오.

후속 질문		
상황 (Situation)	상황	구체적으로 언제, 어디에서 경험한 일인가?
		어떤 상황이었는가?
	조직	어떤 조직에 속해 있었는가?
		그 조직의 특성은 무엇이었는가?
		몇 명으로 구성된 조직이었는가?
	기간	해당 조직에서 얼마나 일했는가?
		해당 업무는 몇 개월 동안 지속되었는가?
	조직규칙	조직의 원칙이나 규칙은 무엇이었는가?
임무 (Task)	과제	과제의 목표는 무엇이었는가?
		과제에 적용되는 조직의 원칙은 무엇이었는가?
		그 규칙을 지켜야 하는 이유는 무엇이었는가?
	역할	당신이 조직에서 맡은 역할은 무엇이었는가?
		과제에서 맡은 역할은 무엇이었는가?
	문제의식	규칙을 지키지 않을 경우 생기는 문제점 / 불편함은 무엇인가?
		해당 규칙이 왜 중요하다고 생각하였는가?
역할 및 노력 (Action)	행동	업무 과정의 어떤 장면에서 규칙을 철저히 준수하였는가?
		어떻게 규정을 적용시켜 업무를 수행하였는가?
		규정은 준수하는 데 어려움은 없었는가?
	노력	그 규칙을 지키기 위해 스스로 어떤 노력을 기울였는가?
		본인의 생각이나 태도에 어떤 변화가 있었는가?
		다른 사람들은 어떤 노력을 기울였는가?
	동료관계	동료들은 규칙을 철저히 준수하고 있었는가?
		팀원들은 해당 규칙에 대해 어떻게 반응하였는가?
		규칙에 대한 태도를 개선하기 위해 어떤 노력을 하였는가?
		팀원들의 태도는 당신에게 어떤 자극을 주었는가?
	업무추진	주어진 업무를 추진하는 데 규칙이 방해되진 않았는가?
		업무수행 과정에서 규정을 어떻게 적용하였는가?
		업무 시 규정을 준수해야 한다고 생각한 이유는 무엇인가?

결과 (Result)	평가	규칙을 어느 정도나 준수하였는가?
		그렇게 준수할 수 있었던 이유는 무엇이었는가?
		업무의 성과는 어느 정도였는가?
		성과에 만족하였는가?
		비슷한 상황이 온다면 어떻게 할 것인가?
	피드백	주변 사람들로부터 어떤 평가를 받았는가?
		그러한 평가에 만족하는가?
		다른 사람에게 본인의 행동이 영향을 주었다고 생각하는가?
	교훈	업무수행 과정에서 중요한 점은 무엇이라고 생각하는가?
		이 경험을 통해 느낀 바는 무엇인가?

2. 상황 면접

① 상황 면접의 특징

직무 관련 상황을 가정하여 제시하고 이에 대한 대응능력을 직무관련성 측면에서 평가하는 면접입니다.

- 상황 면접 과제의 구성은 크게 2가지로 구분
  - 상황 제시(Description) / 문제 제시(Question or Problem)
- 현장의 실제 업무 상황을 반영하여 과제를 제시하므로 직무분석이나 직무전문가 워크숍 등을 거쳐 현장성을 높임
- 문제는 상황에 대한 기본적인 이해능력(이론적 지식)과 함께 실질적 대응이나 변수 고려능력(실천적 능력) 등을 고르게 질문해야 함

상황 면접의 형태

[면접관 1] [면접관 2]

[연기자 1] [연기자 2]

[면접관 1] [면접관 2]

[지원자]

〈시뮬레이션〉

[지원자 1] [지원자 2] [지원자 3]

〈문답형〉

② 상황 면접 예시

상황 제시	인천공항 여객터미널 내에는 다양한 용도의 시설(사무실, 통신실, 식당, 전산실, 창고 면세점 등)이 설치되어 있습니다.	실제 업무 상황에 기반함
	금년에 소방배관의 누수가 잦아 메인 배관을 교체하는 공사를 추진하고 있으며, 당신 은 이번 공사의 담당자입니다.	배경 정보
	주간에는 공항 운영이 이루어져 주로 야간에만 배관 교체 공사를 수행하던 중, 시공하 는 기능공의 실수로 배관 연결 부위를 잘못 건드려 고압배관의 소화수가 누출되는 사고가 발생하였으며, 이로 인해 인근 시설물에 누수에 의한 피해가 발생하였습니다.	구체적인 문제 상황
문제 제시	일반적인 소방배관의 배관연결(이음)방식과 배관의 이탈(누수)이 발생하는 원인 에 대해 설명해 보시오.	문제 상황 해결을 위한 기본 지식 문항
	담당자로서 본 사고를 현장에서 긴급히 처리하는 프로세스를 제시하고, 보수완료 후 사후적 조치가 필요한 부분 및 재발방지 방안에 대해 설명해 보시오.	문제 상황 해결을 위한 추가 대응 문항

3. 발표 면접

① 발표 면접의 특징

- 직무관련 주제에 대한 지원자의 생각을 정리하여 의견을 제시하고, 발표 및 질의응답을 통해 지원자의 직무능력을 평가하는 면접입니다.
- 발표 주제는 직무와 관련된 자료로 제공되며, 일정 시간 후 지원자가 보유한 지식 및 방안에 대한 발표 및 후속 질문을 통해 직무적합성을 평가합니다.

- 주요 평가요소
  - 설득적 말하기 / 발표능력 / 문제해결능력 / 직무관련 전문성
- 이미 언론을 통해 공론화된 시사 이슈보다는 해당 직무분야에 관련된 주제가 발표면접의 과제로 선정되는 경우가 최근 들어 늘어나고 있음
- 짧은 시간 동안 주어진 과제를 빠른 속도로 분석하여 발표문을 작성하고 제한된 시간 안에 면접관에게 효과적인 발표를 진행하는 것이 핵심

발표 면접의 형태

[면접관 1] [면접관 2]

[면접관 1] [면접관 2]

[지원자]

〈개별 과제 발표〉

[지원자 1] [지원자 2] [지원자 3]

〈팀 과제 발표〉

※ 면접관에게 시각적 효과를 사용하여 메시지를 전달하는 쌍방향 커뮤니케이션 방식
※ 심층면접을 보완하기 위한 방안으로 최근 많은 기업에서 적극 도입하는 추세

② 발표 면접 예시

1. 지시문

당신은 현재 A사에서 직원들의 성과평가를 담당하고 있는 팀원이다. 인사팀은 지난주부터 사내 조직문화관련 인터뷰를 하던 도중 성과평가제도에 관련된 개선 니즈가 제일 많다는 것을 알게 되었다. 이에 팀장님은 인터뷰 결과를 종합하려 성과평가제도 개선 아이디어를 A4용지에 정리하여 신속 보고할 것을 지시하셨다. 당신에게 남은 시간은 1시간이다. 자료를 준비하는 대로 당신은 팀원들이 모인 회의실에서 5분 간 발표할 것이며, 이후 질의응답을 진행할 것이다.

2. 배경자료

〈성과평가제도 개선에 대한 인터뷰〉

최근 A사는 회사 사세의 급성장으로 인해 작년보다 매출이 두 배 성장하였고, 직원 수 또한 두 배로 증가하였다. 회사의 성장은 임금, 복지에 대한 상승 등 긍정적인 영향을 주었으나 업무의 불균형 및 성과보상의 불평등 문제가 발생하였다. 또한 수시로 입사하는 신입직원과 경력직원, 퇴사하는 직원들까지 인원들의 잦은 변동으로 인해 평가해야 할 대상이 변경되어 현재의 성과평가제도로는 공정한 평가가 어려운 상황이다.

[생산부서 김상호]
우리 팀은 지난 1년 동안 생산량이 급증했기 때문에 수십 명의 신규인력이 급하게 채용되었습니다. 이 때문에 저희 팀장님은 신규 입사자들의 이름조차 기억 못할 때가 많이 있습니다. 성과평가를 제대로 하고 있는지 의문이 듭니다.

[마케팅 부서 김흥민]
개인의 성과평가의 취지는 충분히 이해합니다. 그러나 현재 평가는 실적기반이나 정성적인 평가가 많이 포함되어 있어 객관성과 공정성에는 의문이 드는 것이 사실입니다. 이러한 상황에서 평가제도를 재수립하지 않고, 인센티브에 계속 반영한다면, 평가제도에 대한 반감이 커질 것이 분명합니다.

[교육부서 홍경민]
현재 교육부서는 인사팀과 밀접하게 일하고 있습니다. 그럼에도 인사팀에서 실시하는 성과평가제도에 대한 이해가 부족한 것 같습니다.

[기획부서 김경호 차장]
저는 저의 평가자 중 하나가 연구부서의 팀장님인데, 일 년에 몇 번 같이 일하지 않는데 어떻게 저를 평가할 수 있을까요? 특히 연구팀은 저희가 예산을 배정하는데, 저에게는 좋지만….

4. 토론 면접

① 토론 면접의 특징
- 다수의 지원자가 조를 편성해 과제에 대한 토론(토의)을 통해 결론을 도출해가는 면접입니다.
- 의사소통능력, 팀워크, 종합인성 등의 평가에 용이합니다.

> - 주요 평가요소
>   - 설득적 말하기, 경청능력, 팀워크, 종합인성
> - 의견 대립이 명확한 주제 또는 채용분야의 직무 관련 주요 현안을 주제로 과제 구성
> - 제한된 시간 내 토론을 진행해야 하므로 적극적으로 자신 있게 토론에 임하고 본인의 의견을 개진할 수 있어야 함

토론 면접의 형태

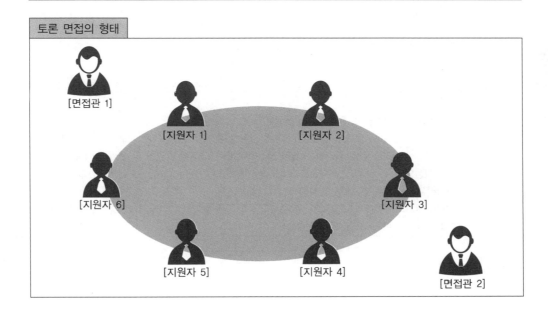

② 토론 면접 예시

고객 불만 고충처리

1. 들어가며

최근 우리 상품에 대한 고객 불만의 증가로 고객고충처리 TF가 만들어졌고 당신은 여기에 지원해 배치받았다. 당신의 업무는 불만을 가진 고객을 만나서 애로사항을 듣고 처리해 주는 일이다. 주된 업무로는 고객의 니즈를 파악해 방향성을 제시해 주고 그 해결책을 마련하는 일이다. 하지만 경우에 따라서 고객의 주관적인 의견으로 인해 제대로 된 방향으로 의사결정을 하지 못할 때가 있다. 이럴 경우 설득이나 논쟁을 해서라도 의견을 관철시키는 것이 좋을지 아니면 고객의 의견대로 진행하는 것이 좋을지 결정해야 할 때가 있다. 만약 당신이라면 이러한 상황에서 어떤 결정을 내릴 것인지 여부를 자유롭게 토론해 보시오.

2. 1분 자유 발언 시 준비사항

• 당신은 의견을 자유롭게 개진할 수 있으며 이에 따른 불이익은 없습니다.
• 토론의 방향성을 이해하고, 내용의 장점과 단점이 무엇인지 문제를 명확히 말해야 합니다.
• 합리적인 근거에 기초하여 개선방안을 명확히 제시해야 합니다.
• 제시한 방안을 실행 시 예상되는 긍정적·부정적 영향요인도 동시에 고려할 필요가 있습니다.

3. 토론 시 유의사항

• 토론 주제문과 제공해드린 메모지, 볼펜만 가지고 토론장에 입장할 수 있습니다.
• 사회자의 지정 또는 발표자가 손을 들어 발언권을 획득할 수 있으며, 사회자의 통제에 따릅니다.
• 토론회가 시작되면, 팀의 의견과 논거를 정리하여 1분간의 자유발언을 할 수 있습니다. 순서는 사회자가 지정합니다. 이후에는 자유롭게 상대방에게 질문하거나 답변을 하실 수 있습니다.
• 핸드폰, 서적 등 외부 매체는 사용하실 수 없습니다.
• 논제에 벗어나는 발언이나 지나치게 공격적인 발언을 할 경우, 위에서 제시한 유의사항을 지키지 않을 경우 불이익을 받을 수 있습니다.

1. 면접 Role Play 편성

- 교육생끼리 조를 편성하여 면접관과 지원자 역할을 교대로 진행합니다.
- 지원자 입장과 면접관 입장을 모두 경험해 보면서 면접에 대한 적응력을 높일 수 있습니다.

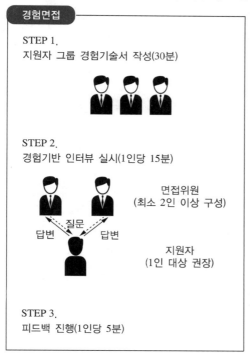

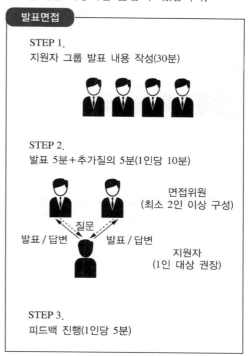

경험면접

STEP 1.
지원자 그룹 경험기술서 작성(30분)

STEP 2.
경험기반 인터뷰 실시(1인당 15분)

면접위원
(최소 2인 이상 구성)

질문
답변   답변

지원자
(1인 대상 권장)

STEP 3.
피드백 진행(1인당 5분)

발표면접

STEP 1.
지원자 그룹 발표 내용 작성(30분)

STEP 2.
발표 5분+추가질의 5분(1인당 10분)

면접위원
(최소 2인 이상 구성)

질문
발표 / 답변   발표 / 답변

지원자
(1인 대상 권장)

STEP 3.
피드백 진행(1인당 5분)

> **Tip**
>
> 면접 준비하기
> 1. 면접 유형 확인 필수
>   - 기업마다 면접 유형이 상이하기 때문에 해당 기업의 면접 유형을 확인하는 것이 좋음
>   - 일반적으로 실무진 면접, 임원면접 2차례에 거쳐 면접을 실시하는 기업이 많고 실무진 면접과 임원 면접에서 평가요소가 다르기 때문에 유형에 맞는 준비방법이 필요
> 2. 후속 질문에 대한 사전 점검
>   - 블라인드 채용 면접에서는 주요 질문과 함께 후속 질문을 통해 지원자의 직무능력을 판단
>   → STAR 기법을 통한 후속 질문에 미리 대비하는 것이 필요

한전KPS 별정직의 면접전형은 개별면접으로, 필기시험에서 3배수 또는 5배수를 선발하여 진행된다.

01　2022년 기출질문

- 한전KPS에 지원한 동기에 대해 말해 보시오.
- 한전KPS에서 수행하고 싶은 직무에 대해 말해 보시오.
- 리더로서 조직 내의 갈등을 해결해 본 경험과 그 방법에 대해 말해 보시오.
- 약속과 신뢰를 지켰던 경험에 대해 말해 보시오.
- 자신의 취미에 대해 말해 보시오.
- 자신만의 강점에 대해 말해 보시오.
- 자신을 뽑아야 하는 이유에 대해 말해 보시오.
- 살면서 어려웠던 경험과 이를 극복한 방법에 대해 말해 보시오.
- 친절을 실천한 경험을 말해 보시오.
- 어떤 것을 이루기 위해 무언가 포기한 경험을 말해 보시오.
- 입사 후 싫은 상사가 있다면 어떤 사람이겠는가?
- 뇌물과 선물의 차이는 무엇인가?
- 자신의 의사소통능력에 대해 설명해 보시오.
- 자신의 하루일과는 어떠한가?
- 조직 내 잘못된 관행에 대응했던 경험을 말해 보시오.
- 다른 전공을 필요에 따라 공부한 경험이 있는가?
- 남을 위해 자신이 손해를 본 경험을 말해 보시오.
- 자신이 원하는 상사의 모습을 말해 보시오.
- 공기업과 사기업의 차이는 무엇인가?
- 가장 친한 친구를 소개해 보시오.
- 보유한 자격증의 특징과 다른 자격증과의 차이점은 무엇인지 알고 있는가?
- 본인에게 입사 추천서를 써준다면 자신을 어떻게 설명할 지 말해 보시오.
- 공공기관의 직원으로서 중요시해야 하는 덕목이나 역량은 무엇이라고 생각하는가?
- 한전KPS가 설립된 궁극적인 이유와 다른 기관과의 차이점을 설명해 보시오.
- 입사 후 키우고 싶은 능력이 있다면 무엇인가?

- 1년 이상의 기간 동안 꾸준히 노력하여 성과를 이뤄낸 경험이 있다면 말해 보시오.
- 단체 생활에서 생긴 갈등을 해결한 경험이 있다면 말해 보시오.
- 업무에 갑작스러운 변화가 발생할 경우 어떻게 대처할 것인가?
- 사회생활을 하면서 부당한 지시에 대처한 경험이 있다면 말해 보시오.
- 한전KPS에 지원하게 된 동기를 말해 보시오.
- 목표를 설정하고 달성한 경험이 있다면 말해 보시오.
- 한전KPS가 본인에게 어떠한 의미를 가지고 있는가?
- 원칙을 준수한 경험이 있다면 말해 보시오.
- 입사 후 해보고 싶은 직무가 무엇인가?
- 상대방의 니즈를 파악하기 위한 본인만의 방법이 있다면 말해 보시오.
- 한전KPS를 알게 된 계기를 말해 보시오.
- 목표를 달성하기 위해 팀을 이루어 수행한 경험이 있다면 말해 보시오.
- 입사 후 회사에 어떻게 기여할 것인가?
- 전공이 지원한 분야와 맞지 않은데 지원한 이유는 무엇인가?
- 본인만의 경쟁력을 말해 보시오.
- 본인의 취미를 소개해 보시오.
- 본인의 꿈이나 비전은 무엇인가?
- 인생에서 가장 중요하게 여기는 것은 무엇인가?
- 성취감을 느낀 경험이 있다면 말해 보시오.
- 갈등을 해결한 경험이 있다면 말해 보시오.
- 본인의 단점을 말해 보시오.

- 어려운 부탁을 받았을 때 대처한 경험이 있다면 말해 보시오.
- 사람들과 잘 지내기 위해 노력한 경험이 있다면 말해 보시오.
- 격오지 근무를 하게 된다면 어떻게 지낼 것인가?
- 봉사활동 경험이 있다면 말해 보시오.
- 상사에게 지적받은 경험이 있는가?
- 본인이 부당한 일을 겪게 되었을 때 어떻게 행동할 것인가?
- 두 개의 일을 동시에 맡는다면 어떻게 할 것인가?
- 남들이 본인을 험담하는 말을 듣게 된다면 어떻게 행동할 것인가?

- 국민 여론과 상충된 의견이 있을 때 어떻게 대처할 것인가?
- 공동의 목표 달성 시 본인이 주도적으로 했던 경험이 있다면 말해 보시오.
- 화합과 개인의 책임감 중 더 중요한 것은 무엇인가?
- 님비지역 주민을 어떻게 설득하겠는가?
- 본인의 어떠한 목표를 달성하지 못한 경험이 있다면 말해 보시오.
- 제한된 시간을 극복한 경험이 있다면 말해 보시오.
- 주인의식이란 무엇이라고 생각하는가?
- 본인에게 고객이란 무엇인가?
- 인생에서 가장 힘들었던 일이 무엇인가?
- 협업했던 경험이 있다면 말해 보시오.
- 출퇴근을 하는 데 지장이 없는가?
- 본인의 성격이 어떻다고 생각하는가?
- 한글이나 엑셀 프로그램을 다룰 줄 아는가?
- 한전KPS를 위해 어떤 일을 할 수 있겠는가?

- 힘든 상황에서 끝까지 노력했던 경험이 있다면 말해 보시오.
- 한전KPS 입사를 위해 준비한 것이 무엇인가?
- 입사 후 직원들과 갈등이 생겼을 때 어떻게 대처할 것인가?
- 책임감을 가지고 진행한 일에 대해 말해 보시오.
- 요구받은 일을 수행한 경험이 있다면 말해 보시오.
- 목표를 달성한 경험이 있다면 말해 보시오.
- 어느 부서에서 일하고 싶은가?
- 본인이 남들보다 잘하는 것은 무엇인가?
- 서비스 정신을 발휘한 사례가 있는가?
- 업무 또는 학업에 있어 힘들었던 사례에 대해 말해 보시오.

- 인생의 좌우명이 무엇인가?
- 본인만의 직업관이 있다면 말해 보시오.
- 가정의 행복을 위해 가장 중요한 것은 무엇인가?
- 최근에 본 영화나 책이 있는가?
- 좋아하는 가수가 있는가?
- 노사관계에 대한 본인의 의견을 말해 보시오.
- 발전회사에 대한 본인의 의견을 말해 보시오.
- 관리자와 엔지니어 중 무엇이 되고 싶은가?
- 고객감동 경영이 무엇인가?
- 윤리경영은 무엇인지 설명하고, 그에 대한 본인의 생각을 말해 보시오.
- 기러기 아빠에 대해 어떻게 생각하는가?
- 공기업 경영혁신에 대해 말해 보시오.
- 공기업의 민영화에 대한 본인의 생각을 말해 보시오.
- 노동조합의 경영참여에 대한 본인의 생각을 말해 보시오.
- 살면서 가장 성공적으로 해낸 일이 무엇인가?
- 새로운 것을 창출해 본 경험이 있는가?
- 가장 창의적인 능력을 발휘했던 경험이 있다면 말해 보시오.
- 주말에 쉬고 있는데 시스템 장애가 발생했다면 어떻게 대처할 것인가?
- 본인 거주지역과 인접한 근무지에서 근무를 했을 경우의 단점을 말해 보시오.
- 지역 주민과 발전소의 관계에 대해 말해 보시오.
- 최근 지진이 발생했는데 원자력 발전소는 안전할 것인지 말해 보시오.
- ICT를 활용하여 한전KPS에 기여할 수 있는 사업은 무엇이 있는가?
- 고객과 정부 간의 마찰이 생긴다면 어느 편에 서야 하는가?
- 원자력 발전이 어떻게 이루어지는가?
- 갑을 관계에서 갈등 해결방안에 대해 말해 보시오.
- 극한 상황에서 작업을 할 수 있는데 극복할 수 있는가?
- 캐비테이션 발생 원리와 해결방법에 대해 말해 보시오.

- 기업별로 회사의 분위기나 느낌이 다르다. 본인이 가고 싶은 분위기의 회사에 대해 말해 보시오.
- 필리핀에서 화력발전소를 고치는데 필리핀 인부들이 일을 하기 싫어한다. 이때, 어떻게 설득할 것인지 말해 보시오.
- 이전 직장에서 가장 힘들었던 점이 무엇이었고 이를 어떻게 극복하였는가?
- 해외 경험이 있다면 말해 보시오.

아는 것을 안다고 하고, 모르는 것을 모른다고 말하는 것이, 그것이 아는 것이다.

- 논어 -

현재 나의 실력을 객관적으로 파악해 보자!

모바일 OMR
답안채점 / 성적분석 서비스

도서에 수록된 모의고사에 대한 객관적인 결과(정답률, 순위)를 종합적으로 분석하여 제공합니다.

OMR 입력

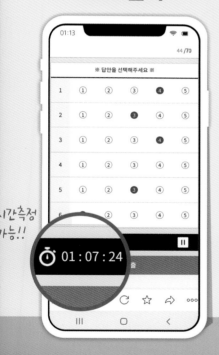

성적분석

채점결과

※OMR 답안채점 / 성적분석 서비스는 등록 후 30일간 사용 가능합니다.

참여방법

도서 내 모의고사 우측 상단에 위치한 QR코드 찍기

➡

LOG IN
로그인 하기

➡

'시작하기' 클릭

➡

'응시하기' 클릭

➡

나의 답안을 모바일 OMR 카드에 입력

➡

'성적분석 & 채점결과' 클릭

➡

☺
현재 내 실력 확인하기

2023 하반기
All-New 전면개정판

한전
KPS
별정직

NCS + 최종점검 모의고사 5회 + 무료NCS특강

정답 및 해설

Add+

2023년 상반기 주요 공기업
NCS 기출복원문제

01	02	03	04	05	06	07	08	09	10	11	12	13	14	15	16	17	18	19	20
①	②	④	⑤	②	③	④	④	③	⑤	②	④	①	④	②	⑤	⑤	④	①	②
21	22	23	24	25	26	27	28	29	30	31	32	33	34	35	36	37	38	39	40
⑤	④	①	①	②	③	③	④	②	②	②	③	③	④	②	①	②	③	③	②
41	42	43	44	45	46	47	48	49	50										
④	②	③	②	②	④	②	④	⑤	③										

01

정답 ①

담화의 의미는 고정되어 있지 않으며 다양한 맥락에 따라 다른 의미로 전달된다.

02

정답 ②

'앞', '뒤', '전', '후', '옆', '안', '밖', '속', '위', '밑', '끝', '날', '땅', '때', '떼', '막', '맛', '면', '밤', '변', '빛', '탓' 등의 명사와 결합한 단어는 복합 명사로 보기 어려우므로 앞 명사와 띄어 써야 한다. 한편, '이', '그', '저' 등이 지시대명사로 쓰일 때에는 뒤에 오는 말과 붙여 쓴다.

03

정답 ④

□ : 뒤의 수를 곱하기, ○ : 뒤의 수만큼 거듭제곱

- $(3□4)○2=(3×4)^2=144$
- $(1□6)○3=(1×6)^3=216$
- $(5○3)□8=5^3 ×8=1,000$

따라서 $(5□2)○(4□1)=(5×2)^{4×1}=10^4=10,000$이다.

04

정답 ⑤

가위바위보를 해서 이길 때마다 계단 3개씩 올라가므로 계단 20개를 올라가려면 7회 이겨야 한다.

여기서 앞선 7회를 연승하거나 8회 중 7회, 9회 중 7회를 이기면 놀이가 끝나므로 마지막 10회는 반드시 이기고 앞선 9회 중 6회는 이기며 3회는 비기거나 져야 한다.

가위바위보를 1회 해서 이길 확률은 $\frac{1}{3}$ 이므로 가위바위보를 10회 해서 앞선 9회 중 6회는 이기고 마지막 10회에서 이길 확률은

$\left[{}_9C_6 \left(\frac{1}{3} \right)^6 \left(\frac{2}{3} \right)^3 \right] \times \frac{1}{3}$ 이다.

가위바위보 1회로 비길 확률은 $\frac{1}{3}$ 이므로 가위바위보를 10회 해서 앞선 9회는 6회 이기고 2회 비기며 마지막 10회에서 이길 확률은

$\left[{}_9C_6 \left(\frac{1}{3} \right)^6 {}_3C_2 \left(\frac{1}{3} \right)^2 \left(\frac{1}{3} \right) \right] \times \frac{1}{3}$ 이다.

따라서 구하고자 하는 확률은 $\dfrac{{}_9C_6\left(\dfrac{1}{3}\right)^6 {}_3C_2\left(\dfrac{1}{3}\right)^2\left(\dfrac{1}{3}\right)\times\dfrac{1}{3}}{{}_9C_6\left(\dfrac{1}{3}\right)^6\left(\dfrac{2}{3}\right)^3\times\dfrac{1}{3}}=\dfrac{3}{8}$ 이다.

05

정답 ②

놀이공원에서 사람이 많아 놀이기구는 타지도 못하고 기다리기만 했다는 한 가지 경험으로 모든 놀이공원에 대한 부정적 평가를 한 것은 성급한 일반화의 오류를 범한 것이다.

오답분석

① 인신공격의 오류 : 주장의 내용이 아닌 화자 자체를 비난함으로써 주장을 비판하는 오류이다.

③ 허수아비 공격의 오류 : 상대방의 입장을 곡해하여 주장을 비판하는 오류이다.

④ 순환 논증의 오류 : 주장이 참일 때 낼 수 있는 결론으로 주장에 대한 근거를 내세움으로써 발생하는 오류이다.

⑤ 복합 질문의 오류 : 두 가지 이상의 질문을 하나의 질문으로 묶어넣음으로써 상대방이 '예' 또는 '아니오'로 대답 시 공격의 여지를 남기는 오류이다.

06

정답 ③

낭비되는 시간이 없도록 하는 철저한 시간관리법으로, 원래 계획한 시간에 여유시간을 두는 나머지와는 그 성격이 다르다.

오답분석

①·②·④·⑤ 하나의 계획이 틀어지더라도 모든 계획이 미루어지지 않도록 원래 계획에 여유시간을 두는 60 : 40의 법칙에 대한 예시이다.

07

정답 ②

승진보상의 기본 원칙

• 적정선의 원칙 : 조직구성원이 일정한 정도의 공헌을 했을 때 적절한 승진 보상을 제공해야 한다.

• 공정성의 원칙 : 조직이 조직구성원에게 나누어 줄 수 있는 보상은 적절한 사람에게 배분하여야 한다.

• 합리성의 원칙 : 조직은 조직의 목표달성을 위해 어떤 것을 공헌한 것으로 볼 것인지 정해야 한다.

08

정답 ④

오답분석

① 빅데이터 : 디지털 환경에서 발생하는 대량의 모든 데이터에서 가치를 추출하고 결과를 분석하는 기술이다.

② 블록체인 : 네트워크에 참여하는 모든 사용자가 모든 데이터를 분산 및 저장하는 기술이다.

③ 로봇공학 : 로봇을 설계 개발 후 생산 및 응용하는 분야의 집합체이다.

⑤ 알고리즘 : 문제 해결을 위한 일렬의 단계적 절차 및 처리과정의 순서이다.

09

정답 ③

××역 에스컬레이터 역주행 사고가 모터 감속기의 노후화 등의 마모로 인해 발생하였음을 추정하였으며 정밀 감식을 진행할 예정이므로 이는 사고예방대책 원리의 평가 및 분석 단계에 해당된다.

10

정답 ⑤

승객들이 에스컬레이터에서 걷거나 뛰는 행위로 부품에 이상이 생겨 사고로 이어졌다. 이는 반복적이고 지속적인 충격하중으로 인한 부품 이상을 사전에 충분히 점검 및 정비하지 않아 발생한 사고이므로 기계에 의한 물적 요인으로 볼 수 있다.

11

ㄱ. 하향식 기술선택에 대한 설명이다.

ㄴ. 상향식 기술선택에 대한 설명이다.

ㅁ. 기술선택을 위한 우선순위는 다음과 같다.
  • 제품의 성능이나 원가에 미치는 영향력이 큰 기술
  • 기술을 활용한 제품의 매출과 이익 창출 잠재력이 큰 기술
  • 쉽게 구할 수 없는 기술
  • 기업 간 모방이 어려운 기술
  • 기업이 생산하는 제품 및 서비스에 보다 광범위하게 활용할 수 있는 기술
  • 최신 기술로 진부화될 가능성이 적은 기술
  따라서 최신 기술로 진부화될 가능성이 적은 기술을 최우선순위로 결정한다는 것은 옳지 않다.

12

오답분석

① Off-JT에 대한 설명이다.
② 지도자는 지식을 전달하는 능력을 갖추어 신입사원에게 업무 정보 등을 전달할 수 있어야 한다.
③ 과거 목수, 대장장이 등의 견습공도 하나의 OJT 과정이다.
⑤ 경력이 있는 사람 밑에서 직무 교육이 이루어진다.

13

일반적으로 신입사원 교육(OJT)을 실시할 때, 신입사원에게 어떤 것을 교육할 것인지 목표를 세우고, 어떻게 교육할 것인지 계획을 세운 후 교육을 실시하고 이에 대한 평가를 한다.

14

제시문의 두 번째 문단에 따르면 CCTV는 열차 종류에 따라 네트워크 방식과 개별 독립 방식으로 설치된다고 하였다. 따라서 개별 독립 방식으로 설치된 일부 열차에서는 각 객실의 상황을 실시간으로 파악하지 못할 수 있다.

오답분석

① 첫 번째 문단의 현재 운행하고 있는 열차의 모든 객실에 CCTV를 설치하겠다는 내용으로 보아, 현재 모든 열차의 모든 객실에 CCTV가 설치되지는 않았음을 유추할 수 있다.
② 첫 번째 문단에 따르면 모든 열차 승무원에게 보디캠을 지급하겠다고 하였다. 이에 따라 승객이 승무원을 폭행하는 등의 범죄 발생 시 해당 상황을 녹화한 보디캠 영상이 있어 수사의 증거자료로 사용할 수 있게 되었다.
③ 두 번째 문단에 따르면 CCTV는 사각지대 없이 설치되며 일부는 휴대 물품 보관대 주변에도 설치된다고 하였다. 따라서 인적 피해와 물적 피해 모두 파악할 수 있게 되었다.
⑤ 세 번째 문단에 따르면 CCTV 품평회와 시험을 통해 제품의 형태와 색상, 재질, 진동과 충격 등에 대한 적합성을 고려한다고 하였다.

15

• (가)를 기준으로 앞의 문장과 뒤의 문장이 서로 상반되는 내용을 담고 있으므로 가장 적절한 접속사는 '하지만'이다.
• (나)를 기준으로 앞의 문장은 기차의 냉난방시설을, 뒤의 문장은 지하철의 냉난방시설을 다루고 있으므로 가장 적절한 접속사는 '반면'이다.
• (다)의 앞뒤 내용을 살펴보면, 앞선 내용들이 끝나고 이후의 내용이 이어지므로 이를 이어주는 접속사인 '마침내'가 적절하다.

16

제시문의 세 번째 문단에 따르면 스마트글라스 내부 센서를 통해 충격과 기울기를 감지할 수 있어 위험한 상황이 발생할 경우 통보 시스템을 통해 바로 파악할 수 있게 되었음을 알 수 있다.

오답분석

① 첫 번째 문단을 통해 스마트글라스를 통한 작업자의 음성인식만으로 철도시설물 점검이 가능해졌음을 알 수 있지만, 마지막 문단에 따르면 아직 철도시설물 보수 작업은 가능하지 않음을 알 수 있다.

② 첫 번째 문단에 따르면 스마트글라스의 도입 이후에도 사람의 작업이 필요함을 알 수 있다.

③ 세 번째 문단에 따르면 스마트글라스의 도입으로 추락 사고나 그 밖의 위험한 상황을 미리 예측할 수 있어 이를 방지할 수 있게 되었음을 알 수 있지만, 실제로 안전사고 발생 횟수가 감소하였는지는 알 수 없다.

④ 두 번째 문단에 따르면 여러 단계를 거치던 기존 작업 방식에서 스마트글라스의 도입으로 작업을 한 번에 처리할 수 있게 된 것을 통해 작업 시간이 단축되었음을 알 수 있지만, 필요한 작업 인력의 감소 여부는 알 수 없다.

17

마지막 문단에 따르면 인공지능 등의 스마트 기술 도입으로 까치집 검출 정확도는 95%까지 상승하였으므로, 까치집 제거율 또한 상승할 것임을 예측할 수 있으나, 근본적인 까치집 생성의 감소를 기대할 수는 없다.

오답분석

① 두 번째와 세 번째 문단을 살펴보면, 정확도가 65%에 불과했던 인공지능의 까치집 식별 능력이 딥러닝 방식의 도입으로 95%까지 상승했음을 알 수 있다.

② 세 번째 문단에서 시속 150km로 빠르게 달리는 열차에서의 까치집 식별 정확도는 65%에 불과하다는 내용으로 보아, 빠른 속도에서 인공지능의 사물 식별 정확도는 낮음을 알 수 있다.

③ 마지막 문단에 따르면, 작업자의 접근이 어려운 곳에는 드론을 띄워 까치집을 발견 및 제거하는 기술도 시범 운영하고 있다고 하였다.

④ 실시간 까치집 자동 검출 시스템 개발로 실시간으로 위험 요인의 위치와 이미지를 작업자에게 전달할 수 있게 되었다.

18

4월 회원의 남녀의 비가 2:3이므로 각각 $2a$명, $3a$명이라 하고, 5월에 더 가입한 남녀 회원의 수를 각각 x명, $2x$명으로 놓으면

$$\begin{cases} 2a+3a<260 \\ (2a+x)a+(3a+2x)=5a+3x>320 \end{cases}$$

5월에 남녀의 비가 5:8이므로

$$(2a+x):(3a+2x)=5:8 \rightarrow a=2x$$

이를 연립방정식에 대입하여 정리하면

$$\begin{cases} 4x+6x<260 \\ 10x+3x>320 \end{cases} \rightarrow \begin{cases} 10x<260 \\ 13x>320 \end{cases}$$

공통 부분을 구하면 $24.6\cdots<x<26$이며

x는 자연수이므로 25이다.

따라서 5월 전체 회원 수는 $5a+3x=13x=325$명이다.

19

A씨는 장애의 정도가 심하지 않으므로 KTX 이용 시 평일 이용에 대해서만 30% 할인을 받으며, 동반 보호자에 대한 할인은 적용되지 않는다. 따라서 3월 11일(토) 서울 → 부산 구간의 이용에는 할인이 적용되지 않고, 3월 13일(월) 부산 → 서울 구간 이용시 총운임의 15%만 할인받는다. 따라서 두 사람의 왕복 운임을 기준으로 7.5% 할인받았음을 알 수 있다.

20

마일리지 적립 규정에는 회원등급에 관련된 내용이 없으며, 마일리지 적립은 지불한 운임의 액수, 더블적립 열차 탑승 여부, 선불형 교통카드 Rail+ 사용 여부에 따라서만 결정된다.

오답분석
① KTX 마일리지는 KTX 열차 이용 시에만 적립된다.
③ 비즈니스 등급은 기업회원 여부와 관계없이 최근 1년간의 활동내역을 기준으로 부여된다.
④ 추석 및 설 명절 특별수송 기간 탑승 건을 제외하고 4만 점을 적립하면 VIP 등급을 부여받는다.
⑤ VVIP 등급과 VIP 등급 고객은 한정된 횟수 내에서 KTX 특실을 KTX 일반실 가격에 구매할 수 있다(무료 업그레이드).

21

한국조폐공사를 통한 예약 접수는 온라인 쇼핑몰 홈페이지를 통해 가능하며, 오프라인(방문) 접수는 우리·농협은행의 창구를 통해서만 이루어진다.

오답분석
① 구매자를 대한민국 국적자로 제한한다는 내용은 없다.
② 단품으로 구매 시 화종별 최대 3장으로 총 9장, 세트로 구매할 때도 최대 3세트로 총 9장까지 신청이 가능하고, 세트와 단품 중복신청이 가능하므로, 구매 가능한 최대 개수는 18장이다.
③ 우리·농협은행의 계좌가 없다면, 한국조폐공사 온라인 쇼핑몰을 이용하거나, 우리·농협은행에 직접 방문하여 구입할 수 있다.
④ 총발행량은 예약 주문 이전부터 화종별 10,000장으로 미리 정해져 있다.

22

우리·농협은행 계좌 미보유자가 예약 신청을 할 수 있는 경로는 두 가지이다. 하나는 신분증을 지참하고 우리·농협은행의 지점을 방문하여 신청하는 것이고, 다른 하나는 한국조폐공사 온라인 쇼핑몰에서 가상계좌 방식으로 신청하는 것이다.

오답분석
① A씨는 외국인이므로 창구 접수 시 지참해야 하는 신분증은 외국인등록증이다.
② 한국조폐공사 온라인 쇼핑몰에서는 가상계좌 방식을 통해서만 예약 신청이 가능하다.
③ 홈페이지를 통한 신청이 가능한 은행은 우리은행과 농협은행뿐이다.
⑤ 우리·농협은행의 홈페이지를 통해 예약 접수를 하려면 해당 은행에 미리 계좌가 개설되어 있어야 한다.

23

3종 세트는 186,000원, 단품은 각각 63,000원이므로 5명의 구매 금액을 각각 계산하면 다음과 같다.
- A : $(186,000 \times 2) + 63,000 = 435,000$원
- B : $63,000 \times 8 = 504,000$원
- C : $(186,000 \times 2) + (63,000 \times 2) = 498,000$원
- D : $186,000 \times 3 = 558,000$원
- E : $186,000 + (63,000 \times 4) = 438,000$원

따라서 가장 많은 금액을 지불한 사람은 D이며, 구매 금액은 558,000원이다.

24

고독사 및 자살 위험이 크다고 판단되는 경우 만 60세 이상으로 하향 조정이 가능하다.

오답분석

② 노인맞춤돌봄서비스 중 생활교육서비스에 해당한다.
③ 특화서비스는 가족, 이웃과 단절되거나 정신건강 등의 문제로 자살, 고독사 위험이 높은 취약 노인을 대상으로 상담 및 진료서비스를 제공한다.
④ 안전지원서비스를 통해 노인의 안전 여부를 확인할 수 있다.

25

정답 ③

노인맞춤돌봄서비스는 만 65세 이상의 기초생활수급자, 차상위계층, 기초연금수급자의 경우 신청이 가능하다. F와 H는 소득수준이 기준에 해당하지 않으므로 제외되며, J는 만 64세이므로 제외된다. 또한 E, G, K는 유사 중복사업의 지원을 받고 있으므로 제외된다. 따라서 E, F, G, H, J, K 6명은 노인맞춤돌봄서비스 신청이 불가능하다.

오답분석

A와 I의 경우 만 65세 이하이지만 자살, 고독사 위험이 높은 우울형 집단에 속하고, 만 60세 이상이므로 신청이 가능하다.

26

정답 ③

A씨의 2021년 장기요양보험료를 구하기 위해서는 A씨의 소득을 먼저 구해야 한다. 2023년 A씨가 낸 장기요양보험료는 20,000원이고, 보험료율이 0.91%이므로 A씨의 소득은 20,000÷0.0091≒2,197,802원이다. 따라서 A씨의 지난 5년간 소득은 2,197,802원으로 동일하므로 2021년 장기요양 보험료는 2,197,802×0.0079≒17,363원이다.

27

정답 ③

제53조 제5항에서 공단으로부터 분할납부 승인을 받고 승인된 보험료를 1회 이상 낸 경우에는 보험급여를 할 수 있다고 하였으므로 분할납부가 완료될 때까지 보험급여가 제한되지 않는다.

오답분석

① 제53조 제1항 제2호에 따르면 고의 또는 중대한 과실로 공단 및 요양기관의 요양에 관한 지시를 따르지 아니한 경우 보험급여를 하지 않는다.
② 제53조 제2항에서 국가나 지방자치단체로부터 보험급여에 상당하는 급여를 받게 되는 경우에는 그 한도에서 보험급여를 하지 않는다고 하였다.
④ 승인받은 분할납부 횟수가 5회 미만인 경우이므로 해당 분할납부 횟수인 4회 이상 보험료를 내지 않으면 보험급여가 제한된다.

28

정답 ④

2022년 시도별 전문의 의료 인력 대비 간호사 인력 비율은 다음과 같다. 실제 시험에서는 선택지에 제시된 지역만 구하여 시간을 절약하도록 한다.

- 서울 : $\frac{8,286}{1,905} \times 100 ≒ 435\%$
- 부산 : $\frac{2,755}{508} \times 100 ≒ 542.3\%$
- 대구 : $\frac{2,602}{546} \times 100 ≒ 476.6\%$
- 인천 : $\frac{679}{112} \times 100 ≒ 606.3\%$
- 광주 : $\frac{2,007}{371} \times 100 ≒ 541\%$
- 대전 : $\frac{2,052}{399} \times 100 ≒ 514.3\%$
- 울산 : $\frac{8}{2} \times 100 = 400\%$
- 세종 : $\frac{594}{118} \times 100 ≒ 503.4\%$

- 경기 : $\dfrac{6,706}{1,516} \times 100 ≒ 442.3\%$

- 강원 : $\dfrac{1,779}{424} \times 100 ≒ 419.6\%$

- 충북 : $\dfrac{1,496}{308} \times 100 ≒ 485.7\%$

- 충남 : $\dfrac{955}{151} \times 100 ≒ 632.5\%$

- 전북 : $\dfrac{1,963}{358} \times 100 ≒ 548.3\%$

- 전남 : $\dfrac{1,460}{296} \times 100 ≒ 493.2\%$

- 경북 : $\dfrac{1,158}{235} \times 100 ≒ 492.8\%$

- 경남 : $\dfrac{4,004}{783} \times 100 ≒ 511.4\%$

- 제주 : $\dfrac{1,212}{229} \times 100 ≒ 529.3\%$

따라서 전문의 의료 인력 대비 간호사 인력 비율이 가장 높은 지역은 충남이다.

29   정답 ②

시도별 2021년 대비 2022년 정신건강 예산의 증가폭은 다음과 같다.
- 서울 : $58,981,416 - 53,647,039 = 5,334,377$천 원
- 부산 : $24,205,167 - 21,308,849 = 2,896,318$천 원
- 대구 : $12,256,595 - 10,602,255 = 1,654,340$천 원
- 인천 : $17,599,138 - 12,662,483 = 4,936,655$천 원
- 광주 : $13,479,092 - 12,369,203 = 1,109,889$천 원
- 대전 : $14,142,584 - 12,740,140 = 1,402,444$천 원
- 울산 : $6,497,177 - 5,321,968 = 1,175,209$천 원
- 세종 : $1,515,042 - 1,237,124 = 277,918$천 원
- 제주 : $5,600,120 - 4,062,551 = 1,537,569$천 원

따라서 증가폭이 가장 큰 지역은 서울 - 인천 - 부산 - 대구 - 제주 - 대전 - 울산 - 광주 - 세종 순서이다.

30   정답 ②

1^2-2^2, 3^2-4^2, $\cdots$, $(2n-1)^2-(2n)^2$의 수열의 합으로 생각한다.

$1^2-2^2+3^2-4^2+\cdots+199^2$

$=1^2-2^2+3^2-4^2+\cdots+199^2-200^2+200^2$

$=[\displaystyle\sum_{n=1}^{100} \{(2n-1)^2-(2n)^2\}]+200^2$

$=[\displaystyle\sum_{n=1}^{100} \{-4n+1\}]+200^2$

$=[-4 \times \dfrac{100 \times 101}{2} + 100] + 40,000$

$=-20,200+100+40,000$

$=19,900$

31   정답 ②

5명 중에서 3명을 순서와 상관없이 뽑을 수 있는 경우의 수는 $_5C_3 = \dfrac{5 \times 4 \times 3}{3 \times 2 \times 1} = 10$가지이다.

32

정답 ③

A원두의 100g당 원가를 a원, B커피의 100g당 원가를 b원이라고 하면

$$\begin{cases} 1.5(a+2b)=3,000 \\ 1.5(2a+b)=2,850 \end{cases}$$

$$\begin{cases} a+2b=2,000 \cdots \bigcirc \\ 2a+b=1,900 \cdots \bigcirc \end{cases}$$

$3a+3b=3,900 \rightarrow a+b=1,300$이므로 이를 ⊙과 연립하면 $b=700$이다.

33

정답 ③

제시된 보기의 단어들은 유의어 관계이다. 따라서 빈칸 ⊙에 들어갈 '가뭄'의 유의어는 심한 가뭄을 뜻하는 '한발(旱魃)'이 들어가야 한다.

오답분석

① 갈근(葛根) : 칡뿌리
② 해수(海水) : 바다에 괴어 있는 짠물
④ 안건(案件) : 토의하거나 조사하여야 할 사실

34

정답 ④

제시문은 메기 효과에 대한 글이므로 가장 먼저 메기 효과의 기원에 대해 설명한 (마) 문단으로 시작해야 하고, 메기 효과의 기원에 대한 과학적인 검증 및 논란에 대한 (라) 문단이 오는 것이 적절하다. 이어서 경영학 측면에서의 메기 효과에 대한 내용이 있어야 한다. (다) 문단의 경우 앞의 내용과 뒤의 내용이 상반될 때 쓰는 접속 부사인 '그러나'로 시작하므로 (가) 문단이 먼저, (다) 문단이 이어서 오는 것이 적절하다. 마지막으로 메기 효과에 대한 결론인 (나) 문단으로 끝내는 것이 가장 적절하다.

35

정답 ②

메기 효과는 과학적으로 검증 되지 않았지만 적정 수준의 경쟁이 발전을 이룬다는 시사점을 가지고 있다고 하였으므로 낭설에 불과하다고 하는 것은 적절하지 않다.

오답분석

① (라) 문단의 거미와 메뚜기 실험에서 죽은 메뚜기로 인해 토양까지 황폐화되었음을 볼 때, 거대기업의 출현은 해당 시장의 생태계까지 파괴할 수 있음을 알 수 있다.
③ (나) 문단에서 성장 동력을 발현시키기 위해서는 규제 등의 방법으로 적정 수준의 경쟁을 유지해야 한다고 서술하고 있다.
④ (가) 문단에서 메기 효과는 한국, 중국 등 고도 경쟁사회에서 널리 사용되고 있다고 서술하고 있다.

36

정답 ①

작년 여자 사원의 수를 x명이라 하면 남자 사원의 수는 $(820-x)$명이므로

$$\frac{8}{100}(820-x)-\frac{10}{100}x=-10$$

$$x=420$$

따라서 올해 여자 사원수는 $\frac{90}{100}\times420=378$명이다.

37

정답 ②

식탁 1개와 의자 2개의 합은 20만+(10만×2)=40만 원이고 30만 원 이상 구매 시 10% 할인이므로 40만×0.9=36만 원이다.
가구를 구매하고 남은 돈은 50만−36만=14만 원이고 장미 한 송이당 가격이 6,500원이다.
따라서 구매할 수 있는 장미는 14÷0.65≒21.53이므로 21송이를 살 수 있다.

38

정답 ③

흰색 공을 A, 검은색 공을 B, 파란색 공을 C로 치환하면 다음과 같다.
• 전제 1 : A → ~B
• 전제 2 : _____
• 결론 : A → C
따라서 필요한 전제 2는 '~B → C' 또는 대우인 '~C → B'이므로 '파란색 공을 가지고 있지 않은 사람은 모두 검은색 공을 가지고 있다.'가 전제 2로 필요하다.

[오답분석]
① B → C
② ~C → ~B
④ C → B

39

정답 ③

• CBP-<u>WK</u>4A-P31-B0803 : 배터리 형태 중 WK는 없는 형태이다.
• PBP-DK1E-<u>P21</u>-A8B12 : 고속충전 규격 중 P21은 없는 규격이다.
• NBP-LC3B-P31-B3<u>230</u> : 생산날짜의 2월에는 30일이 없다.
• <u>CNP</u>-LW4E-P20-A7A29 : 제품 분류 중 CNP는 없는 분류이다.
따라서 제시된 보기 중 시리얼 넘버가 잘못 부여된 제품은 모두 4개이다.

40

정답 ②

고객이 설명한 제품 정보를 정리하면 다음과 같다.
• 설치형 : PBP
• 도킹형 : DK
• 20,000mAh 이상 : 2
• 60W 이상 : B
• USB-PD3.0 : P30
• 2022년 10월 12일 : B2012
따라서 S주임이 데이터베이스에 검색할 시리얼 넘버는 PBP − DK2B − P30 − B2012이다.

41

정답 ④

처음으로 오수 1탱크를 정화하는 데 걸린 시간은 4+6+5+4+6=25시간이다.
그 후에는 A ~ E공정 중 가장 긴 공정 시간이 6시간이므로 남은 탱크는 6시간마다 1탱크씩 처리할 수 있다.
따라서 30탱크를 처리하는 데 걸린 시간은 25+{6×(30−1)}=199시간이다.

42

정답 ②

A회사, B회사 우유의 1g당 열량과 단백질을 환산하면 다음과 같다.

식품 \ 성분	열량(kcal)	단백질(g)
A회사 우유	1.5	0.12
B회사 우유	2	0.05

A회사, B회사 우유를 각각 xg, $(300-x)$g 구매했다면

$$\begin{cases} 1.5x+2(300-x) \geq 490 \\ 0.12x+0.05(300-x) \geq 29 \end{cases}$$

$$\begin{cases} 1.5x+600-2x \geq 490 \\ 0.12x+15-0.05x \geq 29 \end{cases}$$

$$\begin{cases} 0.5x \leq 110 \\ 0.07x \geq 14 \end{cases}$$

따라서 $200 \leq x \leq 220$이므로 A회사 우유를 200g, B회사 우유를 $300-200=100$g 구매하는 것이 가장 저렴하며, 그 가격은 $(80 \times 200)+(50 \times 100)=21,000$원이다.

43

정답 ③

30명의 80%는 $30 \times \dfrac{80}{100} = 24$명이므로

$1+3+8+A=24 \rightarrow A=12$

$24+B=30 \rightarrow B=6$

따라서 $A-B=12-6=6$이다.

44

정답 ②

연필을 x자루 구매한다면 A가게에서 주문할 때 필요한 금액은 $500x$원이고, B가게에서 주문할 때 필요한 금액은 $(420x+2,500)$원이다.

$500x \geq 420x+2,500$

$80x \geq 2,500 \rightarrow x \geq \dfrac{125}{4}$ 이므로

32자루 이상 구매해야 B가게에서 주문하는 것이 유리하다.

45

정답 ②

지난 달 A, B의 생산량을 각 x개, y개라 하면 지난 달에 두 제품 A, B를 합해 6,000개를 생산하여 총생산량은 $x+y=6,000$개이다. 이번 달에 생산한 제품 A의 양은 지난 달에 비하여 6% 증가하였으므로 증가한 생산량은 $0.06x$이고, 생산한 제품 B의 양은 지난 달에 비하여 4% 감소하였으므로 감소한 생산량은 $0.04y$이다.

전체 생산량은 2% 증가하였으므로 $6,000 \times 0.02 = 120$개가 증가했음을 알 수 있다.

이를 식으로 정리하면 다음과 같다.

$$\begin{cases} x+y=6,000 \\ 0.06x-0.04y=120 \end{cases}$$

x, y의 값을 구하면 $x=3,600$, $y=2,400$이다.

따라서 지난 달 A의 생산량은 3,600개이고 B의 생산량은 2,400개이므로, 이번 달 A의 생산량은 6% 증가한 $3,600 \times (1+0.06)=3,816$개이고 이번 달 B의 생산량은 4% 감소한 $2,400 \times (1-0.04)=2,304$개이다. 그러므로 두 제품의 생산량의 차를 구하면 $3,816-2,304=1,512$개이다.

46

정답 ④

오답분석

㉠ · ㉢ 유기적 조직에 대한 설명이다.

> **기계적 조직과 유기적 조직**
> • 기계적 조직
> – 구성원의 업무가 분명하게 규정되어 있다.
> – 많은 규칙과 규제가 있다.
> – 상하 간 의사소통이 공식적인 경로를 통해 이루어진다.
> – 엄격한 위계질서가 존재한다.
> – 대표적으로 군대, 정부, 공공기관 등이 있다.
> • 유기적 조직
> – 의사결정권한이 조직의 하부 구성원들에게 많이 위임되어 있다.
> – 업무가 고정되지 않아 업무 공유가 가능하다.
> – 비공식적인 상호 의사소통이 원활하게 이루어진다.
> – 규제나 통제의 정도가 낮아 변화에 맞춰 쉽게 변할 수 있다.
> – 대표적으로 권한위임을 받아 독자적으로 활동하는 사내벤처팀, 특정한 과제 수행을 위해 조직된 프로젝트팀이 있다.

47

정답 ②

글로벌화가 이루어지면 조직은 해외에 직접 투자할 수 있고, 원자재를 보다 싼 가격에 수입할 수 있으며, 수송비가 절감되고, 무역장벽이 낮아져 시장이 확대되는 경제적 이익을 얻을 수 있다. 반면에 그만큼 경쟁이 세계적인 수준으로 치열해지기 때문에 국제적인 감각을 가지고 세계화 대응 전략을 마련해야 한다.

48

정답 ④

사람들이 집단에 머물고, 계속 남아 있기를 원하게 만드는 힘은 응집력이다. 팀워크는 단순히 사람들이 모여 있는 것이 아니라 목표달성의 의지를 가지고 성과를 내는 것이다.

> **팀워크와 응집력**
> • 팀워크 : 팀 구성원이 공동의 목적을 달성하기 위해 상호관계성을 가지고 서로 협력하여 일을 해 나가는 것
> • 응집력 : 사람들로 하여금 집단에 머물도록 만들고, 그 집단의 멤버로서 계속 남아 있기를 원하게 만드는 힘

49

정답 ⑤

협상과정은 협상시작 → 상호이해 → 실질이해 → 해결대안 → 합의문서 5단계로 진행되며, 세부 수행 내용은 다음과 같다.

단계	세부 수행 내용
협상 시작	• 협상당사자들 사이에 상호 친근감을 쌓는다. • 간접적인 방법으로 협상의사를 전달한다. • 상대방의 협상의지를 확인한다. • 협상진행을 위한 체제를 짠다.
상호 이해	• 갈등문제의 진행상황과 현재의 상황을 점검한다. • 적극적으로 경청하고 자기주장을 제시한다. • 협상을 위한 협상대상 안건을 결정한다.
실질 이해	• 겉으로 주장하는 것과 실제로 원하는 것을 구분하여 실제로 원하는 것을 찾아낸다. • 분할과 통합 기법을 활용하여 이해관계를 분석한다.

해결 대안	• 협상 안건마다 대안들을 평가한다. • 개발한 대안들을 평가한다. • 최선의 대안에 대해서 합의하고 선택한다. • 대안 이행을 위한 실행계획을 수립한다.
합의문서	• 합의문을 작성한다. • 합의문 상의 합의내용, 용어 등을 재점검한다. • 합의문에 서명한다.

50

정답 ③

서로가 받아들일 수 있는 결정을 하기 위하여 중간지점에서 타협하여 주고받는 것은 타협형 갈등 해결방법이다. Win – Win 전략은 통합형(협력형) 갈등 해결방안으로, 모두의 목표를 달성할 수 있는 해법을 찾는 것이다.

> **Win – Win 전략에 의거한 갈등 해결 단계**
> 1. 충실한 사전 준비
>   • 비판적인 패러다임 전환
>   • 자신의 위치와 관심사 확인
>   • 상대방의 입장과 드러내지 않은 관심사 연구
> 2. 긍정적인 접근 방식
>   • 상대방이 필요로 하는 것에 대해 생각해 보았다는 점을 인정
>   • 자신의 Win – Win 의도 명시
>   • Win – Win 절차, 즉 협동적인 절차에 임할 자세가 되어 있는지 알아보기
> 3. 서로의 입장을 명확히 하기
>   • 동의하는 부분 인정하기
>   • 기본적으로 다른 부분 인정하기
>   • 자신이 이해한 바를 점검하기
> 4. Win – Win에 기초한 기준에 동의하기
>   • 상대방에게 중요한 기준을 명확히 하기
>   • 자신에게 어떠한 기준이 중요한지 말하기
> 5. 몇 가지 해결책 생각해 내기
> 6. 몇 가지 해결책 평가하기
> 7. 최종 해결책을 선택하고, 실행하는 것에 동의하기

남이 나를 알아주지 않음을 걱정하지 말고 내가 능력이 없음을 걱정하라.

- 논어 -

PART 1

직업기초능력평가

출제유형분석 01 | 실전예제

01

정답 ③

거래에 참여하는 사람들 간에는 목적이나 재산 등의 측면에서 큰 차이가 존재하는 것이 보통이다. 이런 경우에는 상품의 가격이 우리의 상식으로는 도저히 이해하기 힘든 수준까지 일시적으로 뛰어오르는 현상이 나타날 가능성이 있다.

오답분석

①·④ 네 번째 문단에서 확인할 수 있다.
② 마지막 문단에서 확인할 수 있다.
⑤ 세 번째 문단에서 확인할 수 있다.

02

정답 ④

오답분석

① 조성은 음악에서 화성이나 멜로디가 하나의 음 또는 하나의 화음을 중심으로 일정한 체계를 유지하는 것이다.
② 무조 음악은 조성에서 벗어나 자유롭게 표현하고자 한 것이므로, 발전한 형태라고 말할 수 없다.
③ 무조 음악은 한 옥타브 안의 음 각각에 동등한 가치를 두었다.
⑤ 쇤베르크의 12음 기법은 무조 음악이 지닌 자유로움에 조성의 체계성을 더하고자 탄생한 기법이다.

03

정답 ③

할랄식품 시장의 확대로 많은 유통업계들이 할랄식품을 위한 생산라인을 설치 중이다.

오답분석

①·② 할랄식품은 엄격하게 생산·유통되기 때문에 일반 소비자들에게도 평이 좋다.
④ 세계 할랄 인증 기준은 200종에 달하고 수출하는 국가마다 별도의 인증을 받아야 한다.
⑤ 표준화되지 않은 할랄 인증 기준은 무슬림 국가들의 '수입 장벽'이 될 수 있다.

04

정답 ③

두 번째 문단에서 1948년 대한민국 정부가 수립된 이후 애국가가 현재의 노랫말과 함께 공식 행사에 사용되었다고 하였으므로 『독립신문』에는 현재의 노랫말이 게재되지 않았다.

오답분석

① 두 번째 문단에서 1935년 해외에서 활동 중이던 안익태가 오늘날 우리가 부르고 있는 국가를 작곡하였고 이 곡은 해외에서만 퍼져나갔다고 하였으므로, 1940년에 해외에서는 애국가 곡조를 들을 수 있었다.
② 네 번째 문단에서 국기강하식 방송, 극장에서의 애국가 상영 등은 1980년대 후반 중지되었다고 하였으므로 1990년대 초반까지 애국가 상영이 의무화되었다는 말은 적절하지 않다.
④ 마지막 문단에서 연주만 하는 의전행사나 시상식·공연 등에서는 전주곡을 연주해서는 안 된다고 하였으므로 적절하지 않다.
⑤ 두 번째 문단을 통해 안익태가 애국가를 작곡한 때는 1935년, 대한민국 정부 공식 행사에 사용된 해는 1948년이므로 13년이 걸렸다.

출제유형분석 02 실전예제

01

제시문은 유류세 상승으로 인해 발생하는 장점들을 열거함으로써 유류세 인상을 정당화하고 있다.

02

제시문의 중심내용은 '분노'에 대한 것으로, 사람의 경우와 동물의 경우를 나누어 분노가 어떻게 공격과 복수의 행동을 유발하는지에 대해 서술하고 있다.

오답분석

① 분노에 대한 공격과 복수 행동만 서술할 뿐 공격을 유발하는 원인에 대한 언급은 없다.
③ 탈리오 법칙에 대한 언급은 했으나, 이에 대한 실제 사례 등 구체적인 서술은 없다.
④ 동물과 인간이 가지는 분노에 대한 감정 차이보다는, '분노했을 때의 행동'에 대한 공통점에 주안점을 두고 서술하였다.
⑤ 분노 감정의 처리는 글의 도입부에 탈리오 법칙으로 설명될 뿐, 중심내용으로 볼 수 없다.

03

제시문은 빠른 사회변화 속 다양해지는 수요에 맞춘 주거복지 정책의 예로 예술인을 위한 공동주택, 창업 및 취업자를 위한 주택, 의료안심주택을 들고 있다. 따라서 글의 주제로 적절한 것은 다양성을 수용하는 주거복지 정책이다.

04

제시문은 민요의 시김새가 무엇인지 설명하고 있다. 또한 시김새가 '삭다'라는 말에서 나온 단어라고 서술하고 있다. 따라서 제시문의 주제는 시김새의 정의와 어원이라고 할 수 있다.

05

제시문의 첫 문단에서 위계화의 개념을 설명하고, 이러한 불평등의 원인과 구조에 대해 살펴보고 있다.

출제유형분석 03 실전예제

01

제시문은 '온난화 기체 저감을 위한 습지 건설 기술'에 대한 내용이다. 따라서 (나) 인공 습지 개발 가정 → (다) 그에 따른 기술적 성과 → (가) 개발 기술의 활용 → (라) 기술 이전에 따른 효과 기대 순서로 나열해야 한다.

02

제시문은 여름에도 감기에 걸리는 이유와 예방 및 치료방법에 대해 설명하고 있다. 따라서 (마) 의외로 여름에도 감기에 걸림 → (가) 찬 음식과 과도한 냉방기 사용으로 체온이 떨어져 면역력이 약해짐 → (라) 감기 예방을 위해 찬 음식은 적당히 먹고 충분한 휴식을 취하고, 귀가 후 손발을 씻어야 함 → (나) 감기에 걸렸다면 수분을 충분히 섭취해야 함 → (다) 열이나 기침이 날 때에는 따뜻한 물을 여러 번 나눠 먹는 것이 좋음의 순서대로 나열해야 한다.

03

정답 ①

제시된 문단의 마지막 문장을 통해 이어질 내용이 초콜릿의 기원임을 유추할 수 있으므로 역사적 순서에 따라 (나) → (다) → (라)가 되고, 그러한 초콜릿의 역사가 한국에서 나타났다는 내용의 (가)는 마지막에 위치하여 (나) → (다) → (라) → (가) 순으로 나열한다.

04

정답 ③

제시문은 반인륜적 범죄에 대한 처벌과 이에 따른 인권 침해에 대해 언급하고 있다. 따라서 ⓒ 반인륜적인 범죄의 증가 → ⓛ 지난 석 달 동안 3건의 범죄(살인 사건)가 발생 → ⓔ 반인륜적 범죄에 대한 처벌 강화 → ⓐ 인권 침해에 관한 문제가 제기되는 순으로 나열되어야 한다.

05

정답 ②

제시문의 구조는 담배의 유해성을 설명한 후, 유해성과 관련하여 담배회사와 건강보험공단 간의 소송이라는 흐름으로 이어진다. 따라서 (라) 약초로 알고 있던 선조의 생각과는 달리 유해한 담배 → (가) 연구결과에 따른 흡연자들의 높은 암 발생률 → (다) 담배의 유해성을 안건으로 담배회사와 소송을 진행하고 있는 건강보험공단 → (나) 이에 대응하는 건강보험공단 순으로 문단이 나열되어야 한다.

출제유형분석 04 | 실전예제

01

정답 ③

㉠과 ③은 '무엇을 매개로 하거나 중개하다.'라는 의미이다.

오답분석

① 말이나 문장 따위의 논리가 이상하지 아니하고 의미의 흐름이 적절하게 이어져 나가다.
② 막힘이 없이 흐르다.
④ · ⑤ 마음 또는 의사나 말 따위가 다른 사람과 소통되다.

02

정답 ②

②는 문장 성분 간 호응이 어색하지 않고 맞춤법도 틀린 부분이 없다.

오답분석

① 인상이다. → 인상을 준다.
③ 일이 → 일을, 대상이다. → 대상으로 한다.
④ 거칠은 → 거친
⑤ 치루었다. → 치르었다, 치렀다.

03

정답 ③

'졸이다'는 '찌개를 졸이다.'와 같이 국물의 양을 적어지게 하는 것을 의미한다. 반면에 '조리다'는 '양념을 한 고기나 생선, 채소 따위를 국물에 넣고 바짝 끓여서 양념이 배어들게 하다.'의 의미를 지닌다. 따라서 ③의 경우 문맥상 '졸이다'가 아닌 '조리다'가 사용되어야 한다.

04

정답 ④

'투영하다'는 '어떤 상황이나 자극에 대한 해석, 판단, 표현 따위에 심리 상태나 성격을 반영하다.'의 의미로, '투영하지'가 적절한 표기이다.

[오답분석]

① 문맥상 '(내가) 일을 시작하다.'의 관형절로 '시작한'으로 수정해야 한다.
② '못' 부정문은 주체의 능력을 부정하는 데 사용된다. 문맥상 단순 부정의 '안' 부정문이 사용되어야 하므로 '않았다'로 수정해야 한다.
③ '안건을 결재하여 허가함'의 의미를 지닌 '재가'로 수정해야 한다.
⑤ '칠칠하다'는 '성질이나 일 처리가 반듯하고 야무지다.'는 의미를 가지므로 문맥상 '칠칠하다'의 부정적 표현인 '칠칠하지 못한'으로 수정해야 한다.

05

정답 ①

'본받다'는 '본을 받다'에서 목적격 조사가 생략되고, 명사 '본'과 동사 '받다'가 결합한 합성어이다. 즉 하나의 단어로 '본받는'이 옳은 표기이다.

06

정답 ③

③은 ⓒ이 아닌 '일'이나 '것'의 뜻을 나타내는 의존명사인 '데'가 사용되었다.

출제유형분석 05 | 실전예제

01

정답 ①

물론 상대의 성격에 따라 부담을 느낄 수도 있지만, 상대의 반응을 지레짐작하여 거리를 두는 것보다는 상대방의 말에 집중해서 경청하는 것이 바람직하다.

02

정답 ②

인상적인 의사소통을 위해서는 이전의 표현과 다른 색다른 표현을 사용하기 위해 노력하여야 한다.

> **인상적인 의사소통을 위한 노력**
> • 언제나 주위의 언어 정보에 민감하게 반응하고, 자신이 활용할 수 있도록 노력한다.
> • 자신이 자주 사용하는 표현을 찾아내 다른 표현으로 바꿔 본다.
> • 언제나 '다른 표현은 없을까?'라고 생각하고, 새로운 표현을 검토해 본다.

출제유형분석 01 실전예제

01

- 인상 가격 : $5,000 \times 1.25 = 6,250$원
- 인하 가격 : $6,250 \times (1-0.1) = 5,625$원
- 제품 1개당 이익 : $5,625 - 5,000 = 625$원
- $\therefore 625 \times 4 = 2,500$원

02

총경비를 x만 원이라고 하자.

숙박비와 항공권 비용 : $\frac{2}{3}x$만 원

교통비 : $\left(\frac{1}{3}x \times \frac{1}{6}\right)$만 원

교통비까지 쓰고 남은 경비 : $\left(\frac{1}{3}x \times \frac{5}{6}\right)$만 원=40만 원이므로,

$\frac{1}{3}x \times \frac{5}{6} = 40 \rightarrow x = 144$

따라서 총경비는 144만 원이다.

03

대리석 10kg 가격은 달러로 $35,000 \div 100 = 350$달러이며, 원화로 바꾸면 $350 \times 1,160 = 406,000$원이다.

따라서 대리석 1톤의 수입대금은 원화로 $406,000 \times 1,000 \div 10 = 4,060$만 원이다.

04

A, B기차의 속력은 일정하며 두 기차가 터널 양 끝에서 동시에 출발하면 $\frac{1}{3}$ 지점에서 만난다고 했으므로 두 기차 중 하나는 다른 기차 속력의 2배인 것을 알 수 있다. 또한, A기차보다 B기차가 터널을 통과하는 시간이 짧으므로 B기차의 속력이 더 빠르다. A기차의 길이를 xm, 속력을 ym/s라고 하자. 이때 B기차의 속력은 $2y$m/s이다.

$570 + x = 50 \times y \cdots \bigcirc$

$570 + (x-60) = 23 \times 2y \cdots \bigcirc$

㉠과 ㉡을 연립하면 $60 = 4y \rightarrow y = 15$

이를 ㉠에 대입하면 $x = 50 \times 15 - 570 \rightarrow x = 180$

따라서 A기차의 길이는 180m이다.

05

정답 ④

K공사에서 출장지까지의 거리를 $x$km라 하자.

이때 K공사에서 휴게소까지의 거리는 $\frac{4}{10}x = \frac{2}{5}x$km, 휴게소에서 출장지까지의 거리는 $\left(1 - \frac{2}{5}\right)x = \frac{3}{5}x$km이다.

$$\left(\frac{2}{5}x \times \frac{1}{75}\right) + \frac{30}{60} + \left(\frac{3}{5}x \times \frac{1}{75+25}\right) = \frac{200}{60}$$

$$\frac{2}{375}x + \frac{3}{500}x = \frac{17}{6}$$

$$8x + 9x = 4,250$$

$$\therefore x = 250$$

따라서 K공사에서 출장지까지는 250km이다.

06

정답 ④

3대의 버스 중 출근 시각보다 일찍 도착할 2대의 버스를 고르는 경우의 수는 $_3C_2 = 3$가지이다.

따라서 구하고자 하는 확률은 $3 \times \frac{3}{8} \times \frac{3}{8} \times \frac{1}{2} = \frac{27}{128}$ 이다.

07

정답 ①

$$\frac{25}{10} + \frac{25}{15} = \frac{25}{6} = 4\frac{1}{6}$$

즉, 걸린 시간은 4시간 10분이므로 오후 4시에 도착했다면 오전 11시 50분에 집에서 나왔다는 것을 알 수 있다.

08

정답 ⑤

A지점에서 B지점까지의 거리는 두 공이 각각 이동한 거리를 더한 것과 같다.

즉, $(5 \times 26) + (3 \times 26) = (5+3) \times 26 = 208$m

따라서 10m/s의 속력으로 공이 이동하는 데 걸리는 시간은 $\frac{208}{10} = 20.8$초이다.

09

정답 ④

5곳의 배송지에 배달할 때, 첫 배송지와 마지막 배송지 사이에는 4번의 이동이 있다. 이때 총 80분(=1시간 20분)이 걸렸으므로 1번 이동 시에 평균적으로 20분이 걸린다. 따라서 12곳에 배달을 하려면 11번의 이동을 해야 하므로 $20 \times 11 = 220$분=3시간 40분이 걸릴 것이다.

01

정답 ③

사원 수와 임원 수를 각각 x명, y명이라고 하자(단, x, y는 자연수이다).

사원 x명을 발탁할 때 업무 효율과 비용은 각각 $3x\,\text{point}$, $4x\,\text{point}$이고 임원 y명을 발탁할 때 업무 효율과 비용은 각각 $4y\,\text{point}$, $7y\,\text{point}$이므로

$3x+4y=60 \rightarrow x=-\dfrac{4}{3}y+20\cdots$ ㉠

$4x+7y\leq100 \cdots$ ㉡

㉠을 ㉡에 대입하면 $4\left(-\dfrac{4}{3}y+20\right)+7y\leq100 \rightarrow 5y\leq60$

$\therefore\ y\leq12$

x와 y는 자연수이므로 가능한 x, y값을 순서쌍으로 나타내면 $(4,\ 12)$, $(8,\ 9)$, $(12,\ 6)$, $(16,\ 3)$이다.

따라서 사원 수와 임원 수를 합한 최솟값은 $4+12=16$이다.

02

정답 ②

모집단에서 크기 n인 표본을 추출하고, 모표준편차를 σ이라고 할 때, 표본표준편차는 $\dfrac{\sigma}{\sqrt{n}}$ 이다. 따라서 표본크기 n은 64, 모표준편차 σ는 4이므로 표본표준편차는 $\dfrac{\sigma}{\sqrt{n}}=\dfrac{4}{\sqrt{64}}=\dfrac{4}{8}=0.5$가 된다.

03

정답 ③

$\dfrac{(20\times2)+(40\times3)}{5}=32$

04

정답 ①

공장 안의 기온은 23℃로 유지 중이며, 수증기 함유량은 12g/kg이다. 따라서 상대습도 공식에 대입하면 $\dfrac{12}{20.8}\times100\fallingdotseq57.7\%$임을 알 수 있다.

05

정답 ④

제시된 자료를 보면 판매량이 4대일 경우 평균 비용은 5만 원, 평균 수입은 6만 원이다. 따라서 총비용은 20만 원, 총수입은 24만 원으로 이윤은 4만 원이다. 판매량을 3대로 줄일 경우 평균 비용은 4만 원, 평균 수입은 6만 원이다. 따라서 총비용은 12만 원, 총수입은 18만 원으로 6만 원의 이윤이 발생한다. 따라서 이윤을 증가시키기 위해서는 판매량을 3대로 줄이는 것이 합리적이다.

오답분석
① 판매량이 1대일 때와 5대일 때는 이윤은 0원이다.
② 판매 개수를 늘리면 평균 수입은 변화가 없지만 평균 비용이 높아지므로 이윤이 감소한다.
③ 현재 평균 수입은 평균 비용보다 높다.
⑤ 판매량이 4대일 경우의 이윤은 $(6만\times4)-(5만\times4)=4$만 원이고, 판매량이 3대일 경우의 이윤은 $(3\times6만)-(3\times4만)=6$만 원이다. 따라서 판매량을 줄여야 이윤이 극대화된다.

06

정답 ④

과일 종류별 무게를 가중치로 적용한 네 과일의 가중평균은 42만 원이다. 라과일의 가격을 a만 원이라 가정하고 가중평균에 대한 방정식을 구하면

$(25 \times 0.4) + (40 \times 0.15) + (60 \times 0.25) + (a \times 0.2) = 42 \rightarrow 10 + 6 + 15 + 0.2a = 42 \rightarrow 0.2a = 42 - 31 = 11 \rightarrow a = \dfrac{11}{0.2} = 55$

따라서 라과일의 가격은 55만 원이다.

출제유형분석 03 | 실전예제

01

정답 ③

우편물을 가장 적게 보냈던 2022년의 1인당 우편 이용 물량은 96통 정도이므로 $365 \div 96 = 3.80$이다. 즉, 3.80일에 1통은 보냈다는 뜻이므로 4일에 한 통 이상은 보냈다고 볼 수 있다.

오답분석

① 증가와 감소를 반복한다.

② 1인당 우편 이용 물량이 2014년에 가장 높았던 것은 맞으나, 2022년에 가장 낮았다. 꺾은선 그래프와 혼동하지 않도록 유의해야 한다.

④ 접수 우편 물량은 2021 ~ 2022년 사이에 증가했다.

⑤ 접수 우편 물량이 가장 많은 해는 약 5,500백만 통인 2014년이고, 가장 적은 해는 약 4,750백만 통인 2017년이다. 따라서 그 차이는 약 750백만 통 정도이다.

02

정답 ④

한국, 중국의 개인주의 지표는 유럽, 일본, 미국의 개인주의 지표에 비해 항상 아래에 위치한다.

오답분석

①·⑤ 세대별 개인주의 가치성향 차이는 한국이 가장 크다.

② 대체적으로 모든 나라가 나이와 개인주의 가치관이 반비례하고 있다.

③ 자료를 보면 중국의 1960년대생과 1970년대생의 개인주의 지표가 10 정도 차이가 난다.

03

정답 ④

오답분석

① A : 호주

② B : 캐나다

③ C : 프랑스

⑤ E : 일본

04

정답 ②

$\dfrac{(대학졸업자 \ 취업률)}{(전체 \ 대학졸업자)} \times 100 = (대학졸업자 \ 취업률) \times (대학졸업자의 \ 경제활동인구 \ 비중) \times \dfrac{1}{100}$

따라서 OECD 평균은 $40 \times 50 \times \dfrac{1}{100} = 20\%$이고, 이보다 높은 국가는 B, C, E, F, G, H이다.

01

2019 ~ 2022년 음원 매출액의 2배를 구한 뒤 게임 매출액과 비교하면 다음과 같다.
- 2019년 : 199백만×2=398백만 원<485백만 원
- 2020년 : 302백만×2=604백만 원>470백만 원
- 2021년 : 411백만×2=822백만 원>603백만 원
- 2022년 : 419백만×2=838백만 원>689백만 원

즉, 2019년 게임 매출액은 음원 매출액의 2배 이상이나, 2020 ~ 2022년 게임 매출액은 음원 매출액의 2배 미만이다.

[오답분석]

① · ④ 제시된 자료를 통해 확인할 수 있다.

② 유형별로 전년 대비 2022년 매출액 증가율을 구하면 다음과 같다.

- 게임 : $\dfrac{689-603}{603}\times100 ≒ 14.26\%p$

- 음원 : $\dfrac{419-411}{411}\times100 ≒ 1.95\%p$

- 영화 : $\dfrac{1,510-1,148}{1,148}\times100 ≒ 31.53\%p$

- SNS : $\dfrac{341-104}{104}\times100 ≒ 227.88\%p$

따라서 2022년의 전년 대비 매출액 증가율이 가장 큰 콘텐츠 유형은 SNS이다.

③ 2015 ~ 2022년 전체 매출액에서 영화 매출액이 차지하는 비중을 구하면 다음과 같다.

- 2015년 : $\dfrac{371}{744}\times100 ≒ 49.87\%$
- 2016년 : $\dfrac{355}{719}\times100 ≒ 49.37\%$

- 2017년 : $\dfrac{391}{797}\times100 ≒ 49.06\%$
- 2018년 : $\dfrac{508}{1,020}\times100 ≒ 49.80\%$

- 2019년 : $\dfrac{758}{1,500}\times100 ≒ 50.53\%$
- 2020년 : $\dfrac{1,031}{2,111}\times100 ≒ 48.84\%$

- 2021년 : $\dfrac{1,148}{2,266}\times100 ≒ 50.66\%$
- 2022년 : $\dfrac{1,510}{2,959}\times100 ≒ 51.03\%$

따라서 영화 매출액은 매년 전체 매출액의 40% 이상이다.

02

A사와 B사의 전체 직원 수를 알 수 없으므로, 비율만으로는 판단할 수 없다.

[오답분석]

① 여직원 비율이 높을수록, 남직원 비율이 낮을수록 값이 작아진다. 따라서 여직원 비율이 가장 높으면서, 남직원 비율이 가장 낮은 D사의 비율이 최저이고, 남직원 비율이 여직원 비율보다 높은 A사의 비율은 최고이다.

② B, C, D사 각각 남직원보다 여직원의 비율이 높다. 따라서 B, C, D사 모두에서 남직원 수보다 여직원 수가 많다. 즉, B, C, D사의 직원 수를 다 합했을 때도 남직원 수는 여직원 수보다 적다.

④ A사의 전체 직원 수를 a명, B사의 전체 직원 수를 b명이라 하면, A사의 남직원 수는 $0.54a$명, B사의 남직원 수는 $0.48a$명이다.

$\dfrac{0.54a+0.48b}{a+b}\times100=52 \rightarrow 54a+48b=52(a+b)$

$\therefore a=2b$

⑤ A, B, C사의 전체 직원 수를 a명이라 하면, 여직원의 수는 각각 $0.46a$명, $0.52a$명, $0.58a$명이다. 따라서 $0.46a+0.58a=2\times0.52a$이므로 옳은 설명이다.

03

온실가스 총량은 2020년에 한번 감소했다가 다시 증가한다.

[오답분석]

① 이산화탄소의 배출량이 2018 ~ 2022년 동안 가장 많았다. 따라서 이산화탄소는 2018 ~ 2022년 동안 가장 큰 비중을 차지한다.

②·③ 연도별 가계 부문과 산업 부문의 배출량 차이를 구하면 다음과 같다.

- 2018년 : $58,168.8 - 25,449.1 = 32,719.7$ppm
- 2019년 : $59,160.2 - 26,182.8 = 32,977.4$ppm
- 2020년 : $60,030 - 24,984.3 = 35,045.7$ppm
- 2021년 : $64,462.4 - 21,875.9 = 42,586.5$ppm
- 2022년 : $65,491.52 - 22,769.85 = 42,721.67$ppm

따라서 가계 부문과 산업 부문의 배출량 차이는 지속적으로 증가하며, 2022년에 가장 크다.

⑤ 메탄은 항상 아산화질소보다 가계, 산업부문을 통틀어 더 많이 배출되고 있다.

04

2020년 출생아 수는 그 해 사망자 수의 $\dfrac{438,420}{275,895} ≒ 1.59$배로 1.7배 미만이므로 옳지 않은 설명이다.

[오답분석]

① 출생아 수가 가장 많았던 해는 2020년이므로 옳은 설명이다.

② 표를 보면 사망자 수가 2019년부터 2022년까지 매년 전년 대비 증가하고 있음을 알 수 있다.

③ 사망자 수가 가장 많은 2022년은 사망자 수가 285,534명이고, 가장 적은 2018년은 사망자 수가 266,257명으로, 두 연도의 사망자 수 차이는 $285,534 - 266,257 = 19,277$명으로 15,000명 이상이다.

⑤ 2019년 출생아 수는 2022년 출생아 수보다 $\dfrac{435,435 - 357,771}{357,771} \times 100 ≒ 21.7\%$ 많으므로 옳은 설명이다.

05

자료는 비율을 나타내기 때문에 실업자의 수는 알 수 없다.

[오답분석]

② 실업자 비율은 2%p 증가하였다.

③ 경제활동인구 비율은 80%에서 70%로 감소하였다.

④ 취업자 비율은 12%p 감소했지만 실업자 비율은 2%p 증가하였기 때문에 취업자 비율의 증감폭이 더 크다.

⑤ 비경제활동인구의 비율은 20%에서 30%로 증가하였다.

01

전년 대비 난민 인정자 증감률을 구하면 다음과 같다.

• 2020년

– 남자 : $\dfrac{35-39}{39} \times 100 ≒ -10.3\%$

– 여자 : $\dfrac{22-21}{21} \times 100 ≒ 4.8\%$

• 2021년

– 남자 : $\dfrac{62-35}{35} \times 100 ≒ 77.1\%$

– 여자 : $\dfrac{32-22}{22} \times 100 ≒ 45.5\%$

• 2022년

– 남자 : $\dfrac{54-62}{62} \times 100 ≒ 12.9\%$

– 여자 : $\dfrac{51-32}{32} \times 100 ≒ 59.4\%$

따라서 ②의 2021년과 2022년의 수치가 옳지 않다.

02

20대의 연도별 흡연율은 40대 흡연율로, 30대는 50대의 흡연율로 반영되었다.

01

정답 ③

연경, 효진, 다솜, 지민, 지현의 증언을 차례대로 검토하면서 모순 여부를 찾아내면 쉽게 문제를 해결할 수 있다.
1) 먼저 연경이의 증언이 참이라면, 효진이의 증언도 참이다. 그런데 효진이의 증언이 참이라면 지현이의 증언은 거짓이 된다.
2) 지현이의 증언이 거짓이라면, '나와 연경이는 꽃을 꽂아 두지 않았다.'는 말 역시 거짓이 되어 연경이와 지현이 중 적어도 한 명은 꽃을 꽂아 두었다고 봐야 한다. 그런데 효진이의 증언은 지민이를 지적하고 있으므로 역시 모순이다. 결국 연경이와 효진이의 증언은 거짓이다.
그러므로 다솜, 지민, 지현이의 증언이 참이 되며, 참과 거짓을 바탕으로 이야기를 조합해 보면 다솜이가 꽃을 꽂아 두었다.

02

정답 ④

한 분야의 모든 사람이 한 팀에 들어갈 수는 없으므로 가와 나는 한 팀이 될 수 없다.

오답분석
① 갑과 을이 한 팀이 되는 것과 상관없이 가와 나는 한 분야의 모든 사람이 한 팀에 들어갈 수 없기 때문에 반드시 다른 팀이어야 한다.
② 두 팀에 남녀가 각각 2명씩 들어갈 수도 있지만, (남자 셋, 여자 하나), (여자 셋, 남자 하나)의 경우도 있다.
③ a와 c는 성별이 다르기 때문에 같은 팀에 들어갈 수 있다.
⑤ 조건에 따라 배치하면 c와 갑이 한 팀이 되면 한 팀의 인원이 5명이 된다.

03

정답 ③

네 번째, 다섯 번째 조건에 의해 A와 C는 각각 2종류의 동물을 키운다. 또한 첫 번째, 두 번째, 세 번째 조건에 의해 A는 토끼를 키우지 않는다. 따라서 A는 개와 닭, C는 토끼와 고양이를 키운다. 첫 번째 조건에 의해 D는 닭을 키우므로 C는 키우지 않지만 D가 키우는 동물은 닭이다.

오답분석
① 세 번째 조건에 의해 B는 개를 키운다.
② B가 토끼는 키우지 않지만, 고양이는 키울 수도 있다.
④ A, B, D 또는 B, C, D는 같은 동물 종류를 키울 수 있다.
⑤ B 또는 D는 3가지 종류의 동물을 키울 수 있다.

04

내년 식사 순서의 규칙을 살펴보면, 첫 번째 규칙은 모든 부서가 올해 식사 순서와는 달리 새로운 순서로 식사를 하기로 했다는 것이다. 예를 들면, A부서는 첫 번째가 아닌 순서에서 식사하고 B부서도 두 번째가 아닌 순서에서 식사해야 한다. 두 번째 규칙은 E부서 식사 후에는 C부서가 바로 이어서 식사하게 된다는 것이다.

이러한 두 규칙을 적용하여 경우의 수를 살펴보면 다음과 같다.

• 식사 순서 경우의 수
  - B부서 → A부서 → D부서 → E부서 → C부서
  - B부서 → A부서 → E부서 → C부서 → D부서
  - B부서 → D부서 → A부서 → E부서 → C부서
  - B부서 → D부서 → E부서 → C부서 → A부서
  - D부서 → A부서 → B부서 → E부서 → C부서
  - D부서 → A부서 → E부서 → C부서 → B부서
  - E부서 → C부서 → A부서 → B부서 → D부서
  - E부서 → C부서 → B부서 → A부서 → D부서
  - E부서 → C부서 → D부서 → A부서 → B부서
  - E부서 → C부서 → D부서 → B부서 → A부서

D부서가 가장 먼저 식사를 한다고 가정하면, 두 번째 순서에 B부서는 자신의 원래 순서이므로 위치하지 못한다. C부서 역시 E부서 뒤에 위치해야 하므로 두 번째 순서에 위치하지 못한다. 또한, E부서가 두 번째 순서에 위치하면 C부서가 세 번째 순서, 즉 자신의 원래 위치하게 된다. 따라서 D부서가 첫 번째 순서라면 A부서만이 두 번째 순서에 위치할 수 있다.

05

부서배치
• 성과급 평균은 48만 원이므로, A는 영업부 또는 인사부에서 일한다.
• B와 D는 비서실, 총무부, 홍보부 중에서 일한다.
• C는 인사부에서 일한다.
• D는 비서실에서 일한다.
따라서 A – 영업부, B – 총무부, C – 인사부, D – 비서실, E – 홍보부에서 일한다.

휴가
A는 D보다 휴가를 늦게 간다.
따라서 C – D – B – A 또는 D – A – B – C 순으로 휴가를 간다.
D의 성과급은 60만 원, C의 성과급은 40만 원이므로 ③이 옳다.

[오답분석]
① A : 20만×3=60만 원, C : 40만×2=80만 원
② C가 제일 먼저 휴가를 갈 경우, A가 제일 마지막으로 휴가를 가게 된다.
④ 휴가를 가지 않은 E는 두 배의 성과급을 받기 때문에 총 120만 원의 성과급을 받게 되고, D의 성과급은 60만 원이기 때문에 두 사람의 성과급 차이는 두 배이다.
⑤ C가 제일 마지막에 휴가를 갈 경우, B는 A보다 늦게 출발한다.

01

- ○○문구
  비품가격은 32,000+31,900+2,500=66,400원이다. 20%를 할인받을 수 있는 쿠폰을 사용하면 총 주문금액은 66,400×0.8=53,120원이다. 배송료를 더하면 53,120+4,000=57,120원이므로 견적금액은 57,100원이다(∵ 백 원 미만 절사).
- △△문구
  비품가격은 25,000+22,800+1,800=49,600원이다. 4만 원 이상 구매 시 판매가의 7%를 할인받으므로 총 주문금액은 49,600×0.93=46,128원이다. 배송료를 더하면 46,128+2,500=48,628원이므로 견적금액은 48,600원이다(∵ 백 원 미만 절사).
- □□문구
  문서 파일을 제외한 비품가격은 24,100+28,000=52,100원이다. 5만 원 이상 구매 시 문서 파일 1개를 무료 증정하기 때문에 문서 파일은 따로 살 필요가 없다. 즉, 견적금액은 52,100−4,000(∵ 첫 구매 적립금)=48,100원이며, 배송료를 더하면 48,100+4,500=52,600원이다.

따라서 최종적으로 거래할 업체는 견적금액이 가장 낮은 △△문구이며, 금액은 48,600원이다.

02

월요일에는 늦지 않게만 도착하면 되므로, 서울역에서 8시에 출발하는 KTX를 이용한다. 수요일에는 최대한 빨리 와야 하므로 사천공항에서 19시에 출발하는 비행기를 이용한다. 따라서 소요되는 교통비는 65,200+22,200+21,500+(93,200×0.9)=192,780원이다.

03

- 철수 : C, D, F는 포인트 적립이 안 되므로 해당 사항이 없다.
- 영희 : A는 배송비가 없으므로 해당 사항이 없다.
- 민수 : A, B, C는 주문 취소가 가능하므로 해당 사항이 없다.
- 철호 : A, D는 배송비, E는 송금수수료, F는 환불 및 송금수수료가 없으므로 해당 사항이 없다.

따라서 바르게 연결한 것은 ③이다.

01

국내 금융기관에 대한 SWOT 분석 결과는 다음과 같다.

강점(Strength)	약점(Weakness)
• 높은 국내 시장 지배력 • 우수한 자산건전성 • 뛰어난 위기관리 역량	• 은행과 이자수익에 편중된 수익구조 • 취약한 해외 비즈니스와 글로벌 경쟁력
기회(Opportunities)	위협(Threats)
• 해외 금융시장 진출 확대 • 기술 발달에 따른 핀테크의 등장 • IT 인프라를 활용한 새로운 수익 창출	• 새로운 금융 서비스의 등장 • 글로벌 금융기관과의 경쟁 심화

㉠ SO전략은 강점을 살려 기회를 포착하는 전략으로, 강점인 국내 시장 점유율을 기반으로 핀테크 사업에 진출하려는 ㉠은 적절한 SO전략으로 볼 수 있다.

ⓒ ST전략은 강점을 살려 위협을 회피하는 전략으로, 강점인 우수한 자산건전성을 강조하여 글로벌 금융기관과의 경쟁에서 우위를 차지하려는 ⓒ은 적절한 ST전략으로 볼 수 있다.

[오답분석]
ⓛ WO전략은 약점을 강화하여 기회를 포착하는 전략이다. 그러나 위기관리 역량은 국내 금융기관이 지니고 있는 강점에 해당하므로 WO전략으로 적절하지 않다.
ⓔ 해외 비즈니스 역량을 강화하여 해외 금융시장에 진출하는 것은 약점을 보완하여 기회를 포착하는 WO전략에 해당한다.

02

정답 ③

보유한 글로벌 네트워크를 통해 해외 시장에 진출하는 것은 강점을 활용하여 기회를 포착하는 SO전략이다.

[오답분석]
① SO전략은 강점을 활용하여 외부환경의 기회를 포착하는 전략이므로 적절하다.
② WO전략은 약점을 보완하여 외부환경의 기회를 포착하는 전략이므로 적절하다.
④ ST전략은 강점을 활용하여 외부환경의 위협을 회피하는 전략이므로 적절하다.
⑤ WT전략은 약점을 보완하여 외부환경의 위협을 회피하는 전략이므로 적절하다.

03

정답 ④

원가 절감을 위해 해외에 공장을 설립하여 가격 경쟁력을 확보하는 것은 약점을 보완하여 위협을 회피하는 WT전략이다.

[오답분석]
①・② SO전략은 강점을 활용하여 외부환경의 기회를 포착하는 전략이므로 적절하다.
③ WO전략은 약점을 보완하여 외부환경의 기회를 포착하는 전략이므로 적절하다.
⑤ WT전략은 약점을 보완하여 외부환경의 위협을 회피하는 전략이므로 적절하다.

04

정답 ④

ㄴ. 간편식 점심에 대한 회사원들의 수요가 증가함에 따라 계절 채소를 이용한 샐러드 런치 메뉴를 출시하는 것은 강점을 통해 기회를 포착하는 SO전략에 해당한다.
ㄹ. 경기 침체로 인한 외식 소비가 위축되고 있는 상황에서 주변 회사와의 제휴를 통해 할인 서비스를 제공하는 것은 약점을 보완하여 위협을 회피하는 WT전략에 해당한다.

[오답분석]
ㄱ. 다양한 연령층을 고려한 메뉴가 강점에 해당하기는 하나, 샐러드 도시락 가게에서 한식 도시락을 출시하는 것은 적절한 전략으로 볼 수 없다.
ㄷ. 홍보 및 마케팅 전략의 부재가 약점에 해당하므로 약점을 보완하기 위해서는 적극적인 홍보 활동을 펼쳐야 한다. 따라서 홍보 방안보다 먼저 품질 향상 방안을 마련하는 것은 적절한 전략으로 볼 수 없다.

01

정답   ④

A상무는 기계의 성능을 모두 같게 보는데 ④는 E사 제품이 성능 면에서 뒤처진다고 설득하는 내용이므로 A상무를 설득하기에는 부족하다.

02

정답   ①

자동차의 용도별 구분을 보면 비사업용 자동차에 사용할 수 있는 문자기호는 'ㅏ, ㅓ, ㅗ, ㅜ'뿐이다. 따라서 ①은 옳지 않다.

03

정답   ②

84배 7895는 사업용 택배차량이다.

오답분석

①·③·④·⑤ 비사업용 화물차량이다.

01

②는 시각, 청각, 후각, 촉각, 미각의 다섯 가지 감각을 통해 만들어진 감각 마케팅으로 개인화 마케팅의 사례로 보기 어렵다.

오답분석

① 고객들의 개인적인 사연을 기반으로 광고 서비스를 제공함으로써 개인화 마케팅의 사례로 적절하다.
③ 고객들이 자신이 직접 사과를 받는 듯한 효과를 얻게 됨으로써 개인화 마케팅의 사례로 적절하다.
④ 댓글 작성자의 이름을 기반으로 이벤트를 진행하는 것으로 개인화 마케팅의 사례로 적절하다.
⑤ 고객의 이름을 불러주고 서비스를 제공해 주는 것으로 개인화 마케팅의 사례로 적절하다.

02

정답 ②

이노비즈(Innobiz)는 혁신(Innovation)과 기업(Business)의 합성어로, 뛰어난 기술을 바탕으로 경쟁력을 확보하는 중소기업이다.

01

정답 ④

'7S 모델'은 맥킨지(Mckinsey) 기업에서 개발한 조직문화를 구성하는 7가지(7S 모델)이다. 공유가치(Shared Value), 리더십 스타일(Style), 구성원(Staff), 제도와 절차(System), 구조(Structure), 전략(Strategy), 관리기술(Skill)이 해당한다.

02

정답 ④

리더와 부하 간 상호관계는 조직문화의 구성요소 중 리더십 스타일에 대한 설명이다. 관리시스템은 조직문화의 구성요소로서 장기 전략 목적 달성에 적합한 보상제도와 인센티브, 경영정보와 의사결정시스템, 경영계획 등 조직의 목적을 실제로 달성하는 모든 경영관리제도와 절차를 의미한다.

03

정답 ⑤

조직문화는 조직의 안정성을 가져 오므로 많은 조직들은 그 조직만의 독특한 조직문화를 만들기 위해 노력한다.

01

기업이 공익을 침해할 경우 우선 합리적인 절차에 따라 문제 해결을 해야 하며, 기업 활동의 해악이 심각할 경우 근로자 자신이 피해를 볼지라도 신고할 윤리적 책임이 있다.

[오답분석]
ㄱ. 신고자의 동기가 사적인 욕구나 이익을 충족시켜서는 안 된다.

02

특별한 상황이 없는 한, 개인의 단독 업무보다는 타인·타 부서와 협조된 업무를 우선적으로 처리해야 한다. 현재 시각이 오전 11시이므로 오전 중으로 처리하기로 한 업무를 가장 먼저 처리해야 한다. 따라서 오전 중으로 고객에게 보내기로 한 자료 작성(ㄹ)을 가장 먼저 처리한다. 다음으로 오늘까지 처리해야 하는 업무 두 가지(ㄱ, ㄴ) 중 비품 신청(ㄱ)보다 부서장이 지시한 부서 업무 사항(ㄴ)을 먼저 처리하는 것이 적절하다. 따라서 '고객에게 보내기로 한 자료 작성 – 부서 업무 사항 – 인접 부서의 협조 요청 – 단독 업무인 비품 신청' 순서로 업무를 처리해야 한다.

03

중요도와 긴급성에 따라 우선순위를 둔다면 1순위는 회의 자료 준비이다. 업무 보고서는 내일 오전까지 시간이 있으므로 회의 자료를 먼저 준비하는 것이 옳다. 그러므로 4번이 가장 좋은 행동이라 할 수 있다. 반면 1번은 첫 번째 우선순위로 놓아야 할 회의자료 작성을 전혀 고려하지 않고 있으므로 가장 적절하지 않은 행동이라 할 수 있다.

04

비품은 회사 업무상에 사용되는 물품을 의미하는데, 대체로 기업에서는 사전에 품목을 정해 놓고 필요한 자에게 보급한다. 만약 품목에 해당하지 않는 비품이 필요할 경우에는 그 사용 용도가 명확하고 업무에 필요한 것인지를 먼저 판단한 후, 예산을 고려하여 구매하는 것이 적절한 처리 과정이다. ③과 같이 단순히 품목에 없다는 이유로 제외하는 것은 적절하지 않다.

05

②는 인터뷰 사후처리에 대한 내용이므로 우선순위 면에서 가장 낮다.

[오답분석]
①·③·④·⑤ 인터뷰 준비를 위한 업무처리 내용이다.

06

최팀장 책상의 서류 읽어 보기(박조합원 방문 전) → 박과장 응대하기(오전) → 최팀장에게 서류 갖다 주기(점심시간) → 회사로 온 연락 최팀장에게 알려 주기(오후) → 이팀장에게 전화달라고 전하기(퇴근 전)

출제유형분석 01 실전예제

01

정답 ①

오답분석

② 결괏값에 출근과 지각이 바뀌어 나타난다.

③・④・⑤ 9시 정각에 출근한 손흥민이 지각으로 표시된다.

02

정답 ②

「=SMALL(B3:B9,2)」은 [B3:B9] 범위에서 2번째로 작은 값을 구하는 함수이므로 7이 출력된다. 「=MATCH(7,B3:B9,0)」는 [B3:B9] 범위에서 7의 위치 값을 나타내므로 값은 4가 나온다. 따라서 「=INDEX(A3:E9,4,5)」의 결괏값은 [A3:E9]의 범위에서 4행, 5열에 위치한 대전이다.

출제유형분석 02 실전예제

01

정답 ④

a라는 변수에 0을 저장한다. range 함수는 'range(start, stop, step)'로 표시되기 때문에 'range(1, 11, 2)'를 입력하면 1부터 10까지의 생성된 수를 2씩 증가시켜 합을 출력한다(range 함수의 2번째 파라미터는 출력되지 않는 값이다). 따라서 누적된 a의 값인 25가 출력된다.

02

정답 ②

&a는 변수 a의 시작 주소값이므로 주소 상수이다. p는 포인터, *p는 p가 가리키는 변수 a이다.

CHAPTER 06 기술능력

01

정답 ②

설명서의 서술은 가능한 한 단순하고 간결해야 하며, 비전문가도 쉽게 이해할 수 있어야 한다. 따라서 전문용어의 사용을 삼가야 한다.

오답분석
① 추상적 명사보다는 행위 동사를 사용한다.
③ 의미전달을 명확하게 하기 위해서는 수동태보다 능동태의 동사를 사용한다.
④ 한 문장에는 통상적으로 하나의 명령 또는 밀접하게 관련된 명령만을 포함해야 한다.
⑤ 제품설명서는 제품 사용 중 해야 할 일과 하지 말아야 할 일까지 함께 정의해야 한다.

02

정답 ②

기술선택을 위한 절차
• 외부환경 분석 : 수요 변화 및 경쟁자 변화, 기술 변화 등 분석
• 중장기 사업목표 설정 : 기업의 장기비전, 중장기 매출목표 및 이익목표 설정
  – 사업전략 수립 : 사업 영역 결정, 경쟁 우위 확보 방안 수립
  – 요구기술 분석 : 제품 설계 / 디자인 기술, 제품 생산 공정, 원재료 / 부품 제조기술 분석
  – 기술전략 수립 : 기술획득 방법 결정
  – 핵심기술 선택
• 내부역량 분석 : 기술능력, 생산능력, 마케팅 / 영업능력, 재무능력 등 분석

01
정답 ⑤

영상이 희미한 경우 리모컨 메뉴창의 초점 조절 기능을 이용하여 초점을 조절하거나 투사거리가 초점에서 너무 가깝거나 멀리 떨어져 있지 않은지 확인해야 한다.

02
정답 ④

쌀을 제대로 씻지 않을 경우 쌀뜨물이 바닥으로 깔려 취사 후 밥 밑면이 누렇게 될 수 있으므로 취사 전 맑은 물이 나올 때까지 헹궈 주어야 한다.

[오답분석]
① 소요되는 취사시간과 상관없이 예약은 완료되는 시간을 기준으로 한다. 따라서 17시가 오픈이므로 15시에는 2시간으로 설정하여 예약하면 된다.
② '백미쾌속' 모드는 예약이 되지 않는다. 예약 가능한 메뉴는 백미, 잡곡, 현미 3가지 메뉴이다.
③ '잡곡쾌속' 모드는 취사 모드에 없다. 취사 가능 모드는 백미, 백미쾌속, 잡곡, 현미, 죽, 누룽지, 만능 찜 7개이다.
⑤ 현미는 소요되는 취사시간이 70 ~ 80분이다. 17시 오픈을 기준으로 하면 70 ~ 80분 전인 15시 40 ~ 50분에 취사 버튼을 눌러야 한다.

03
정답 ④

뚜껑 패킹과 내솥 사이에 이물질이 끼어있을 경우 취사 도중 수증기가 뚜껑 틈으로 나올 수 있다.

04
정답 ⑤

03번 문제에서 찾은 원인에 따라 뚜껑 패킹과 내솥 사이의 이물질을 제거하였는데도 여전히 뚜껑 틈으로 수증기가 나온다면 새 뚜껑 패킹으로 교환하는 방법이 있다.

PART 2

최종점검 모의고사

01	02	03	04	05	06	07	08	09	10	11	12	13	14	15	16	17	18	19	20
③	⑤	②	③	④	④	④	②	④	②	②	①	①	③	③	④	②	②	①	④
21	22	23	24	25	26	27	28	29	30	31	32	33	34	35	36	37	38	39	40
①	③	②	①	④	③	③	②	①	③	③	⑤	③	③	④	③	④	④	③	⑤
41	42	43	44	45	46	47	48	49	50										
④	④	③	④	③	⑤	④	⑤	②	③										

01
정답 ③

상대방의 이야기를 들을 때 자신의 경험과 연결 지어 생각해 보면 이해와 집중에 도움이 된다.

02
정답 ⑤

경쟁사 간의 갈등으로, 다른 사회적 기반을 가진 집단 사이의 갈등이 아니다.

오답분석
① 노사 갈등의 예시이다.
② 세대 갈등의 예시이다.
③ 빈부 갈등의 예시이다.
④ 지역 갈등의 예시이다.

03
정답 ②

제시문은 재산권 제도의 발달에 따른 경제 성장을 예로 들어 제도의 발달과 경제 성장의 상관관계에 대해 설명하고 있다. 더불어 제도가 경제 성장에 영향을 줄 수는 있지만 동시에 경제 성장으로부터 영향을 받을 수도 있다는 점에서 그 인과관계를 판단하기 어려운 한계점을 제시하고 있다. 따라서 제목으로 적절한 것은 '경제 성장과 제도 발달'이다.

04
정답 ③

제시문에서는 법조문과 관련된 '반대 해석'과 '확장 해석'의 개념을 일상의 사례를 들어 설명하고 있다.

05
정답 ④

제시문은 낙수 이론에 대해 설명하고, 그 실증적 효과를 논한 후에 비판을 제기하고 있다. 따라서 제시된 문단 뒤에 일반론에 이은 효과를 설명하는 (가)가 오고, 비판을 시작하는 (나)가 (가) 뒤에 와야 한다. (라)에는 '제일 많이'라는 수식어가 있고, (다)에는 '또한 제기된다.'라고 명시되어 있으므로 (라)가 (다) 앞에 오는 것이 글의 구조상 적절하다. 따라서 (가) – (나) – (라) – (다)의 순서로 나열해야 한다.

06

정답 ④

법은 우리의 자유를 막고 때로는 신체적 구속을 행사하는 경우도 있지만 법이 없으면 안전한 생활을 할 수 없다는 점에서 없어서는 안 될 존재이다. 이와 마찬가지로 울타리는 우리의 시야를 가리고 때로는 바깥출입의 자유를 방해하지만 한편으로는 안전하고 포근한 삶을 보장한다는 점에서 고마운 존재이다. 제시문은 법과 울타리의 '양면성'이라는 공통점을 근거로 내용을 전개하고 있다.

07

정답 ④

뇌졸중은 현대의학에서 뇌출혈, 뇌경색 등 뇌혈관 질환을 통틀어 이르는 말이다. 흔히 잘못 사용하는 '뇌졸증'은 없는 말이다.

오답분석

① 부하직원이 대리나 과장 등 정확한 직함을 달고 있는데도 '~씨'라고 부르는 것은 잘못된 언어 습관이다. 직위에 알맞은 책임이나 권위를 무시하는 행위이기 때문이다.
② 식사는 끼니로 음식을 먹는 행위를 뜻하는 점잖은 한자 표현이지만 의미상 '밥'과 일맥상통하기 때문에 '밥 하셨나요?'라는 뜻이 된다. 부장이나 본부장, 사장에게 말하는 경우라면 밥을 높여 '진지 드셨어요?'라고 하는 것이 공손한 표현이다.
③ 절대절명은 잘못 사용한 사자성어이다. 절체절명(絕體絕命)이 올바르다.
⑤ '회복'이란 단어는 원래 상태를 되찾는다는 걸 의미한다. 따라서 '피로해소제'나 '원기회복제'로 사용하는 것이 올바르다.

08

정답 ②

제시문에서는 환경오염은 급격한 기후변화의 촉매제 역할을 하고 있으며, 이는 농어촌과 식량 자원에 악영향을 미치고 있다고 이야기하고 있다. 따라서 글의 주제로 ②가 적절하다.

09

정답 ④

우리나라는 식량의 75% 이상을 해외에서 조달해 오고 있다. 이러한 특성상 기후변화가 계속된다면 식량공급이 어려워져 식량난이 심각해질 수 있다.

오답분석

① 기후변화가 환경오염의 촉매제가 된 것이 아니라, 환경오염이 기후변화의 촉매제가 되었다.
② 알프스나 남극 공기를 포장해 파는 시대가 올지도 모른다는 말은 그만큼 공기 질 저하가 심각하다는 것을 나타낸 것이다.
③ 한정된 식량 자원에 의한 굶주림이 일부 저개발 국가에서 일반화되었지만, 저개발 국가에서 인구의 폭발적인 증가가 일어났다고는 볼 수 없다.
⑤ 친환경적인 안전 먹거리에 대한 수요가 증가하고 있지만 일손 부족 등으로 친환경 먹거리 생산량의 대량화가 쉽지 않다. 따라서 급변하는 기후 속 식량난의 해결방법으로 보기 어렵다.

10

정답 ②

A기술의 특징은 전송된 하나의 신호가 다중 경로를 통해 안테나에 수신될 때, 전송된 신호들의 크기가 다르더라도 그중 신호의 크기가 큰 것을 선택하여 안정적인 송수신을 이루는 것이다. 따라서 한 종류의 액체는 전송된 하나의 신호가 되고, 빨리 나오는 배수관은 다중 경로 중 크기가 큰 신호가 전송되는 경로이다.

11

(B빌라 월세)+(한 달 교통비)=250,000+(2.1×2×20×1,000)=334,000원

따라서 B빌라에서 33만 4천 원으로 살 수 있다.

오답분석

① A빌라는 392,000원, B빌라는 334,000원, C아파트는 372,800원이므로 모두 40만 원으로 가능하다.

③ C아파트가 편도 거리 1.82km로 교통비가 가장 적게 든다.

④ C아파트는 372,800원이므로 A빌라보다 19,200원 덜 든다.

⑤ B빌라에 두 달 살 경우 668,000원이고 A빌라와 C아파트를 합한 금액은 764,800원이므로 적절하지 않다.

12

이메일 스팸 수신량이 가장 높은 시기는 2020년 하반기이지만, 휴대전화 스팸 수신량이 가장 높은 시기는 2019년 하반기이다.

오답분석

② 매해 수치를 보면 이메일 스팸 수신량이 휴대전화 스팸 수신량보다 많다.

③ 이메일 스팸 수신량의 증가·감소 시기와 휴대전화 스팸 수신량의 증가·감소 시기가 일치하지 않으므로 서로 밀접한 관련이 있다고 보기 어렵다.

④ 이메일 스팸 총 수신량의 평균은 0.6이고, 휴대전화 스팸 총 수신량의 평균은 약 0.19이다. 따라서 $\frac{0.6}{0.19} ≒ 3.16$으로 3배 이상이다.

⑤ 컴퓨터 사용량과 이메일 스팸 수신량이 정비례 관계에 있으므로, 컴퓨터 사용량이 증가하면 스팸 수신량도 증가한다. 따라서 스팸 수신량이 가장 높은 2020년 하반기에 국민의 컴퓨터 사용량이 제일 높았을 것이다.

13

2016년 화재로 발생한 사망자 수는 2015년도 사망자 수보다 4% 증가했으므로 827×1.04≒860명이 된다. 2017년도 부상자 수는 2016년도 부상자 수의 80%이므로 2016년도 부상자 수를 a명이라고 가정하면, $a×0.8=811 → a=\frac{811}{0.8} ≒ 1,014$임을 알 수 있다. 따라서 2016년에 발생한 인명피해자 수는 860+1,014=1,874명이다.

14

2016 ~ 2022년 화재발생 건수 전년 대비 증감률은 다음과 같다.

- 2016년 : $\frac{44,373-41,863}{41,863} ×100 ≒ 6.0\%p$

- 2017년 : $\frac{41,774-44,373}{44,373} ×100 ≒ -5.9\%p$

- 2018년 : $\frac{44,281-41,774}{41,774} ×100 ≒ 6.0\%p$

- 2019년 : $\frac{46,790-44,281}{44,281} ×100 ≒ 5.7\%p$

- 2020년 : $\frac{44,265-46,790}{46,790} ×100 ≒ -5.4\%p$

- 2021년 : $\frac{41,693-44,265}{44,265} ×100 ≒ -5.8\%p$

- 2022년 : $\frac{44,278-41,693}{41,693} ×100 ≒ 6.2\%p$

따라서 증감률을 절댓값으로 비교하면 2022년의 전년 대비 증가율이 6.2%p로 가장 크다.

① 2016 ~ 2022년 인명피해자와 전년 대비 증감인원은 다음과 같다.

(단위 : 명)

구분	사망자	부상자	인명피해자	전년 대비 증감인원
2015년	827	964	1,791	
2016년	860	1,014	1,874	$1,874-1,791=83$
2017년	899	811	1,710	$1,710-1,874=-164$
2018년	841	1,028	1,869	$1,869-1,710=159$
2019년	936	1,245	2,181	$2,181-1,869=312$
2020년	747	1,343	2,090	$2,090-2,181=-91$
2021년	929	1,268	2,197	$2,197-2,090=107$
2022년	774	1,250	2,024	$2,024-2,197=-173$
총계	6,813	8,923	15,736	

따라서 전년 대비 인명피해자가 가장 크게 감소한 해는 173명이 감소한 2022년도이다.

② 총 인명피해자의 50%는 15,736×0.5=7,868명으로 총 부상자 8,923명보다 적으므로 옳은 설명이다.

④ 2016 ~ 2022년 화재발생 건수의 전년 대비 증감 건수는 다음과 같이 2,500건 이상 변화가 있음을 알 수 있다.
- 2016년 : 44,373-41,863=2,510건
- 2017년 : 41,774-44,373=-2,599건
- 2018년 : 44,281-41,774=2,507건
- 2019년 : 46,790-44,281=2,509건
- 2020년 : 44,265-46,790=-2,525건
- 2021년 : 41,693-44,265=-2,572건
- 2022년 : 44,278-41,693=2,585건

⑤ 2020년 사망자의 전년 대비 감소율은 $\dfrac{747-936}{936}\times100≒-20.2\%\text{p}$로, 20%p 이상 감소하였다.

15

정답 ③

2019년 대비 2022년 사업자 수가 감소한 호프전문점, 간이주점, 구내식당 세 곳의 감소율은 다음과 같다.
- 호프전문점 : $\dfrac{41,796-37,543}{41,796}\times100≒10.2\%\text{p}$
- 간이주점 : $\dfrac{19,849-16,733}{19,849}\times100≒15.7\%\text{p}$
- 구내식당 : $\dfrac{35,011-26,202}{35,011}\times100≒25.2\%\text{p}$

따라서 2019년 대비 2022년 사업자 수의 감소율이 두 번째로 큰 업종은 간이주점으로 감소율은 15.7%p이다.

16

정답 ④

2019년 대비 2021년 일식전문점 사업자의 증감률 : $\dfrac{14,675-12,997}{12,997}\times100≒12.91\%\text{p}$

① 2022년 기타음식점 사업자는 24,509명, 2021년에는 24,818명이므로 24,818-24,509=309명 감소했다.

② 2020년의 전체 요식업 사업자에서 분식점이 차지하는 비중은 $\dfrac{52,725}{659,123}\times100≒8.0\%$, 패스트푸드점이 차지하는 비중은

$\dfrac{31,174}{659,123}\times100≒4.73\%$이므로, 둘의 차이는 8.0-4.73=3.27%p이다.

③ 제시된 자료를 통해 사업자가 해마다 감소하는 업종은 간이주점과 구내식당, 두 곳임을 알 수 있다.

⑤ 전체 요식업 사업자는 해마다 증가하는 반면 구내식당 사업자는 감소하기 때문에 비중이 점점 줄어드는 것을 알 수 있다. 이를 직접 계산하여 나타내면 다음과 같다.

- 2019년 : $\dfrac{35,011}{632,026} \times 100 ≒ 5.54\%$
- 2020년 : $\dfrac{31,929}{659,123} \times 100 ≒ 4.84\%$
- 2021년 : $\dfrac{29,213}{675,969} \times 100 ≒ 4.32\%$
- 2022년 : $\dfrac{26,202}{687,704} \times 100 ≒ 3.81\%$

17

정답 ②

(가) ~ (라)에 들어갈 정확한 값을 찾으려 계산하기보다는 자료에서 해결할 수 있는 실마리를 찾아 적절하지 않은 선택지를 제거하는 방식으로 접근하는 것이 좋다.

먼저 종합순위가 4위인 D과장의 점수는 모두 공개되어 있으므로 총점을 계산해 보면, 80+80+60+70=290점이다.

종합순위가 5위인 A사원의 총점은 70+(가)+80+70=220+(가)점이며, 4위 점수인 290점보다 낮아야 하므로 (가)에 들어갈 점수는 70점 미만이다.

종합순위가 3위인 C대리의 총점은 (다)+85+70+75=230+(다)점이며, 290점보다 높아야 하므로 (다)에 들어갈 점수는 60점을 초과해야 한다.

②, ③에 따라 (가)=65점, (다)=65점을 대입하면, C대리의 종합점수는 230+65=295점이 된다. 종합순위가 2위인 E부장의 총점은 85+85+70+(라)=240+(라)이므로, (라)에 들어갈 점수는 55점보다 높은 점수여야 한다. 이때 ②, ③ 모두 조건을 만족시킨다.

종합순위가 1위인 B사원의 총점은 80+85+(나)+70=235+(나)점이다. 종합순위가 2위인 E부장의 총점은 240+(라)점이므로 (나)에 들어갈 점수는 (라)+5보다 높은 점수여야 한다.

따라서 (나)와 (라)의 점수가 같은 ③이 제외되고 ①·②만 남는데, C대리의 총점 230+(다)>290이어야 한다. (다)는 60보다 커야 하므로 (가), (나), (다), (라)에 들어갈 점수로 옳은 것은 ②임을 알 수 있다.

18

정답 ②

일의 양을 1이라고 가정하면, P연구원과 K연구원이 하루에 할 수 있는 일의 양은 각각 $\dfrac{1}{8}$, $\dfrac{1}{14}$ 이다. 처음 이틀과 보고서 제출 전 이틀 총 4일은 같이 연구하고, 나머지는 K연구원 혼자 연구하였다. K연구원 혼자 연구하는 기간을 x일이라 하고 식을 세우면 다음과 같다.

$$4 \times \left(\dfrac{1}{8} + \dfrac{1}{14} \right) + \dfrac{x}{14} = 1 \rightarrow \dfrac{1}{2} + \dfrac{2}{7} + \dfrac{x}{14} = 1 \rightarrow 7 + 4 + x = 14 \rightarrow x = 3$$

따라서 K연구원이 혼자 3일 동안 연구하므로 보고서를 제출할 때까지 총 3+4=7일이 걸렸다.

19

정답 ①

- 네 번째 조건
  2012년 대비 2022년 독신 가구 실질세부담률이 가장 큰 폭으로 증가한 국가는 C이다. 즉 C는 포르투갈이다.
- 첫 번째 조건
  2022년 독신 가구와 다자녀 가구의 실질세부담률 차이가 덴마크보다 큰 국가는 A, C, D이다. 네 번째 조건에 의하여 C는 포르투갈이므로 A, D는 캐나다, 벨기에 중 한 곳이다.
- 두 번째 조건
  2022년 독신 가구 실질세부담률이 전년 대비 감소한 국가는 A, B, E이다. 즉, A, B, E는 벨기에, 그리스, 스페인 중 한 곳이다. 첫 번째 조건에 의하여 A는 벨기에, D는 캐나다이다. 따라서 B, E는 그리스와 스페인 중 한 곳이다.
- 세 번째 조건
  E의 2022년 독신 가구 실질세부담률은 B의 2022년 독신 가구 실질세부담률보다 높다. 즉, B는 그리스, E는 스페인이다.

따라서 A는 벨기에, B는 그리스, C는 포르투갈, D는 캐나다, E는 스페인이다.

20

정답 ④

고속국도 일평균 버스 교통량의 증감 추이는 '증가 - 감소 - 증가 - 감소'이고, 일반국도 일평균 버스 교통량의 증감 추이는 '감소 - 감소 - 감소 - 감소'이다. 따라서 고속국도와 일반국도의 일평균 버스 교통량의 증감 추이는 같지 않다.

오답분석

① 2018 ~ 2022년의 일반국도와 국가지원지방도의 일평균 승용차 교통량의 합을 구하면 다음과 같다.
- 2018년 : 7,951+5,169=13,120대
- 2019년 : 8,470+5,225=13,695대
- 2020년 : 8,660+5,214=13,874대
- 2021년 : 8,988+5,421=14,409대
- 2022년 : 9,366+5,803=15,169대

따라서 고속국도의 일평균 승용차 교통량은 일반국도와 국가지원지방도의 일평균 승용차 교통량의 합보다 항상 많음을 알 수 있다.

② 제시된 자료를 통해 2020년까지 감소하다가 2021년부터 증가하는 것을 알 수 있다.

③ 전년 대비 교통량이 감소한 2019년을 제외하고 국가지원지방도의 연도별 일평균 버스 교통량의 전년 대비 증가율을 구하면 다음과 같다.

- 2020년 : $\frac{226-219}{219}\times100 ≒ 3.20\%p$
- 2021년 : $\frac{231-226}{226}\times100 ≒ 2.21\%p$
- 2022년 : $\frac{240-231}{231}\times100 ≒ 3.90\%p$

따라서 2022년에 국가지원지방도의 일평균 버스 교통량의 전년 대비 증가율이 가장 크다.

⑤ 2022년 일반국도와 국가지원지방도의 일평균 화물차 교통량의 합은 2,757+2,306=5,063대이고, 5,063×2.5=12,657.5<13,211이다. 따라서 2022년 고속국도의 화물차 일평균 교통량은 2022년 일반국도와 국가지원지방도의 일평균 화물차 교통량 합의 2.5배 이상이다.

21

정답 ①

매장의 비주얼은 경영기획관리부서에서 관리한다고 하였으므로 VM팀은 4층이 아닌 5층에 배정된다. 따라서 4층에는 디자인, 마케팅, 영업기획, 영업관리팀이 속한다.

22

정답 ③

VM팀은 5층에 있으므로 첫 번째 번호는 5, VM을 한글로 변환하면 '비주얼 마케팅'이므로 'ㅂ'에 해당하는 자리는 3, 대리에 부여되는 번호는 3이므로 VM팀의 H대리의 내선번호는 00 - 533이다.
총무팀은 6층에 있으므로 첫 번째 번호는 6, 'ㅊ'에 해당하는 자리는 4, 사원에 부여되는 번호는 4이므로 총무팀 A사원의 내선번호는 00 - 644이다.

23

정답 ④

오답분석

① 첫 번째 명제와 두 번째 명제로 알 수 있다.
② 세 번째 명제의 대우와 첫 번째 명제를 통해 추론할 수 있다.
③ 첫 번째 명제와 네 번째 명제로 추론할 수 있다.
⑤ 두 번째 명제의 대우와 첫 번째 명제의 대우, 세 번째 명제로 추론할 수 있다.

24

각 교통편에 대해 김대리의 기준에 따라 계산하면 다음과 같다.
- CZ3650 : $(2 \times 1,000,000 \times 0.6) + (500,000 \times 0.8) = 1,600,000$원
- MU2744 : $(3 \times 1,000,000 \times 0.6) + (200,000 \times 0.8) = 1,960,000$원
- G820 : $(5 \times 1,000,000 \times 0.6) + (120,000 \times 0.8) = 3,096,000$원
- D42 : $(8 \times 1,000,000 \times 0.6) + (70,000 \times 0.8) = 4,856,000$원

따라서 김대리가 선택할 교통편은 가장 저렴한 CZ3650이다.

25

SO전략은 강점을 살려 기회를 포착하는 전략이므로 TV프로그램에 출연하여 좋은 품질의 재료만 사용한다는 점을 홍보하는 것이 적절하다.

26

대화 내용을 살펴보면 A과장은 패스트푸드점, B대리는 화장실, C주임은 은행, 귀하는 편의점을 이용한다. 이는 동시에 이루어지는 일이므로 가장 오래 걸리는 일의 시간만을 고려하면 된다. 은행이 30분으로 가장 오래 걸리므로 17:20에 모두 모이게 된다. 따라서 17:00, 17:15에 출발하는 버스는 이용하지 못한다. 그리고 17:30에 출발하는 버스는 잔여석이 부족하여 이용하지 못한다. 최종적으로 17:45에 출발하는 버스를 탈 수 있으므로 서울 도착 예정시각은 19:45이다.

27

박주임 : 6주를 단축했을 때 소요되는 비용은 2,000만($\because$ 공정 1, 5주)+500만($\because$ 공정 2, 1주)=2,500만 원이다.

[오답분석]
- 이대리 : 정규적으로 공사할 경우 소요되는 총 공사기간은 길게 걸리는 공정만 더하면 되므로 12($\because$ 공정 1)+8($\because$ 공정 2)+12($\because$ 공정 4)+4($\because$ 공정 7)이므로 총 36주가 소요된다.
- 김사원 : 10주의 공사기간 단축이 필요할 경우, 추가로 드는 최소비용은 2,000만($\because$ 공정 1, 5주)+1,500만($\because$ 공정 2, 3주)+2,000만($\because$ 공정 4, 2주)=5,500만 원이 소요된다.

28

4,500만 원의 추가예산을 효율적으로 활용해서 공사기간을 최대한 단축하려고 할 때, 소요비용은 2,000만($\because$ 공정 1, 5주)+1,500만($\because$ 공정 2, 3주)+1,000만($\because$ 공정 4, 1주)=4,500만 원이고, 단축할 수 있는 공사기간은 총 9주이다.

29

A ~ E사원의 연차 사용일은 다음과 같다.
- A사원 : 7일
- B사원 : 10일
- C사원 : 8일
- D사원 : 9일
- E사원 : 8일

따라서 A사원이 총 7일로 연차를 가장 적게 썼다.

30

정답 ③

K회사에서는 연차를 한 달에 3일로 제한하고 있으므로, 11월에 휴가를 쓸 수 없다면 앞으로 총 6일(10월 3일, 12월 3일)의 연차를 쓸 수 있다. 따라서 휴가에 대해서 손해를 보지 않으려면 이미 9일 이상의 연차를 썼어야 한다. 이에 해당하는 사원은 B와 D이다.

31

정답 ③

'기축통화'는 국제 간의 결제나 금융거래에서 기본이 되는 화폐로 미국 예일대학의 로버트 트리핀 교수가 처음 사용한 용어이다. 대표적인 기축통화로는 미국 달러화가 있으며, 유럽에서는 유로화가 통용되고 있다.

오답분석

① 나스닥, 자스닥, 코스닥 등은 각 국가에서 운영하는 전자 주식 장외시장이다.

② MSCI지수는 서로 다른 기준을 적용하는 개별국가의 주식시장을 상호 비교할 수 있도록 각 국가의 주식시장에 모건스탠리증권사의 고유한 분석기준을 동일하게 적용해 산출한 지수이다.

④ 이머징마켓은 개발도상국 가운데 경제성장률이 높고 빠른 속도로 산업화가 진행되는 국가의 시장으로 한국, 브라질, 폴란드 등 여러 국가들이 속해 있다.

32

정답 ⑤

다른 국가들의 국제동향을 파악하기 위해서는 현지인의 의견이 무엇보다 중요하다.

33

정답 ③

면접관의 질문 의도는 단순히 사무실의 구조나 회사 위치 등 눈에 보이는 정보를 묻는 것이 아니라, 실질적으로 회사를 운영하는 내부 조직에 관련된 사항을 알고 있는지를 묻는 것이다. 그러므로 사무실의 구조는 질문의 답변 내용으로 적절하지 않다.

34

정답 ③

제시된 사례의 쟁점은 재고 처리이며, 여기서 김봉구 씨는 W사에 대하여 경쟁전략(강압전략)을 사용하고 있다. 강압전략이란 내가 승리하기 위해서 당신은 희생되어야 한다는 것이며, 명시적 또는 묵시적으로 강압적 위협이나 강압적 설득, 처벌 등의 방법으로 상대방을 굴복시키거나 순응시킨다. 자신의 주장을 확실하게 상대방에게 제시하고 상대방에게 이를 수용하지 않으면 보복이 있을 것이며 협상이 결렬될 것이라는 등의 위협을 가하는 것이다. 즉, 강압전략은 일방적인 의사소통으로 일방적인 양보를 받아내려는 것이다.

35

정답 ④

업무환경에 '자유로운 분위기'라고 명시되어 있으므로 '중압적인 분위기를 잘 이겨낼 수 있는 열정적인 인재'는 적절하지 않다.

36

정답 ③

①·②·④·⑤는 전략과제에서 도출할 수 있는 추진방향이지만, ③의 국제경쟁입찰의 과열 경쟁 심화와 컨소시엄 구성 시 민간기업과 업무배분, 이윤 추구성향 조율의 어려움 등은 문제점에 대한 언급이기 때문에 추진방향으로 적절하지 않다.

PART 2

37

정답 ④

어떤 사안에 대한 '보고'를 한다는 것은 그 내용에 대한 충분한 이해가 되었다는 것이다. 즉, 그 내용과 관련해서 어떤 질문을 받아도 답변이 가능해야 한다.

[오답분석]
① 설명서에 해당하는 설명이다.
② 기획안에 해당하는 설명이다.
③ 이해를 돕기 위한 자료라 해도 양이 너무 많으면 오히려 내용 파악에 방해가 된다.
⑤ 한 장에 담아내야 하는 원칙이 적용되는 문서는 회사 외부로 전달되는 문서인 공문서이다.

38

정답 ④

창의적인 사고가 선천적으로 타고난 사람들에게만 있다든가, 후천적 노력에는 한계가 있다는 것은 편견이다.

39

정답 ③

제시문은 총무부에서 주문서 메일을 보낼 때 꼼꼼히 확인하지 않아서 수정 전의 파일이 첨부되어 발송되었기 때문에 발생한 일이다.

40

정답 ⑤

김팀장의 지시에 따른 박대리의 업무 리스트를 우선순위에 따라 작성하면 다음과 같다.

〈업무 리스트〉
1. 부장님께 사업계획서 제출(이번 주 금요일)
2. 본사 사업현황보고 회의 참석(오늘 오후 5시)
3. 금일 업무 보고서 작성(오늘 오후 4시까지)
4. 회의실 예약 현황 확인(오늘 오후 2시까지)

⇩

〈업무 우선순위〉
1. 회의실 예약 현황 확인
2. 금일 업무 보고서 작성
3. 본사 사업현황보고 회의 참석
4. 부장님께 사업계획서 제출

따라서 박대리가 가장 먼저 처리해야 할 일은 회의실 예약 현황을 확인하는 것이다.

41

정답 ④

오답분석
① 낱장 인쇄용지 중 크기가 가장 큰 용지는 B1이다.
② 1 : 2가 아니고 1 : $\sqrt{2}$ 이다.
③ A4의 2배 크기는 A3이다.
⑤ 용지를 나타내는 숫자가 1씩 커질수록 용지의 크기는 절반씩 작아진다.

42

정답 ④

오답분석
① 〈Home〉 : 커서를 행의 맨 처음으로 이동시킨다.
② 〈End〉 : 커서를 행의 맨 마지막으로 이동시킨다.
③ 〈Back Space〉 : 커서 앞의 문자를 하나씩 삭제한다.
⑤ 〈Alt〉＋〈Page Up〉 : 커서를 한 쪽 앞으로 이동시킨다.

43

정답 ③

오답분석
① 셀들의 합계를 구할 때 사용하는 함수이다.
② 숫자가 들어 있는 셀의 개수를 구할 때 사용하는 함수이다.
④ 수치가 아닌 셀을 포함하는 인수의 평균값을 구할 때 사용하는 함수이다.
⑤ 지정된 범위에서 조건에 맞는 셀의 개수를 구할 때 사용하는 함수이다.

44

정답 ④

(가)는 상용구 기능을, (나)는 캡션달기 기능을 설명하고 있다.

45

정답 ③

범례는 차트에 그려진 데이터 계열의 종류를 모아놓은 표식이다.

오답분석
① 축 제목은 '매출량'과 '지역'으로 나타나 있다.
② 차트 제목은 '지점별 매출현황'으로 나타나 있다.
④ 데이터 레이블은 데이터값이나 항목, 계열에 대한 정보를 제공하는 것으로, 그래프 위에 나타나 있다.
⑤ 눈금선은 X축이나 Y축 눈금에 대한 실선을 표시한 것이다.

46

정답 ⑤

SUM 함수는 인수들의 합을 구할 때 사용한다.
- (가) : 「=SUM(B2:B11)」
- (나) : 「=SUM(C2:C11)」

[오답분석]
① REPT : 텍스트를 지정한 횟수만큼 반복한다.
② CHOOSE : 인수 목록 중에서 하나를 고른다.
③ DSUM : 지정한 조건에 맞는 데이터베이스에서 필드 값들의 합을 구한다.
④ AVERAGE : 인수들의 평균을 구한다.

47

정답 ④

- MAX : 최댓값을 구한다.
- MIN : 최솟값을 구한다.

48

정답 ⑤

[오답분석]
① 새 문서
② 수식 편집기
③ 저장하기
④ 불러오기

49

정답 ②

3차원 대부분의 차트와 원형, 도넛형, 표면형, 방사형과 같은 항목축과 값축의 구분이 명확하지 않은 차트 종류는 추세선을 추가할 수 없다.

50

정답 ③

비밀번호 자동 저장에 관련된 공문이므로 자동 저장 기능을 삭제하기 위한 화면을 공문에 첨부해야 한다. 비밀번호 자동 저장 기능 삭제는 [인터넷 옵션] - [내용] 탭에 들어가 '자동 완성 설정'의 '양식에 사용할 사용자 이름과 암호'란의 체크를 해제하면 된다.

41

정답 ④

기술능력이 뛰어난 사람은 한계가 주어지더라도 문제를 잘 해결할 줄 아는 사람이다. 그러므로 기술능력이 뛰어난 신입사원을 평가하는 항목에서 아무런 제약이 없을 때의 가능성을 묻는 ④와 같은 질문은 적절하지 않다.

> **기술능력이 뛰어난 사람**
> • 실질적 해결을 필요로 하는 문제를 인식할 줄 아는 사람
> • 인식한 문제를 위해 여러 해결책을 개발할 줄 아는 사람
> • 문제 해결을 위해 지식이나 자원 등의 사항들을 선택하여 적용할 줄 아는 사람
> • 한계가 주어지거나 자원이 제한적이더라도 일할 줄 아는 사람
> • 효용적으로 기술적 해결이 가능한 사람
> • 다양한 상황 속에서도 기술적 체계와 도구를 사용하고 배울 줄 아는 사람

42

정답 ④

지속가능한 발전(Sustainable Development)이란 지구촌의 현재와 미래를 모두 고려하는 개념으로, 환경보호 중심의 발전을 그 목적으로 삼는다. 지속가능한 기술(Sustainable Technology)은 이러한 지속가능한 발전을 가능하게 하는 기술이라 할 수 있다. 고갈되는 에너지보다는 태양 에너지같이 고갈되지 않는 에너지를 활용하여 낭비적 소비 형태를 지양하고자 하며, 기술적 효용만이 아닌 환경 효용(Eco – efficiency)도 추구한다. 자원의 소비에 관심을 가지는 만큼 자원이 생산적인 방식으로 사용되고 있는지도 주의를 기울여야 하는 기술이다.
C. 자원의 재생산뿐 아니라 얼마나 생산적인 방식으로 사용되는지도 고려해야 한다.
D. 캐나다 정부가 지원하는 토양 청정화 기술은 지속가능한 기술로, 기술적 효용뿐 아니라 환경 효용까지 추구하는 기술이다.

[오답분석]
A. 고갈되는 에너지를 활용하는 것이 아니라 고갈되지 않는 자연 에너지를 활용한다.
B. 미래 세대와 현재 세대 모두의 발전과 환경적 상황을 고려해야 한다.

43

정답 ③

상황에서 언급된 신기술은 활용도나 응용 가능성이 높지만 비용이 다소 높고 타사에서 이미 비슷한 기술이 완성단계에 있는 상태다. 하지만 신기술의 응용 가능성은 높다고 했으므로, 기술의 수명 주기까지 고려한다면 신기술을 좀 더 보완해 비용을 다소 낮추면서 차단효과가 높은 기술을 개발하는 것이 바람직하다. 그러므로 비용이나 수명 주기를 전혀 고려하지 않은 ③이 적절하지 않은 의견이다.

44

정답 ④

본 제품에는 배터리 보호를 위하여 과충전 보호회로가 내장되어 있어 적정 충전시간을 초과하여도 손상을 입지 않으므로 고장의 원인으로 적절하지 않다.

45

정답 ③

청소기 전원을 끄고 이물질 제거 후 전원을 켜면 파워브러시가 재작동하며 평상시에도 파워브러시가 멈추었을 때는 전원 스위치를 껐다 켜면 재작동한다.

46

정답 ⑤

사용 중 갑자기 흡입력이 떨어지는 이유는 흡입구를 커다란 이물질이 막고 있거나, 먼지 필터가 막혀 있거나, 먼지통 내에 오물이 가득 차 있을 경우이다.

47

정답 ④

ⓒ 전기장판은 저온모드로 낮춰 사용해야 고온으로 사용할 때보다 자기장이 50% 줄어든다. 고온으로 사용하다가 저온으로 낮춰 사용하는 것이 전자파를 줄일 수 있다는 내용은 가이드라인에서 확인할 수 없으므로 적절하지 않다.
ⓔ 시중에 판매하는 전자파 차단 필터는 연구 결과 아무런 효과가 없는 것으로 밝혀졌으므로 적절하지 않다.

48

정답 ⑤

디지털 카메라를 개발하였지만 주력 업종을 스스로 잡아먹는 신제품을 낼 이유가 없다는 안일한 판단이 코닥을 몰락으로 이어지게 한 것이다. 즉 변화하는 시대에 발맞춰 나아가지 못한 것이다.

49

정답 ②

벤치마킹은 경쟁력을 제고하기 위한 방법의 일환으로 타사에서 배워오는 혁신 기법이다. 그러나 복제나 모방과는 다른 개념이다. 벤치마킹은 단순히 경쟁 기업이나 선도 기업의 제품을 복제하는 수준이 아니라 장·단점을 분석해 자사의 제품을 한층 더 업그레이드해 시장 경쟁력을 높이고자 하는 개념이다.

오답분석

① 벤치마크 : 기준이 되는 점. 측정기준으로 비교평가 대상으로 볼 수 있다.
③ 표절 : 다른 사람의 저작물의 일부 또는 전부를 몰래 따다 쓰는 행위를 의미한다.
④ 모방 : 다른 것을 본떠서 흉내 내는 행위를 말한다.
⑤ 차용 : 돈이나 물건 따위를 빌려서 쓰는 행위를 말한다.

50

정답 ③

러시아는 AN 13D 제품이 적절하다. AN 20E 제품의 정격전류는 러시아 표준 규격의 정격전류 범위보다 높기 때문이다.

제2회 최종점검 모의고사

01	02	03	04	05	06	07	08	09	10	11	12	13	14	15	16	17	18	19	20
③	⑤	②	③	②	④	④	④	②	④	④	②	③	④	②	①	①	⑤	④	④
21	22	23	24	25	26	27	28	29	30	31	32	33	34	35	36	37	38	39	40
④	⑤	①	④	②	②	④	①	⑤	④	③	③	②	④	③	①	①	②	⑤	⑤
41	42	43	44	45	46	47	48	49	50										
②	③	④	⑤	③	①	③	①	③	③										

01

정답 ③

제시문은 테레민이라는 악기를 두 손을 이용해 어떻게 연주하는가에 대한 내용이다. 두 번째 문단에서 '오른손으로는 수직 안테나와의 거리에 따라 음고를 조절하고, 왼손으로는 수평 안테나와의 거리에 따라 음량을 조절한다.'고 하였고, 마지막 문단에서는 이에 따라 오른손으로 음고를 조절하는 방법에 대해 설명하고 있다. 따라서 뒤에 이어질 내용은 왼손으로 음량을 조절하는 방법이 나오는 것이 적절하다.

02

정답 ⑤

사업장이 오염물질 배출 허용기준을 초과할 것으로 우려될 경우 자동으로 예·경보 시스템이 작동한다.

03

정답 ②

문서를 작성해야 하는 상황은 주로 요청이나 확인을 부탁하는 경우, 정보제공을 위한 경우, 명령이나 지시가 필요한 경우, 제안이나 기획을 할 경우, 약속이나 추천을 위한 경우이다. 그러나 ②의 자유롭게 제시된 팀원의 모든 의견은 공식적인 것이 아니므로 문서로 작성하지 않아도 된다.

04

정답 ③

• ㉠의 '사람은 섬유소를 분해하는 효소를 합성하지 못한다.'는 내용과 (나) 바로 뒤의 문장의 '반추 동물도 섬유소를 분해하는 효소를 합성하지 못하는 것은 마찬가지'로 보아 ㉠의 적절한 위치는 (나)임을 알 수 있다.
• ㉡은 대표적인 섬유소 분해 미생물인 피브로박터 숙시노젠(F)을 소개하고 있으므로 계속해서 피브로박터 숙시노젠을 설명하는 (라) 뒤의 문장보다 앞에 위치해야 한다.

05

고객에게 문의 주신 것에 대한 감사와 문제가 생겨 힘들었던 점을 공감해 주는 내용으로, 불만고객 응대를 위한 8단계 프로세스 중 '감사와 공감 표시' 단계임을 알 수 있다.

오답분석
① 어떠한 부분이 불편했는지 질문하는 것이므로 '정보파악' 단계이다.
③ 고객이 처음에 말한 내용을 확인한 후 바로 도움을 드리겠다는 것이므로 '해결약속' 단계이다.
④ 정보파악 후 내용을 확인하고 문제를 처리하기 전 고객에게 시간 양해를 구하는 것이므로 '신속처리' 단계이다.
⑤ 문제해결 후 고객에게 서비스에 대한 만족도를 묻는 것이므로 마지막 '피드백' 단계이다.

06

'또한'은 '어떤 것을 전제로 하고 그것과 같게, 그 위에 더'를 뜻하는 부사로, 앞의 내용에 새로운 내용을 첨가할 때 사용한다. 그러나 ⓔ의 앞 내용은 뒤 문장의 이유나 근거에 해당하므로 '또한'이 아닌 '그러므로'를 사용하는 것이 문맥상 자연스럽다.

07

제시문은 딸기에 들어있는 비타민 C와 항산화 물질, 식물성 섬유질, 철분 등을 언급하며 딸기의 다양한 효능을 설명하고 있다.

08

딸기는 건강에 좋지만 당도가 높으므로 혈당 조절이 필요한 사람을 마케팅 대상으로 삼는 것은 적절하지 않다.

09

접수기간만 명시되어 있고 1차 예선 발표에 대한 일정은 언급되어 있지 않다.

10

IT·BT 융합기술에 대한 설명으로, 환경경영 실천과제와 관계가 없는 설명이다.

오답분석
① '능동적 기후변화 대응 – 기후변화 대응역량 강화 – 신재생에너지 발전 확대'에 적합한 설명이다.
② 자연보호에 대해 설명하고 있으며, 환경경영 실천과제에서 '대외 파트너십 강화 – 생태계 보존 프로그램 확대 – 자연보호활동 강화'에 적합한 설명이다.
③ 환경성적표지제도에 대해 설명하고 있으며, 환경경영 실천과제에서 '통합환경경영 체계 강화 – 환경경영 프로그램 도입 – 환경 성적표지 인증 취득'에 적합한 설명이다.
⑤ 환경 문제에 대한 민원을 설명하고 있으며, 환경경영 실천과제에서 '대외 파트너십 강화 – 환경 민원 최소화 – 민원 및 법규 위반 효율적 대응'에 적합한 설명이다.

11

표준편차는 변량의 분산 정도를 표시하는 척도이다. 부가서비스별로 선호하는 비중은 남성의 경우 7 ~ 19% 사이에 위치하고, 여성의 경우 6 ~ 21%에 위치하고 있다. 평균이 약 11.1%($=100 \div 9$)인 것을 감안했을 때, 여성의 비중이 평균에 비해 더 멀리 떨어져 있으므로 표준편차의 값은 남성보다 여성이 더 큰 것을 알 수 있다.

오답분석
① 성별 비율이 각각 50%라면, 포인트 적립 항목의 경우 전체 비율이 $(19 \times 0.5) + (21 \times 0.5) = 20\%$가 나와야 한다. 하지만 표에서는 19.8%라고 하였으므로 P대리가 설명한 내용은 틀렸다. 남성의 비율은 60%, 여성은 40%라고 언급해야 한다.

② 무응답한 비율은 전체 8.4%이므로 1,000×0.084=84명이 맞다. 하지만 남녀 비율이 6 : 4이므로 남성은 600×0.1=60명, 여성은 400×0.06=24명이라고 언급하여야 한다.
③ 남성이 두 번째로 선호하는 부가서비스는 무이자 할부(17%)이다.
⑤ 남성과 여성이 선호하는 부가서비스의 종류의 차이는 있지만 선호하는 주요 부가서비스가 서로 일치한다.

12
정답 ②

주어진 자료를 토대로 각 마을의 판매량과 구매량을 구해 보면 다음과 같다.

구분	판매량	구매량	거래량 계
갑마을	570	610	1,180
을마을	640	530	1,170
병마을	510	570	1,080
정마을	570	580	1,150
합계	2,290	2,290	4,580

따라서 갑마을이 을마을에 40kW를 더 판매했다면, 을마을의 구매량은 530+40=570kW가 되어 병마을의 구매량과 같게 된다.

오답분석

① 거래량 표에서 보듯이 총 거래량이 같은 마을은 없다.
③ 위의 거래량 표에서 알 수 있듯이 을마을의 거래 수지만 양의 값을 가짐을 알 수 있다.
④ 위의 거래량 표에서 알 수 있듯이 판매량과 구매량이 가장 큰 마을은 각각 을마을과 갑마을이다.
⑤ 마을별 거래량 대비 구매량의 비율은 다음과 같으므로 40% 이하인 마을은 없다.
- 갑마을 : 610÷1,180×100≒51.7%
- 을마을 : 530÷1,170×100≒45.3%
- 병마을 : 570÷1,080×100≒52.8%
- 정마을 : 580÷1,150×100≒50.4%

13
정답 ③

A기업
- 화물자동차 : 200,000+(1,000×5×100)+(100×5×100)=750,000원
- 철도 : 150,000+(900×5×100)+(300×5×100)=750,000원
- 연안해송 : 100,000+(800×5×100)+(500×5×100)=750,000원

B기업
- 화물자동차 : 200,000+(1,000×1×200)+(100×1×200)=420,000원
- 철도 : 150,000+(900×1×200)+(300×1×200)=390,000원
- 연안해송 : 100,000+(800×1×200)+(500×1×200)=360,000원

따라서 A는 모든 수단이 동일한 비용이고, B는 연안해송이 가장 저렴하다.

14
정답 ④

- 이주임 : 전체 연구기술직 인력 중 기업체 연구기술직 인력이 차지하는 비율은 $\frac{3,242}{4,116}\times100≒78.8\%$이므로 옳은 설명이다.
- 김대리 : 기타로 분류된 인원은 419명으로, 사무직 인원 1,658명의 25%인 414.5명보다 많으므로 옳은 설명이다.

오답분석

- 김사원 : 기업체의 연구기술직 인원은 3,242명으로 기업체 사무직 인원의 2배인 1,622×2=3,244명 미만이므로 옳지 않은 설명이다.
- 박주임 : 연구기관의 사무직 인력은 36명으로, 전체 사무직 인력 1,658명 중 차지하는 비율은 $\frac{36}{1,658}\times100≒2.2\%$이므로 옳지 않은 설명이다.

15

정답 ②

직원 수를 x명이라 하자.

• 50만 원씩 나누는 경우 : $50x+100$
• 60만 원씩 나누는 경우 : $60x-500$

어떤 경우라도 총금액은 같아야 하므로

$50x+100=60x-500 \rightarrow 10x=600$

$\therefore x=60$

따라서 직원은 모두 60명이다.

16

정답 ①

2022년도에 F학점을 받은 학생의 비율을 a라 하면

성적	A	B	C	D	F	합계
2022년도 학생 수의 비율	15	$4a$	$10a$	10	a	100

• A학점을 받은 학생 수의 비율은 D학점을 받은 학생 비율의 1.5배이므로 $10\times1.5=15\%$
• B학점을 받은 학생 수의 비율은 F학점을 받은 학생 비율의 4배이므로 $a\times4=4a$
• C학점을 받은 학생 수의 비율은 B학점과 F학점을 받은 학생 비율의 합의 2배이므로

$(4a+a)\times2=10a \rightarrow 15+4a+10a+10+a=100$

$\therefore a=5$

따라서 F학점을 받은 학생 수의 비율이 5%이므로 2021년도에 F학점을 받은 학생 수는 $120\times\dfrac{5}{100}=6$명이다.

17

정답 ①

A쇼핑몰은 정시에 도착하고, 동시에 B쇼핑몰은 늦게 도착해야 하므로, 두 확률의 곱을 계산해야 한다. 따라서 $\dfrac{1}{3}\times\dfrac{1}{2}=\dfrac{1}{6}$이 된다.

18

정답 ⑤

B업체 견인차의 속력을 $x$km/h(단, $x\neq0$)라 하자.

A업체 견인차의 속력이 63km/h일 때, 40분 만에 사고지점에 도착하므로 A업체부터 사고지점까지의 거리는 $63\times\dfrac{40}{60}=42$km이고, 사고지점은 B업체보다 A업체에 40km 더 가까우므로 B업체에서 사고지점까지의 거리는 $42+40=82$km이다. B업체의 견인차가 A업체의 견인차보다 늦게 도착하지 않으려면 사고지점에 도착하는 데 걸리는 시간이 40분보다 적거나 같아야 하므로 $\dfrac{82}{x}\leq\dfrac{2}{3}$

$\rightarrow 2x\geq246$

$\therefore x\geq123$

따라서 B업체의 견인차는 최소 123km/h의 속력을 내야 한다.

19

정답 ④

제시된 자료를 통해 초혼연령이 높아지는 이유에 대해서는 알 수 없다.

20

서비스 품질 5가지 항목의 점수와 서비스 쇼핑 체험 점수를 비교해 보면, 모든 대형마트에서 서비스 쇼핑 체험 점수가 가장 낮다는 것을 확인할 수 있다. 따라서 서비스 쇼핑 체험 부문의 만족도는 서비스 품질 부문들보다 낮다고 이해할 수 있다. 서비스 쇼핑 체험 점수의 평균은 $\frac{3.48+3.37+3.45+3.33}{4} ≒ 3.41$이다.

오답분석

① 주어진 자료에서 단위를 살펴보면 5점 만점으로 조사되었음을 알 수 있으며, 종합만족도의 평균은 $\frac{3.72+3.53+3.64+3.56}{4}$ ≒3.61이다. 업체별로는 A마트 → C마트 → D마트 → B마트 순서로 종합만족도가 낮아짐을 알 수 있다.
② 대형마트 인터넷/모바일쇼핑 소비자 만족도 자료에서 마트별 인터넷·모바일쇼핑 만족도의 차를 구해보면 A마트 0.07점, B마트·C마트 0.03점, D마트 0.05점으로 A마트가 가장 크다.
③ 평균적으로 고객접점직원 서비스보다는 고객관리 서비스가 더 낮게 평가되었다.
⑤ 모바일쇼핑 만족도는 평균 3.845이며, 인터넷쇼핑은 평균 3.80이다. 따라서 모바일쇼핑이 평균 0.045점 높게 평가되었다고 이해하는 것이 옳다.

21

ㄴ. 다수의 풍부한 경제자유구역 성공 사례를 활용하는 것은 강점에 해당되지만, 외국인 근로자를 국내주민과 문화적으로 동화시키려는 시도는 위협을 극복하는 것과는 거리가 멀다. 따라서 해당 전략은 ST전략으로 부적절하다.
ㄹ. 경제자유구역 인근 대도시와의 연계를 활성화하면 오히려 인근 기성 대도시의 산업이 확장된 교통망을 바탕으로 경제자유구역의 사업을 흡수할 위험이 커진다. 또한 인근 대도시와의 연계 확대는 경제자유구역 내 국내·외 기업 간의 구조 및 운영상 이질감을 해소하는 데 직접적인 도움이 된다고 보기 어렵다.

오답분석

ㄱ. 경제호황으로 인해 자국을 벗어나 타국으로 진출하려는 해외기업이 증가하는 기회상황에서, 성공적 경험에서 축적된 우리나라의 경제자유구역 조성 노하우로 이들을 유인하여 유치하는 전략은 SO전략으로 적절하다.
ㄷ. 기존에 국내에 입주한 해외기업의 동형화 사례를 활용하여 국내기업과 외국계 기업의 운영상 이질감을 해소하여 생산성을 증대시키는 전략은 WO전략에 해당한다.

22

가장 높은 등급을 1등급, 가장 낮은 등급을 5등급이라 하면 네 번째 조건에 의해 A는 3등급을 받는다. 또한, 첫 번째 조건에 의해 E는 4등급 또는 5등급이다. 이때 두 번째 조건에 의해 C가 5등급, E가 4등급을 받고 세 번째 조건에 의해 B는 1등급, D는 2등급을 받는다. 심폐기능 등급이 좋은 환자 순서로 나열하면 B>D>A>E>C이다. 따라서 발송 대상자는 C와 E이다.

23

각각의 조건을 수식으로 비교해 보면 다음과 같다.
A>B, D>C, F>E>A, E>B>D
∴ F>E>A>B>D>C

24

라벨지와 1단 받침대, 블루투스 마우스를 차례대로 계산하면 $(18,000×2)+24,000+(27,000×5)=195,000$원이다. 그리고 블루투스 마우스를 3개 이상 구매 시 건전지 3SET를 무료 증정하기 때문에 AAA건전지는 2SET만 더 구매하면 된다. 따라서 총금액은 $195,000+(4,000×2)=203,000$원이다.

25

라벨지는 91mm로 변경 시 SET당 5%를 가산하기 때문에 (18,000×1.05)×4=75,600원, 3단 받침대는 1단 받침대에 2,000원씩 을 추가하므로 26,000×2=52,000원이다. 그리고 블루투스 마우스는 27,000×3=81,000원이고 마우스 3개 이상 구매 시 AAA 건전지 3SET가 사은품으로 오기 때문에 AAA건전지는 따로 주문하지 않는다. 마지막으로 문서수동세단기 36,000원을 더하면 총금액은 75,600+52,000+81,000+36,000=244,600원이다.

26

주어진 자료를 토대로 민원처리 시점을 구하면 다음과 같다.

- A씨는 4/29(금)에 '부동산중개사무소 등록'을 접수하였고 민원처리기간은 7일이다. 민원사무처리기간이 6일 이상일 경우, 초일을 산입하고 '일' 단위로 계산하되 토요일은 포함하고 공휴일은 포함하지 않는다. 따라서 민원사무처리가 완료되는 시점은 5/9 (월)이다.
- B씨는 4/29(금)에 '토지거래계약허가'를 접수하였고 민원처리기간은 15일이다. 민원사무처리기간이 6일 이상일 경우, 초일을 산입하고 '일' 단위로 계산하되 토요일은 포함하고 공휴일은 포함하지 않는다. 따라서 민원사무처리가 완료되는 시점은 5/19(목) 이다.
- C씨는 4/29(금)에 '등록사항 정정'을 접수하였고 민원처리기간은 3일이다. 민원사무처리기간이 5일 이하일 경우, '시간' 단위로 계산하되 토요일과 공휴일은 포함하지 않는다. 따라서 민원사무처리가 완료되는 시점은 5/4(수) 14시이다.

27

(1) (나), (바) 조건에 의해 지원은 화요일과 목요일에는 근무할 수 없다. 또한 기태는 월요일에 근무할 수 없다. 조건에 의해 기태는 목요일에 근무하게 된다.
(2) (다), (라), (사) 조건에 의해 다래, 고은은 월요일에는 근무할 수 없고, 리화는 월요일과 화요일에 근무할 수 없다. 따라서 월요일에는 여자 사원 중 나영이 반드시 근무해야 한다.
(3) (마) 조건에 의해 남호는 월요일에 근무할 수 없다. 따라서 월요일에 근무할 수 있는 사원은 동수와 지원이다.

따라서 고은이 화요일에 근무하게 될 경우 다래는 수요일 혹은 목요일에 근무할 수 있다. 다래가 수요일에 근무할 경우, 목요일에는 리화가 근무하게 되고, (다) 조건에 의해 동수가 화요일에 근무하게 되므로 남호는 수요일에, 지원은 월요일에 근무하게 된다.

[오답분석]

① 고은이 수요일에 근무한다면, (사) 조건에 의해 리화는 목요일에 근무하게 된다. 따라서 기태와 리화는 함께 근무하게 된다.
③ 리화가 수요일에 근무하게 되면 고은은 화요일에 근무하게 되고 다래는 목요일에 근무하게 된다. 따라서 동수는 수요일에 근무하게 된다. 이때 (바) 조건에 의해 지원은 월요일에 근무하게 되므로 남호는 화요일에 근무하게 된다.
⑤ 지원이 수요일에 근무하게 되면 (마) 조건에 의해 남호는 화요일, 동수는 월요일에 근무하게 된다. 그러면 (다) 조건에 의해 다래는 화요일, (사) 조건에 의해 고은이는 수요일, 리화는 목요일에 근무하게 된다.

28

조건에 따르면 김씨는 남매끼리 서로 인접하여 앉을 수 없으며, 박씨와도 인접하여 앉을 수 없으므로 김씨 여성은 왼쪽에서 첫 번째 자리에만 앉을 수 있다. 또한, 박씨 남성 역시 김씨와 인접하여 앉을 수 없으므로 왼쪽에서 네 번째 자리에만 앉을 수 있다. 나머지 자리는 최씨 남매가 모두 앉을 수 있으므로 6명이 앉을 수 있는 경우는 다음과 같다.

1) 경우 1

김씨 여성	최씨 여성	박씨 여성	박씨 남성	최씨 남성	김씨 남성

2) 경우 2

김씨 여성	최씨 남성	박씨 여성	박씨 남성	최씨 여성	김씨 남성

따라서 경우 1과 경우 2 모두 최씨 남매는 왼쪽에서 첫 번째 자리에 앉을 수 없다.

29
정답 ⑤

조건에 따르면 과장은 회색 코트를 입고, 연구팀 직원은 갈색 코트를 입었으므로 가장 낮은 직급인 기획팀의 C사원은 검은색 코트를 입었음을 알 수 있다. 이때, 과장이 속한 팀은 디자인팀이며, 연구팀 직원의 직급은 대리임을 알 수 있지만, 각각 디자인팀의 과장과 연구팀의 대리가 A, B 중 누구인지는 알 수 없다. 따라서 항상 옳은 것은 ⑤이다.

30
정답 ④

부속서 I에 해당하는 국가는 온실가스 배출량을 1990년 수준으로 감축하기 위해 노력하지만 강제성을 부여하지는 않기에 벌금은 없다.

31
정답 ③

경영은 경영목적, 인적자원, 자금, 경영전략의 4요소로 구성된다.
ㄱ. 경영목적
ㄴ. 인적자원
ㅁ. 자금
ㅂ. 경영전략

오답분석
ㄷ. 마케팅
ㄹ. 회계

32
정답 ③

OJT에 의한 교육방법의 4단계는 다음과 같다.
ⓒ 제1단계 : 배울 준비를 시킨다.
ⓒ 제2단계 : 작업을 설명한다.
㉠ 제3단계 : 시켜본다.
㉣ 제4단계 : 가르친 결과를 본다.

33
정답 ②

각종 위원회 위원 위촉에 관한 전결규정은 없다. 따라서 정답은 ②가 된다. 단, 대표이사의 부재중에 부득이하게 위촉을 해야 하는 경우가 발생했다면 차하위자(전무이사)가 대결을 할 수는 있다.

34
정답 ④

필기전형 합격자의 조 구성은 은경씨가 하지만 합격자에게 몇 조인지 미리 공지하는지는 알 수 없다.

35
정답 ③

일 년에 한두 권밖에 안 팔리는 책일지라도 이러한 책들의 매출이 모이고 모이면 베스트셀러 못지않은 수익을 낼 수 있다.

36

피터의 법칙(Peter's Principle)이란 무능력이 개인보다는 위계조직의 메커니즘에서 발생한다고 보는 이론으로, 무능력한 관리자를 빗대어 표현한다. 우리 사회에서 많이 볼 수 있는 무능력, 무책임으로 인해 우리는 많은 불편을 겪으며 막대한 비용을 지출하게 된다. 그렇지만 이러한 무능력은 사라지지 않고 있으며, 오히려 무능한 사람들이 계속 승진하고 성공하는 모순이 발생하고 있다. 대부분의 사람은 무능과 유능이 개인의 역량에 달려 있다고 생각하기 쉬우나, 로렌스 피터(Laurence J. Peter)와 레이몬드 헐(Raymond Hull)은 우리 사회의 무능이 개인보다는 위계조직의 메커니즘에서 발생한다고 주장하였다.

37

베트남 사람들은 매장에 직접 방문해서 구입하는 것을 더 선호하므로 인터넷, TV광고와 같은 간접적인 방법의 홍보를 활성화하는 것은 신사업 전략으로 적절하지 않다.

38

'(A) 비서실 방문'은 브로슈어 인쇄를 위해 미리 파일을 받아야 하므로, '(D) 인쇄소 방문'보다 먼저 이루어져야 한다. '(B) 회의실, 마이크 체크'는 내일 오전 '(E) 업무보고' 전에 준비해야 할 사항이다. '(C) 케이터링 서비스 예약'은 내일 3시 팀장회의를 위해 준비하는 것이므로 24시간 전인 오늘 3시 이전에 실시하여야 한다. 따라서 위 업무순서를 정리하면 (C) – (A) – (D) – (B) – (E)가 되는데, 여기서 (C)가 (A)보다 먼저 이루어져야 하는 이유는 현재 시각이 2시 50분이기 때문이다. 비서실까지 가는 데 걸리는 시간이 15분이므로 비서실에 갔다 오면 3시가 지난다. 그러므로 케이터링 서비스 예약을 먼저 하는 것이 옳다.

39

조직체계 구성요소 중 규칙 및 규정은 조직의 목표나 전략에 따라 수립되며, 조직구성원들의 활동범위를 제약하고 일관성을 부여하는 기능을 한다. 인사규정·총무규정·회계규정 등이 있다.

오답분석

① 조직목표 : 조직이 달성하려는 장래의 상태로, 대기업, 정부부처, 종교단체를 비롯하여 심지어 작은 가게도 달성하고자 하는 목표를 가지고 있다. 조직의 목표는 미래지향적이지만 현재의 조직행동의 방향을 결정해 주는 역할을 한다.
② 경영자 : 조직의 전략, 관리 및 운영활동을 주관하며, 조직구성원들과 의사결정을 통해 조직이 나아갈 바를 제시하고 조직의 유지와 발전에 대해 책임을 지는 사람이다.
③ 조직문화 : 조직이 지속되게 되면서 조직구성원들 간의 생활양식이나 가치를 서로 공유하게 되는 것을 말하며, 조직구성원들의 사고와 행동에 영향을 미치며 일체감과 정체성을 부여하고 조직이 안정적으로 유지되게 한다.
④ 조직구조 : 조직 내의 부문 사이에 형성된 관계로 조직목표를 달성하기 위한 조직구성원들의 상호작용을 보여준다.

40

미국 정부의 전자여행허가제(ESTA)
대한민국 국민으로서 관광 및 상용 목적으로 90일 이내의 기간 동안 미국을 방문하고자 하는 경우, 2008년 11월 17부터 원칙적으로 비자 없이 미국 입국 가능하지만, 미 정부의 전자여행허가제에 따라 승인을 받아야만 한다.

41

정답 ②

[오답분석]
① 새 문서
③ 저장하기
④ 인쇄하기
⑤ 쪽 번호 매기기

42

정답 ③

디지털 컴퓨터와 아날로그 컴퓨터의 비교

구분	디지털 컴퓨터	아날로그 컴퓨터
입력형태	숫자, 문자	전류, 전압, 온도
출력형태	숫자, 문자	곡선, 그래프
연산형식	산술, 논리 연산	미적분 연산
구성회로	논리 회로	증폭 회로
연산속도	느림	빠름
정밀도	필요 한도까지	제한적임
기억기능	기억이 용이하며 반영구적	기억에 제약이 있음
사용분야	범용	특수 목적용

43

정답 ④

[오답분석]
① 통합 : 동일시트나 다른 여러 시트에 입력된 데이터들을 일정한 기준에 의해 합쳐서 계산한다.
② 목표값 찾기 : 수식의 결괏값은 알고 있지만 그 결괏값을 계산하기 위한 입력값을 모를 때, 입력값을 찾기 위해 사용한다.
③ 부분합 : 전체 데이터를 부분(그룹)으로 분류하여 분석한다.
⑤ 데이터 표 : 특정 값의 변화에 따른 결괏값의 변화 과정을 표로 표시한다.

44

정답 ⑤

• COUNTIF : 지정한 범위 내에서 조건에 맞는 셀의 개수를 구한다.
• 함수식 : =COUNTIF(D3:D10,">=2022-07-01")

[오답분석]
① COUNT : 범위에서 숫자가 포함된 셀의 개수를 구한다.
② COUNTA : 범위가 비어 있지 않은 셀의 개수를 구한다.
③ SUMIF : 주어진 조건에 의해 지정된 셀들의 합을 구한다.
④ MATCH : 배열에서 지정된 순서상의 지정된 값에 일치하는 항목의 상대 위치 값을 찾는다.

45

정답 ③

오답분석

①·② AND 함수는 인수의 모든 조건이 참(TRUE)일 경우에 성별을 구분하여 표시할 수 있으므로 적절하지 않다.

④ 함수식에서 "남자"와 "여자"가 바뀌었다.

⑤ 함수식에서 "2"와 "3"이 아니라, "1"과 "3"이 들어가야 한다.

46

정답 ①

데이터를 입력한 다음 채우기 핸들을 해서 입력하는 경우

1. 숫자 데이터를 입력한 경우
   - 숫자 데이터를 입력 후에 그냥 채우기 핸들을 하면 똑같은 데이터가 복사된다.
   - 숫자 데이터를 입력 후에 〈Ctrl〉 키를 누른 채로 채우기 핸들을 하면 하나씩 증가한다.
2. 문자 데이터를 입력한 경우
   - 문자 데이터를 입력한 뒤에 채우기 핸들을 하면 똑같은 데이터가 복사된다.
3. 문자+숫자 데이터를 혼합하여 입력한 경우
   - 문자+숫자를 혼합하여 입력한 경우 채우기 핸들을 하면 문자는 복사되고 숫자가 하나씩 증가한다.
   - 문자+숫자를 혼합하여 입력한 후에 〈Ctrl〉 키를 누른 채로 채우기 핸들을 하면 똑같은 데이터가 복사된다.
   - 숫자가 2개 이상 섞여 있을 경우에는 마지막 숫자만 하나씩 증가한다.
4. 날짜 / 시간 데이터를 입력한 경우
   - 날짜를 입력한 후에 채우기 핸들을 하면 1일 단위로 증가한다.
   - 시간을 입력한 후에 채우기 핸들을 하면 1시간 단위로 증가한다.

47

정답 ③

피벗 테이블은 대화형 테이블의 일종으로, 데이터의 나열 형태에 따라서 집계나 카운트 등의 계산을 하는 기능을 가지고 있어 방대한 양의 납품 자료를 요약해서 한눈에 파악할 수 있는 형태로 만드는 데 적절하다.

48

정답 ①

오답분석

② 한 번 복사하거나 잘라낸 내용은 다른 것을 복사하거나 잘라내기 전까지 계속 붙이기를 할 수 있다.

③ 복사와 잘라내기한 내용은 클립보드(Clipboard)에 보관된다.

④ 복사는 문서의 분량에 변화를 주지 않지만, 잘라내기는 문서의 분량을 줄인다.

⑤ 〈Ctrl〉+〈X〉는 잘라내기, 〈Ctrl〉+〈C〉는 복사하기의 단축키이다.

49

정답 ③

백업은 원본이 손상되거나 잃어버릴 경우를 대비해 복사본을 만드는 과정으로, 바이러스 감염과는 상관이 없다.

50

정답 ③

비프음이 길게 1번, 짧게 1번 울릴 때는 메인보드의 오류이므로 메인보드를 교체하거나 A/S 점검을 해야 한다.

41

정답 ②

주어진 설명서 중 '(2) 공유기의 DHCP 기능 중지'에서 DHCP 기능을 중지하도록 안내하고 있다. 그리고 안내에서도 DHCP 기능을 중단하도록 알려주고 있다.

42

정답 ③

설명서 중 '(3) 스위치(허브)로 변경된 공유기의 연결' 단계를 살펴보면 스위치로 동작하는 공유기 2의 WAN 포트에 아무것도 연결하지 않도록 안내하고 있으므로, WAN 포트에 연결하라는 답변은 옳지 않다.

43

정답 ④

제시된 제품설명서를 살펴보면, 이온 발생 기능을 작동시킬 때, '찌지직' 소리가 나는 것은 정상적인 소음이며 안심하라고 설명하고 있다. 따라서 D과장에게 문제가 있어 서비스센터에 문의하겠다는 답변은 적절하지 않다.

44

정답 ⑤

공기청정기의 바람세기는 운전모드에서 자동모드로 변경하여 설정하면 해결할 수 있는 문제이다. 반면, ① ~ ④의 경우에는 서비스센터에 문의하여야 한다.

45

정답 ③

제품설명서 중 A/S 신청 전 확인 사항을 살펴보면, 비데 기능이 작동하지 않을 경우 수도필터가 막혔거나 혹은 착좌센서 오류가 원인이라고 제시되어 있다. 따라서 K사원으로부터 접수받은 현상(문제점)의 원인을 파악하려면 수도필터의 청결 상태를 확인하거나 혹은 비데의 착좌센서의 오류 여부를 확인해야 한다. 따라서 ③이 가장 적절하다.

46

정답 ①

앞의 문제에서 확인한 사항(원인)은 수도필터의 청결 상태이다. 즉, 수도필터의 청결 상태가 원인이 되는 또 다른 현상(문제점)으로는 수압이 약할 경우이다. 따라서 ①이 적절하다.

47

정답 ③

앞의 문제에서 확인한 원인은 수도필터가 막히거나 이물질이 끼는 것으로, 이는 흐르는 물에 수도필터를 닦음으로써 문제를 해결할 수 있다. 따라서 ③과 같이 수도필터가 청결함을 유지할 수 있도록 수시로 닦아 주는 것이 가장 적절한 해결 방안이다.

48

정답 ①

두 사람이 이야기하고 있는 것은 LMS(Learning Management System)로, 온라인을 통해 학생들의 성적과 진도, 출결석 등 학사 전반에 관한 사항을 관리하는 시스템을 뜻한다. 학교는 물론 기업과 공공기관에도 적용된다. 기업의 경우, 인터넷을 활용한 교육 콘텐츠 제작은 물론 전사적 자원관리(ERP)나 지식관리시스템(KMS)·인사관리시스템과 연동하는 솔루션으로 사용하여 비용을 적게 들이면서도 사내교육을 활성화시키고 있다.

② JIT(Just In Time) : 적기공급생산으로, 재고를 남기지 않고 제품을 공급하는 생산방식을 말한다. 낭비를 줄이고 자원을 절약하자는 생각에서 출발하고 있으며 재고감소, 생산성 향상, 불량품 감소 등의 효과를 거둘 수 있다.

③ E-Learning : 전자 매체를 통한 학습 시스템으로, 이러닝은 다음과 같은 장점이 있다. 첫째, 인터넷만 연결돼 있다면 학습이 가능하기 때문에 시간적·공간적 제약이 없다. 둘째, 개개인의 요구에 맞는 맞춤 학습이 가능하다. 셋째, 다양한 멀티미디어를 이용한 학습이 가능하다. 넷째, 인터넷 공간을 통해 상호작용이 자유롭게 이루어질 수 있다. 다섯째, 일반 도서에 비해 새로운 내용을 업데이트하기가 비교적 용이하기 때문에 교육에 소모되는 비용을 절약할 수 있다. 반면, 교수자와 학습자 또는 동료들 간의 유대감이 적고, 중도탈락율이 높으며 현장중심의 실무 교육이 힘들다는 단점이 있다.

④ OJT(On the Job Traning) : 조직 안에서 피교육자인 종업원이 직무에 종사하며 받는 교육훈련방법이다. 업무수행의 중단 없이 업무에 필요한 지식·기술·능력·태도를 교육·훈련할 수 있고, 직장 상사나 선배로부터 교육이 진행되기 때문에 교육자와 피교육자 사이에 친밀감이 조성되며 비교적 짧은 시간 내에 조직에 필요한 교육·훈련이 이루어진다는 장점이 있다. 반면, 지도자의 높은 자질이 요구되며 교육·훈련의 내용이 체계화되기 어렵다는 단점이 있다.

⑤ Orientation : 새로운 직무 및 작업을 시작하기에 앞서 기본적인 진행방식, 운영방법 등을 설명하는 것을 말한다.

49
정답 ③

상품 진열 방법이나 코디 등은 제품진열 매뉴얼에 따라 진행되는 사항이므로, 해당 기업을 벤치마킹하기 위해서는 제품진열 매뉴얼을 전격적으로 교체해야 할 것이다.

50
정답 ③

프레스는 금속을 강하게 누르는 공정으로, 기계를 조작하는 손의 부상 위험이 있으므로 가장 적절한 마크는 ③이다.

01	02	03	04	05	06	07	08	09	10	11	12	13	14	15	16	17	18	19	20
④	①	⑤	②	②	③	③	②	⑤	②	②	③	①	⑤	①	③	③	④	③	③
21	22	23	24	25	26	27	28	29	30	31	32	33	34	35	36	37	38	39	40
⑤	④	④	④	④	⑤	⑤	①	①	②	②	④	⑤	②	③	②	③	③	⑤	⑤
41	42	43	44	45	46	47	48	49	50										
③	③	①	②	③	④	②	②	④	⑤										

01
정답 ④

고속도로 등에서 자동차를 운행할 수 없게 되었을 때에는 자동차를 고속도로 등이 아닌 다른 곳으로 옮겨 놓는 등의 필요한 조치를 해야 한다.

02
정답 ①

서론에서 환경오염이 점차 심각해지고 있음을 지적하며, 본론에서는 환경오염에 대해 일부 사람들이 그 심각성을 인식하지 못하고 있음을 화제로 삼고 있다. 따라서 결론에서는 환경오염의 심각성을 전 국민이 인식하고 이를 방지하기 위한 노력이 필요하다는 내용이 와야 하며, 제목으로는 환경오염에 대한 인식이 가장 적절하다.

03
정답 ⑤

의미 전달에 중요하지 않은 경우에는 한자 사용을 자제하도록 하며, 상용한자의 범위 내에서 사용하여야 상대방의 문서이해에 도움이 된다.

04
정답 ②

빈칸의 앞 문장에서는 제3세계 환자들과 제약회사 간의 신약 가격에 대한 딜레마를 이야기하며 제3의 대안이 필요하다고 설명하고 있다. 빈칸의 뒤 문장에서는 그 대안이 실현되기 어려운 이유를 '자신의 주머니에 손을 넣어 거기에 필요한 비용을 꺼내는 순간 알게 될 것'이라고 하였으므로 개인 차원의 대안을 제시했음을 추측할 수 있다. 따라서 빈칸에 들어갈 내용으로 ②가 적절하다.

05
정답 ②

다각도로 '사고'하는 과정을 통해 '진실'이 밝혀진다고 했으므로, ㉠과 ㉡의 관계는 '과정과 결과'의 관계이다. 또한 '사고'는 '진실'을 밝혀내기 위한 수단으로 볼 수도 있으므로 ㉠과 ㉡의 관계를 '수단과 목적'의 관계로도 볼 수 있다. ②의 경우도 '운동'하는 과정을 통해 '건강'을 얻을 수 있으며, 또한 '운동'은 '건강'을 얻기 위한 수단이므로, 둘 사이의 관계가 ㉠과 ㉡ 사이의 관계와 유사하다고 볼 수 있다.

06

정답 ③

제시문은 전국 곳곳에 마련된 기획바우처 행사를 소개하는 글이다. (다)는 가족과 함께 하는 문화행사로 문화소외계층을 상대로 하는 기획바우처의 취지와는 거리가 멀기 때문에 글의 흐름상 필요 없는 문장에 해당한다.

07

정답 ③

보에티우스의 건강을 회복할 방법은 병의 원인이 되는 잘못된 생각을 바로잡아 주는 것이다. 그것은 만물의 궁극적인 목적이 선을 지향하는 데 있다는 것을 모르고 있다는 것과 세상은 결국에는 불의가 아닌 정의에 의해 다스려지게 된다는 것이다.

08

정답 ②

예비심사는 필요시에 시행한다.

오답분석

① 1차 접수 기간은 4월 1일까지이다.
③ 지원대상 선정과 사업 수행 협약 체결은 4월과 8월로 같다.
④ 사업 수행 단계에서 방송광고 제작 계약서는 협약 후 45일 이내에 제출하여야 하며, 사업 수행 완료 후 기금 지원 신청 단계에서 '완성된 방송광고물'이 필요하므로 협약 후 3개월 이내에 방송광고물을 완성해야 한다.
⑤ 지원 신청란의 신청자격을 통해 알 수 있다.

09

정답 ⑤

제시문에 자동차의 통행수요를 줄임으로써 미세먼지를 감소시키고 대기오염을 줄이자는 내용은 있지만, 친환경 자동차 공급에 대한 내용은 언급하지 않았다.

10

정답 ②

먼지의 지름이 $2.5\mu\text{m}<x<10\mu\text{m}$일 경우 미세먼지, 지름이 $x\leq2.5\mu\text{m}$일 경우에는 초미세먼지라고 분류한다. 따라서 지름이 $x\leq3\mu\text{m}$인 경우를 모두 초미세먼지라고 분류하는 것은 아니다.

11

정답 ②

• 이벤트 이전 가격 : $8,000\times46=368,000$원
• 이벤트 가격 : $\{8,000\times\left(1-\dfrac{20}{100}\right)\times40\}+(8,000\times6)=304,000$원

따라서 할인받을 수 있는 금액은 $368,000-304,000=64,000$원이다.

12

정답 ③

각자 낸 돈을 x원이라고 하면, 총금액은 $8x$원이다.
숙박비는 $8x\times0.3=2.4x$원, 외식비는 $2.4x\times0.4=0.96x$원, 남은 경비는 92,800원이므로
$8x-(2.4x+0.96x)=92,800 \rightarrow 4.64x=92,800$
$\therefore\ x=20,000$
따라서 각자 20,000원씩 냈음을 알 수 있다.

13

5%의 묽은 염산의 양을 xg이라 하면 20%의 묽은 염산과 5%의 묽은 염산을 섞었을 때 농도가 10%보다 연하거나 같아야 하므로

$$\left(\frac{20}{100}\times300\right)+\left(\frac{5}{100}\times x\right)\leq\frac{10}{100}(300+x)$$

$6,000+5x\leq10(300+x)\rightarrow5x\geq3,000\rightarrow x\geq600$

따라서 필요한 5% 묽은 염산의 최소량은 600g이다.

14

대표이사를 제외한 나머지 6명이 일렬로 서는 경우의 수와 같다. 따라서 대표이사가 가운데에 서는 경우의 수는 $6!=6\times5\times4\times3\times2\times1=720$가지이다.

15

줄다리기 대표는 3명이므로 대표이사의 오른쪽 또는 왼쪽에 이웃해서 서야 한다.
• 대표이사를 기준으로 줄다리기 대표 3명이 서는 방향의 수 : 2가지
• 줄다리기 대표 3명이 일렬로 서는 경우의 수 : $3!=3\times2\times1=6$가지
• 나머지 종목 대표 3명이 일렬로 서는 경우의 수 : $3!=3\times2\times1=6$가지
따라서 구하는 경우의 수는 $2\times6\times6=72$가지이다.

16

다음은 R대리가 각 교통편 종류를 택할 시 왕복 교통비용이다.
① 일반버스 : $24,000\times2=48,000$원
② 우등버스 : $32,000\times2\times0.99=63,360$원
③ 무궁화호 : $28,000\times2\times0.85=47,600$원
④ 새마을호 : $36,000\times2\times0.8=57,600$원
⑤ KTX : $58,000$원
따라서 ③이 47,600원으로 가장 저렴하다.

17

다음과 같이 비례식을 통해 이산화탄소량을 구한다.
• 연탄 10장 : 65kgCO$_2$=연탄 14장 : $a\rightarrow a=91$kgCO$_2$
• 도시가스 15Nm^3 : 33kgCO$_2$=도시가스 33Nm^3 : $b\rightarrow b\fallingdotseq73$kgCO$_2$
• 전기 300kWh : 127kgCO$_2$=전기 451kW : $c\rightarrow c\fallingdotseq191$kgCO$_2$
• LPG 25,000원 : 58kgCO$_2$=LPG 37,500원 : $d\rightarrow d=87$kgCO$_2$
$\therefore a+b+c+d=91+73+191+87=442$kgCO$_2$

18

세 번째 표는 완제의약품 특허출원 중 다이어트제 출원 현황을 나타낸 자료이다. 즉, 다국적기업에서 출원한 완제의약품 특허출원 중 다이어트제 출원 비중은 제시된 자료에서 확인할 수 없다.

오답분석
① 의약품별 특허출원 현황의 합계를 살펴보면 매년 감소하고 있음을 확인할 수 있다.

② 2022년 전체 의약품 특허출원에서 기타 의약품이 차지하는 비중 : $\frac{1,220}{4,719}\times100\fallingdotseq25.85\%$

③ • 2022년 원료의약품 특허출원건수 : 500건
　• 2022년 다국적기업의 원료의약품 특허출원건수 : 103건

　∴ 2022년 원료의약품 특허출원에서 다국적기업 특허출원이 차지하는 비중 : $\frac{103}{500} \times 100 = 20.6\%$

19

정답 ③

인구성장률 그래프의 경사가 완만할수록 인구수 변동이 적다.

[오답분석]
① 인구성장률은 1970년 이후 계속 감소하고 있다.
② 총인구가 감소하려면 인구성장률 그래프가 (−)값을 가져야 하는데 2011년과 2015년에는 (+)값을 갖는다.
④ 1990년 인구가 더 적다.
⑤ 2000년부터 총인구수가 감소하고 있다.

20

정답 ③

A와 B음식점 간 가장 큰 차이를 보이는 부문은 분위기이다(A : 약 4.5, B : 1).

21

정답 ⑤

완성품 납품 수량은 총 100개이다. 완성품 1개당 부품 A는 10개가 필요하므로 총 1,000개가 필요하고, B는 300개, C는 500개가 필요하다. 이때 각 부품의 재고 수량에서 A는 500개를 가지고 있으므로 필요한 1,000개에서 가지고 있는 500개를 빼면 500개의 부품을 주문해야 한다. 이와 같이 계산하면 부품 B는 180개, 부품 C는 250개를 주문해야 한다.

22

정답 ④

신입사원의 수를 x명이라고 하면 1인당 지급하는 국문 명함은 150장이므로 1인 기준 국문 명함 제작비용은 10,000(100장)+3,000(추가 50장)=13,000원이다.
$13,000x = 195,000$
∴ $x = 15$
따라서 신입사원은 총 15명이다.

23

정답 ④

1인당 지급하는 영문 명함은 200장이므로 1인 기준 영문 명함 제작비용(일반종이 기준)은 15,000(100장)+10,000(추가 100장)=25,000원이다. 이때, 고급종이로 영문 명함을 제작하므로 해외영업부 사원들의 1인 기준 영문 명함 제작비용은 $25,000\left(1 + \frac{1}{10}\right) =$ 27,500원이다. 따라서 8명의 영문 명함 제작비용은 27,500×8=220,000원이다.

24

정답 ④

첫 번째 지원계획을 보면 지원금을 받는 모임의 구성원은 6명 이상 9명 미만이므로 A모임과 E모임은 제외한다. 나머지 B, C, D모임의 총 지원금을 구하면 다음과 같다.
• B모임 : 1,500천+(100천×6)=2,100천 원
• C모임 : {1,500천+(120천×8)}×1.3=3,198천 원
• D모임 : 2,000천+(100천×7)=2,700천 원
따라서 D모임이 두 번째로 많은 지원금을 받는다.

25

정답 ④

ㄱ. 회사가 가지고 있는 신속한 제품 개발 시스템의 강점을 활용하여 새로운 해외시장의 소비자 기호를 반영한 제품을 개발하는 것은 강점을 통해 기회를 포착하는 SO전략에 해당한다.

ㄷ. 공격적 마케팅을 펼치고 있는 해외 저가 제품과 달리 오히려 회사가 가지고 있는 차별화된 제조 기술을 활용하여 고급화 전략을 추구하는 것은 강점으로 위협을 회피하는 ST전략에 해당한다.

오답분석

ㄴ. 저임금을 활용한 개발도상국과의 경쟁 심화와 해외 저가 제품의 공격적 마케팅을 고려하면 국내에 화장품 생산 공장을 추가로 건설하는 것은 적절한 전략으로 볼 수 없다. 약점을 보완하여 위협을 회피하는 전략을 활용하기 위해서는 오히려 저임금의 개발도상국에 공장을 건설하여 가격 경쟁력을 확보하는 것이 더 적절하다.

ㄹ. 낮은 브랜드 인지도가 약점이기는 하나, 해외시장에서의 한국 제품에 대한 선호가 증가하고 있는 점을 고려하면 현지 기업의 브랜드로 제품을 출시하는 것은 적절한 전략으로 볼 수 없다. 약점을 보완하여 기회를 포착하는 전략을 활용하기 위해서는 오히려 한국 제품임을 강조하는 홍보 전략을 세우는 것이 더 적절하다.

26

정답 ⑤

- 8월 8일
  출장지는 D시이므로 출장수당은 10,000원이고, 교통비는 20,000원이다. 그러나 관용차량을 사용했으므로 교통비에서 10,000원이 차감된다. 그러므로 8월 8일의 출장여비는 $10,000+(20,000-10,000)=20,000$원이다.

- 8월 16일
  출장지는 S시이므로 출장수당은 20,000원이고, 교통비는 30,000원이다. 그러나 출장 시작 시각이 14시이므로 출장수당에서 10,000원이 차감된다. 그러므로 8월 16일의 출장여비는 $(20,000-10,000)+30,000=40,000$원이다.

- 8월 19일
  출장지는 B시이므로 출장수당은 20,000원이고, 교통비는 30,000원이다. 그러나 업무추진비를 사용했으므로 출장수당에서 10,000원이 차감된다. 그러므로 8월 19일의 출장여비는 $(20,000-10,000)+30,000=40,000$원이다.

따라서 K사원이 8월 출장여비로 받을 수 있는 금액은 $20,000+40,000+40,000=100,000$원이다.

27

정답 ⑤

- B, C가 참가하는 경우
  B, C, D, E가 참가하고, F, G가 참가하지 않는다. 그러면 A, H 중 한 명이 반드시 참가해야 한다. 마지막 조건의 대우에 의해, A가 참가하면 H도 참가해야 한다. 따라서 H가 참가해야 한다.

- B, F가 참가하는 경우
  B, E, F, G가 참가하고, C, D가 참가하지 않는다. 그러면 B, C가 참가하는 경우와 마찬가지로 H가 참가해야 한다.

- C, F가 참가하는 경우
  C, D, F, G가 참가하고, B, E는 참가하지 않거나 또는 C, E, F가 참가하고, B, D, G가 참가하지 않는다. 두 경우 모두 반드시 H는 참가해야 한다.

따라서 반드시 캠프에 참가하는 사람은 H이다.

28

정답 ①

직원들과 조건을 하나의 명제로 보고, 순서대로 A, B, C, D, E로 간소화하여 표현하면 각 조건들은 다음과 같다.

조건 1. $\sim$A $\rightarrow$ $\sim$E

조건 2. D $\rightarrow$ B

조건 3. C

조건 4. E 또는 $\sim$C

조건 5. $\sim$A 또는 $\sim$B

먼저 조건 3에 따라 C주임은 아일랜드로 파견된다.

조건 4는 둘 중 하나 이상 참이 되는 조건으로 조건 3에 의해 C → E가 되어, E는 몽골로 파견되고, 조건 1의 대우인 E → A에 따라 A대리는 인도네시아로 파견된다. 또한 조건 5에서 ~A 혹은 ~B 중 적어도 하나는 참이므로 조건 1에 의해 ~A는 거짓이므로 ~B는 참이 된다. 따라서 B대리는 우즈베키스탄으로 파견되지 않는다. 마지막으로 조건 2의 대우인 ~B → ~D에 따라 D주임은 뉴질랜드로 파견되지 않는다. 따라서 A대리는 인도네시아로, C주임은 아일랜드로, E주임은 몽골로 파견되며, B대리는 우즈베키스탄으로 파견되지 않고, D주임은 뉴질랜드에 파견되지 않으므로 ㄱ과 ㄴ은 참이다.

오답분석
ㄷ. E주임은 몽골로 파견된다.
ㄹ. C주임은 아일랜드로, E주임은 몽골로 파견된다.

29

정답 ①

조건에 따라 가중치를 적용한 각 후보 도서들의 점수를 나타내면 다음과 같다.

도서명	흥미도 점수	유익성 점수	1차 점수	2차 점수
재테크, 답은 있다	6×3=18	8×2=16	34	34
여행학개론	7×3=21	6×2=12	33	33+1=34
부장님의 서랍	6×3=18	7×2=14	32	−
IT혁명의 시작	5×3=15	8×2=16	31	−
경제정의론	4×3=12	5×2=10	22	−
건강제일주의	8×3=24	5×2=10	34	34

1차 점수가 높은 3권은 '재테크, 답은 있다', '여행학개론', '건강제일주의'로, 이 중 '여행학개론'은 해외저자의 서적이므로 2차 선정에서 가점 1점을 받는다. 그러면 1차 선정된 도서 3권의 2차 점수가 34점으로 모두 동일하여, 유익성 점수가 가장 낮은 '건강제일주의'가 탈락한다. 따라서 최종 선정될 도서는 '재테크, 답은 있다'와 '여행학개론'이다.

30

정답 ②

- 본부에서 36개월 동안 연구원으로 근무 → 0.03×36=1.08점
- 지역본부에서 24개월 근무 → 0.015×24=0.36점
- 특수지에서 12개월 동안 파견근무(지역본부 근무경력과 중복되어 절반만 인정) → 0.02×12÷2=0.12점
- 본부로 복귀 후 현재까지 총 23개월 근무 → 0.03×23=0.69점
- 현재 팀장(과장) 업무 수행 중
  - 내부평가결과 최상위 10% 총 12회 → 0.012×12=0.144점
  - 내부평가결과 차상위 10% 총 6회 → 0.01×6=0.06점
  - 금상 2회, 은상 1회, 동상 1회 수상 → (0.25×2)+(0.15×1)+(0.1×1)=0.75점 → 0.5점(∵ 인정범위 조건)
  - 시행결과평가 탁월 2회, 우수 1회 → (0.25×2)+(0.15×1)=0.65점 → 0.5점(∵ 인정범위 조건)

따라서 K과장의 가점은 1.08+0.36+0.12+0.69+0.144+0.06+0.5+0.5=3.454점이다.

31

정답 ②

비판적 사고는 주관적 판단이 아닌 객관적 증거에 비추어 사태를 비교·검토하고, 인과관계를 명백히 하여 얻어진 판단에 따라 결론을 도출해야 한다.

32

정답 ④

새로운 사회환경을 접할 때는 개방적 태도를 갖되 자신의 정체성은 유지하도록 해야 한다.

33

필리핀에서 한국인을 대상으로 범죄가 이루어지고 있다는 것은 심각하게 고민해야 할 사회문제이지만, 그렇다고 우리나라로 취업하기 위해 들어오려는 필리핀 사람들을 막는 것은 적절하지 않은 행동이다.

34

C주임은 최대 작업량을 잡아 업무를 진행하면 능률이 오를 것이라는 오해를 하고 있다. 하지만 이럴 경우 시간에 쫓기게 되어 오히려 능률이 떨어질 가능성이 있다. 실현 가능한 목표를 잡고 우선순위를 세워 진행하는 것이 옳다.

35

ㄱ. 최수영 상무이사가 결재한 것은 대결이다. 대결은 결재권자가 출장, 휴가, 기타 사유로 상당기간 부재중일 때 긴급한 문서를 처리하고자 할 경우에는 결재권자의 차하위 직위의 결재를 받아 시행하는 것을 말한다.
ㄴ. 대결 시에는 기안문의 결재란 중 대결한 자의 란에 '대결'을 표시하고 서명 또는 날인한다.
ㄹ. 전결 사항은 전결권자에게 책임과 권한이 위임되었으므로 중요한 사항이라면 원결재자에게 보고하는 데 그친다.

담당	과장	부장	상무이사	전무이사
아무개	최경옥	김석호	대결 최수영	전결

오답분석
ㄷ. 대결의 경우 원결재자가 문서의 시행 이후 결재하며, 이를 후결이라 한다.

36

자료에 따르면 위원회는 1명의 위원장과 3명의 위원으로 구성되어 있을 뿐, 위원장 선출방식은 나타나 있지 않다.

37

회의의 내용으로 보아 의사결정방법 중 브레인스토밍 기법을 사용하고 있다. 브레인스토밍은 문제에 대한 제안이 자유롭게 이어지고, 아이디어는 많을수록 좋으며, 제안한 모든 아이디어를 종합하여 해결책을 내는 방법이다. 따라서 다른 직원의 의견에 대해 반박을 한 D주임의 태도가 적절하지 않다.

38

이사원에게 현재 가장 긴급한 업무는 미팅 장소를 변경해야 하는 것이다. 미리 안내했던 장소를 사용할 수 없으므로 11시에 사용 가능한 다른 회의실을 예약해야 한다. 그 후 바로 거래처 직원에게 미팅 장소가 변경된 점을 안내해야 하므로 ⓒ이 ⓒ보다 먼저 이루어져야 한다. 거래처 직원과의 11시 미팅 이후에는 오후 2시에 예정된 김팀장과의 면담이 이루어져야 한다. 김팀장과의 면담 시간은 미룰 수 없으므로 이미 예정되었던 시간에 맞춰 면담을 진행한 후 부서장이 요청한 문서 작업 업무를 처리하는 것이 적절하다. 따라서 이사원은 ⓒ-ⓒ-ⓐ-ⓐ-ⓜ의 순서로 업무를 처리해야 한다.

39

예산집행 조정, 통제 및 결산 총괄 등 예산과 관련된 업무는 ⓜ 자산팀이 아닌 ⓐ 예산팀이 담당하는 업무이다.
자산팀은 물품 구매와 장비·시설물 관리 등의 업무를 담당한다.

40

전문자격 시험의 출제정보를 관리하는 시스템의 구축·운영 업무는 정보화사업팀이 담당하는 업무로, 개인정보 보안과 관련된 업무를 담당하는 정보보안전담반의 업무로는 적절하지 않다.

41
정답 ③

여러 셀에 숫자, 문자 데이터 등을 한 번에 입력하려면 여러 셀이 선택된 상태에서 〈Ctrl〉+〈Enter〉 키를 눌러서 입력해야 한다.

42
정답 ③

사용자 지정 형식은 양수, 음수, 0, 텍스트와 같이 4개의 구역으로 구성되며, 각 구역은 세미콜론(;)으로 구분된다. 즉 「양수서식;음수서식;0서식;텍스트서식」으로 정리될 수 있다. 문제에서 양수는 파란색으로, 음수는 빨간색으로 표현해야 하기 때문에 양수서식에는 [파랑], 음수서식에는 [빨강]을 입력해야 한다. 그리고 표시결과가 그대로 나타나야 하기 때문에 양수는 서식에 '+' 기호를 제외하며, 음수는 서식에 '-' 기호를 붙여주도록 한다.

[오답분석]
① 양수가 빨간색, 음수가 파란색으로 표현되며, 음수의 경우 '-' 기호도 사라진다.
② 양수가 빨간색, 음수가 파란색으로 표현된다.
④ 음수에 '-' 기호가 표현되지 않는다.
⑤ 양수에 '+' 기호가 표현된다.

43
정답 ①

엑셀 고급 필터 조건 범위의 해석법은 다음과 같다. 우선 같은 행의 값은 '이고'로 해석한다(AND 연산 처리). 다음으로 다른 행의 값은 '거나'로 해석한다(OR 연산 처리). 그리고 엑셀에서는 AND 연산이 OR 연산에 우선한다(행우선). 그리고 [G3] 셀의 「=C2>=AVERAGE($C$2:$C$8)」은 [C2] ~ [C8]의 실적이 [C2:C8]의 실적 평균과 비교되어 그 이상이 되면 TRUE(참)를 반환하고, 미만이라면 FALSE(거짓)를 반환하게 된다. 따라서 부서가 '영업1팀'이고 이름이 '수'로 끝나거나, 부서가 '영업2팀'이고 실적이 실적의 평균 이상인 데이터가 나타난다.

44
정답 ②

창 나누기를 수행하면 셀 포인터의 왼쪽과 위쪽으로 창 구분선이 표시된다.

45
정답 ③

[오답분석]
• A : 기억하기 쉬운 비밀번호는 타인이 사용할 가능성이 있어 개인 정보가 유출될 가능성이 크기 때문에 개인 정보 유출 방지책으로 옳지 않다.
• F : 회사 업무에 필요한 개인 정보들뿐만 아니라 개인 정보를 공유하는 것은 개인 정보를 유출시키는 요인 중 하나이다.

46
정답 ④

워드프로세서의 머리말은 한 페이지의 맨 위에 한두 줄의 내용이 고정적으로 반복되게 하는 기능이다.

47
정답 ②

반복적인 작업을 간단히 실행키에 기억시켜 두고 필요할 때 빠르게 바꾸어 사용하는 기능은 매크로이며, 같은 내용의 편지나 안내문 등을 여러 사람에게 보낼 때 쓰이는 기능은 메일 머지이다.

48

정답 ②

RANK 함수는 범위에서 특정 데이터의 순위를 구할 때 사용하는 함수이다. RANK 함수의 형식은 「=RANK(인수, 범위, 논리값)」인데, 논리값의 경우 0이면 내림차순, 1이면 오름차순으로 나타나게 된다. 발전량이 가장 높은 곳부터 순위를 매기려면 내림차순으로 나타내야 하므로 (B) 셀에는 「=RANK(F5,$F$5:$F$12,0」을 입력해야 한다.

49

정답 ③

서식지정자 lf는 double형 실수형 값을 표시할 때 쓰이며, %.2lf의 .2는 소수점 2자리까지 표시한다는 의미이다.

50

정답 ⑤

for 반복문은 i값이 0부터 9보다 작을 때까지 1씩 증가하면서 배열의 요소를 순회한다. 조건문에 의해 배열의 요소가 B, D, F, H인 경우는 continue문에 의해 그 이후 코드의 실행을 무시하고 for 반복문의 조건을 검사하게 된다. 따라서 B, D, F, H의 경우에는 printf 출력문이 수행되지 않아 ACEGI만 출력된다.

---

02   기술능력

41

정답 ③

A씨는 3번을 눌러 은행 잔액을 조회한 후, 6번을 눌러 거래내역을 확인하고 송금 내역을 알았다. 그리고 0번을 눌러 상담사에게 문의한 후에 1번을 눌러 보이스 피싱 피해 신고를 접수하였다.

[42~43]

> W□/LO는 가로축이 □까지, 세로축이 O까지 있음을 나타낸다. C, D, R은 도형의 모양을 의미한다. 즉, C는 원, D는 마름모, R은 사다리꼴이다. (   ) 안의 숫자는 도형의 위치를 나타낸다. 즉, (1, 2)는 가로축 1과 세로축 2가 만나는 위치이다. 또한, 쌍점(:) 뒤에 위치한 문자와 숫자는 도형의 색상과 크기를 알려준다. 즉, F는 도형의 안쪽이 파란색, E는 도형의 안쪽이 흰색이다. 그리고 1은 도형이 가장 작은 형태, 2는 중간 형태, 3은 가장 큰 형태이다.

42

정답 ③

W6/L2는 가로축으로 6까지, 세로축이 2까지 있음을 나타낸다. 그러나 산출된 그래프에서는 가로축이 5까지만 나타나 있다.

43

정답 ①

• 가로축이 4까지, 세로축이 3까지 있다. → W4/L3
• 원은 가로축 2와 세로축 3이 만나는 위치에 있고, 도형의 색상은 흰색이다. 크기는 가장 작은 형태이다. → C(2, 3):E1
• 마름모는 가로축 4와 세로축 1이 만나는 위치에 있고, 도형의 색상은 흰색이다. 크기는 가장 큰 형태이다. → D(4, 1):E3
• 사다리꼴은 가로축 1과 세로축 2가 만나는 위치에 있고, 도형의 색상은 파랑색이다. 크기는 중간 형태이다. → R(1, 2):F2

44

정답 ②

하인리히의 법칙은 큰 사고로 인해 산업재해가 일어나기 전에 작은 사고나 징후인 '불안전한 행동 및 상태'가 보인다는 주장이다.

45

정답 ③

에밀리의 수평이 맞지 않으면 제품의 진동에 의해 소음이 발생된다. 따라서 진동에 의한 소음이 발생하면 수평을 맞추어야 한다.

46

정답 ④

건조처리 전에 지저분하게 음식물 속에서 이물질을 골라낼 필요가 없으며, 완전 건조 후 이물질을 편하게 골라내면 된다.

47

정답 ②

사용설명서를 통해 에밀리가 작동되지 않는 경우는 음식물이 건조기 상단의 'MAX'라고 표기된 선을 넘긴 경우임을 알 수 있다. 따라서 음식물의 양을 줄이는 것이 적절하다.

오답분석

① 전원램프를 확인했으므로 전원코드에는 이상이 없다.
⑤ 버튼의 램프가 켜지지 않는 경우의 해결 방법이다.

48

정답 ②

처리가 끝난 이후 냉각팬이 30분 정도 더 작동된다. 따라서 건조시간은 3시간+30분+6시간+30분=10시간이다.

49

정답 ③

산업재해 예방 대책은 안전 관리 조직 → 사실의 발견(1단계) → 원인 분석(2단계) → 시정책 선정(3단계) → 시정책 적용 및 뒤처리(4단계) 순이다. 따라서 재해 예방 대책에서 누락된 '안전 관리 조직' 단계를 보완해야 된다.

50

정답 ⑤

무어의 법칙은 반도체의 성능은 24개월마다 2배씩 증가한다는 법칙으로, 고든 무어가 주장하였다.

오답분석

① 카오(Kao)의 법칙 : 창조성은 네트워크에 접속되어 있는 다양성에 지수함수로 비례한다는 법칙이다.
② 던바(Dunbar)의 법칙 : SNS 계정이 아무리 확대되어도 인맥은 150명에 불과하다는 법칙이다.
③ 황(Hwang)의 법칙 : 반도체 메모리 용량은 1년마다 두 배로 증가한다는 법칙이다.
④ 메트칼프(Metcalfe)의 법칙 : 네트워크의 가치는 사용자 수의 제곱에 비례한다는 법칙이다.

NCS 한전KPS 별정직 필기시험 답안카드

성 명

지원 분야

문제지 형별기재란

( )형 Ⓐ Ⓑ

수험번호

0	1	2	3	4	5	6	7	8	9
0	1	2	3	4	5	6	7	8	9
0	1	2	3	4	5	6	7	8	9
0	1	2	3	4	5	6	7	8	9
0	1	2	3	4	5	6	7	8	9
0	1	2	3	4	5	6	7	8	9
0	1	2	3	4	5	6	7	8	9

감독위원 확인

(인)

1	① ② ③ ④ ⑤	21	① ② ③ ④ ⑤	41	① ② ③ ④ ⑤
2	① ② ③ ④ ⑤	22	① ② ③ ④ ⑤	42	① ② ③ ④ ⑤
3	① ② ③ ④ ⑤	23	① ② ③ ④ ⑤	43	① ② ③ ④ ⑤
4	① ② ③ ④ ⑤	24	① ② ③ ④ ⑤	44	① ② ③ ④ ⑤
5	① ② ③ ④ ⑤	25	① ② ③ ④ ⑤	45	① ② ③ ④ ⑤
6	① ② ③ ④ ⑤	26	① ② ③ ④ ⑤	46	① ② ③ ④ ⑤
7	① ② ③ ④ ⑤	27	① ② ③ ④ ⑤	47	① ② ③ ④ ⑤
8	① ② ③ ④ ⑤	28	① ② ③ ④ ⑤	48	① ② ③ ④ ⑤
9	① ② ③ ④ ⑤	29	① ② ③ ④ ⑤	49	① ② ③ ④ ⑤
10	① ② ③ ④ ⑤	30	① ② ③ ④ ⑤	50	① ② ③ ④ ⑤
11	① ② ③ ④ ⑤	31	① ② ③ ④ ⑤		
12	① ② ③ ④ ⑤	32	① ② ③ ④ ⑤		
13	① ② ③ ④ ⑤	33	① ② ③ ④ ⑤		
14	① ② ③ ④ ⑤	34	① ② ③ ④ ⑤		
15	① ② ③ ④ ⑤	35	① ② ③ ④ ⑤		
16	① ② ③ ④ ⑤	36	① ② ③ ④ ⑤		
17	① ② ③ ④ ⑤	37	① ② ③ ④ ⑤		
18	① ② ③ ④ ⑤	38	① ② ③ ④ ⑤		
19	① ② ③ ④ ⑤	39	① ② ③ ④ ⑤		
20	① ② ③ ④ ⑤	40	① ② ③ ④ ⑤		

NCS 한전KPS 별정직 필기시험 답안카드

성명		
성 명		

지원분야	

문제지 형별기재란	Ⓐ Ⓑ
( )형	

수험번호

| ⓪ ① ② ③ ④ ⑤ ⑥ ⑦ ⑧ ⑨ |
| ⓪ ① ② ③ ④ ⑤ ⑥ ⑦ ⑧ ⑨ |
| ⓪ ① ② ③ ④ ⑤ ⑥ ⑦ ⑧ ⑨ |
| ⓪ ① ② ③ ④ ⑤ ⑥ ⑦ ⑧ ⑨ |
| ⓪ ① ② ③ ④ ⑤ ⑥ ⑦ ⑧ ⑨ |
| ⓪ ① ② ③ ④ ⑤ ⑥ ⑦ ⑧ ⑨ |
| ⓪ ① ② ③ ④ ⑤ ⑥ ⑦ ⑧ ⑨ |

감독위원 확인	
(인)	

1	① ② ③ ④ ⑤
2	① ② ③ ④ ⑤
3	① ② ③ ④ ⑤
4	① ② ③ ④ ⑤
5	① ② ③ ④ ⑤
6	① ② ③ ④ ⑤
7	① ② ③ ④ ⑤
8	① ② ③ ④ ⑤
9	① ② ③ ④ ⑤
10	① ② ③ ④ ⑤
11	① ② ③ ④ ⑤
12	① ② ③ ④ ⑤
13	① ② ③ ④ ⑤
14	① ② ③ ④ ⑤
15	① ② ③ ④ ⑤
16	① ② ③ ④ ⑤
17	① ② ③ ④ ⑤
18	① ② ③ ④ ⑤
19	① ② ③ ④ ⑤
20	① ② ③ ④ ⑤

21	① ② ③ ④ ⑤
22	① ② ③ ④ ⑤
23	① ② ③ ④ ⑤
24	① ② ③ ④ ⑤
25	① ② ③ ④ ⑤
26	① ② ③ ④ ⑤
27	① ② ③ ④ ⑤
28	① ② ③ ④ ⑤
29	① ② ③ ④ ⑤
30	① ② ③ ④ ⑤
31	① ② ③ ④ ⑤
32	① ② ③ ④ ⑤
33	① ② ③ ④ ⑤
34	① ② ③ ④ ⑤
35	① ② ③ ④ ⑤
36	① ② ③ ④ ⑤
37	① ② ③ ④ ⑤
38	① ② ③ ④ ⑤
39	① ② ③ ④ ⑤
40	① ② ③ ④ ⑤

41	① ② ③ ④ ⑤
42	① ② ③ ④ ⑤
43	① ② ③ ④ ⑤
44	① ② ③ ④ ⑤
45	① ② ③ ④ ⑤
46	① ② ③ ④ ⑤
47	① ② ③ ④ ⑤
48	① ② ③ ④ ⑤
49	① ② ③ ④ ⑤
50	① ② ③ ④ ⑤

※ 본 답안지는 마킹연습용 모의 답안지입니다.

NCS 한전KPS 별정직 필기시험 답안카드

성 명

지원 분야

문제지 형별기재란

( )형   Ⓐ   Ⓑ

수험 번호

⓪ ① ② ③ ④ ⑤ ⑥ ⑦ ⑧ ⑨
⓪ ① ② ③ ④ ⑤ ⑥ ⑦ ⑧ ⑨
⓪ ① ② ③ ④ ⑤ ⑥ ⑦ ⑧ ⑨
⓪ ① ② ③ ④ ⑤ ⑥ ⑦ ⑧ ⑨
⓪ ① ② ③ ④ ⑤ ⑥ ⑦ ⑧ ⑨
⓪ ① ② ③ ④ ⑤ ⑥ ⑦ ⑧ ⑨
⓪ ① ② ③ ④ ⑤ ⑥ ⑦ ⑧ ⑨

감독위원 확인

(인)

번호	①	②	③	④	⑤	번호	①	②	③	④	⑤	번호	①	②	③	④	⑤
1	①	②	③	④	⑤	21	①	②	③	④	⑤	41	①	②	③	④	⑤
2	①	②	③	④	⑤	22	①	②	③	④	⑤	42	①	②	③	④	⑤
3	①	②	③	④	⑤	23	①	②	③	④	⑤	43	①	②	③	④	⑤
4	①	②	③	④	⑤	24	①	②	③	④	⑤	44	①	②	③	④	⑤
5	①	②	③	④	⑤	25	①	②	③	④	⑤	45	①	②	③	④	⑤
6	①	②	③	④	⑤	26	①	②	③	④	⑤	46	①	②	③	④	⑤
7	①	②	③	④	⑤	27	①	②	③	④	⑤	47	①	②	③	④	⑤
8	①	②	③	④	⑤	28	①	②	③	④	⑤	48	①	②	③	④	⑤
9	①	②	③	④	⑤	29	①	②	③	④	⑤	49	①	②	③	④	⑤
10	①	②	③	④	⑤	30	①	②	③	④	⑤	50	①	②	③	④	⑤
11	①	②	③	④	⑤	31	①	②	③	④	⑤						
12	①	②	③	④	⑤	32	①	②	③	④	⑤						
13	①	②	③	④	⑤	33	①	②	③	④	⑤						
14	①	②	③	④	⑤	34	①	②	③	④	⑤						
15	①	②	③	④	⑤	35	①	②	③	④	⑤						
16	①	②	③	④	⑤	36	①	②	③	④	⑤						
17	①	②	③	④	⑤	37	①	②	③	④	⑤						
18	①	②	③	④	⑤	38	①	②	③	④	⑤						
19	①	②	③	④	⑤	39	①	②	③	④	⑤						
20	①	②	③	④	⑤	40	①	②	③	④	⑤						

NCS 한전KPS 별정직 필기시험 답안카드

	①	②	③	④	⑤
1	①	②	③	④	⑤
2	①	②	③	④	⑤
3	①	②	③	④	⑤
4	①	②	③	④	⑤
5	①	②	③	④	⑤
6	①	②	③	④	⑤
7	①	②	③	④	⑤
8	①	②	③	④	⑤
9	①	②	③	④	⑤
10	①	②	③	④	⑤
11	①	②	③	④	⑤
12	①	②	③	④	⑤
13	①	②	③	④	⑤
14	①	②	③	④	⑤
15	①	②	③	④	⑤
16	①	②	③	④	⑤
17	①	②	③	④	⑤
18	①	②	③	④	⑤
19	①	②	③	④	⑤
20	①	②	③	④	⑤
21	①	②	③	④	⑤
22	①	②	③	④	⑤
23	①	②	③	④	⑤
24	①	②	③	④	⑤
25	①	②	③	④	⑤
26	①	②	③	④	⑤
27	①	②	③	④	⑤
28	①	②	③	④	⑤
29	①	②	③	④	⑤
30	①	②	③	④	⑤
31	①	②	③	④	⑤
32	①	②	③	④	⑤
33	①	②	③	④	⑤
34	①	②	③	④	⑤
35	①	②	③	④	⑤
36	①	②	③	④	⑤
37	①	②	③	④	⑤
38	①	②	③	④	⑤
39	①	②	③	④	⑤
40	①	②	③	④	⑤
41	①	②	③	④	⑤
42	①	②	③	④	⑤
43	①	②	③	④	⑤
44	①	②	③	④	⑤
45	①	②	③	④	⑤
46	①	②	③	④	⑤
47	①	②	③	④	⑤
48	①	②	③	④	⑤
49	①	②	③	④	⑤
50	①	②	③	④	⑤

성 명

지원 분야

문제지 형별기재란

( ) 형 Ⓐ Ⓑ

수 험 번 호

⓪	①	②	③	④	⑤	⑥	⑦	⑧	⑨
⓪	①	②	③	④	⑤	⑥	⑦	⑧	⑨
⓪	①	②	③	④	⑤	⑥	⑦	⑧	⑨
⓪	①	②	③	④	⑤	⑥	⑦	⑧	⑨
⓪	①	②	③	④	⑤	⑥	⑦	⑧	⑨
⓪	①	②	③	④	⑤	⑥	⑦	⑧	⑨
⓪	①	②	③	④	⑤	⑥	⑦	⑧	⑨

감독위원 확인

(인)

NCS 한전KPS 별정직 필기시험 답안카드

성 명

지원 분야

문제지 형별기재란

( )형   Ⓐ Ⓑ

수험번호

⓪ ① ② ③ ④ ⑤ ⑥ ⑦ ⑧ ⑨

감독위원 확인

(인)

1	① ② ③ ④ ⑤	21	① ② ③ ④ ⑤	41	① ② ③ ④ ⑤
2	① ② ③ ④ ⑤	22	① ② ③ ④ ⑤	42	① ② ③ ④ ⑤
3	① ② ③ ④ ⑤	23	① ② ③ ④ ⑤	43	① ② ③ ④ ⑤
4	① ② ③ ④ ⑤	24	① ② ③ ④ ⑤	44	① ② ③ ④ ⑤
5	① ② ③ ④ ⑤	25	① ② ③ ④ ⑤	45	① ② ③ ④ ⑤
6	① ② ③ ④ ⑤	26	① ② ③ ④ ⑤	46	① ② ③ ④ ⑤
7	① ② ③ ④ ⑤	27	① ② ③ ④ ⑤	47	① ② ③ ④ ⑤
8	① ② ③ ④ ⑤	28	① ② ③ ④ ⑤	48	① ② ③ ④ ⑤
9	① ② ③ ④ ⑤	29	① ② ③ ④ ⑤	49	① ② ③ ④ ⑤
10	① ② ③ ④ ⑤	30	① ② ③ ④ ⑤	50	① ② ③ ④ ⑤
11	① ② ③ ④ ⑤	31	① ② ③ ④ ⑤		
12	① ② ③ ④ ⑤	32	① ② ③ ④ ⑤		
13	① ② ③ ④ ⑤	33	① ② ③ ④ ⑤		
14	① ② ③ ④ ⑤	34	① ② ③ ④ ⑤		
15	① ② ③ ④ ⑤	35	① ② ③ ④ ⑤		
16	① ② ③ ④ ⑤	36	① ② ③ ④ ⑤		
17	① ② ③ ④ ⑤	37	① ② ③ ④ ⑤		
18	① ② ③ ④ ⑤	38	① ② ③ ④ ⑤		
19	① ② ③ ④ ⑤	39	① ② ③ ④ ⑤		
20	① ② ③ ④ ⑤	40	① ② ③ ④ ⑤		

NCS 한전KPS 별정직 필기시험 답안카드

※ 본 답안지는 마킹연습용 모의 답안지입니다.

성 명	

지원분야	

문제지 형별기재란	Ⓐ
( )형	Ⓑ

수 험 번 호

	0	①	②	③	④	⑤	⑥	⑦	⑧	⑨
	0	①	②	③	④	⑤	⑥	⑦	⑧	⑨
	0	①	②	③	④	⑤	⑥	⑦	⑧	⑨
	0	①	②	③	④	⑤	⑥	⑦	⑧	⑨
	0	①	②	③	④	⑤	⑥	⑦	⑧	⑨
	0	①	②	③	④	⑤	⑥	⑦	⑧	⑨
	0	①	②	③	④	⑤	⑥	⑦	⑧	⑨

감독위원 확인
(인)

문번	1	2	3	4	5		문번	1	2	3	4	5		문번	1	2	3	4	5
1	①	②	③	④	⑤		21	①	②	③	④	⑤		41	①	②	③	④	⑤
2	①	②	③	④	⑤		22	①	②	③	④	⑤		42	①	②	③	④	⑤
3	①	②	③	④	⑤		23	①	②	③	④	⑤		43	①	②	③	④	⑤
4	①	②	③	④	⑤		24	①	②	③	④	⑤		44	①	②	③	④	⑤
5	①	②	③	④	⑤		25	①	②	③	④	⑤		45	①	②	③	④	⑤
6	①	②	③	④	⑤		26	①	②	③	④	⑤		46	①	②	③	④	⑤
7	①	②	③	④	⑤		27	①	②	③	④	⑤		47	①	②	③	④	⑤
8	①	②	③	④	⑤		28	①	②	③	④	⑤		48	①	②	③	④	⑤
9	①	②	③	④	⑤		29	①	②	③	④	⑤		49	①	②	③	④	⑤
10	①	②	③	④	⑤		30	①	②	③	④	⑤		50	①	②	③	④	⑤
11	①	②	③	④	⑤		31	①	②	③	④	⑤							
12	①	②	③	④	⑤		32	①	②	③	④	⑤							
13	①	②	③	④	⑤		33	①	②	③	④	⑤							
14	①	②	③	④	⑤		34	①	②	③	④	⑤							
15	①	②	③	④	⑤		35	①	②	③	④	⑤							
16	①	②	③	④	⑤		36	①	②	③	④	⑤							
17	①	②	③	④	⑤		37	①	②	③	④	⑤							
18	①	②	③	④	⑤		38	①	②	③	④	⑤							
19	①	②	③	④	⑤		39	①	②	③	④	⑤							
20	①	②	③	④	⑤		40	①	②	③	④	⑤							

2023 하반기 SD에듀 All-New 한전KPS 별정직 NCS + 최종점검 모의고사 5회 + 무료NCS특강

개정7판1쇄 발행	2023년 09월 25일 (인쇄 2023년 08월 24일)
초 판 발 행	2019년 06월 05일 (인쇄 2019년 05월 17일)
발 행 인	박영일
책 임 편 집	이해욱
편 저	SDC(Sidae Data Center)
편 집 진 행	김재희 · 정진서
표지디자인	조혜령
편집디자인	김지수 · 윤준호
발 행 처	(주)시대고시기획
출 판 등 록	제10-1521호
주 소	서울시 마포구 큰우물로 75 [도화동 538 성지 B/D] 9F
전 화	1600-3600
팩 스	02-701-8823
홈 페 이 지	www.sdedu.co.kr
I S B N	979-11-383-5777-7 (13320)
정 가	23,000원

한전KPS 별정직

NCS + 최종점검 모의고사 5회

+ 무료NCS특강

All Pass

SD에듀가 합격을 준비하는 당신에게 제안합니다.

성공의 기회! SD에듀를 잡으십시오.
성공의 Next Step!

결심하셨다면 지금 당장 실행하십시오.
SD에듀와 함께라면 문제없습니다.

기회란 포착되어 활용되기 전에는
기회인지조차 알 수 없는 것이다.
– 마크 트웨인 –

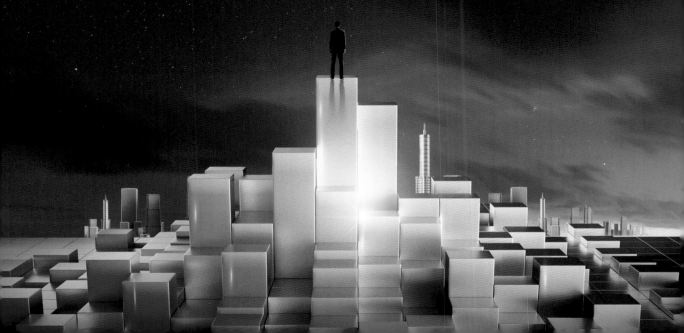